軍事叢書22

第二次世界大戰戰史

HISTORY OF THE SECOND WORLD WAR

第 二 冊

李德哈特(Basil H. Liddell Hart)著

鈕 先 鍾譯

軍事叢書 22

第二次世界大戰戰史 [第二冊]

HISTORY OF THE SECOND WORLD WAR

作　　者　李德哈特（Basil H. Liddell Hart）
譯　　者　鈕先鍾
責任編輯　舒孝煌　吳莉君
發 行 人　陳雨航
出　　版　麥田出版
台北市信義路二段 251 號 6 樓
電話：(02)2351-7776　傳真：(02)2351-9179
發　　行　城邦文化事業股份有限公司
台北市信義路二段 213 號 11 樓
電話：(02)2396-5698　傳真：(02)2357-0954
E-Mail：Service@cite.com.tw
網　址：www.cite.com.tw
郵撥帳號：18966004　城邦文化事業股份有限公司
香港發行所　城邦(香港)出版集團
香港北角英皇道 310 號雲華大廈 4/F，504 室
電話：25086231　傳真：25789337
馬新發行所　城邦(馬、新)出版集團
Cite (M) Sdn. Bhd. (458372 U)
11, Jalan 30D/146,
Desa Tasik Sungai Besi,
57000 Kuala Lumpur, Malaysia
電話：603-9056 3833　傳真：603-9056 2833
印　　刷　凌晨企業有限公司
初版一刷　1995 年 1 月 1 日
初版五刷　2000 年 5 月 1 日
版權代理　博達著作權代理有限公司
ISBN：957-708-223-8（第二冊）
ISBN：957-708-221-1（一套）

售價：360 元（第二冊）

Printed in Taiwan

目錄

地圖目錄

第二次世界大戰戰史

HISTORY OF THE SECOND WORLD WAR

第 二 册

第五篇　轉　向（一九四二）

第十八章　在俄國的潮流轉向

一九四〇年的春季，德國人在四月九日開始發動對挪威和丹麥的作戰。一九四一年的春季，他們在四月六日開始發動對巴爾幹的作戰。但在一九四二年卻沒有這樣早開始。這個事實說明德國人在一九四一年爲了想對俄國贏得一個迅速的勝利，已經把他們的實力消耗得太多。由此可以證明他們在俄國已經陷入到何種程度。因爲天氣的條件固然是不利於在俄國戰場上發動早春的攻勢；但是對於英國人在地中海的地盤，無論是在東端還是在西端，德國人要採取行動都是毫無阻礙的。在這個英國海外交通的樞紐地帶中，德國還是不曾製造任何新的威脅。

在俄國戰場上，紅軍的冬季反攻，自從十二月發動以來，一連繼續了三個多月，不過進展卻是日益縮小。到了三月，在某些地區中也曾推進了一百五十哩以上。但德軍對於其冬季

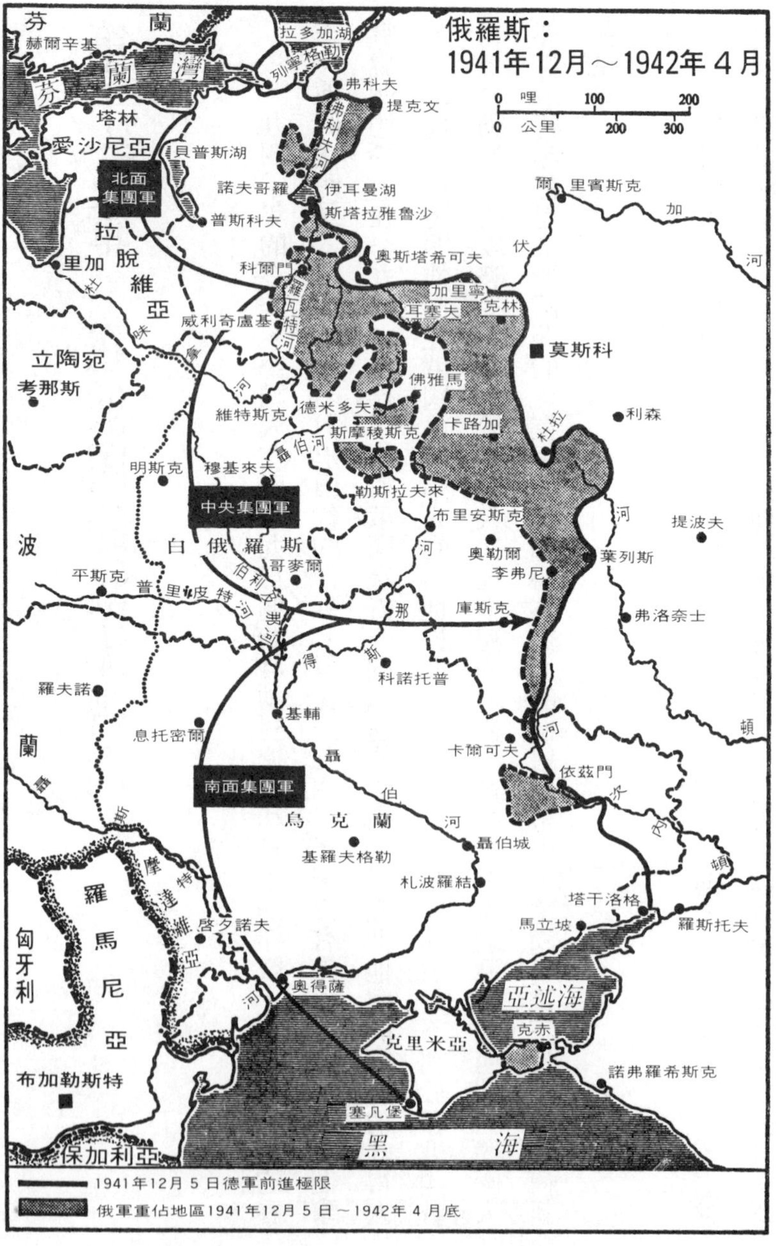
俄羅斯：
1941年12月～1942年4月
0 哩 100 200
0 公里 200 300
芬 蘭
赫爾辛基
芬 蘭 灣
拉多加湖
列寧格勒
弗科夫
提克文
弗科夫河
塔林
愛沙尼亞
貝普斯湖
北面集團軍
諾夫哥羅
伊耳曼湖
斯塔拉雅魯沙
普斯科夫
拉 脫 維 亞
里加
杜 味 拿 河
科爾門
奧斯塔希可夫
羅瓦特河
加里寧
耳塞夫
克林
威利奇盧基
莫斯科
立陶宛
考那斯
佛雅馬
維特斯克
德米多夫
卡路加
斯摩稜斯克
杜拉
利森
聶伯河
明斯克
穆基來夫
勒斯拉夫來
中央集團軍
布里安斯克
河
提波夫
波
白 俄 羅 斯
奧勒爾
葉列斯
哥麥爾
李弗尼
平斯克
普 里 皮 特 河
伯利及澳河
庫斯克
那
弗洛奈士
得 斯
科諾托普
羅夫諾
基輔
蘭
息托密爾
卡爾可夫
河
頓
聶
依茲門
伯
南面集團軍
烏 克 蘭
河
聶伯城
次
內
基羅夫格勒
札波羅結
頓
羅 馬 尼 亞
摩 達 維 亞
特
塔干洛格
匈牙利
啓夕諾夫
馬立坡
羅斯托夫
奧得薩
亞述海
河
克赤
克里米亞
諾弗羅希斯克
布加勒斯特
塞凡堡
黑 海
保加利亞
1941年12月5日德軍前進極限
俄軍重佔地區1941年12月5日～1942年4月底

戰線的主要據點，卻都能堅守不動——例如希流斯堡(Schlüsselburg)、諾夫哥羅(Novgorod)、耳塞夫(Rzhev)、佛雅馬(Vyasma)、布里安斯克(Briansk)、奧勒爾(Orel)、庫斯克(Kursk)、卡爾可夫(Kharkov)和塔干洛格(Taganrog)等城鎮——儘管在許多地區中俄軍已經深入其後方許多哩，但都是從這些據點之間的空隙中通過，而德國的據點卻仍然屹立無恙。

從戰術的觀點來看，這些城鎮據點都是一種堅強的障礙物；但就戰略而言，它們對於情況具有一種支配的趨勢，因爲在俄國那種稀疏的交通網中，它們恰好構成了焦點。固然在據點內的德國守軍並不能制止俄軍滲入它們之間的廣大空間，但只要這些交通要點屹立無恙，也就足以阻止敵人對他們的滲入作進一步的擴張。所以它們發揮了當初設計馬奇諾防線的人所想像的功效，只不過是規模還要更大而已——即認爲防線上的法國要塞據點可以控制敵人的前進。假使當時法國人能夠沿著其全部國境線上都構成那樣的要塞防線，而不是只做了一半的長度就停止，則也許眞能阻止德軍的前進，至少不會讓他們有充分的空間可供採取迂迴的路線。

因爲俄軍的深入程度並不足以使這些堡壘自動崩潰，所以到了以後，他們的深入反而使他們自己居於不利的地位。因爲從中間突出的地區自然不像城鎮據點那樣易於防守，所以要想守住這些地區也就必須吸收過多的部隊；反之，德軍若以那些城鎮作爲發動攻勢的跳板，則也就很容易從側面的攻擊來切斷俄軍的補給。

到了一九四二年的春天，俄國戰場上的戰線變得如此曲折，就好像是爲峽灣所穿錯的挪威海岸線一樣。德國人之所以能夠守住那些「半島」(peninsulas)，對於近代防禦的威力是一種顯著的證明。若能有適當的兵器，再加以技巧的和堅忍的執行，則防禦是很不易被擊敗的。由於在戰爭初期，面對著軟弱的防禦作迅速的攻擊很輕鬆地得到成功，所以也就使人獲得了一種表面的結論，以爲攻擊是強於防禦。實際上在那些情況中，攻擊者是在兵器威力方面佔有決定性的優勢，而防禦者則都是訓練不足和心理失常的。在第一次世界大戰中，聖米赫爾(St. Mihiel)突出地的經驗顯示出來：一個在理論上不可守的地區卻維持了四年之久。在俄國的情況就只是把這種經驗加以放大而已。一九四一年冬季作戰的經驗，也證明崩潰的主因是在心理方面，所以戰爭初期危險也就最大——等到部隊有了心理準備之後，雖然已經部分被圍，也還是不會立即崩潰的。

事後看來，希特勒不准作任何大規模的撤退，是大有助於德國部隊恢復信心，而且也可能使他們免於全面崩潰。同時他堅持要採取這種「刺蝟」(hedgehog)式的防禦系統，也使德軍在一九四二年戰役開始發動時，獲得了很重大的利益。

儘管如此，爲了那種硬性的防禦他們還是間接付出了重大的代價。其成功使得希特勒相信在次年冬季更不利的條件之下，也還是可以依樣畫葫蘆再重演一次。一個更具有立即性的效果，就是其空軍因爲在冬季條件之下，對於那些孤立的城鎮守軍空運補給受到嚴重的損失。因爲天氣惡劣所以失事率很高，而在天氣良好的空隙中，又必須使用過多的飛機來補充補給的缺乏——有時爲了補給一個軍，在一天之內要用到三百多架運輸機。對於許多孤立據點作這樣大規模的空運，使德國空軍的運輸組織感到力不從心；而有經驗的空軍單位抽調至其他戰場，也減弱了德國空軍在俄軍戰線上的戰鬥效率。

因爲軍隊沒有冬季作戰的準備，所以損失頗大。在冬季結束之前，許多師都已減弱到只有原來實力三分之一的程度。他們的缺額永遠都不曾獲得補充，甚至於已經進入夏季很久，他們的人數還是不夠企圖作任何積極的行動。此外，在冬季中，德國後方又增編了許多個師，不過這種數字根本上是騙人的。自從一九四二年以後，凡是在激烈戰鬥中幾乎被殲滅的師，都仍然繼續維持其番號的存在，但缺額並不加以補充，以作爲一種虛張聲勢的僞裝。所以這些名義上的師有時只有兩三個營的兵力。

希特勒的將領們告訴他，若想在一九四二年再發動攻勢，則必須增加八十萬人。但軍需生產部的部長斯皮爾(Albert Speer)卻說，從工廠中是不可能抽出這樣多的人力來供軍隊補充之用的。

最後只好在組織上作一種徹底的改變。一個步兵師由九個營減成七個營。步兵連的戰鬥兵力定爲最高八十人，而不像過去爲一百八十人。這種減員編成有兩個理由：由於有訓練的軍官損失殆盡，新進的年輕連長對於過去那樣大型的連有控制不了的趨勢；同時又發現連的編制較大則損失也較大，而在效力上卻並無太大的差異。

由於人數和營數都減少了，所以以後當同盟國的情報軍官在計算德國兵力時，仍然以爲德國的師和他們自己的師是大致相等的，遂不免大上其當。實際上，若認爲兩個德國師相當於一個英國或美國的師，似乎爲較好的估計。甚至於到了一九四四年的夏季末期，這樣的比例都不一定可靠，因爲德軍已經很少有幾個師可以達到其已經減少後的編制人數。

在一九四二年的戰役中，也可以看出德國陸軍戰車實力的增加，也是表面多於實際。在這個冬季曾增編了兩個新的裝甲師——其中一部分是把原先所保留的乘馬騎兵師改編而成的，這種騎兵師被發現價值極微，所以就決定完全撤消。摩托化步兵師中的戰車數量也作了少許增加，但已有的二十個裝甲師，卻只有一半曾經把戰車眞正補充足額。

總而言之，德國的實力對於攻勢的繼續只能代表一種極爲勉強的基礎。即令用最大的努力，他們也只能恢復到舊有的數字，而那又必須儘量的利用其盟國的部隊，這些部隊的素質要比德國部隊差得太多。但他們卻還是沒有足夠的餘額，來應付另一次大型戰役的損失。更大的障礙是他們現在不能發展兩種主要的攻擊工具——空軍和裝甲部隊，使其達到足以保證優勢的程度。

（原註：甚至在西方的遙遠旁觀者也都可以認清這些缺點。我在一九四二年三月間所寫的一篇評論曾經獲得如下的結論：「這似乎是一種合理的預測，德國人在這個夏季中不僅將重演去年秋季的失敗，而且整個潮流也將會有確定的轉變。」）

德國參謀本部對於情況的不利方面是深有認識的，但其首長們對於希特勒作決定時的影響力，卻早已十分的微弱。希特勒的壓力是那樣的強大，所以他們無法抵抗，而時勢所趨，對於希特勒本人所加的壓力也是同樣的強大。他被迫只有前進再前進，無其他選擇的餘地。

在一九四一年十一月，甚至於尚在對攻佔莫斯科作最後企圖之前，有關一九四二年如何繼續進攻的問題即已在討論之中。據說倫德斯特在十一月的討論中，不僅主張轉變爲守勢，而且認爲最好是退回到原來在波蘭的攻勢發起線。據說李布也同意這種見解。至於其他的高級將領雖然並不贊成對戰略作如此重大的改變，但大多數對於攻勢的繼續也已經不太熱心，他們對於俄國戰役的前途都感到有些渺茫。十二月對於莫斯科攻擊的失敗，再加上嚴冬的考驗，更增強了他們的憂慮。

在一九四一年的作戰失敗之後，許多高級將領紛紛去職，於是也就更減弱了軍人的反對力量。十一月底，倫德斯特建議停止對高加索的南進，並退回到米亞斯河（Mius River）固守一條過冬的防線。當希特勒不予批准時，他就要求辭職並獲照准。他的離去就時機和態度而言，都可以算是相當的幸運。等到整個戰役的失敗成爲舉世皆知時，布勞齊區的免職在十二月十九日被公佈時所用的語氣，也就暗示出他是那個應受責備的人。這個舉動有兩種目的：其一是替希特勒找到了一頭代罪羔羊，另一是他可以乘機接管對陸軍的直接指揮權。波克對於希特勒最後一次的莫斯科攻勢本是一位熱心的擁護者，在十二月中旬就因緊張和憂慮患了嚴重的胃病，十二月二十日他的辭職也照准了。李布仍暫時留任原職未動，因爲他雖未能攻克列寧格勒，但卻並無責任。他本擬妥攻擊該城的計畫，但在將要發動之際，卻被希特勒下令撤消了——因爲他害怕在巷戰中會遭到重大的損失。但以後李布想從狄姆楊斯克（Demyansk）突出地區中撤退時，卻始終無法說服希特勒同意，於是他也就自動要求解職。

布勞齊區和三位原始的集團軍總司令都已先後離職，於是參謀總長哈爾德更是孤掌難鳴，對於希特勒益乏忠諫之力。尤其所有繼任的新人，對希特勒都自然有一種比較肯聽話的趨勢，而不敢多表異議，這也就更提高了希特勒個人的地位。希特勒深通人性和心理之學，他完全了解想升官的希望可以歪曲人們的良知和產生恭順的態度。職業上的雄心是很難拒抗這一類誘惑的。

代替倫德斯特的是賴赫勞(Reichenau)，代替波克的是克魯格(Kluge)，而以後，李布也由庫希勒(Küchler)所接替。波克離開中央集團軍，是因臨時患病之故，以後一月間賴赫勞因心臟病發逝世時，他又變成了他的繼任者。不過當南面集團軍在夏季攻勢期中開始改組時，波克在七月間終被冷藏了。在這次改組中，南面集團軍被分成了兩個部分：一部分改稱「A」集團軍，由李斯特元帥(Field-Marshal List)指揮，負責向高加索方面的攻勢；其餘的部分則改稱「B」集團軍，先由波克繼續指揮，不久就換了魏克斯(Weichs)。

發動另一次巨大攻勢的計畫在一九四二年的最初幾個月內即已形成。希特勒的決定是受到其經濟顧問壓力的影響。他們告訴他說除非能從高加索獲得石油的補給，此外還有小麥和鐵苗，否則德國不可能繼續作戰——事實證明他們這種判斷完全錯誤，因為儘管德國並不曾獲得高加索的石油，但它還是又繼續打了三年之久。希特勒對於這些經濟性的辯論一向是比較信服，因為這和他的直覺衝動比較容易配合——總想採取某些積極性和攻勢性的行動。他所最痛恨的就是撤退的觀念，不管那是如何的具有潛在利益或是能夠幫助渡過難關，他都一律抹殺而不肯加以考慮。因為他不肯後退一步，所以他除了前進就再無其他選擇的餘地。

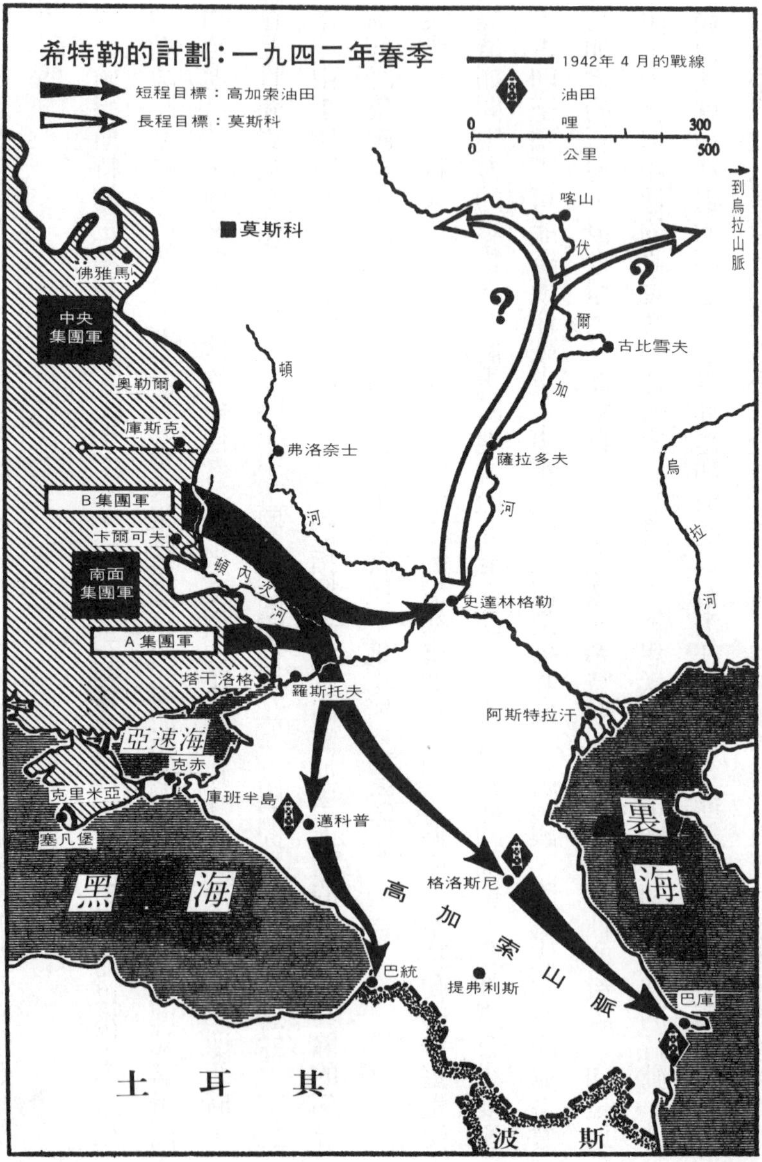
希特勒的計劃：一九四二年春季
短程目標：高加索油田
長程目標：莫斯科
1942年 4 月的戰線
油田
0 哩 300
0 公里 500
到烏拉山脈
莫斯科
喀山
伏
爾
加
河
古比雪夫
薩拉多夫
佛雅馬
中央集團軍
奧勒爾
庫斯克
頓
弗洛奈士
河
B 集團軍
卡爾可夫
南面集團軍
頓內次河
A 集團軍
史達林格勒
烏
拉
河
塔干洛格
羅斯托夫
阿斯特拉汗
亞速海
克赤
克里米亞
庫班半島
邁科普
塞凡堡
黑海
格洛斯尼
高加索山脈
裏海
巴統
提弗利斯
巴庫
土耳其
波斯

這樣的直覺使他對於一切不愉快的事實都變得麻木不仁。舉例來說，當德國的情報機構報告說，俄國在烏拉山等地區的工廠已經每個月能生產六七百輛戰車時，他拒絕予以採信。於是哈爾德把證據送給他看，他卻氣得大拍桌子，並宣稱像這樣的生產率根本上是不可能的。總而言之，凡是他不願意相信的事情他就不相信。

不過，他還是已經承認德國的資源是有限的，所以他也就了解這次新攻勢的範圍是有加以限制的必要。根據初春的決定，那是應從兩個側翼上去進行，而不是全線都發動攻勢。

主要的努力是放在黑海附近的南面側翼上。那是採取一種沿頓河與頓內次河之間的「走廊」(Corridor)前進的方式。在頓河南灣與黑海口之間的下游渡過了該河之後，一支部隊將向南直趨高加索油田，而另一支部隊則向東以伏爾加河上的史達林格勒爲目標。

在擬定這個雙重目標時，希特勒本來還有這樣一種想法，認爲攻佔了史達林格勒之後，也許可以再向北旋轉，而拊保衛莫斯科俄軍的側背，他的某些寵臣甚至於還在高談進軍烏拉山，但經過了許多的辯論之後，哈爾德終於使他認清了這是一種不可能的幻想，於是實際所擬定的目標僅爲前進稍微超過史達林格勒而已，這只不過是爲了使這個戰略要點獲致戰術安全。而且攻佔史達林格勒的目的現在也已經確定，那就是一種掩護向高加索前進的戰略側翼安全的手段。因爲史達林格勒位於伏爾加河上，控制著該河與頓河之間的陸地橋樑，作爲一個交通要點也就構成了這個瓶頸的理想瓶塞。

希特勒的一九四二年計畫還有其次要的部分，即準備在夏季中攻克列寧格勒城。除具有威望的原因外，這個北面的行動也是一種重要的手段，其目的爲打通對芬蘭的陸上交通線，並解除該國的孤立。

在東戰場的其餘部分，德軍均將採取守勢，主要的任務只是改進他們的防禦工事。簡言之，德軍在一九四二年的攻勢只限於兩翼方面。這也是由於德國預備兵力已日感缺乏。甚至於當德軍向南深入時，其側翼的掩護尙不能不借重其盟國的部隊。前進得愈深，則所需要的掩護部隊也就愈多。

這種僅向一個側翼深入的前進，而不同時對敵方中央施以壓力的計畫，和德國將領們從小到大，在其半生經歷中所學習的基本戰略準則完全不合。尤其更惡劣的是，這種側翼行進又必須從俄軍主力與黑海之間的一道關口中通過。而更使他們感到內心不安的是那樣綿長的側翼，大部分都要依賴羅馬尼亞、匈牙利和義大利的部隊來負責掩護。對於他們所憂慮的各種問題，希特勒卻給予了一個具有決定性的總答覆，那就是德國人必須獲得高加索的石油供應來源，否則即無法繼續支持其作戰。至於說到依賴盟國部隊保護側翼的問題，希特勒認爲他們只被用來守住頓河之線，以及在史達林格勒和高加索之間的伏爾加河之線——由於這些河川本身具有很大的防禦價値，所以安全是可以確保無虞。至於攻佔史達林格勒以及據守那個戰略要點的責任，則還是必須由德國部隊來擔負。

作爲在大陸上主攻勢的前奏，克里米亞的德國部隊於五月八日首先發動了一次攻擊，以佔領其東部的克赤(Kerch)半島爲目的——在去年秋天，俄國人曾勉強守住了這塊地區，並阻止了德軍的前進。在集中的俯衝轟炸機掩護之下，德軍以一種有良好準備的攻勢，在俄軍防線上突破一個缺口。德軍從缺口中衝入之後，即開始向北旋轉，把俄國守軍的大部分逼在背靠海岸的位置上，不要好久的時間，俯衝轟炸機就迫使他們自動投降。在肅淸了殘敵之後，德國即向長達五十哩的半島掃蕩。距離半島十二哩遠的地方有一條具有歷史意義的防線，即所謂「韃靼溝」(Tartar Ditch)，德軍在那裏曾暫時稍受阻止，但終於在五月十六日攻佔了克赤城。於是在整個克里米亞境內，除了西南角那個已被孤立很久的塞凡堡(Sevastopol)要塞以外，所有的俄軍都已被肅淸。

這一個攻擊，在原有的構想上，本是用來作爲一種幫助達到主要目標的手段。那就是準備讓這一支部隊從克里米亞跳過克赤海峽進入庫班(Kuban)半島，而這個半島也恰好構成了高加索的西端。換言之，也就是可以與南下的主力構成夾攻的形勢。不過事實上，沿著陸路南下的主力卻進展得太快，此時早已深入到了高加索的境內，於是這種助攻的手段也就變得完全不必要了。

最有利於德軍前進的一個有效因素，即爲俄軍所發動的一項攻勢。那是在五月十二日開始的，趨向卡爾可夫攻擊包拉斯的第六軍團，這個軍團正準備消滅俄軍在依茲門(Izyum)的突出地區。這是一種不成熟的努力，面對著德軍的防禦技巧，在這個階段而言，是超出了俄軍本身的能力限度之外。提摩盛科元帥在其發佈的「日令」(Order of the Day)中，曾經這樣的說：「現在我命令部隊開始發動這個決定性的攻勢。」由此即可暗示俄國人的目的是如何的具有雄心，以及他們對於這次作戰的期待是如何的殷切。這個對卡爾可夫的攻勢不僅徒勞無功，而且時間也拖得很長，結果反使德國獲得意想不到的利益——因爲俄軍預備部隊的大部分，都已被這個攻勢所消耗，於是一旦當德軍反攻時，他們也就感到無法應付了。俄軍在卡爾可夫地區已經滲入德軍的防線，並向西北和西南兩個方向作扇形的展開。但是希特勒所命令的，由包拉斯第六軍團和克萊斯特第一裝甲軍團所執行的對依茲門的進攻，卻比他們的提早了一天。當俄軍的攻勢終爲波克所發動的反擊擋住之後，於是在三面夾擊之下，兩個完整的蘇俄軍團，以及另外兩個軍團的一部分，遂都被分割成碎片，到了五月底，一共有二十四萬一千名俄軍做了俘虜。因此等到德軍在六月間發動主力攻勢時，俄國人在這一方面所剩下的預備部隊已經寥寥無幾，所以當然擋不住德軍向南湧進的狂潮。

德軍的攻勢，在空間和時間上，都是採取一種「斜面突出」(staggered)的方式。它是計畫沿著在南俄的整個德軍戰線來發動的。這一條戰線是起自亞速海海岸的塔干洛格附近，向北斜行並略往後退，再沿著頓內次河到卡爾可夫和庫斯克。這是一種成梯次(echelon)的作戰正面。在左方最後退的部分，預定最先開始行動。而在右方比較突出的部分，則必須等待其左翼部隊已經推進到平行位置之後，才開始取攻勢前進；而當左翼進攻時，這些在右方的部隊就會對敵軍的側翼構成一種威脅，並減弱左翼部隊所面對的抵抗。

在右端爲第十七軍團，以及在克里米亞境內的第十一軍團。在第十七軍團之左，比較後退一點位置的，就是第一裝甲軍團。在七月九日之後，這兩個軍團也就組成了李斯特的「A」集團軍，並指定擔負侵入高加索的任務。在這個集團軍的左面，即爲波克所指揮的「B」集團軍，它所指揮的部隊有第四裝甲軍團、第六軍團、第二軍團以及第二匈牙利軍團。決定性的攻勢還是由兩個裝甲軍團來負責執行——都是從德軍的後側面躍出，攻擊俄軍最前進的陣地。第一裝甲軍團從卡爾可夫地段出擊，而第四裝甲團則從庫斯克地段出擊。至於各步兵軍團則跟在他們的後面，並作爲他們的支援。

作爲主攻勢的先聲，德軍於六月七日對塞凡堡要塞發動了攻城戰。這是由曼斯坦所指揮的第十一軍團來負責執行。雖然俄軍的抵抗異常的頑強，但德軍憑藉其優越的重量和技巧

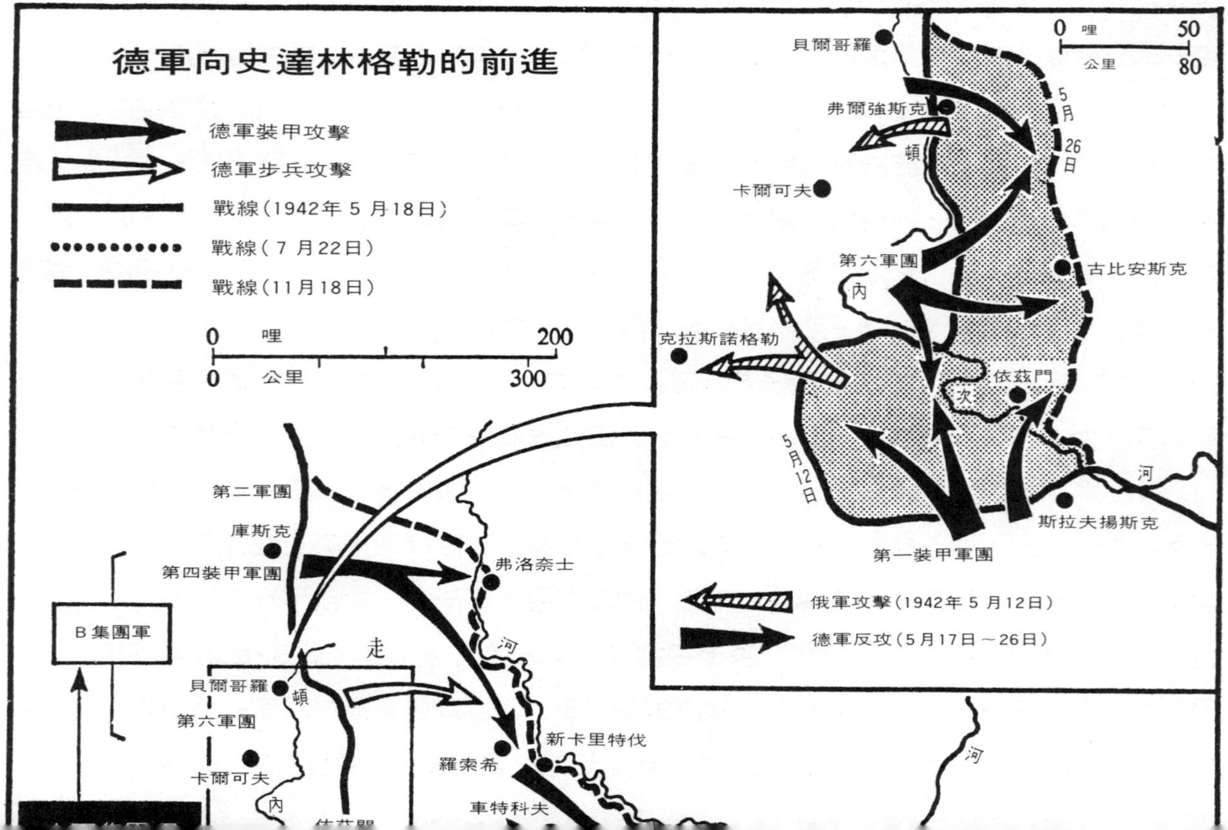
德軍向史達林格勒的前進
德軍裝甲攻擊
德軍步兵攻擊
戰線(1942年 5 月18日)
戰線(7 月22日)
戰線(11月18日)
0 哩 200
0 公里 300
第二軍團
庫斯克
第四裝甲軍團
B 集團軍
貝爾哥羅
頓
第六軍團
卡爾可夫
內
走
弗洛奈士
河
新卡里特伐
羅索希
車特科夫
貝爾哥羅
弗爾強斯克
頓
卡爾可夫
第六軍團
內
克拉斯諾格勒
依茲門
次
5月12日
5月26日
古比安斯克
河
斯拉夫揚斯克
第一裝甲軍團
0 哩 50
公里 80
俄軍攻擊(1942年 5 月12日)
德軍反攻(5月17日～26日)
河

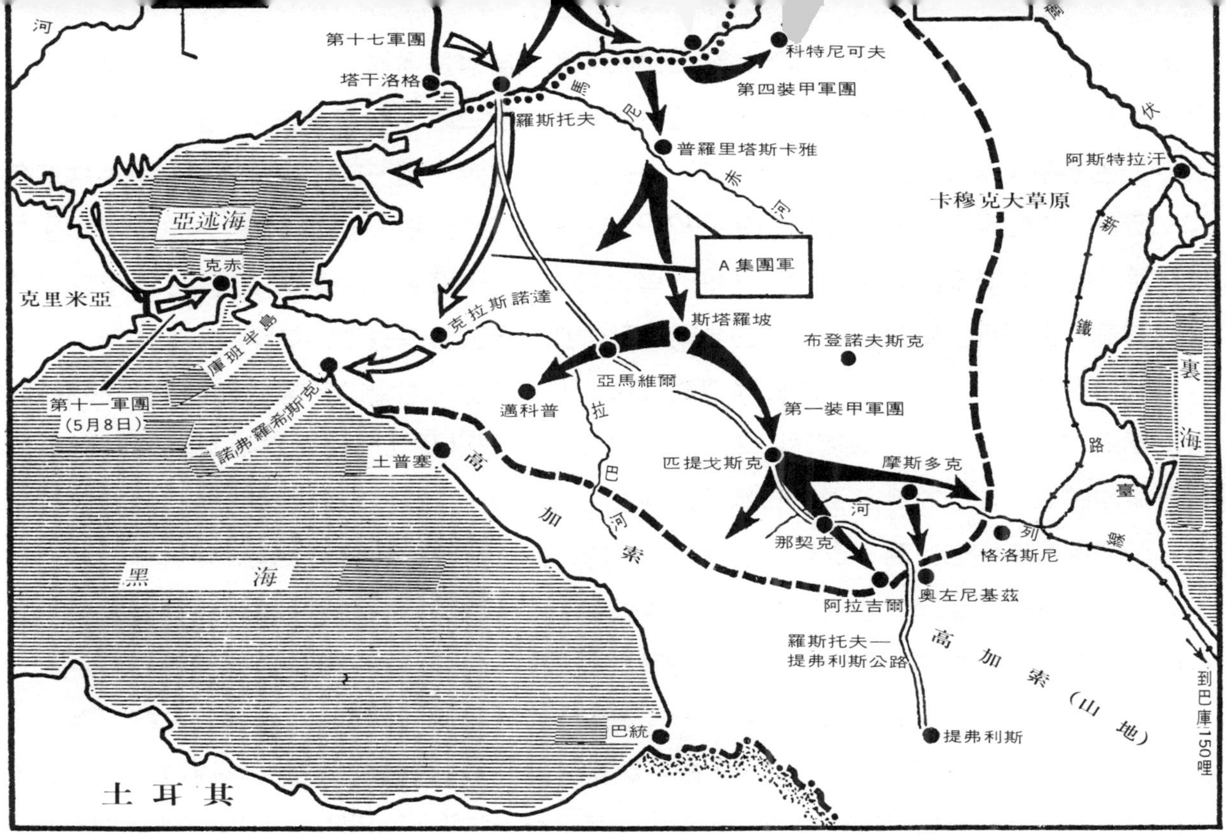
第十七軍團
塔干洛格
科特尼可夫
第四裝甲軍團
羅斯托夫
普羅里塔斯卡雅
阿斯特拉汗
亞述海
克赤
克里米亞
A 集團軍
克拉斯諾達
斯塔羅坡
布登諾夫斯克
庫班半島
第十一軍團
(5月8日)
諾弗羅希斯克
亞馬維爾
邁科普
第一裝甲軍團
卡穆克大草原
土普塞
匹提戈斯克
摩斯多克
那契克
格洛斯尼
阿拉吉爾
奧左尼基茲
黑海
羅斯托夫—
提弗利斯公路
高加索(山地)
巴統
提弗利斯
土耳其
裏海
到巴庫150哩

(superior weight and skill)，終於還是獲勝了。不過一直到七月四日，這個要塞才陷落，整個克里米亞遂完全落入德軍手中。因此，俄國人也就喪失了其在黑海的主要海軍基地。他們的艦隊雖仍繼續「存在」(in being)，不過事實上已經是消極而無能爲力。

在克里米亞展開攻勢序幕的同時，德軍又發動了另一個分散敵方注意力的助攻，其地點是在預定發動主力攻擊的附近。六月十日，德軍利用其在依茲門的「楔形」位置，強行渡過頓內次河，並在該河北岸獲得一個立足點。在逐步將其擴大成爲一個大型的橋頭陣地之後，德軍於六月二十二日，就從那裏向北發動了一個強大的裝甲攻擊，並在兩天之內達到該河以北約四十哩處的古比安斯克(Kupiansk)道路交叉點。所以當德軍於六月二十八日發動主力攻擊時，也就構成一種非常有利的側翼掩護，足以幫助其東進。

在左翼方面，進攻的德軍遭遇到俄軍頑強的抵抗，相持了幾天之後，俄軍的預備隊消耗殆盡，於是第四裝甲軍團才能從庫斯克與貝爾哥羅(Belgorod)之間的地段實行突破。此後它就迅速的越過了一百哩寬的平原，在弗洛奈士(Voronezh)的附近到達頓河的東岸。這似乎是暗示德軍將要直接渡過頓河上游，並超越弗洛奈士，以切斷從莫斯科到史達林格勒和高加索之間的鐵路交通線。但實際上，德軍卻並無此種企圖。他們所奉的命令是到達河岸就停止前進，並構成一道側面防線，以掩護其他部隊向東南方繼續前進。接著就由第二匈牙利軍團來接替第四裝甲軍團的防禦任務，而後者則向東南旋迴，沿著頓河與頓內次河之間的「走廊」南下，第六軍團就跟在它的後面，並以攻佔史達林格勒爲其任務。

左翼方面的整個行動，對於正在右翼方面發展中的威脅，又具有一種掩蔽的趨勢。因爲正當俄國人的全部注意力都集中在德軍從庫斯克向弗洛奈士的攻勢行動之上時，克萊斯特的第一裝甲軍團，卻正開始從卡爾可夫地區發動一個危險性更大的攻擊。由於俄軍在他們自己所發動的攻勢失敗之後，所佔的陣地就一直缺乏良好的組織，而德軍在古比安斯克的「楔子」，又恰好揷在俄軍的側背上，遂使克萊斯特的行動獲得很大的便利。在迅速的突破之後，克萊斯特的裝甲部隊就沿著頓河到頓內次河之間的走廊東進，到達車特科夫(Chertkovo)，該城位於從莫斯科到羅斯托夫的鐵路線上。於是他們又向南旋迴，越過米勒羅夫(Millerovo)和卡曼斯克(Kamensk)，直趨羅斯托夫和在其以上的頓河下游。

七月二十二日，在從攻勢發起線前進約二百五十哩之後，這支部隊的左翼渡過了頓河，並未遭遇任何抵抗。次日，右翼部隊到達羅斯托夫俄軍防線的邊緣，並且已經突入了一小部分。這個城市位於頓河的西岸上，孤立無援，而俄軍在迅速撤退中，也沒有來得及作適當的防禦部署。德軍的梯次斜正面行動(即左翼已經渡河)，更增加了他們的混亂，所以該城很快的就落入德國人的手裏。該城被佔之後，來自高加索的輸油管也就被切斷。於是俄軍所仰賴的石油補給就必須改用運油船經過裏海運輸，或者利用在大草原以西臨時趕工所舖設的一條新鐵路。此外，俄國人也已經喪失一大塊出產糧食的地區。

對於這種壯觀的閃擊勝利，卻有一點重要的遺憾：那就是，雖然有大量的俄軍被衝散，但是俘虜的總數卻遠不如一九四一年那樣大。同時，進度雖然相當快，但卻還是不夠理想。誠然，德軍所遭到的抵抗要比過去為廣，但這並非主要原因。由於訓練最佳的德軍戰車部隊，在過去的戰役中已經損失太多，所以就使他們的將領有寧願採取比較愼重的方法的趨勢。此外，一九四一年的裝甲「兵團」(Group)，現在都已改組為「軍團」(Army)，於是其中步兵和砲兵的比例都增大，結果這些支援部隊的增加，反足以減低裝甲部隊的速度。

雖然大量的俄國部隊由於德軍的前進而暫時被迫處於孤立的地位，但其中有許多都能乘著德軍尚未對他們加以圍殲之前，就先溜走了。因為德軍的前進是採取東南的方向，所以俄軍的逃走也就自然是採取西北的方向，這就幫助了俄軍當局在史達林格勒地區內或其附近收容那些敗兵。於是當德軍繼續向高加索作深入的前進時，在那裏的部隊也就逐漸發展成為一種足以威脅德軍側翼的隱憂。這對於次一階段的作戰就產生一種非常重要的影響作用。在那個階段中，德軍開始採取分叉的進攻路線——一部分直趨高加索油田，另一部分則指向伏爾加河上的史達林格勒。

在渡過了頓河的下游之後，克萊斯特的第一裝甲軍團就向南旋迴，進入了馬尼赤(Manych)河谷——這一條河與裏海之間有一條運河連接著。俄軍把那裏的大水壩炸毀之後，洪水立即在馬尼赤河谷中造成氾濫，於是也就暫時阻止了德軍戰車的前進。但只經過兩天的延遲，德軍還是成功的渡過了這條河，並繼續向高加索境內挺進，而且也擴大攻擊正面。抵抗的缺乏和地形的開闊給予德軍以極大的鼓勵。克萊斯特軍團的右翼縱隊，幾乎是採取正南的方向通過亞馬維爾(Armavir)，直趨在羅斯托夫東南方二百哩邁科普(Maikop)的巨大石油工業中心，並在八月九日到達該地。在同一天裏，其中央縱隊的前鋒也已經衝入匹提戈斯克(Pyatigorsk)，該城在邁科普東方一百五十哩，並且也位於高加索山脈的山麓上。他的左翼縱隊則採取更偏東的方向，趨往布登諾夫斯克(Budenovsk)。各機動支隊被派在先頭挺進，所以在八月初，德軍越過頓河以後的前進速度，的確是很夠驚人。

但是這種驚人的速度卻不過是曇花一現而已。沒有好久，德軍的前進就開始遭遇到障礙。最主要的障礙有兩個，其一是燃料的缺乏，其次爲多山的地形。除此二者之外，史達林格勒的戰鬥也產生了很大的牽制作用，由於大部分兵力都消耗在該地區的戰鬥中，假使能夠把他們用在高加索方面，則一定可以產生決定性的作用。

對於這樣遙遠的前進，若欲維持燃料供應的繼續不斷，實在是很困難，尤其是運油的火車必須通過羅斯托夫瓶頸，而鐵路軌道又必須把俄國的寬軌臨時改爲中歐的標準軌道——德國人不敢利用海上的補給線，因爲蘇俄的黑海艦隊依然繼續保持其「存在」，空運雖已利用，但是運輸量太有限，總運量的絕大部分還是要依賴鐵路，專憑空運是不足以維持前進的動量。

對於德軍目標的達到，山岳地形是一種天然的障礙，同時由於德軍到達此一地區後，其所面臨的抵抗也日益頑強，所以也就更增加了山地的阻礙效力。在此以前，德軍是不難繞過那些抵抗其前進的蘇俄部隊，後者都有這樣一種趨勢，即寧願在被切斷之前先行撤退，而不願像在一九四一年那樣作頑固的戰鬥。此種改變也許是由於俄國人已經採用一種比較具有彈性的防禦戰略，不過德軍當局根據審訊俘虜時所獲得的資料，深信那些被迂迴的俄軍都是想找機會逃回老家去，而尤以從亞俄地區前來的人員爲然。但當德軍達到高加索之後，俄軍的抵抗就開始增強。這裏的守軍大部分是由當地人員所組成，他們具有一種保護家鄉的觀念，而且對於山地的作戰環境也極爲熟悉。這些因素都增強了防禦的力量，尤其是山地的地形使攻擊者的裝甲部隊不能像怒潮一樣的湧入，而被限制在那些狹隘的孔道之間。

當第一裝甲軍團繼續從側翼向高加索攻入時，第十七軍團的步兵就跟在後面，通過羅斯托夫瓶頸，然後向南直趨黑海的海岸。

在邁科普油田已經攻克之後，高加索的戰線也就開始重新劃分，並指定更進一步的目標。

第一裝甲軍團所負責的爲主要的一段，從拉巴河(Laba River)起到裏海爲止。其首要目標就是攻佔從羅斯托夫到提弗利斯(Tiflis)之間的大公路在山地中的一段。其第二目標則爲攻佔裏海沿岸的巴庫(Baku)城。第十七軍團負責較窄的一段，從拉巴河到克赤海峽。其第一任務爲從邁科普和克拉斯諾達(Krasnodar)向南推進，越過高加索山脈的西端，攻佔諾弗羅希斯克(Novorossiisk)和土普塞(Tuapse)等黑海港口。其第二目標則爲沿土普塞以下的沿海公路前進，以打通到巴統(Batumi)的道路。

從土普塞向南走的沿海岸公路是在高山懸岩之下通過，但第十七軍團的第一項任務卻似乎是相當的輕鬆，因爲只要前進不到五十哩的距離，就可以到達海岸，而山脈的西端也已經趨於平緩，成爲一種山麓丘陵地。但這個任務卻證明並不容易。德軍前進時必須渡過庫班河(Kuban River)，而在其靠近河口部分的兩岸卻是寬廣的沼澤，再往東走，丘陵地形也就變得很崎嶇，足以構成困難的障礙。直到九月中旬，第十七軍團才攻佔了諾弗羅希斯克。但卻永遠不曾到達土普塞。

在主要前進線上的第一裝甲軍團，比較上有了較佳的發展；但速度卻已經日益減緩，而且時常停頓不前。在這個向山區的前進中，燃料的缺乏實爲一最嚴重而具有決定性的障礙。裝甲師有時爲了等待燃料的補給，而在半路上一等就是幾天。這也就使德軍坐失最好的機會

——乘著奇襲心理影響尚未消蝕，和敵軍防禦尚未來得及增強之前，就先行攻佔某些隘道。等到以後在山地中必須進行苦鬥時，因為大部分有專長的山地部隊都已經分配給第十七軍團，企圖到達土普塞和打通到巴統的沿海公路，所以第一裝甲軍團也就受到更多的額外阻力。

當德軍將要到達臺列河(Terek River)時，受到第一次嚴重的阻攔——這條河掩護著越過山地通往提弗利斯的道路，以及在山地以北比較暴露的格洛斯尼(Grozny)油田。臺列河雖然並不像伏爾加河那麼大，其寬度也並不驚人，但其流速卻使它對德軍構成一種重大的障礙。於是克萊斯特企圖向東迂迴，那也就是向其下游方向走，終於在九月的第一個星期，在摩斯多克(Mozdok)附近渡過了該河。但是他的部隊又為臺列河以南佈滿密林的丘陵地所阻。格洛斯尼距離摩斯多克渡口只有五十哩，但儘管德軍曾作多次的努力，卻還是未能使那裏的油田落入他們的掌握之中。

德軍之所以受挫還有另外一個重要的原因，那就是俄國人突然把一支擁有幾百架轟炸機的空軍部隊，調駐在格洛斯尼附近的各個機場上，這些轟炸機的突然出現，對於克萊斯特的前進構成一種極有效的阻力，因為他的大部分防空單位，以及支援他的空軍部隊，現在都被撤回去幫助在史達林格勒方面的德軍。所以俄國的轟炸機可以自由的攻擊克萊斯特的軍團，而不至於受到任何的干擾。他們同時又把大塊森林變成一片火海，使德軍無法從中通過。

同時，俄軍又使用(乘馬)騎兵師沿裏海南下，以擾亂德軍在東面暴露的側翼。由於德軍的掩護兵力很稀薄，所以在這種大草原上，蘇俄騎兵憑藉其特有的素質，也就可以縱橫無忌，成爲一種很可怕的威脅。他們可以任意的從德軍的前哨據點之間滲透過去，切斷德軍的補給線。又因爲俄國人從阿斯特拉汗(Astrakhan)向南已經建築了一條新的鐵路線，所以也就使他們在這個側翼上的滲透活動日益增強。這一條鐵路線是平鋪在大草原的曠野中，沒有路基，也不需要任何橋樑和堤岸。不久德國人即發現切斷這條鐵路線的行動，只不過是浪費精力而已，當任何一段被拆毀時，俄國人馬上就會重新舖設，很快的又恢復通車。同時，敵人幾乎是來無影去無蹤，所以側翼的威脅也變得日益嚴重。雖然德軍的機動支隊也曾深入到裏海的海岸，但從他們眼中看來，裏海卻無異於「沙漠中的蜃樓」。

從九月到十月，克萊斯特一直都在嘗試繼續從摩斯多克向南推進，並在不同的點上作奇襲式的攻擊。但每一次的企圖都失敗了。於是他決定把他的重點從左向右移，對奧左尼基茲(Ordzhonikidze)發動一個鉗形的攻擊——這也就是通到達拉爾隘道(Daryal Pass)的門戶，由此即可直達提弗利斯。這個攻擊是在十月最後的一個星期才發動，爲了幫助他成功，希特勒也給予當時所能抽出的一切空中支援。克萊斯特的右鉗頭從西面迂迴前進，攻佔了那契克(Nalchik)，然後再進向阿拉吉爾(Alagir)——這是另外一條通過馬米森隘道(Mamison Pass)的軍用道路之起點。從阿拉吉爾，德軍向奧左尼基茲進攻，而左面的鉗頭也從臺列河谷方面作向心的會合，雨雪交加的天氣在這個最後階段延誤了德軍的進展，當克萊斯特幾乎一伸手就可以到達其眼前的目標時，俄軍卻開始發動一個在時間上和目標都有良好計算的反擊。這使得一個羅馬尼亞的山地師立即突然的發生崩潰——這個師在一路前進時，都有很好的表現，但現在卻已經支持不住。結果克萊斯特只好撤回其部隊，並放棄這個功敗垂成的計畫。於是雙方的戰線都穩定下來，而德軍仍然面對著他們白花許多氣力都還不曾穿過的高加索山地。

俄軍在高加索中部的這次最後卻敵，也與在史達林格勒大反攻的開始，幾乎是在同一時間。

同時，德軍在西高加索方面也曾計畫作一次最後的努力，但卻始終不曾實現。希特勒這一次突然決定使用空降部隊，這是他一直都保留著不用的一張王牌。傘兵師——爲了僞裝起見，仍然被稱作第七航空師——已經集中在克里米亞及其附近，準備從那裏空降於土普塞到巴統間的公路上，以與地面進攻的第十七軍團兵力相會合。但這時俄軍不僅已在史達林格勒發動了大反攻，而且接著在耳塞夫附近又發動了一個新的攻勢。在那裏爲了想對史達林格勒作一種間接的援助，朱可夫(Zhukov)所指揮的部隊在八月間幾乎突破了德軍的防線。希特勒對於這兩方面的威脅大感震驚，於是決定取消對巴統最後一次的攻擊計畫，並命令把這些傘兵用火車迅速送往斯摩稜斯克，以作爲對中央戰線方面的增援。

所有這些失敗和危險都是德軍在史達林格勒受挫的結果。那裏本是一個輔助目標，但卻逐步發展成爲一種主要的努力，因而把爲達到原定主要目標所需的陸軍和空軍預備部隊消耗殆盡，最後遂使德軍一事無成。

這似乎是很夠諷刺的，德軍首先爲了遵守正統戰略準則已經付出一筆代價；以後又因爲不遵守正統戰略準則再付出一筆代價。從原有的集中全力的觀念，反而產生了分散兵力的致命結果。

向史達林格勒的直接前進，是由包拉斯所指揮的第六軍團來負責執行。它沿著頓河與頓內次河之間「走廊」地帶的北邊前進。由於在南邊的裝甲兵力已經先發動攻勢，所以遂使第六軍團獲得很多的幫助，而在最初階段進展得頗爲順利。但是愈向前推進，則兵力也就愈減弱，因爲必須分派許多部隊沿頓河去掩護那個日益延長的北側翼。又因爲在炎熱的天氣之下，作長時間的快速行軍，再加上一連串的戰鬥，所以部隊也就消耗得非常厲害。在退卻中的俄軍是一路都在作步步爲營的抵抗，由於德軍兵力的減弱，也就愈難克服這種障礙。每一次的激烈戰鬥必然會造成重大的損失，因此也就相對的減弱應付下一個危機的能力。

等到第六軍團接近頓河的東邊大灣時，這種效力遂更爲顯明。七月二十八日，其機動矛頭部隊的一股，在卡拉赤(Kalach)附近到達頓河的近岸——這裏距離攻勢發起線已達三百五十哩，而距史達林格勒的伏爾加河西灣則僅爲四十哩。但這不過是曇花一現而已，因爲其大部分的部隊正在頓河灣內遭遇俄軍頑強的抵抗。由於正面狹窄，和機動部隊所佔的比例較低，所以第六軍團的機動能力遠不如裝甲軍團。德軍整整花了兩個星期的時間，才擊破在該河灣中的俄國部隊。甚至於又花了十天的時間，才能在頓河的遠岸建立橋頭陣地。

八月二十三日，德軍才完成一切的準備，開始對史達林格勒作最後階段的攻勢前進。德軍仍然採取一種鉗形的攻擊方式，第六軍團從西北方向進攻，第四裝甲軍團則從西南方向進攻。在同一夜間，德軍的機動單位在史達林格勒以北三十哩處到達了伏爾加河岸，而且也接近該城以南十五哩處的伏爾加河灣。但守軍卻努力使這兩個鉗頭不能立即合圍。在次一階段，德軍又再從西面進攻，於是完成了一個半圓形的壓力圈，從俄軍當局號召其部隊應不惜一切犧牲戰至最後一人的口氣中，即可以知道情況的嚴重。俄國部隊以一種驚人的耐力來響應此種號召，在非常艱苦的條件之下，幾乎是補給和增援都已斷絕，他們仍繼續苦戰不屈。在他們的後面是一條兩哩寬的大河，但這卻並非完全不利。有了他們那樣的部隊，這條河足以幫助增強抵抗並使問題變得更爲複雜。

沿著俄軍的弓形防線上，德軍一再的進攻，似乎是永無休止的，儘管進攻的地點和方法時常改變，但是都只有輕微的進展，不足以補償攻擊者所付出的代價。有時，德軍雖已突入俄軍的防線，但深度總嫌不夠，所以最多也只能造成局部的撤退。而且攻擊通常都是不能貫穿。一再攻擊不下之後，這個地區的心理重要性也就隨之而增高——正好像一九一六年的凡爾登一樣。這一次地名又更增強了這種心理作用。「史達林格勒」對於俄國人是一種精神象徵，而對於德國人，尤其是他們的領袖，卻變成了迷魂湯。它使希特勒陷入催眠的狀況，他完全忘記了一切戰略的影響，甚至於也不考慮任何未來問題。那是比莫斯科更具有致命的效力——因為這個地名的意義更為重大。

任何頭腦冷靜的戰爭經驗分析家，都能立即認清這種繼續不斷的努力是不利的和危險的。除非防禦部隊已經孤立無援，又或是敵國的預備兵力正在日漸枯竭，否則這樣一再的猛攻通常都會得不償失——而在目前這種情況之下，比較經不起長期消耗的卻是德國人，而不是俄國人。

儘管俄國人損失重大，但其人力的儲備卻遠比德國人龐大。然其最大的弱點是在裝備方面。這主要是由於他們在一九四一年受到重大的損失，而在一九四二年的再度失敗也不無關係。他們缺乏各種火砲，大部分都以用卡車載運的迫擊砲來代替。戰車以及各種形式的摩托化運輸車輛也都極感不足。但到一九四二年夏季結束時，從後方的新工廠中所生產的新裝備就已經開始不斷的向前方補充，此外還有來自美國和英國的大量補給。同時，自從戰爭爆發之後，俄國即大量動員其人力，現在也已經產生效果。從亞洲方面也已經運來許多個師。

史達林格勒會戰地區是位於極東的方面，所以也就比較容易接受從東方來的援助。這對於該城的防禦大有幫助，因爲該城的位置頗爲惡劣(背靠著大河)，所以直接的增援不易進入，但是在其北面俄軍實力的增加，所能產生的間接壓力並不亞於直接的增援。假使不是俄軍缺乏近代戰爭中的重要武器，否則他們在側翼上的反攻也許早就可以反敗爲勝了。不過由於德軍現在已經陷入一種局部化的消耗戰，其有限的預備人力和物力已經愈用愈少，所以情況也就變得日益對俄軍有利。在這種戰鬥中，因爲德軍是攻擊者，所以他們的消耗率經常要比守軍爲高，同時他們又正是比較經不起這樣消耗的。

德軍陸軍參謀本部不久就認淸此種消耗過程的危險。每當哈爾德向希特勒作完每天一度的例行會報之後，他走出來時總是做一個失望的手勢，並且告訴他的助手們，他又一次未能說服希特勒使其恢復理性。由於冬季日益接近，所以哈爾德也就爭論得益爲激烈，於是他和希特勒之間的關係就發展到雙方都無法再忍受的程度。在討論計畫時，希特勒還是繼續保持其不可一世的姿態，用手指向地圖上一劃就是一大片地方，所可惜的是，實際的進展卻已經小到地圖上都找不到的程度。但他既然無法把俄軍趕出戰場，於是不得已而求其次，就一心想把那些老頭子趕出他的辦公室。他一向就痛恨那些「老將」們，對於他的計畫並不眞正欣賞，而現在失敗得愈厲害，他就愈怪參謀本部不曾替他竭智盡忠的工作。

所以到了九月底，哈爾德就離職了——隨他一同離職的還有他的幾個助手——接替他的人是柴茲勒(Kurt Zeitzler)，他是一個比較年輕的人，現在正在西線充當倫德斯特的參謀長。（譯者註：此時倫德斯特又再度被起用，在法國出任德軍西線的總司令。）在一九四〇年，柴茲勒是克萊斯特裝甲兵團的參謀長，對於後勤計畫頗有貢獻，德軍裝甲部隊之所以能長驅直入，從萊茵河直達英吉利海峽，他這個無名英雄的功勞是很大的。除了這個重要的資歷以外，希特勒又感覺與這個比較年輕的軍人談論攻向裏海和伏爾加河的長程計畫時，困難一定可以少一點——尤其是當他突然被擢升到這種最高位置時，內心裏一定會有感恩圖報的想法。最初柴茲勒在這一方面的確不曾辜負希特勒的期望，因爲他並沒有像哈爾德那樣對希特勒保持一種經常反對的態度。但是經過一個極短的時間之後，柴茲勒本人在內心裏就感到煩惱了，等到攻佔史達林格勒的希望已經消失時，他也就開始和希特勒展開辯論，並認爲在那樣前進的位置上維持德軍的戰線實際上是不可能的。當以後的事實證明柴茲勒的警告是一點都沒有錯時，希特勒遂更惱羞成怒，從此更不願意聽信他的忠告。自從一九四三年起，希特勒就對他採取疏遠的態度，所以他的意見也就日益變得沒有影響力了。

這些同樣的基本因素，不僅使德軍對史達林格勒的攻擊受到挫折，而且在俄軍最後發動反攻時，也使他們遭到一次嚴重的失敗。

當德軍愈接近該城時，其本身的活動能力也就愈受限制，由於戰線縮短，也使守軍易於調動其預備隊，來迅速應付任何一點上的威脅。同時德軍也喪失其聲東擊西的利益。自從夏季會戰開始以來，直到前進至頓河上爲止，德軍的目標始終是不確定的，所以也就足以幫助癱瘓對方的抵抗。現在他們的目標卻已經變得極爲顯明——所以俄軍當局遂敢大膽的使用其預備部隊而毫無一點猶豫。儘管攻擊者儘量把兵力向史達林格勒集中，但所獲得的效力卻反而日益減低——因爲集中的攻擊已經遇到了集中的防禦。

同時，當德軍的兵力向史達林格勒這一點集中時，其兩面側翼上的掩護也自然的日益減弱——而那個側翼本來就已經拉得太長：從弗洛奈士沿著頓河到史達林格勒「地岬」差不多長達四百哩；而從那裏，越過卡穆克大草原(Kalmuk Steppes)到臺列河之線，又是一個同樣長的距離。雖然在上述的第二地段方面，由於一片荒原，足以限制俄軍的反攻重量，但這種限制對於頓河地段卻並不適用。那雖然是一條大河，但是只要封凍之後就可以到處通行無阻。而且沿著那樣漫長的河川線，德軍有兵駐守的地點實在是非常有限，所以俄軍隨時隨地都有偷渡的機會。此外，他們在史達林格勒以西一百哩的賽拉費莫維區(Serafimovich)附近，以及在頓河的南岸上維持著一個橋頭堡。

自從八月以來，俄軍即作了一些小規模的試探性攻擊，這也預兆著這一條綿長翼側面的危險。這些攻擊證明德軍的防禦是如何的單薄，而且那些防禦主要都是由德國的盟國部隊來負責——從弗洛奈士往南是由匈牙利部隊負責，在新卡里特伐(Novaya Kalitva)附近往東是由義大利部隊負責，在史達林格勒城的兩面則由羅馬尼亞的部隊負責。中間只是偶然夾著少數的德軍部隊(通常都是老弱殘兵)來作爲防禦的骨幹。一個師所負責的地段常常長達四十哩，而且也沒有適當的防禦工事。鐵路線距離前線往往在一百哩以外，這個地區是那樣的荒涼，連可以用來構築工事的木材也很少。

由於認清了這種困難的情況，所以早在八月間，德國陸軍參謀本部就已經報告希特勒：在冬季裏，要想守住頓河之線以當作側翼的掩護，事實上是不可能的。他們的警告根本不曾爲希特勒所重視。希特勒一心就只想要攻佔史達林格勒，其他一切的考慮都已經變成次要的，甚至於還可以說是不重要的。

九月中旬之後，當德軍已經先後突入史達林格勒的郊區和工業區時，此種過於直接的攻擊方式更暴露它的弱點。受到巷戰的糾纏，對於任何攻擊作戰而言，都是一種不利的障礙，而當這支部隊的主要優點就是其高度的機動力時，這種妨害的程度也就變得更大。同時防禦者又可以利用當地的工人團體，他們在保衛自己家園的戰鬥中，也打得最爲英勇。在這樣的環境中，本地人力的參加對於守軍的實力是一種極重要的補充。當時史達林格勒的守軍爲崔可夫(Chuikov)的第六十二軍團和夏米諾夫(Shumilov)的第六十四軍的一部分，他們在情況最危急時，幾乎是完全依賴當地工人的協助。第六十二軍團在頓河以西的戰鬥中曾經受到極重大的損失，而奉派指揮這整個地區的艾門柯將軍(General Eremenko)，卻無法替他們覓得立即的補充。

德軍進入建築區之後，也就使他們的攻勢自動產生了化整爲零的趨勢，即變成一連串局部性的攻擊，於是也減低了其潮流的衝力。這樣的情況又促成一種老習慣的復活——那也是一般老派步兵指揮官所崇尚的——即將戰車分成許多小溪流來使用，而不把他們匯成一道洪流。有許多次攻擊都只使用二十或三十輛戰車，只有少數幾次較大的努力曾經一次用到一百輛戰車，這種數字的意義即爲約三百人從事於戰鬥時才能攤到一輛戰車。由於比例是這樣的小，所以戰防火器自然的佔了上風。雖然這種數字是由於惡劣戰術所造成，但同時也顯示出物資的缺乏。空中支援的日益減少也是同樣顯著的例證。過去德軍之所以縱橫無敵，主要就是靠這兩種兵器（戰車和飛機）的聯合作戰，現在卻已經都不行了。於是其自然的結果就是步兵的擔負變得日益沉重，任何前進的代價也變得日益高昂。

從表面上看來，當防禦圈日益縮小，敵人日益接近城市心臟地區時，防禦者的地位也就似乎日益惡劣，甚至於可說是日益絕望。最緊急的關頭是在十月十四日，但德軍的攻擊卻又還是被羅地門茲夫（Rodimtsev）的第十三近衛師擊退。甚至於在這次危機度過之後，情況也仍然是非常嚴重，因爲守軍現在已經背靠著伏爾加河，所以很少有伸縮的餘地，來實施其吸收震盪（shock-absorbing）的戰術。他們已經不再可能用空間來換取時間。但在表面下，基本因素卻還是在替他們工作。

由於損失日益增加，心理擔負日益沉重，嚴冬將至，而預備隊已經用光，使過分暴露的側翼幾乎已經毫無掩護，所以德軍的士氣正在日益沮喪。因此對於俄軍而言，反攻的時機已經逐漸成熟。俄軍統帥部對於這次反攻準備已久，他們已經集結了充分的預備隊，足以對於伸展過度的敵人作一次有效的重大打擊。

俄軍於十一月十九日和二十日開始發動反攻，在時間上是有良好配合的。其發動時間是夾在第一次強霜與第一次大雪之間，前者可以凍結地面，加速部隊的運動，而後者卻足以妨礙行動。同時，也正是乘著敵人已經疲憊不堪和心理失常之際，來向他們作一次猛烈的反擊。德軍本以爲攻擊可以替他們帶來勝利，而結果卻適得其反，所以內心的失望和懷疑也就成爲一種自然的反應。

俄軍反攻所擬定的目標，在戰略和心理上都有很高明的構想——那是利用一種雙重意義的間接路線。俄軍是用一對鉗頭，每個鉗頭又分爲幾股小鉗頭，從史達林格勒的兩邊側翼上插入，來切斷第六軍團和第四裝甲軍團與「B」集團軍之間的聯絡。這些鉗頭插入的地方是恰當羅馬尼亞部隊所負責防守的地段。這個計畫的擬定是由蘇俄參謀本部的三大巨頭所共同負責，他們就是朱可夫、法希里夫斯基(Vasilevsky)和弗羅諾夫(Voronov)。主要的執行者爲西南方面軍總司令范屠亭(Vatutin)、頓河方面軍總司令羅柯索夫斯基(Rokossovsky)，和史達林格勒方面軍總司令艾門科。

在這裏應附帶說明的是，俄國人把整個東戰場已經劃分爲十二個「方面」(front)，而這些「方面」又都直接在莫斯科大本營的指揮之下。在「方面軍」以上就不再設較高級的司令部。他們的慣例是由大本營指派一位高級將領，率領一批幕僚人員，組成一個臨時指揮部來負責協調幾個「方面軍」在某一特殊作戰中的行動。這種「方面軍」平均是由四個「軍團」(Army)所組成，但俄國的軍團卻比西方的要小，通常都是直接控制若干個師，而在師與軍團之間沒有「軍」(Army Corps)這一級的編制。裝甲和摩托化部隊的基本單位爲旅而不是師，幾個旅再編成一個「軍」(Corps)，實際上是相當於一個較大型的師，而這種軍也由「方面軍」總司令控制。

〔譯者註：俄軍的「方面軍」與西方的「集團軍」〔Army Group〕地位雖大致相當，但每個方面軍的人數卻較少，而方面軍的個數則較多。以德軍而論，一個集團軍平均所轄爲三個軍團、九個軍、二十七個師，其他支援部隊在外。而俄國的方面軍所轄不過十餘個師。俄國方面有十幾個方面軍，而德軍的集團軍個數最後不過五個。〕

不過在新的制度尚未有機會充分試驗之前，俄國人在一九四三年夏季還是在軍團與師之間恢復「軍」的編制。就理論而言，俄國的新制比較好，因爲減少了指揮系統線上的環節，並使較高級指揮官手中有較多的「次級單位」(Sub-units)可供運用，於是作戰可以較爲迅速，而活動的彈性也可以提高。每增加一個額外的環節，也就會多一層痲煩。情報由下往上傳遞，命令由上往下分發，也都要多花費一些時間。此外，層數太多又足以減弱高級指揮官的控制力，使他對於眞正的情況有「鞭長莫及」之感，而下面的眞正負責執行者，也不容易受到其個人性格的影響。總之，中間性的司令部階層愈少，則行動也就愈有活力。從另一方面來看，指揮官所能調動的次級單位較多，則他在行動上的彈性也就較大。一個比較彈性化的組織可

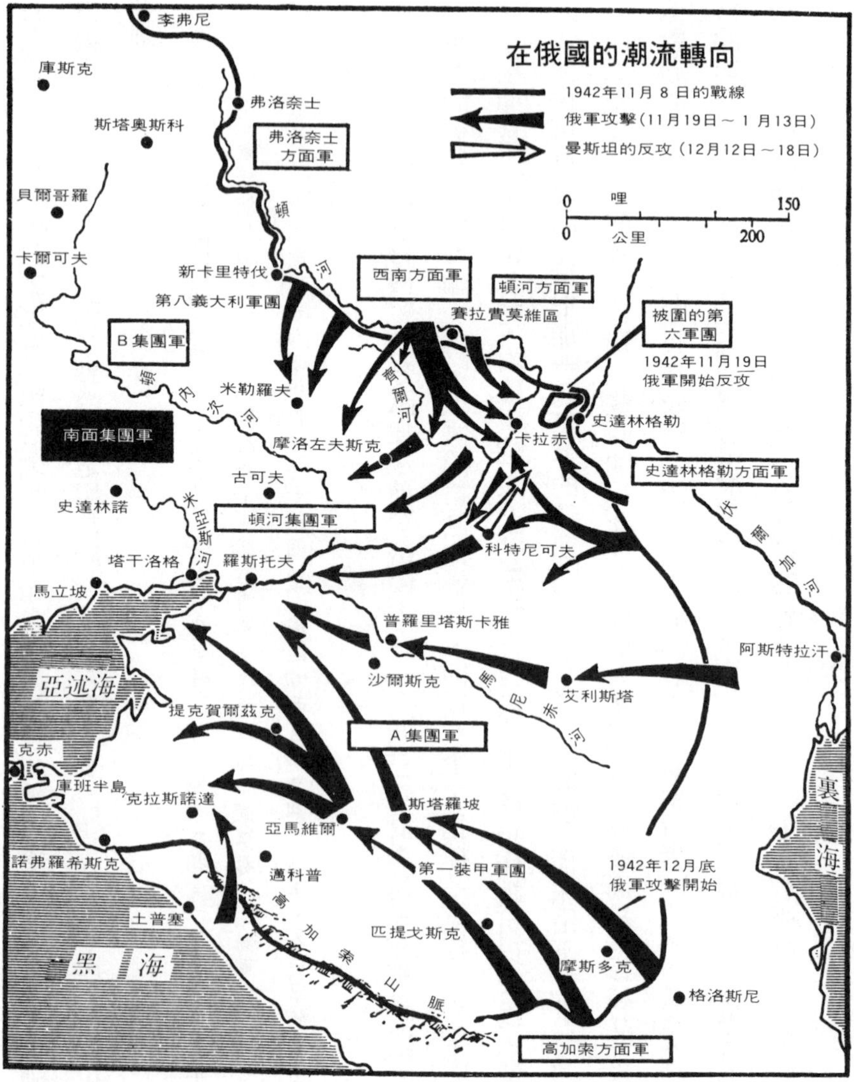
在俄國的潮流轉向
1942年11月 8 日的戰線
俄軍攻擊(11月19日～1 月13日)
曼斯坦的反攻(12月12日～18日)
0 哩 150
0 公里 200
李弗尼
庫斯克
弗洛奈士
斯塔奥斯科
弗洛奈士方面軍
貝爾哥羅
頓
卡爾可夫
新卡里特伐
河
西南方面軍
頓河方面軍
第八義大利軍團
賽拉費莫維區
被圍的第六軍團
B 集團軍
1942年11月19日俄軍開始反攻
頓
內
次
河
米勒羅夫
齊爾河
南面集團軍
史達林格勒
摩洛左夫斯克
卡拉赤
史達林格勒方面軍
古可夫
史達林諾
米
烏
斯
河
頓河集團軍
伏
爾
加
河
科特尼可夫
塔干洛格
羅斯托夫
馬立坡
普羅里塔斯卡雅
阿斯特拉汗
亞述海
沙爾斯克
馬
尼
赤
河
艾利斯塔
提克賀爾茲克
A 集團軍
克赤
庫班半島
克拉斯諾達
斯塔羅坡
裏
海
亞馬維爾
諾弗羅希斯克
邁科普
第一裝甲軍團
1942年12月底俄軍攻擊開始
高
加
索
山
脈
土普塞
匹提戈斯克
黑 海
摩斯多克
格洛斯尼
高加索方面軍

以發揮較大的攻擊效力，因為它比較易於適合各種不同的環境，並且又可以集中較大的兵力在某一決定點上。假使一個人除了大姆指以外，就只有一兩個其他的指頭，那麼他在用手工作時，一定會比正常的人要困難得多。這樣的手所具有的彈性比較少，而也缺乏集中的壓力。西方國家的軍事組織似乎就是犯了這樣的毛病，大多數單位都只有兩三個可以運用的部分。

在史達林格勒的西北面，俄軍的矛頭從頓河的河岸刺到卡拉赤，以及由此通向頓內次盆地的鐵路線。在史達林格勒的東南方，左面的部隊向西進展到向南通往提克賀爾茲克(Tikhoretsk)及黑海岸的鐵路線。把這條鐵路切斷之後，他們也就向卡拉赤前進，於十一月二十三日遂完成合圍之勢。在以後的幾天之內，包圍圈日益鞏固，被圍的德軍為第六軍團的全部，再加上第四裝甲軍團的一個軍。在這幾天之內，由於俄軍的行動迅速，所以不僅在戰略上已經把形勢扭轉，而且同時又能繼續保持其防禦性的戰術利益——一個間接路線若是使用得當，往往即可以獲得這樣的雙重效果。因為德軍現在被迫仍然必須繼續攻擊——但不是要突入，而是要突出。他們突圍的努力正像過去前進時一樣的勞而無功。

此時，另一支強大的俄國部隊已經從賽拉費莫維區的橋頭堡中衝出，散佈在頓河灣以西的地區內，分為若干股向南攻入頓河—頓內次河之間的「走廊」地帶，並在齊爾河(Chir)上與從卡拉赤前進的左鉗頭的部隊相混合。這個外圈的行動對於整個計畫的成功非常重要，因爲它破壞了敵軍的作戰基地，並放下了一道鐵幕，切斷了所有可用的路線，使德軍無法馳援包拉斯的部隊。

德軍在十二月中旬，就從西南面發動了一次反擊，達到從科特尼可夫（Kotelnikovo）至史達林格勒之線。所使用的部隊都是臨時拼湊的，負責指揮的人即爲一代名將曼斯坦（Manstein）。他的第十一軍團司令部從中央集團軍中匆匆的被抽出，並升格成爲「頓河集團軍」。這個頭銜雖然很夠威風，但他所指揮的部隊卻未免太小，不足以與之相稱。爲了想要解救史達林格勒之圍，曼斯坦所使用的都是一些七拼八湊的部隊，其中只包括一個第六裝甲師，那是從法國的不列塔尼利用鐵路趕調過來的。

憑藉巧妙的戰術，曼斯坦對於他那一點極少量的裝甲部隊，作了最大限度的運用，終於能夠在俄軍的外圍陣地中作一個很深的突入。但當他前進到距被圍部隊還有三十哩遠的地方就被阻止了，由於其本身的側翼受到俄軍的威脅，所以不得不逐漸撤回。自從這一次企圖失敗之後，德軍就更無預備隊可供再度嘗試之用。不過曼斯坦卻仍儘可能留在其暴露的陣地上，甚至於已經超過了安全的限度。其目的是爲了掩護某些機場，這對於被圍的部隊而言，也就是他們的生命線——因爲現在這個軍團的補給已經完全仰賴空運；儘管數量極爲有限，但卻仍可苟延殘喘。

十二月十六日，俄軍又向西面作了一個新的迂迴運動。指揮弗洛奈士方面軍的高立可夫將軍(General Golikov)，把其左翼伸過頓河的中游部分。在新卡里特伐與莫拉斯台齊拉(Monastyrshchina)之間一段長達六十哩的地段中，俄軍在許多點上分別渡過了頓河——那是由第八義大利軍團負責防守的地段。在拂曉時，俄軍首先發動猛烈的砲擊，使許多義大利人聞聲而逃，接著俄軍戰車和步兵就從已經凍結的頓河上順利越過。風雪幫助減低了守軍的視力，但並不能阻止俄軍的前進。他們很快的向南推進，到達了米勒羅夫和頓內次河岸。在一個星期之內，俄軍分頭掃蕩，幾乎已經肅清整個頓河和頓內次河之間的「走廊」地帶。由於防禦太薄弱和潰散太迅速，所以在第一回合很難捕捉大批的俘虜，但到了次一階段就有許多在撤退中的德軍被追及和受到包圍，於是到了第二星期終了時——也就是那一年的年終——俄軍所俘獲的德軍及其盟國部隊總數達到六十萬人。

所有在頓河下游和高加索的德軍也都受到了背面的威脅。但由於積雪日深，而在米勒羅夫和頓內次河以北的其他幾個交通中心上，德國部隊仍能繼續作頑強的抵抗，所以此種威脅也就暫時得以緩和。

儘管如此，前途還是非常的危險。所以希特勒也終於認清了若是再執迷不悟，不肯放棄征服高加索的夢想，而強迫部隊死拚下去，則結果所造成的災難，將會比史達林格勒之圍還要可怕。於是他在一月間命令他們撤退。這個決定在時間上總算還不太遲，使那些德軍得以安全撤出而沒有被切斷。他們的撤退成功有助於戰爭的延長，但也在史達林格勒第六軍團的實際投降之前，就已經向全世界明白宣告德國的潮流是已經在下退了。

在俄軍反攻的過程中，最大的特點即爲朱可夫(他是負指揮總責的人)在攻擊點的選擇上表現得頗爲高明——從心理和地理兩方面來看，都是如此。他所攻擊的常爲敵方部署中的精神弱點。一旦當他的攻擊部隊喪失了立即性的局部效果之後，他又知道如何改變攻擊路線，並且也不放過造成敵軍全面崩潰的機會。因爲集中的攻擊，對敵方抵抗能力的消耗是受到效力遞減法則的支配，所以他會一再的發動多方面的攻擊，以使敵人感到難於捉摸。當反攻發展成爲主動的攻勢，而不再享有其最初的彈簧衝力時，也就是一種最有利而又能使自己實力不太消耗的戰略。

在所有一切因素(物質的和精神的都包括在內)的下面，又有一個基本條件，即爲空間與兵力的比例。在東戰場上空間是那樣的廣大，所以一個攻擊者只要不過於集中在一個太顯著的目標上——例如一九四一年的莫斯科和一九四二年的史達林格勒——則他總是可以找到足夠他作迂迴運動的空間。所以德軍雖無數量上的優勢，但只要他們仍能維持質量上的優勢，則還是可以繼續獲得攻擊的成功。反之，由於東戰場上的空間不僅廣大，而且深遠，所以當俄軍在機械上和機動上還不是德軍的對手時，這個因素也就成爲他們的救星。

但德軍現在一方面已經喪失其技術和戰術的優勢，而另一方面又已經消耗太多的人力。當他們的兵力縮小之後，俄軍的廣大空間也就開始變得對他們不利了，使他們難於守住如此遼闊的戰線。現在的問題就是：他們能否縮短戰線以恢復其平衡呢？抑是他們已經把實力消耗過度，而從此將再無翻身的機會呢？

第十九章　隆美爾的高潮

一九四二年的非洲戰役要比一九四一年的更激烈和變化無常。當戰役開始時，雙方是在昔蘭尼加的西境上彼此對峙著——其形勢正和九個月以前完全一樣。但等到新年過了三個星期之後，隆美爾又發動其另一次的戰略反攻，一下就突入二百五十哩以上，把英軍趕回到距離埃及邊境只剩下全部距離三分之一的地方。然後雙方的正面遂又穩定在加查拉(Gazala)線上。

將近五月底的時候，隆美爾又再度發動攻勢，並事先阻止了英國的一次攻擊——正好像他自己在十一月間被阻止的情形一樣。這一次，經過了扣人心弦的旋風式戰鬥之後，英軍又被迫撤退——撤退得那樣快和那樣遠，結果一直退回到了艾拉敏(Alamein)之線才勉強站住腳跟，這裏也就是進入尼羅河三角洲的最後一道門戶。這一次隆美爾的乘勝追擊，在一星期之內就前進了三百餘哩。不過到了這樣的深度時，他的部隊和衝力也就變成了強弩之末。雖然他努力想向亞歷山大港和開羅推進，但都勞而無功，戰鬥在雙方都筋疲力竭而結束之前，他也幾乎接近了失敗的邊緣。

八月底，隆美爾在獲得一些增援之後，又作了一次求勝的努力。但英國人在此時已經獲得更多的增援——在一組新的指揮官領導之下，以亞歷山大(Harold Alexander)和蒙哥馬利(Bernard Montgomery)爲首——所以隆美爾的攻擊被擊退了，而他也被迫放棄其原已獲得的大部分地區。

於是在十月底，英國人又開始反攻，其兵力的強大爲前所未有，所以這一次也就發生了決定性的效果。經過十三天的苦鬥，隆美爾的資源完全用盡，尤其是他的戰車幾乎已經沒有一輛可用。於是他的戰線終於不免崩潰，但他卻還是很僥倖的帶著殘部逃走了。他的部隊已經太弱，所以不可能再作任何認眞的抵抗，到了年底，即八個星期之後，他被逐回到的黎波里坦尼亞的布拉特(Buerat)——從艾拉敏算起已經西退了一千哩。但在那裏也不過是暫時停頓一下而已。這個撤退是以突尼斯爲最後的終點，而到了次年五月間，在非洲的德義部隊遂終於難逃最後被毀滅的命運。（原註：地圖方面請參閱第九章。）

在一九四二年一月初，英國人認爲他們在阿格達比亞(Agedabia)的受阻，乃是向的黎波里(Tripoli)進軍中的一次暫時中斷而已。他們正在忙於這個作戰的計畫和準備，其代字很巧妙的叫作「走索者」(acrobat)。的確如此，不到這個月的月底，他們就正像走索的賣藝者所表演的那樣驚險了。

一月五日，有一支由六艘貨船所組成的船團，逃過英國的監視網進入了的黎波里港，運來一批新的戰車，於是使隆美爾的戰車實力又增到恰好一百輛以上。獲得這種增援之後，又因爲已經獲得一項有關英軍前進部隊弱點的情報，於是他開始計畫立即反攻——但卻對他自己的企圖儘量保密。他在一月二十一日發動了這次反攻。二十三日義大利的軍政部長卡伐里羅(Cavallero)來到他的司令部，向他表示反對的意見，但到此時，隆美爾的矛頭卻早已東進了一百餘哩，而英軍向東的退卻卻還要更快。

當隆美爾發動攻擊時，英軍的前進部隊主要是由一個新到的裝甲師所組成。在這個第一裝甲師中的裝甲旅雖擁有巡航戰車一百五十輛，但卻是由三個乘馬騎兵團改編而成——不僅對裝甲戰鬥缺乏經驗，而且對沙漠作戰更毫無經驗。又因爲隆美爾所獲得的一批新三號戰車(Panzer III tanks)，裝甲厚達五十公厘，比各種舊式戰車的威力更大；而德軍的戰防砲部隊對於和裝甲配合攻擊的戰術又有更進一步的發展，所以英軍面臨的困難也就更多。關於那種新戰術的發展，希米特(Heinz Schmidt)在其所著《與隆美爾同在沙漠中》(*With Rommel in the Desert*）」一書內，曾有詳細的記載：

「帶著我們的十二門戰防砲，我們從一個地點躍進到另一個地點，而我們的戰車卻儘可能埋伏不動，並提供火力掩護。等到我們佔好了陣地之後，就以火力來掩護戰車前進。這種交換掩護的戰術是極有成效的，儘管敵方戰車的火力也很強大，卻無法阻止我們的前進。他們不僅一連串的受到損失，而且也不斷的被迫放棄陣地。我們也感覺到對方已經不再是那一批在卡普左小徑上打得我們好慘的頑強和有經驗的部隊了。」

更糟的是，這三個英國裝甲團又是被個別的投入戰鬥。在第一次交手時，他們的戰車就幾乎喪失了一半——那是因爲德軍在安特拉附近使他們遭到奇襲。由於義大利軍政部長卡伐里羅的干預，隆美爾的前進暫時停頓下來，他拒絕准許義大利機動軍跟著非洲軍一同前進。但英國人對於這個機會並未能加以利用，因爲看到英國並未作任何強力的對抗行動，所以隆美爾在二十五日遂又再度前進到達馬斯（Msus），突破英軍近衞旅和第一裝甲師所據守的防線，後者連同其剩下的三十輛戰車向北撤退，遠離隆美爾的前進路線。

隆美爾對馬斯的深入突破，使英軍當局匆忙的命令在班加西的第四印度師，撤出這個現已充滿補給物資的港口，退到德拉—米奇里之線。不過到了夜間，由於奧欽列克已從開羅飛到第八軍團司令部，他制止住軍團司令李奇(Ritchie)的倉皇失措，所以撤退的命令遂又被收回，並開始準備反攻。不過奧欽列克這次的干涉行動，卻被證明不如上次在十一月間那樣的適當而有效。因爲英國人現在想要守住在班加西和米奇里之間的長達一百四十哩的防線，所以兵力必然會分散，而且也幾乎完全靜止不動，喪失其一切的機動和機會。反之，隆美爾站在馬斯的中央位置，可以有充分的時間和自由來發展他的計畫，並選擇適當的攻擊目標。

因爲隆美爾的威脅變化無窮，所以在以後的若干天之內，在英軍指揮體系中所產生的現象就是「命令」、「收回成命」和「紊亂」。其插曲之一就是軍長高德溫•奧斯丁自請免職，因爲他反對軍團司令直接命令他的部下。所以結果也就糟不可言。

因爲隆美爾的兵力很小，所以他決定以向西進攻班加西爲其次一目標，其目的爲消除從該方向對其背面的任何威脅，但同時又佯裝以向東進攻米奇里爲掩護。這種佯攻的姿態使英軍司令部受到催眠，於是對米奇里方面匆忙的大事增援，而對於兵力分散得太遠的第四印度師，卻聽其孤立而未給予任何援助。隆美爾突然向班加西所發動的閃擊使得英軍措手不及，於是立即倉皇的放棄了那個港口，連同累積在該港所有一切的物資在內。隆美爾利用已經產生的心理震駭作用，遂派出兩個小規模的戰鬥羣向東追擊。他們的勇敢行動使得英軍自動放棄一連串可守的陣地，而一直退到加查拉之線——儘管非洲軍的大部分，由於缺乏補給，還是停留在馬斯地區附近。二月四日，英國第八軍團即已退到加查拉之線，而隆美爾直到四月初才說服義大利較高當局的猶豫態度，開始推動他的部隊逼近英軍陣地。

到了這個時候，加查拉陣地已經發展成爲一條「防線」，不僅已經構築了堅強的野戰工事，而且也敷設了廣大的地雷區。但是不久英軍又不以防禦的準備爲滿足，而開始積極計畫反攻。不過，當這一道防線變成了一種適宜發動攻勢的跳板時，對於防禦的目的也就比較變得不那麼適應了——因爲那是一條直線，而且缺乏必要的縱深。除了在沿海岸的地段以外，各要塞化據點之間都相隔太遠，使它們彼此無法作有效的火力支援。它們是從海岸起，向南延伸五十哩，而愈向南延伸，則其間的空隙也就愈大。其左翼的陣地在比爾哈強(Bir Hacheim)，由柯尼格將軍(General Koenig)指揮的第一自由法國旅負責防守，它與細第莫弗塔(Sidi Muftah)英軍據點之間相隔爲十六哩。對於防禦而言，爲了想要發動攻勢，而把前進基地和鐵路終點設在貝哈米德(Belhamed)，實爲另一弱點。因爲對於敵軍的迂迴攻擊那是一個太顯著的目標，但爲了保護那裏已經儲存的大量補給物資，此種需要也就成爲英軍指揮官在會戰時的一個嚴重的心理負擔，並且也限制了他們在兵力運用上的自由。

提早發動反攻是否實際可行和合乎理想，這個問題在英國方面引起很多的爭論，於是使政策和計畫也因之受到嚴重的影響。自從二月份起，邱吉爾先生即力主提早行動，他指出英國有六十三萬五千人閒置在中東戰場上一事不做，而俄國人卻正在作拚命的搏鬥，位於附近的馬爾他島，在凱賽林不斷的空中攻擊之下，已經危在旦夕。但是奧欽列克對於英國的技術性和戰術性弱點，卻比較具有深刻的認識，他主張應繼續等待，直到李奇所部的實力增到一種適當的水準，足以確實抵消隆美爾的質量優勢時，然後再發動決定性的攻擊。最後，邱吉爾還是不理會他所說的一切理由，決定把一項明確的命令送達給他，要他必須服從，否則就撤職。但是隆美爾在五月二十六日，又搶先動手了——這一次又是事先破壞了英國人的計畫，他們是準備在六月中旬才開始發動攻擊。

由於雙方都已獲得增援，所以雙方的實力都要比十一月間發動「戰斧作戰」時爲強大，雖然師的個數還是和過去一樣——三個德國師（其中兩個爲裝甲師）和六個義大利師（其中一個爲裝甲師）對抗著六個英國師（其中兩個爲裝甲師）。照一般政治家和將軍們的計算，即以師的個數爲標準，那麼隆美爾就是以九個師來打六個師，似乎是享有數量的優勢——所以這種簡單的軍事算術也就常被人引用來掩飾英國人的失敗。

但實際上，數字的比較卻和這種想法相差很遠，而這也可顯示出所謂的一個「師」，其意義是如何的模糊。義大利步兵師不僅編制不足額，而且五個中的四個都是非摩托化的，所以在一個大機動性的運動戰中，根本上就不能擔負任何積極性的任務——這裏所要分析的加查拉會戰，就是這樣的典型。英國第八軍團不僅擁有極充足的摩托化運輸工具，而且在其六個師之外，還有兩個獨立的摩托化旅羣(Brigade Groups)和兩個「軍團」直屬戰車旅。而其兩個裝甲師中的一個(第一裝甲師)，卻轄有兩個裝甲旅而不是一個——那是當時的正常編制。所以總計起來，第八軍團在現場上已有十四個戰車團，而還有三個正在前進的途中，至於隆美爾則一共只有七個戰車團，而其中只有四個德國戰車團是裝備著新的戰車。

以戰車數字而論，在第八軍團的裝甲部隊中，英國人一共有戰車八百五十輛，另有四百二十輛可供增補之用。他們的對手一共有戰車五百六十輛，但其中二百三十輛爲落伍而又不可信賴的義大利戰車，而在三百三十輛德國戰車中又有五十輛是輕戰車。所以在戰鬥中眞正能用的只有二百八十輛德國中型戰車，除了還有大約三十輛在修理中，和在的黎波里港剛到的二十餘輛新車以外，也就更無其他的預備戰車。所以根據現實的計算，在會戰剛剛開始時，英國人所享有的數量優勢爲三比一，而等到它變成了消耗戰時，此種優勢更升高成爲四比一。

在砲兵方面，英國人也享有三比二的數量優勢，不過由於他們所有的火砲都是平均分佈在各師之內，所以這種優勢也就不易發揮。反之，隆美爾卻親自控制著一支機動的砲兵預備隊，共爲五十六門中型火砲。他對於這種火力曾作極爲有效的運用。

在空軍方面，雙方的實力要比在任何其他會戰都更接近平衡。英國沙漠空軍的第一線實力約有六百架飛機(戰鬥機三百八十架、轟炸機一百六十架、偵察機六十架)。德義方面的總數爲五百三十架(戰鬥機三百五十架、轟炸機一百四十架、偵察機四十架)。但一百二十架的德國 Me109，就素質而言，卻較優於英國的「颶風」式和「小鷹」式飛機。

雙方戰車的素質比較，是一項較難分析的問題。自從第八軍團失敗之後，英國人很自然的認爲他們自己的戰車在素質上是趕不上敵人的，在奧欽列克的正式公文中也曾把這種觀念當作是一個事實。但若把雙方戰車火砲和裝甲的技術和試驗資料仔細的分析，就可以顯示出這種看法並不一定正確。大多數德國中型戰車所裝的都是五十公厘的短砲管戰車砲，其穿透能力比英國的兩磅砲爲差，後者是所有一切英國戰車裝用的火砲，其初速比較大。就裝甲方面來比較，在一九四一年，大部分德國戰車的裝甲保護都趕不上英國較新式的巡航戰車。前者最厚的裝甲爲三十公厘，而後者則爲四十公厘。現在(一九四二年)它們除了旋轉砲塔的部分以外，已經有了較好的保護；某些新到的戰車車身裝有五十公厘的裝甲，而其餘的舊戰車也在外殼最暴露的部分加上了額外的護甲。不過若與「馬提達」和「法蘭亭」等英國重戰車相比較，則所有的德國戰車都是比較容易擊毀的：前者裝甲厚七十八公厘，後者也厚達六十五公厘。

一種新型的德國中型戰車也參加了這次會戰，那就是三號戰車J型戰車(Panzer III〔J〕Special)，裝有和德國戰防砲相似的五十公厘長砲管戰車砲。但已經到達第一線的總共只有十九輛，另外還有一批(也是十九輛)還只剛剛運到的黎波里港。在英國方面已有四百多輛新式的美國「格蘭特」(Grant)戰車運到了埃及，相形之下，更顯得德國人的這一點增援是微乎其微。到這次會戰開始時，在加查拉的兩個英國裝甲師已經差不多裝備了一百七十輛這種「格蘭特」戰車。它們裝有七十五公厘的火砲，其穿甲能力又比德國的五十公厘長砲管戰車砲更大，其裝甲保護也較佳——五十七公厘對五十公厘。總而言之，一般人所常說的話，即英國人所用的戰車在素質上比德國人所用的差，實在是並無太多的根據。反之，英國人除了享有非常巨大的數量優勢以外，實際上也還享有相當的質量優勢。

在戰防砲方面，由於英國人的六磅砲(五十七公厘)已經到達，所以現在已經重獲優勢，這種六磅砲的穿甲能力要比德國人的五十公厘戰防砲高出百分之三十。現在已經運到的新型六磅砲，已經足夠裝備所有的摩托化步兵旅和裝甲旅的摩托化步兵營。雖然德國的八十八公厘火砲仍爲最可怕的「戰車殺手」，但隆美爾卻一共只有這樣的火砲四十八門，而它們的高砲架也使其比雙方任何一種標準的戰防砲都更容易被摧毀。(譯者註：八八砲本是爲高射目的而設計的，用來平射充作戰防砲使用，是隆美爾臨時想到的變通辦法。)

對於第八軍團在加查拉的失敗，有關技術因素的分析並不能提供任何適當的解釋。事實的證據卻指出，最基本的原因是德軍的一般戰術較優，尤其是他們對於戰車和戰防砲配合運用的戰術。

已經要塞化的加查拉防線是由第十三軍負責防守，軍長是葛特中將(Lieutenant General Gott)，在第一線並列著兩個步兵師——第一南非師在右，第五十師在左。第三十軍仍由羅理(Norrie)任軍長，那大部分都是裝甲部隊，負責掩護南面的側翼，同時也還要對抗在中央地段的任何德軍裝甲突擊——很奇怪的，英軍指揮官們都相信隆美爾最可能採取這條路線。這種雙重的任務也使英國裝甲部隊作了一種非常惡劣的部署：第一裝甲師被保留在卡普左小徑的附近，而第七裝甲師(它只有一個裝甲旅)則置於南面約十哩遠的地方，其兵力分散得很開，以掩護和支援據守比爾哈強的法國旅。奧欽列克曾寫信告訴李奇，應該對兵力作緊密的集中，但不幸在現場的人並不曾遵從他的指示。

在五月二十六日的月明之夜，隆美爾親自率領他的三個德國師和義大利機動軍中的兩個師，迅速的繞過英軍側翼迂迴前進——而他的四個非摩托化的義大利步兵師，則向加查拉防線作正面的佯攻。雖然他的迂迴運動(全部車輛在一萬輛以上)在入夜之前即已被發現，而在黎明時當他繞過比爾哈強的時候又再度被發現，但是英軍指揮官仍然相信隆美爾的主力攻擊會來自中央方面，和他們所料想的一樣。英軍的裝甲旅行動得極慢，都是零星的投入戰鬥，所以在側翼外圍上的兩個摩托化旅，首先在孤立無援的狀況下被擊潰。第七裝甲師的師部被衝散，師長梅賽費少將(Major-General Messervy)被俘——不過以後還是勉強的逃回來了。在幾個月之內，這是他第二次出醜，因為當他指揮第一裝甲師時，一月間曾在安特拉受到隆美爾的奇襲，被打得落荒而逃。

儘管隆美爾最初是非常的順利，但是卻始終不曾達到一直切入到海岸為止的目的——他希望這樣就能夠把加查拉防線上的全部部隊都切斷。當他的裝甲師第一次遭遇裝有七十五公厘砲的美國「格蘭特」戰車時，不禁駭了一跳。他發現自己受到敵人強大火力的威脅，因射程太遠，使他們無法還擊。以後他們把戰防砲運來，包括三個連的「八八」砲在內，才擊退了這種戰車，而德軍自己的戰車則改取側翼迂迴的進攻方式——因為英軍各單位之間往往相隔頗遠，所以也就最容易感受到這種側翼的威脅。即令如此，到入夜時，德軍裝甲師在卡普左小徑以北一共只前進了三哩遠的距離，並且仍然付出了重大的代價——到海岸線還要差二十哩。隆美爾本人在他的日記上這樣寫著：「我們想從加查拉防線的後面席捲英軍部隊的計畫已經不能成功……美國新戰車的出現，在我們行列中撕開了一些大洞……在這一天之內德軍戰車的損失，已經遠超過了三分之一的比例。」

隆美爾第二天又再度作到達海岸的努力，結果是前進少而損失多。到入夜時，他那速戰速決的企圖早已失敗，但是英軍卻沒有乘他喪失平衡的機會來作反擊的嘗試——否則隆美爾也許就會一敗塗地。儘管如此，他的情況還是異常的危急，因爲他的補給縱隊必須繞過比爾哈強，並經過遙遠的距離始能達到他的戰鬥部隊，中途經常有受到英國裝甲部隊和空中襲擊的危險。當他自己乘車赴前線時，就幾乎爲敵人所俘虜，而當他回到戰鬥指揮所時，卻發現他不在的時候，英軍曾在那裏蹂躪一番後退走。非洲軍現在留下來可供戰鬥的戰車僅爲一百五十輛，義大利軍則只有九十輛，而英軍卻仍有四百二十輛。

又過了一天還是毫無進展，於是他命令他的攻擊部隊採取防禦。這是一種非常危險的態勢，因爲他現在的位置是在加查拉防線的後方，夾在其攻擊部隊與其餘部隊之間，不僅有英國的守軍，而且還有一大片地雷區域。「背水而戰」已經是夠緊張了，背著雷區作戰，則更可以說是前所未聞的奇事。

在以後的幾天當中，英國空軍就把炸彈像雨點一樣的投在隆美爾所佔領的陣地上，他們給它取了一個很妙的名稱，叫作「大釜」（cauldron），而第八軍團也從地面向他進攻。報紙上都充滿了勝利在望的報導，說隆美爾現在已經墮入陷阱，而在英軍司令部中則顯出一片安詳的氣氛，確信可以慢慢地來收拾他，因爲他已經註定非投降不可。

但是到了六月十三日的夜間，全部情況卻突然改觀。六月十四日，李奇放棄了加查拉防線，開始迅速向埃及邊界撤退，並且把在多布魯克的部隊留在孤立的位置上。到了六月二十一日，隆美爾就攻佔了這個要塞，俘獲其全部守軍三萬五千人，還有在那裏所儲積的大量補給物資。除新加坡的淪陷以外，這算是英國人在戰爭中所遭受到的最大災難。次日，第八軍團的殘餘兵力又放棄了他們在索倫(Sollum)附近的邊境陣地，開始繼續向東倉皇逃竄，而隆美爾則跟在他們的後面窮追不捨。

到底是什麼原因才造成這樣戲劇化的轉變呢？像這種糾纏不清的戰例本來就很少，所以其間的線索從來不曾有過適當的整理。對於想從英國方面嘗試發現事實眞相的人，「大釜的神祕」始終使他們感到困惑，尤其是有許多「神話」都從這裏產生，所以也就使神祕變得更爲神祕。

除了認爲隆美爾在戰車方面享有優勢的神話以外，另一種神話則認爲在六月十三日那一天，英軍戰車損失過重，所以形勢才會突變，實際上，那個損失數字不過是一連串消耗的累積而已。要想了解「大釜的神祕」，其根本線索可以在隆美爾的日記中找到。在五月二十七日夜間，隆美爾曾經這樣的寫著：

「儘管面對著危急的情況和困難的問題，我對於會戰的前途仍然感到充滿希望。因爲李奇總是把他的裝甲部隊零碎的投入戰鬥，所以每一次都使我們獲得以大吃小的機會……他們根本不應該這樣分散自己的兵力……」

當隆美爾決定據地而守的時候，他對他那個似乎是極端暴露的防禦態勢也有所解釋，他這樣寫道：

「根據某種假設……英國人是絕不會使用其裝甲部隊的主力去攻擊留在加查拉線上的義大利部隊（強大的德國裝甲部隊所在的位置足以威脅其背面）……所以我可以斷定英軍的機械化旅，仍將繼續不斷的把他們的頭撞在我方有良好組織的防禦陣地上，而把他們的實力這樣的消耗殆盡。」

一切都不出隆美爾之所料。英國人不惜付出重大的代價，一連串地向他的陣地作那種零碎的攻擊，此種直接攻擊可以算是最壞的一種方式。當隆美爾把敵人擊退之後，又乘勝攻克第一〇五步兵旅在細第莫弗塔所據守的一個孤立「盒子」(box〔據點〕),該「盒子」位於他的後方,從那裏他又在雷區之間掃清了一條通道,以供補給縱隊之用。

四天之後,即六月五日,李奇向隆美爾的陣地發動了一個較大規模的攻擊。但所採取的方式還是分批進攻的老辦法。所以防禦者可以利用其間隙的時間來重組和加強防禦部署。這種過分複雜的攻擊計畫到處都脫節,所以變成一連串的零碎突擊,每一次都被擊退。到了第二天黃昏時,英國人的戰車實力已經融化,由於戰鬥的損失和機件的故障,從原有的四百餘輛減到一百七十輛。隆美爾利用攻擊者的混亂狀況,又突然發動一個鉗形的反擊,在第一天黃昏,擊潰了第五印度師的一個旅,並且也迂迴到另一個旅的背面,次日又把它擊潰,還連同支援該師的一切砲兵在內。一口氣俘獲了四團砲兵,還有四千名戰俘,的確要算是一項非常重要的收穫。

當這個會戰正在進行時,英軍的各裝甲旅卻仍然一籌莫展。他們的救援努力都是各自爲戰,毫無協調可言——由於前一夜德軍戰車衝毀第五印度師的師部時,第七裝甲師的師長梅賽費也被逐離了戰場,這是他在此一戰役中第二次臨陣脫逃,所以也就使英軍方面幾乎完全喪失控制。

此時,隆美爾正在動手切斷第八軍團陣地的另一個重要部分。在六月一日夜間,當細第莫弗塔「盒子」被攻克之後，他立即派遣一個德軍戰鬥羣和義大利的港師(Trieste Divsion)，去攻擊在南側翼上由第一自由法國旅所據守的比爾哈強，那是一個更較孤立的「盒子」。法軍的抵抗異常頑強，迫使隆美爾只好趕去親自督戰，他說：「在非洲我還從來沒有經歷過這樣的惡戰。」一直到第十天他才突入防線，而法軍的大部分仍能乘著黑暗的掩護安全的撤走了。

隆美爾現在可以自由的去作一次新的長程跳躍了。雖然有了新的補充，英軍裝甲部隊現在又已經有了總數三百三十輛的戰車——比非洲軍所剩下的實力要多一倍以上——但他們的信心卻已經動搖，而德國人則正嗅著勝利的香味。六月十一日，隆美爾又向東進攻，次日就把英軍三個裝甲旅中的兩個困在他的裝甲師之間——迫使英國人在一個狹窄的地區中接受戰鬥，而他卻可以運用集中的火力加以痛擊。假使不是師長開了小差，使他們感到羣龍無首，則英國人是可以比較容易地脫離險境——當敵軍前進時，梅賽費恰好去謁見他的軍團司令，這是三個星期中的第三次，他擅自離開了戰場。到了十二日中午，已有兩個裝甲旅被關入陷阱，一直等到第三個旅來救援時，其殘餘的部隊才勉強掙扎逃出，但後者卻已經從嚴陣以待的德軍手中受到極重大的損失。六月十三日，隆美爾又轉向北方，一方面把英軍擠出「騎士橋盒子」(Knightsbridge Box)，另一方面又繼續攻擊英軍裝甲部隊的殘餘部分。到了入夜時，英軍剩下來的戰車只有一百輛。現在隆美爾是第一次在戰車實力上享有優勢——因爲戰場是在他的控制之下，所以德軍被損毀的戰車有許多都可以立即修復使用，而英軍則不能。

據守在加查拉防線的兩師英軍，現在的確有了被切斷和被包圍的危險，因爲在六月十四日，隆美爾已經派遣非洲軍向北經過阿克羅馬(Acroma)直趨沿海岸的公路。但在那裏因受到地雷區的延誤，直到快近黃昏時才勉強通過，這些裝甲部隊已經疲憊不堪，所以一到入夜時，他們就停下來睡覺，再也不前進了——儘管隆美爾曾經要求他們一路不停直到切斷公路時爲止。這對南非部隊來說眞是太僥倖，他們的摩托化車隊就乘著黑夜利用這條公路像水一樣的迅速撤退。等到第二天上午，德軍裝甲部隊繼續向海岸奔馳時，所能攔截的只不過是其後衞的一部分而已。在加查拉防線上的另一個師，英國的第五十師，就困難得多了，他們勉強從義大利部隊所守的戰線上向西突破一個缺口，然後繞向南方再回到東方，經過遙遠的距離才到達埃及的邊境。第一南非師沿著海岸公路溜走之後，也繼續退向邊境線——超過了一百哩以上的距離，而且也超過了多布魯克七十哩。

一口氣退這麼遠，完全是違背了奥欽列克的意圖，他給李奇的指示是，第八軍團應在多布魯克以西的某一線上收容殘部，並站住脚跟。但是李奇卻並不曾把在加查拉防線上的部隊已經向邊境線撤退一事告訴他的總司令，等到奥欽列克知道此項事實時，已經太遲，而且也無法再阻止他們。尤其更糟的是，英國部隊又恰好「落在兩個凳子之間」。

因爲在六月十四日，當英軍正在後撤時，邱吉爾卻嚴令「無論如何均不得放棄多布魯克」。他在十五日和十六日兩天又一再的重申前令。這個遠從倫敦後方來的命令造成了一個極大的錯誤，因爲匆匆地把第八軍團的一部分留在多布魯克，而其餘的部隊則完全撤回到邊境線，這樣遂使隆美爾有機會在防禦部署尚未完成之前，擊滅這一支孤立在多布魯克的英國部隊。

隆美爾又再迅速的向東轉，在他們衝向海岸之後，德國的裝甲部隊就環繞著多布魯克的周邊掃過，攻佔或孤立某些已經建立在第八軍團後方的「盒子」，並攻佔多布魯克以東的甘布特(Gambut)機場。在這一路前進時，他們是從英軍裝甲部隊的殘餘部隊中間衝過——那些部隊仍在向埃及邊境撤退。隆美爾暫時放過他們不加以追擊，當他在佔穩了甘布特飛機場之後，乃立即把部隊向西調回頭來，並以驚人的速度向多布魯克發動攻擊。此時在多布魯克的守軍，有由克羅普將軍(General Klopper)所指揮的第二南非師(其中包括第十一印度旅)、近衞旅和第二十三軍團的戰車旅——共有七十輛戰車。當他們看到隆美爾的裝甲部隊已經向東前進之後，以爲暫時不會受到攻擊，所以也就一點準備都沒有，六月二十日上午五時二十分，德軍的砲兵和俯衝轟炸機，對周邊上東南的某一地段作了極猛烈的轟炸，接著步兵即進行突擊。到了上午八時三十分，德軍戰車遂開始從防線上的缺口湧入，隆美爾身先士卒加速這種擴張行動。到了下午，德國的裝甲部隊已經克服混亂守軍的一切抵抗，並衝入多布魯克城。第二天早上，守軍司令克羅普將軍認爲繼續抵抗已毫無希望，而撤退又已不可能，所以他就決定投降。雖然也有少數人員勉強逃出，但被俘的總數仍達三萬五千人之多。

這個災難的後果，就是李奇的殘破部隊再繼續向埃及境內潰退，而隆美爾則乘勝窮追不捨。對於維持此種追擊的衝力，隆美爾在多布魯克所俘獲的大量補給物資，曾經給予不少的幫助。依照非洲軍參謀長拜爾林將軍(General Bayerlein)的說法，此時隆美爾的運輸工具有百分之八十都是俘獲的英國車輛。儘管這樣巨大的收穫可以供給他以車輛、燃料和糧食來維持其機動能力，但卻不能重建他的戰鬥實力。當非洲軍於六月二十三日退到埃及邊境線上時，它一共只有四十四輛尚可用於戰鬥的戰車，而義大利軍則只剩下十四輛。儘管如此，隆美爾卻還是遵照「打鐵趁熱」的古訓，決定繼續窮追不捨。

在多布魯克陷落後次日，凱賽林元帥從西西里飛到前線與隆美爾會晤，他認爲在非洲不應再繼續前進，並要求依照過去的約定，收回他的空軍單位以便向馬爾他發動總攻擊。義大利在非洲的最高指揮部也反對繼續前進，在六月二十二日那一天，巴斯提科(Bastico)還認眞的下了一道命令給隆美爾要他停止前進。隆美爾回答他說「不能接受這種勸告」，並且向其名義上的頂頭上司開玩笑，邀請他到開羅來共享祝捷之宴。在這次大勝之後，他似乎可以有這開玩笑的自由，尤其是從希特勒統帥部發來的電訊，已經帶來了元首論功行賞，把他升為元帥的好消息。在躊躇滿志之餘，隆美爾同時也就直接向墨索里尼和希特勒請求，希望批准他的繼續前進。希特勒和他的軍事顧問們，對於進攻馬爾他的計畫一向抱著懷疑的態度，他們相信面對著英國的海軍，義大利的海軍是絕無拚死一戰的決心，於是當他們望風而逃之後，投擲在馬爾他島上的德國傘兵也就會因缺乏補給和增援而被迫處於絕境。一個月以前，即五月二十一日，希特勒已經這樣決定：如果隆美爾能夠攻克多布魯克，則對馬爾他的攻擊——「大力士作戰」(Operation Hercules)——應予取消。墨索里尼一方面感覺到對馬爾他的作戰，義大利人所負的責任太艱鉅，另一方面又感覺到進軍開羅是一種更大的光榮。所以在二十四日上午，隆美爾就收到墨索里尼發來的電報，其內容為：「領袖(墨索里尼)已批准裝甲軍團向埃及追擊敵軍之企圖。」幾天之後，墨索里尼親自飛到德拉，而另一架飛機還運來了一匹白色的名馬，他是準備騎著這匹白馬，以羅馬古英雄的姿態去參加勝利者進入開羅的入城大典。甚至於凱賽林，依照義大利方面的記載，他在此時似乎也已經同意向埃及的追擊要比攻擊馬爾他更為重要。

在隆美爾尚未來到之前，英軍即已自動迅速的從邊境線再向後撤退，這對於他的勇敢是同時可以構成一種理由和證明。對於戰爭中的精神效果，這是一個最顯著的示範表演——誠如常爲人所樂於引述的拿破崙名言：「在戰爭中精神對物質是三比一。」當李奇決定放棄埃及邊境上的陣地時——他發電報告奧欽列克想用空間來換取時間——但實際上他手中還有三個幾乎是完整無缺的步兵師，而第四個新來的師也正在途中，至於以戰車而論，能夠作戰的戰車總數要比非洲軍所有的多了三倍。

但是從多布魯克傳來的消息使得李奇驚慌失措，於是遂決定放棄據守邊境線的任何企圖——他在六月二十日夜間即已作了這個決定，比克羅普決定投降還早六個小時。

李奇的企圖是準備退到梅爾沙・馬特魯(Mersa Matruh)才站住不動，然後使用從邊境上撤回的部隊，再加上從敍利亞調來的生力軍，第二紐西蘭師，來和隆美爾作一次「背城借一」的決鬥。但在六月二十五日夜間，奧欽列克趕到前線，從李奇手中親自接管了第八軍團的指揮權。在與他的參謀長多爾曼・史密士(Fric Dorman-Smith)對問題作了一次全面檢討之後，就決定撤消據守馬特魯要塞化陣地的命令，而準備在艾拉敏地區中打一次較機動化的仗。這是一個很艱難的決定，因爲不僅在撤退這樣多的部隊和物資時會遭遇到許多困難，而且也必然會在國內，尤其在白廳(White Hall)中，引起新的驚呼。在作這個決定時，奧欽列克顯出他是具有冷靜的頭腦和堅強的意志。雖然以物質力量的對比而言，再進一步的撤退似乎是沒有理由，但是因爲梅爾沙・馬特魯陣地具有易於受到迂迴的先天弱點，而英軍的士氣又已經低落到了極點，所以這種決定還是比較明智的。所有從邊境線上退下來的部隊都已經是信心動搖，而且也混亂不堪。基彭貝格少將（Major-General Kippenberger）是一位紐西蘭的指揮官，也是一位戰史學家，他曾親自在馬特魯地區看見那些部隊，他說：「那是如此的混亂和沒有組織，無論是步兵、裝甲兵或砲兵，都已經找不到一個完整的戰鬥單位。」隆美爾不讓他們有重行編組的時間，他的追擊速度已經取消了李奇所說的「以空間換取時間」的理由。

在獲得了羅馬的「放行」之後，於六月二十三日的夜間，隆美爾就開始越過埃及與利比亞之間的邊境線，在月光照明之下向沙漠中挺進。到了二十四日的黃昏時，他已經走了一百多哩，到達了細第巴拉尼以東的海岸公路，緊跟著英軍的後面，不過他只捉到一小部分的後衛部隊。到了次日（二十五日）黃昏，他已經接近英軍在馬特魯和其南面所據守的陣地。

因為馬特魯陣地太容易被繞過，所以（葛特）第十三軍的機動部隊已經部署在其南面的沙漠中，並由紐西蘭師擔負支援的任務，至於馬特魯防線則由（何門斯〔Holmes〕）第十軍的兩個步兵師負責防守。在這兩個軍之間有一個寬約十哩的缺口，只用一個佈雷地帶來加以掩護。

因為實力太不充足，所以隆美爾必須依賴速度和奇襲。他根本就沒有時間可以用來發動一次有良好準備的攻擊。當英軍的裝甲部隊又已經增加到了一百六十輛戰車的總數時（其中約有一半為「格蘭特戰車」），他只有六十輛德國戰車（其中有四分之一為輕型的二號戰車）和少數不足道的義大利戰車。其三個德國師的步兵總兵力只有二千五百人，而六個義大利師加起來也只有六千人。以如此微弱的兵力企圖發動任何攻擊，可以說是十分的大膽(audacity)——但是在精神加速的幫助之下，大膽的人往往能夠獲勝。

三個非常小的德國師領先前進，在二十六日下午發動他們的攻擊。其中兩個師已經到達面對著上述那個缺口的位置。第九十輕快師比較幸運，它恰好碰到佈雷地帶中最淺的一部分，所以到午夜時，已經越過了十二哩的距離。到了次日黃昏，再度到達海岸公路，並阻塞了馬特魯英軍的直接退卻線。第二十一裝甲師碰到了雙層的地雷地帶，所以花費了較多的時間，但到了拂曉時，也已經突入二十哩的距離，於是鑽到在明夸奎門(Mingar Qaim)的紐西蘭師的後方，在尙未受到阻止之前，就擊潰了其運輸單位的一部分。第十五裝甲師則位於較遠的南方，和英國裝甲部隊恰好相遇，所以在一天的大部分時間之內都沒有什麼進度。但是由於第二十一裝甲師的迅速突入，已經威脅到英軍的退路，所以到了下午，葛特即命令撤退——不久就發展成爲一種非常沒有秩序的潰逃。紐西蘭師被孤立的留下，但它在黑夜卻成功的突破敵方單薄的包圍而順利的逃脫。幾乎直到第二天拂曉，在馬特魯的第十軍才知道第十三軍已經撤退了——此時它自己的退路早已被切斷達九小時之久。不過在次日的夜間，馬特魯的英軍約有三分之二還是勉強的逃脫，他們分爲許多小股，在黑夜掩護之下向南突圍。不過被俘的人數仍有六千之多——比隆美爾的整個攻擊部隊的總數還要多。此外，英軍也留下大量的裝備和補給，使隆美爾大獲其利。

此時隆美爾的裝甲矛頭又繼續向前挺進，他們的速度是那樣的快，所以也就打消英國人想在弗卡(Fuka)暫時立足的念頭。在二十八日黃昏，他們已經到達該處的海岸公路，並擊潰留在那裏的一個印度旅的殘部，次日上午他們又俘虜幾支從馬特魯逃出來的縱隊。負責肅清馬特魯地區的第九十輕快師，在完成任務之後也沿著海岸公路繼續東進，到午夜時已經前進了九十哩，並趕上了裝甲矛頭。次日(六月三十日)上午，隆美爾寫信給他的夫人說：「到亞歷山大港只有一百哩了！」到了當天黃昏就只有六十哩，埃及的鎖鑰似乎已在他的掌握之中。

第二十章　在非洲的潮流轉向

六月三十日，德軍接近了艾拉敏之線，因爲要等待義大利部隊趕上來，所以只前進了一小段距離。這一次爲了集中兵力而作的短期休息，終於耽誤了隆美爾的成功機會。因爲在那一天上午，英國裝甲部隊的殘部還留在海岸公路以南的沙漠中，而不知道隆美爾的裝甲部隊已經趕上了他們。僅僅由於追兵實力的單薄才使他們免於被俘，而終於逃回到艾拉敏防線的庇護之下。

隆美爾的暫時停頓，也許是由於對英軍防禦陣地的實力獲得一項錯誤的情報所致。實際上，那是由四個「盒子」所組成，在海岸線與夸塔拉(Qattara)大窪地之間，一共延伸達三十五哩長。這個窪地是由鹹水沼澤和鬆軟沙地所構成，因此也就限制了迂迴的運動。最大和最強的「盒子」是位置在海岸上的艾拉敏，由第一南非師負責據守。第二個「盒子」也是在南面，那是新近在夏恩(Deir el Shein)設立的，由第十八印度旅負責據守。第三個與第二個之

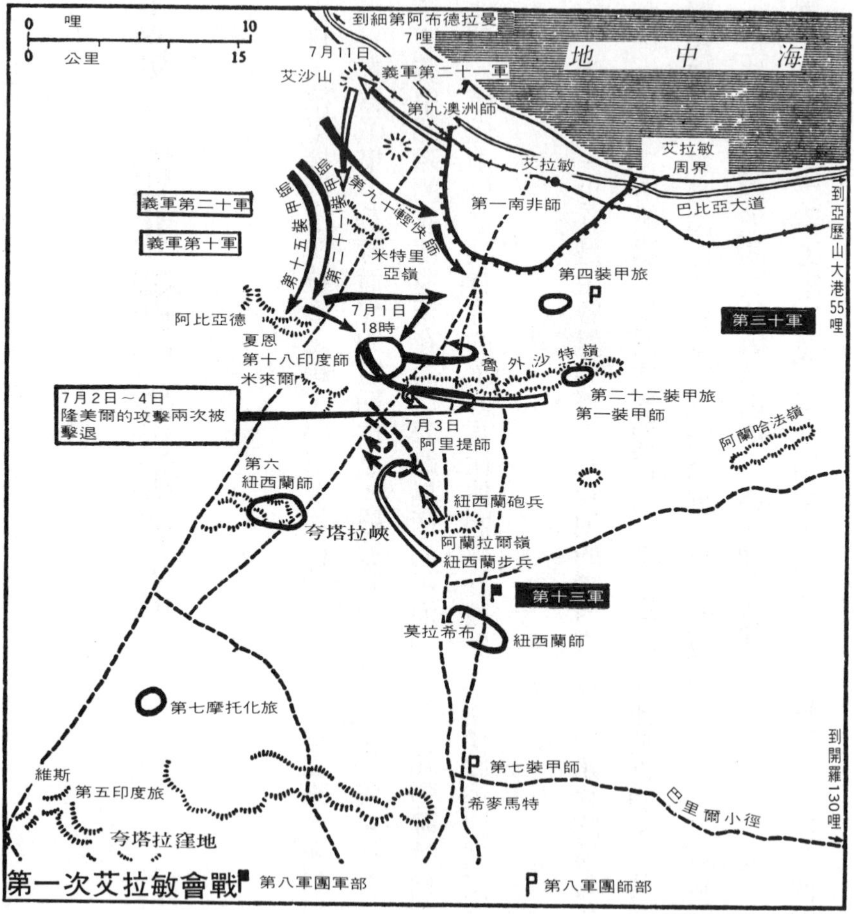
0 哩 10
0 公里 15
到細第阿布德拉曼
7哩
地中海
7月11日
艾沙山
義軍第二十一軍
第九澳洲師
艾拉敏
艾拉敏
周界
第一南非師
巴比亞大道
到亞歷山大港55哩
義軍第二十軍
義軍第十軍
第十五裝甲師
第二十一裝甲師
第九十輕快師
米特里
亞嶺
第四裝甲旅
第三十軍
阿比亞德
7月1日
18時
夏恩
第十八印度師
米來爾
魯外沙特嶺
第二十二裝甲旅
第一裝甲師
7月2日～4日
隆美爾的攻擊兩次被擊退
7月3日
阿里提師
阿蘭哈法嶺
第六
紐西蘭師
夸塔拉峽
紐西蘭砲兵
阿蘭拉爾嶺
紐西蘭步兵
第十三軍
莫拉希布
紐西蘭師
第七摩托化旅
到開羅130哩
第七裝甲師
維斯
第五印度旅
希麥馬特
巴里爾小徑
夸塔拉窪地
第八軍團軍部
第八軍團師部

第一次艾拉敏會戰

間相距爲七哩，稱爲「夸塔拉峽盒子」(Bab el Qattara Box)，那是由第六紐西蘭師所據守。然後又隔了一個十四哩寬的缺口，才是由第五印度師的一個旅所據守的「維斯盒子」(Naqb el Dweis Box)。中間的空隙由一連串小規模的機動部隊負責掩護，那是由上述的三個師和曾經據守馬特魯的那兩個師的殘部共同組成。

七月一日，當隆美爾在擬定他的攻擊計畫時，他不知道在夏恩已經有了一個新的「盒子」，他也不知道英國裝甲部隊還只是剛剛退回到艾拉敏。他以爲那些部隊已經部署在南面，以掩護英軍的側翼。根據這樣的判斷，他就計畫首先在南面發動攻擊，把英國的裝甲部隊釘在原地不動，然後再把非洲軍迅速向北調動，準備在艾拉敏與夸塔拉峽之間的地段實施突破。但非洲軍卻碰到事先所不曾知道的「夏恩盒子」，一直苦戰到黃昏才攻克這個「盒子」，並俘獲其守軍的大部分。但他們卻已經守得夠久了，足以打消隆美爾想作迅速突破與迅速擴張的一切希望。英國裝甲部隊趕到現場時已經太遲，不能挽救這個「盒子」，但卻仍能幫助阻止非洲軍的繼續前進。隆美爾命令利用月光繼續挺進，但英國飛機也利用月光實施轟炸，擊散了德軍的補給縱隊，並使隆美爾的企圖受到了挫折。

這一天——七月一日，星期三——在非洲的爭奪戰中要算是最危險的一天。比起八月底隆美爾再度攻擊的被擊退，以及十月會戰使隆美爾的終於撤退，這要算是一個更眞實的轉捩點。由於所產生的戲劇性結果，所以這一戰對於「艾拉敏」這個地名也就獲得了專利權。實際上，是有一連串的「艾拉敏會戰」，不過這個「第一次艾拉敏」卻是最重要的。

隆美爾已經到達艾拉敏的消息，乃促使英國艦隊離開亞歷山大港，經過蘇彝士運河向紅海撤退。在開羅的軍事機關都已匆忙的焚燒他們的檔案，濃煙從屋頂的煙囪中升入天空。軍人們很幽默的稱這一天是「紙灰星期三」(Ash Wednesday)。第一次世界大戰中的老兵，還記得那是一九一六年索穆河攻勢開始的紀念日——在那一天英軍損失了六萬人——爲英國有史以來第一次最嚴重的損失。看到燒焦了的紙片像黑色的雪花一樣飛來，開羅的人民也就自然感覺到英國人是要從埃及逃走了，於是老百姓也紛紛作逃避的準備，火車站上擠得水洩不通。全世界其他地方的人聽到這些消息，也都以爲英國人已經喪失了在中東的戰爭。

但到了入夜的時候，前線的情況卻變得很有希望，防禦者也開始逐漸產生了信心——與後方的驚慌失措恰好成一強烈的對比。

隆美爾在七月二日那一天仍繼續不停的攻擊，但是非洲軍所留下來適於戰鬥之用的戰車已經減到四十輛以下，而部隊也早已疲憊不堪。他的再度攻擊一直打到下午才略有進展，但馬上就因爲看見兩支強大的英國戰車縱隊而又停頓下來——一支正擋住他的進路，而另一支則正在迂迴其側翼。奧欽列克對於情況已作冷靜的計算，他對於隆美爾攻擊部隊的弱點深有認識，所以他也正在計畫發動一次決定性的反擊。他的計畫未能如願以償，是由於執行時錯誤百出，所以破壞了他的一切希望，儘管如此，卻還是使隆美爾不能達到他的目標。

隆美爾在七月三日又作了第三度的努力，但到此時，非洲軍已經只剩下二十六輛可用的戰車，他在上午向東的進攻受到英國裝甲部隊的抵抗，下午再度進攻，也只前進了九哩就停止了。阿里提師所作的向心前進同時也被擊退，而在這次戰鬥中，一個紐西蘭的營(第十九師)在側面發動一次突然的逆襲，把阿里提師的全部砲兵都俘虜了——於是其餘的部隊也就在恐懼中四散奔逃。這種崩潰是緊張過度的明顯表現。

次日(七月四日)，隆美爾在他的家書中曾經這樣悔恨的寫著：「很不幸的，事態的發展完全不如理想。敵人的抵抗力太強大，而我們的實力則已經耗盡。」他的攻擊不僅被擋住，而且還受到反擊。他的部隊已經太疲倦，而且人數也太少，所以暫時不能再作新的努力，隆美爾被迫只好暫停進攻，好讓他們可以喘一口氣，即令明知這樣將使奧欽列克有時間來獲得增援，但也還是沒辦法。

奧欽列克到此時已經奪回了主動，甚至於在增援尚未到達之前，他就幾乎已經開始轉敗為勝。他的計畫依然不變——即用羅理的第三十軍來阻止德軍的攻擊，同時再用葛特的第十三軍從南向北威脅敵軍的背面。不過這一次，裝甲部隊的大部分卻是集中在北面，歸第三十軍來控制。至於第十三軍現在所包括的則僅有最近改組的第七裝甲師，那是號稱「輕裝甲師」，其所包括的部隊爲一個摩托化旅、裝甲汽車和「斯圖亞特」(Stuart)戰車。它們固然缺乏打擊力，但其機動性卻能容許快速的行動。當強大的紐西蘭師攻擊敵軍的側翼時，這個師就可以迅速的用大迂迴的方式推進到敵人的後方。

很不幸的，由於缺乏無線電保密之故，遂使德國方面的「竊聽」單位得以事先知道奧欽列克的計畫，並向隆美爾提出警告。所以隆美爾也就早已把第二十一裝甲師從第一線調回來應付此種包圍攻擊，儘管奧欽列克具有決定性的企圖，但其部下在執行時卻是猶豫不決，而隆美爾的此種對抗措施更使他們踟躕不前。在北面地區的情形亦復如此。當德軍第二十一裝甲師撤回之後，有一些屬於英國第一裝甲師的「斯圖亞特」戰車遂開始向前推進，而這種不重要的行動卻產生非常重要的效果——德軍第十五裝甲師的警戒部隊突然發生了恐懼現象(這個師現在的戰鬥實力只有十五輛戰車和二百名左右的步兵)。如此身經百戰的德國精兵都會發生恐懼現象，可以顯示他們是過分緊張到了何種程度。但是英軍並未能抓住這個機會發動全面的攻擊——否則也許即能產生決定性的戰果。

那一天夜裏，奧欽列克用空前所未有的強調語氣，命令他的部下加緊反擊。他在命令中這樣說：「我們的任務是要儘可能在朝東的方向上去擊毀敵人，而不讓他們有全師而退的機會……應不讓敵人休息……第八軍團應把敵人擊毀在其現有的位置上。」但他無法把他自己的這種勇敢精神，從指揮系統中傳達到第一線。他雖然已經把他的戰術指揮所移到和第三十軍軍部很接近的地點，但那裏距離第一線還有二十哩，而到南面的第十三軍軍部也差不多一樣遠。隆美爾的軍團司令部距離第一線只有六哩，而他本人更是經常出入於最前線，身先士卒的在重要的點上發揮其個人的感召力。比較正統化的軍人，包括德英兩方面在內，都經常批評隆美爾離開其司令部的時間太多，而且過分愛好直接控制戰鬥。但是這樣直接的控制，固然曾經產生一些困難，但卻正是其偉大成功的主要原因。隆美爾是使古代名將的遺風在近代戰爭中獲得重演的機會。

在七月五日這一天，對於奧欽列克的新命令之執行而言，第十三軍所獲得的成就極爲有限，而第三十軍則更差。紐西蘭師的各旅本預定在對隆美爾後方的攻擊中擔負領先的任務，但事先卻並不曾把總司令的企圖，和對於他們的期待告訴每一位負責執行任務的指揮官。有許多人批評奧欽列克不應把裝甲的主力留在第三十軍方面，而應用它來增強第十三軍所準備進行的後方攻擊。這種說法固然是相當合理，不過我們卻不敢說裝甲兵用在那一方面會比用在中央地區更具威力和有效——由於敵軍的脆弱，在這裏若能作猛烈的攻擊，那是非常容易成功的。英國第一裝甲師現在已經有九十輛戰車的實力，而面對著它的德國第十五裝甲師，則一共只剩下十五輛戰車，整個非洲軍一共也只有三十輛戰車。

最好的藉口，而且也確是眞正的解釋，就是兵力疲憊——由於長期緊張的結果。使這個重要的第一階段作戰，終於以僵局結束的主要原因即在此。

比較言之，德義方面眼前還是居於較爲有利的形勢，但最後還是對他們不利。英國人的眞正情況要比表面所顯示的好得多。到了七月五日，隆美爾的部隊即已接近總崩潰的邊緣。

在以後的短期休息階段中，義大利步兵師的其餘部分都趕到了第一線，他們接管了北區的靜態防線，而使德軍可以抽出來向南面作一次新的攻擊。但在七月八日，當隆美爾正擬發動這個攻擊時，他的三個德國師的戰鬥力已經略有增加，但戰車總數仍不過五十輛，步兵也大約只有二千人。至於那七個義大利師，包括新到達的里托里奧(Littorio)裝甲師在內，一共也只有四十四輛戰車和大約四千名步兵。英國方面已經到達的援軍有第九澳洲師，這個師在一九四一年對多布魯克的防禦作戰中，曾有極英勇的表現，另外還有兩個新的戰車團，使戰車總數已經增加到二百輛以上。澳洲師被送往北面加入第三十軍，該軍也換了一位新的軍長，那就是由第五十師的師長拉門斯登中將(Lieutenant General W. H. Ramsden)繼任。

隆美爾想把他的努力方向向南移動，這也正好配合奧欽列克的理想和新計畫——就是準備用澳洲部隊沿著海岸公路向西進攻。當德軍向南前進時，紐西蘭部隊就向東撤退，放棄了

「夸塔拉峽盒子」，所以德軍在七月九日的攻擊中，所收穫的就只是這一個空盒子而已。

次日清晨，澳洲部隊在海岸附近發動了他們的攻擊，很快的就衝過了義大師所防守的地區。德軍立即趕往救援，不僅阻止了英軍的前進，而且還收回了一些失地，但因爲海岸公路爲隆美爾的唯一補給線，所以這次威脅也就迫使他必須放棄其在南面的攻擊。於是奧欽列克立即想到一個擴張戰果的新辦法，在魯外沙特嶺(Ruweisat Ridge)對著現在已經減弱的隆美爾戰線中段作一次突擊。這個計畫的構想很不錯，但由於下級指揮官的無能，和裝甲部隊與步兵之間缺乏協調，終於勞而無功——而德軍許多次的成功，也正是由於此種協調的良好。

英軍各兵種之間不僅缺乏良好的戰術配合，而且步兵根本不相信裝甲兵可以給予他們支援，步兵相信當他們前進之後，就會暴露在敵方裝甲部隊的反擊之下，而英國的裝甲單位就會先行開溜或坐視不救。基彭貝格(Kippenberger)在其所著的《步兵旅長》(*Infantry Brigadier*)一書中曾經這樣說：

「這個時候，在整個第八軍團之內，並不僅限於紐西蘭師，對於我們的裝甲部隊都懷有一種非常強烈的不信任心理，甚至於可以說是仇視。到處都可以聽到其他兵種上當吃虧的故事，這幾乎已經變成一條公理，每當最需要戰車支援的時候，他們卻不知去向。」

即令如此，英軍的這個突擊和威脅，還是足以牽制隆美爾的微弱兵力。當他企圖在北面再發動一次反擊時，也就未能成功。英國的戰車雖然不是德軍的對手，甚至於也不能保護自己的步兵，但卻可以幫助威脅義大利步兵，促使他們大批的投降。隆美爾在七月十七日的家書中這樣寫著：

「目前的情況至為惡劣。敵人利用其優勢，尤其是在步兵方面的優勢，把義大利部隊逐一加以擊滅，而德軍部隊已經太弱且無法獨力支持。這種情形已經足夠令人痛哭。」

次日，第七裝甲師又向隆美爾的南面側翼構成一個新的威脅，而奧欽列克則在此時準備使用最近到達的更多援兵，來發動一次較大的新攻勢。目的還是想從中央突破，但這次卻在魯外沙特嶺的南面並趨向米來爾(El Mireir)。一個剛剛到達的新裝甲旅(第二十三)被用於擔任這次攻擊，它有「法蘭亭」式戰車一百五十輛——不過其三個團中的一個被派往幫助澳洲部隊，在北面對米特里亞嶺(Miteiriya Ridge)擔任助攻。

這次的攻擊似乎極有希望，因為第八軍團現在在整個戰場上已經有總數接近四百輛的戰車。隆美爾的戰車實力卻遠比其對方所估計的要低——非洲軍所剩下來的已經不足三十輛。但由於幸運和判斷的結合，他們的位置恰好正擋住英軍的主攻路線——而英軍的戰車，實際上在那裏參加戰鬥的又僅佔其總數中一個極小的比例。

奧欽列克這次的計畫，是要用步兵發動一個寬正面的夜間攻擊，以突破敵方戰線的中央地段。紐西蘭師向北先作一次側面攻擊，於減弱敵軍抵抗力之後，第五印度師就應沿著魯外沙特嶺向前直接進攻，進入其南面的谷地。到拂曉時，新到的第二十三裝甲旅就應長驅直入，到達谷地的頂點米來爾，接著第二十二裝甲旅應超越那一點作擴張戰果的行動。這是一個構想極爲巧妙的計畫，但在執行時有許多細節必須事先有相當精密的安排。在軍部開會時，對各個連續的步驟還是未能作成適當的協調，換言之，葛特的部下對於彼此所扮演的角色還是搞不清楚。

這次攻擊是在七月二十一日的夜間發動，紐西蘭部隊首先到達了他們的目標。但德國戰車接著也就趕到了，並在黑夜裏向他們反擊，造成了混亂。到天明時，他們已經把領先的紐西蘭旅完全擊破，而本應負責保護紐西蘭部隊側面的第二十二裝甲旅，卻在機場上看不見他們的蹤影。因爲它的指揮官認爲戰車在黑夜裏是無法行動——這與德國人的行動恰好成一強烈對比。

此時，第五印度師的夜間攻擊也未能到達其預定目標。更糟的是它未能替跟隨在後面前進的第二十三裝甲旅在佈雷區中清掃一條進路。當後者的第四十和第四十六兩個戰車團在上午發動攻擊時，途中遇著正在向後撤退的印度部隊，但對於其前進途中的地雷是否已經掃清，卻找不到確實的資料。他們大膽的前進，不久就陷入敵軍的雷區中，同時又受到敵軍戰車和戰防砲的猛烈射擊。結果只有十一輛戰車退回。這次損失慘重的攻擊所得到的唯一效果，就是使步兵恢復了對裝甲兵的信心(尤以紐西蘭人爲然)，覺得他們也還可以打硬仗。這個旅的另一個團在北面的攻擊中也表現了類似的衝勁，但所付出的代價卻非常的重大——這一天一共損失戰車一百一十八輛，而德軍只損失了三輛。即令如此，英軍戰車實力還是大於隆美爾十倍。不過這次的出師不利已經產生嚴重的心理作用，所以英軍一時不再想繼續進攻，只想憑藉其巨大的潛力來壓倒敵人。

經過了四天的重組和整頓，英軍又再度企圖突破隆美爾的戰線——這次是從北面進攻。最初進展得很順利，澳洲部隊在月光下攻佔了米特里亞嶺，在其南面的第五十師也有了好的開始。但是應跟在後面進攻的第一裝甲師，其師長卻認爲在佈雷地帶所開闢的通道還不夠寬，所以拒絕前進。他這樣一拖延，就把整個攻擊的前途斷送了。一直到上午過了一半，領先的戰車才開始準備通過雷區前進，但是立即被迅速北調的德軍戰車所釘牢而進退不得。於是已經達到佈雷地帶後方的步兵遂被切斷，並爲德軍的反擊所殲滅。同時澳洲部隊也被趕下米特里亞嶺，並有一部分被圍困。

奧欽列克現在只好勉強決定暫停進攻。在長期苦戰之後，他的許多部隊都已顯得疲憊不堪，凡是被孤立的部隊也都輕易地向敵人投降。很明顯的，在這樣一個狹窄的正面上，防禦是比較有利，同時隆美爾也終於獲得了一些增援，所以這種有利的形勢也就日益增強——到八月初，隆美爾的戰車實力已經比七月二十二日的數字增加了五倍以上。

雖然會戰的結果對英國人而言很令人感到失望，但他們的情況卻比會戰開始時要好得多。隆美爾對於這次會戰所作的最後判決有如下的敍述：「雖然在這次艾拉敏的戰鬥中，英國人的損失比我們嚴重，但對奧欽列克而言，這種損失卻不算太重，就他的觀點而言，最重要的就是阻止我們的前進，而很不幸的，這一點他卻已經做到了。」

在艾拉敏的七月會戰中，第八軍團的損失超過了一萬三千人，它一共收容了七千多名的戰俘，其中包括一千多名德國人。假使計畫的執行能夠比較認眞和勇敢，則代價可以較低，而收穫也可以較高。即令以現有的數字而論，雙方的損失總數相差並不太大，而隆美爾卻比較吃不消這種損失。由於英國方面的增援目前仍在大量的投向埃及，所以隆美爾的前途也就一天比一天更加黯淡。

他自己的記載曾經明白指出，在七月中旬他是如何將要接近失敗的邊緣。他在七月十八日寫給他夫人的私信中曾經這樣說：「昨天是特別艱難和緊急的一天，我們總算是拖過了。但卻不可能長久如此，總有一天戰線會崩潰。就軍事方面來說，這是我有生以來第一次經歷最困難的階段。當然並非沒有救，不過我們能否等得到，卻是一個問題。」四天之後，他的兵力又進一步的減弱，但卻仍能擊敗另一次較重大的攻擊，這未嘗不是一種僥倖。

隆美爾事後的記載中，對於英軍總司令曾經給予高度的評價：「奧欽列克將軍在艾拉敏親自接管了指揮權之後，對於兵力的調度具有相當高明的技巧……他對於情況似乎保持著一種絕對冷靜的看法，因爲不管我們如何的行動，他從不喪失理智而採取一種『次等』的解決辦法。」

在其智謀卓越的參謀長多爾曼•史密士的協助之下，奧欽列克雖然能夠擬出了一連串的「頭等」計畫，但是替他執行計畫的部隊長卻全是「三等」貨色，所以結果也就是毫無成就可言。另外還有一個重要的原因，那就是在這個戰場上的兵力是由不列顚國協各會員國所分別提供的。在如此困難的情況中，各國政府對於他們自己部隊的安全也就特別關心，所以經常警告其指揮官應特別愼重，這樣也就使整個作戰的效率大打折扣，並增大了戰爭的摩擦。

同時那也是非常自然的，由於七月會戰的結果如此令人感到失望，於是大家都一致指責英軍的領導實在太差，所以也就使人感覺到較高級的指揮組織有徹底改組之必要。照一般的慣例，批評總是集中在最高級指揮官一個人的身上，至於其部下的頑劣和失職卻反而很少有人注意。由於奧欽列克反攻的失敗，使英軍的信心又開始發生動搖，所以爲了恢復信心，撤換他也是不無理由的。在那種情況之下，調換主將是激勵士氣、振奮人心的最簡單辦法——至於對被撤換者是否公平則又另當別論。

邱吉爾決定親自飛往埃及以穩定情況，他在八月四日到達開羅——這也正是英國加入第一次世界大戰的紀念日。誠如邱吉爾本人所承認的，奧欽列克是已經「力挽狂瀾」，但在當時看來，潮流是否已經眞正轉向，卻遠不像事後所知道的那樣明顯。隆美爾所站立的地方距離亞歷山大港和尼羅河三角洲還是只有六十哩遠——這樣近的距離足以令人提心吊膽。邱吉爾早已有換人的打算，當他與奧欽列克會晤之後，又發現奧欽列克堅決拒絕他的壓力，不肯提前再發動攻勢。奧欽列克堅決主張至少應到九月才能再度進攻，因爲他認爲新來的增援部隊，必須要有相當時間才能適應當地的生活條件，和接受一些有關沙漠作戰的訓練。於是邱吉爾感到非常不耐煩，遂作了最後的決定。

他的決定同時也受到南非首相史末茲元帥(Field Marshal Smuts)的影響和支持，後者是應邱吉爾的邀請，飛到開羅來和他作一次會談。邱吉爾最初所屬意的人是非常能幹的陸軍參謀總長艾蘭•布羅克將軍(General Sir Alan Brooke)——但布羅克卻由於禮讓和政策的動機，不願意離開軍政部去接替奧欽列克的職務。於是經過進一步討論，邱吉爾遂用電話通知在倫敦的戰時內閣，說他們已決定指派亞歷山大爲中東總司令，至於第八軍團司令一職則決定由葛特升任——這是一個很令人感到驚奇的選擇，因爲葛特以軍長身分在最近戰鬥中的表現實在不很高明。但是次日，當葛特飛往開羅時，卻因爲飛機失事而斷送了性命。於是由於命運的安排，蒙哥馬利遂從英國調往埃及補了這個空缺。軍長也同時換了兩個新人——第三十軍爲李斯中將(Lieutenant-General Sir Oliver Leese)，第十三軍爲何洛克斯中將(Lieutenant-General Brain Horrocks)。

但是很諷刺的，這次人事改組的結果，卻使英軍發動攻勢的日期比奧欽列克所建議的還要遲。因爲蒙哥馬利下了一個最大的決心，必須等到所有一切的準備和訓練都完成之後才動手。儘管英國首相性情急躁、缺乏耐性，對於他這種堅定冷靜的態度也只好表示讓步。這也就無異於把主動權讓給隆美爾，容許他有另一次追求勝利的機會，這就是所謂「阿蘭哈法會戰」(Battle of Alam Halfa)——但結果不過是使他「爬得高跌得重」而已。

在八月間，隆美爾只獲得了兩個新單位的增援——一個德國傘兵旅和一個義大利傘兵師。這兩個單位現在都已經被當作步兵來使用。不過其原有的各師由於已有人員和裝備送來，所以損失已經獲得相當的補充——雖然送來的充員是義大利人要比德國人多得多。隆美爾計畫在八月底發動他的攻擊，在此前夕，他的兩個裝甲師已經約有二百輛中型戰車，而那兩個義大利裝甲師也還有二百四十輛戰車。義大利戰車還是那些舊貨，現在相形之下，也就變得更爲落伍了。德國的三號戰車中有七十四輛是裝有五十公厘長砲管戰車砲，而二十七輛四號戰車則裝有新的七十五公厘砲，這要算是一個重要的質的進步。

但是英軍第一線的戰車實力卻早已增到七百輛以上，其中約有一百六十輛是「格蘭特」式。實際上，在這個裝甲戰鬥中只使用五百餘輛戰車——因爲時間是短暫的。

要塞化的防線還是和七月間一樣，仍然由那四個步兵師負責據守，不過他們的實力都已補充足額。第七(輕)裝甲師留在原地不動。第一裝甲師則調回後方整補，接替其防務的是第十裝甲師，師長爲蓋特豪士少將(Major-General A. H. Gatehouse)。下轄兩個裝甲旅，第二十二旅和新到的第八旅，而已經再裝備的第二十三旅，在會戰開始之後，已交由該師控制。一個新到的步兵師已奉命在阿蘭哈法嶺上佔領著後衞陣地。

這裏的防禦部署本是多爾曼·史密士所設計，而由前任總司令奧欽列克所批准的，現在也並沒有任何劇烈的改變。由於這一戰役獲勝之後有許多的報導都說在指揮人事改變之後，全

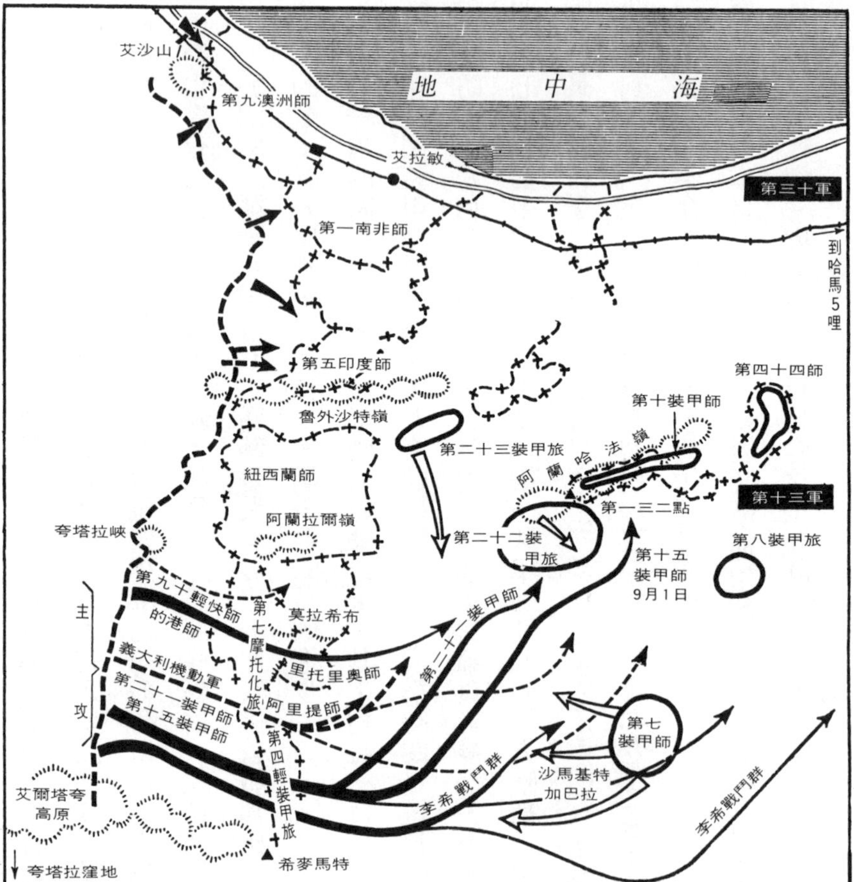

地中海
艾沙山
第九澳洲師
艾拉敏
第三十軍
第一南非師
到哈馬5哩
第五印度師
魯外沙特嶺
第二十三裝甲旅
紐西蘭師
阿蘭拉爾嶺
夸塔拉峽
第四十四師
第十裝甲師
阿蘭哈法嶺
第十三軍
第一三二點
第二十二裝甲旅
第十五裝甲師 9月1日
第八裝甲旅
第九十輕快師
的港師
義大利機動軍
第二十一裝甲師
第十五裝甲師
主攻
第七摩托化旅
莫拉希布
里托里奧師
阿里提師
第四輕裝甲旅
第二十一裝甲師
第七裝甲師
沙馬基特加巴拉
李希戰鬥群
艾爾塔夸高原
希麥馬特
夸塔拉窪地
德軍
義軍
隆美爾企圖的前進
隆美爾實際的前進
軸心軍佈雷區的東邊界線
美軍佈雷區的主要界線
0 哩 10
0 公里 15

阿蘭哈法會戰

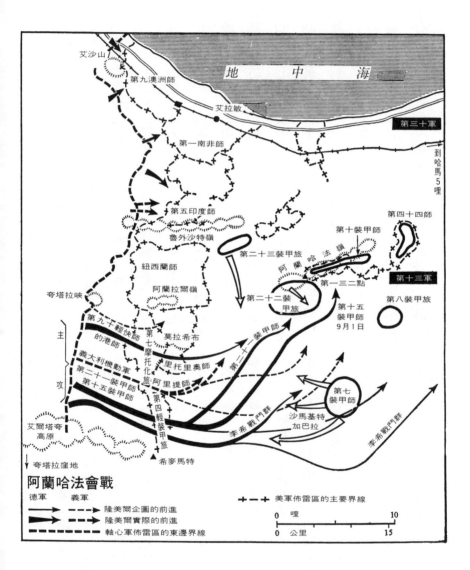

部的計畫也有了完全的改變，好像認爲這就是勝利的主因一樣。所以必須強調指出，亞歷山大在他的正式公文書中曾經忠實的說明事實的眞象，那是足以粉碎那些無稽之談。亞歷山大說當他從奧欽列克手中接管了指揮權之後，發現：

「這個計畫是儘可能對從海岸到魯外沙特嶺之間的地區作堅強的防禦，同時在阿蘭哈法嶺上另設一個堅強的防禦陣地，當敵軍企圖在魯外沙特嶺以南進攻時，從這裏即可以威脅其側面。現在指揮第八軍團的蒙哥馬利將軍，在原則上是採納了這個計畫，而我也完全表示同意，並希望敵人若能給予我們足夠的時間，則他也就能夠增強左(或南)翼，來改進我們的地位。」

在隆美爾發動攻擊之前，阿蘭哈法陣地已經予以增強，但其防禦能力卻還不曾受到認眞的考驗——因爲經過了良好的判斷，英國裝甲部隊的位置佈署得非常巧妙，而其防禦行動也極爲有效，所以也就決定了這場會戰的勝負。

由於防線的北段和中段有極堅強的設防，所以只剩下在紐西蘭部隊所據守的阿蘭拉爾嶺(Alam Nayil Ridge)「盒子」與夸塔拉大窪地之間的五十哩缺口，是可以容許迅速的突破而有獲致成功的可能性。所以要想作突破的嘗試，隆美爾就註定必須採取這一條前進路線，這是至爲明顯的。在奧欽列克任內所擬的防禦計畫，也就是以此種觀念爲基礎。

既然在目標方面已經不可能獲致奇襲，所以隆美爾只好在時間和速度方面去想辦法。他希望假使他能夠迅速突破英軍的南段防線，並到達切斷第八軍團交通線的位置，那麼就可以使敵人喪失平衡而無法固守不動。他的計畫是準備用夜間攻擊來攻佔佈雷地帶，此後非洲軍就率領著義大利機動軍的一部分向東奔馳，在天明之前應越過約三十哩遠的距離，然後再向東北旋迴，指向海岸附近的第八軍團補給地區。他希望此種威脅將能引誘英軍裝甲部隊起而追逐，於是也就使他有了用埋伏狙擊的方式來毀滅他們的機會。同時，第九十輕快師和義大利機動軍的其餘部分，則應構成一條在側面的屏障線，其強度應能擋住英軍從北面發動的反擊，直到他已在敵人的後方贏得那一場裝甲戰鬥時爲止。根據他自己的記載，他認爲英軍指揮官的反應一向都是頗爲遲緩，所以這也就是他可以希望獲勝的唯一理由。他說：「經驗告訴我們，他們要想作成決定再付諸實行，一定需要相當長久的時間。」

但在八月三十日夜間發動這個攻擊時，卻發現英軍的佈雷地帶要遠比所料想的更深。到了天亮時，隆美爾的矛頭只越過它八哩遠，而非洲軍的主力直到上午十時才開始向東運動。到了此時，其大量集中的車輛已經受到英國空軍的猛烈轟炸。非洲軍軍長內林將軍(General

Walter Nehring)在這個階段即已負傷，非洲軍在以後的階段中，都是由其參謀長拜爾林上校(以後升任到中將)來負責指揮。

由於已經明知任何奇襲的效果都已喪失，而前進的速度也和預定的時間表差得太遠，所以隆美爾遂考慮停止進攻。但他和拜爾林討論了一番之後，還是決定仍然繼續前進——不過改變了原有的路線，而換了一個比較有限性的目標。因爲英軍裝甲部隊已經有時間來完成其戰鬥部署，所以他若再向東深入，則側面也就必然會很快地受到威脅。因此他感覺到有提早向北旋迴的必要。於是命令非洲軍立即向北旋迴，結果它就衝向「一三二點」(Point 132)，那也就是阿蘭哈法嶺的最高峰。此種方向的改變，使該軍趨向英軍第二十二裝甲旅所在的地區——同時也趨於一個足以妨礙行動的軟沙地區。原先所計畫的路線則可以不經過這個地區。

第八裝甲旅的戰鬥位置在第二十二裝甲旅的東南方，而不準備從側面來作間接的威脅。這兩個旅在位置上隔得這樣遠，當然是一種冒險，不過蒙哥馬利敢於如此卻是不無理由，因爲事實上，他的每一旅所擁有的戰車實力，都可以和整個非洲軍相比，所以它應能獨立作戰維持一長久的時間，以等候其他單位的支援。

不過，第八裝甲旅直到上午四時三十分才到達指定的位置——但很僥倖的，敵人的行動亦同樣的遲緩。依照隆美爾原定的計畫，非洲軍應在拂曉之前即已到達這個地區。假使當第八裝甲旅還沒有完成部署之前，即在黑夜發生衝突或者是受到拂曉攻擊，其結果一定會十分的狼狽，尤其是這些部隊還是第一次參加戰鬥。

由於隆美爾的向北旋迴比原來所預算的早，所以全部的攻擊都直接落在第二十二旅的頭上，但時間卻已在那一天下午很晚的時候。連續不斷的空中攻擊，加上燃料和彈藥運輸車隊到達過遲，都足以使非洲軍的前進受到很大的阻礙，所以一直到下午才開始向北旋迴。當他們接近阿蘭哈法時，英軍早已嚴陣以待。這個旅已經換了一個年輕的新旅長羅貝茲('Pip' Roberts)，他對於戰鬥的指揮很在行。戰車和砲兵的火力一再把敵方的裝甲縱隊擊退。到入夜時，雙方結束了戰鬥。守軍當然很高興，而攻擊者卻很沮喪。

不過這次攻擊的流產不完全是由於英軍的英勇善戰。因爲燃料是那樣的缺乏，所以在下午過了一半的時候，隆美爾曾經取消發動全面攻擊以奪取「一三二點」的命令。

甚至於到九月一日上午，燃料仍然還是非常缺乏，使得隆美爾不得不放棄在那一天內想作任何大規模行動的念頭。他所能企圖的最多也不過是一個局部有限性的攻擊：以一個師(第十五裝甲師)的兵力去攻佔阿蘭哈法嶺。非洲軍現在的處境非常惡劣：英國轟炸機徹夜攻擊，而第十三軍的砲兵也整天射擊，所以他們的損失不斷的增大。守軍兵力也已經增強，所以德國裝甲部隊的攻擊也就很輕鬆的被擊退——在那天上午，蒙哥馬利確信敵人已經不能從東面趨向他的後方，於是就命令另外兩個裝甲旅把兵力都集中到阿蘭哈法嶺這一個地區來。

到了下午，蒙哥馬利遂命令開始計畫一個反擊，以求奪回主動。這個構想是從紐西蘭師所佔領的陣地向南進攻，以切斷德軍的退路。他同時也安排由第十軍軍部來統一指揮追擊部隊。這支部隊將由所有一切能夠抽出的預備隊來組成，以挺進到達巴(Daba)爲目標。

隆美爾現在手中所剩下來的只有一天的油料——那也就是只夠他的部隊行動六十哩的距離。所以經過英軍在第二夜的連續轟炸之後，隆美爾遂決定中止攻擊，並作逐漸的撤退。

在次日(九月二日)，面對著阿蘭哈法的德軍遂開始抽出其部隊，並分批向西移動。英軍要求允許他們追擊，但未獲蒙哥馬利的批准——因爲蒙哥馬利的政策是絕對不願冒險：過去英國裝甲部隊常被誘入隆美爾所佈置的陷阱，所以他決定不再上當。同時，他也命令紐西蘭部隊在其他部隊增援之下，於九月三日夜間向南面發動攻擊。

但到了九月三日，隆美爾的部隊已經開始全面撤退，英軍只派了少許搜索部隊跟蹤在他們的後面。那天夜間，紐西蘭師發動攻擊，打擊在敵軍後方的側面上，那是由第九十輕快師和義大利的港師負責防守的。雙方混戰了一場，結果使英軍受到重大損失，而停止進攻。

在以後的兩天內(九月四日和九月五日)，非洲軍仍繼續緩慢撤退，英軍卻並未企圖再作攔截，同時也只有少許部隊，非常謹慎的跟在後面替他們「送行」。九月六日，德軍停止在一線高地之上，那是在其原有戰線的東面約六哩處，很顯明的，是準備留在那裏不走。次日，蒙哥馬利遂決定結束這次會戰，而亞歷山大也立予照准。所以隆美爾總算是略有收穫，佔了這一點少許的地盤。但事實上，他卻是得不償失，尤其是他原有的目的已經受到決定性的挫折。

對於第八軍團的部隊而言，當他們看到敵軍撤退，即令是只退後了幾步，也還是足以使他們感到興奮無比。至於美中不足的是沒有能夠把敵軍切斷，但對於他們而言，這種失望卻並不嚴重。很明顯的，潮流是已經回轉了。蒙哥馬利一直都努力要在其部隊中創造一種新的信心，現在他們對於他個人的信心總算已經建立起來了。

不過蒙哥馬利究竟還是錯過了一次偉大的機會，如果他能夠切斷非洲軍的退路，則可以一舉而擊毀敵軍，或使其喪失抵抗能力。這樣不僅可以免除未來的許多麻煩，而且也不必再付出重大的代價來進攻敵軍堅強的設防陣地。以上的分析固然不錯，但專就阿蘭哈法會戰而言，英國人仍算是獲得一次偉大的成功。當這個會戰結束時，隆美爾也已經確定喪失了主動——由於英國方面的增援正像潮水一樣的湧入埃及，所以下一次會戰對於隆美爾而言，誠如他自己所說的，註定是一次「無希望的會戰」(Battle Without Hope)。

到了戰後，我們對於雙方的兵力和資源已經獲得較詳細的資料，所以就可以看出當隆美爾向埃及的進攻最初被阻時，即已註定其最後失敗的命運，因此在七月間的第一次艾拉敏會戰，應該算是一個眞正的轉捩點。儘管如此，當他在八月底再度發動攻擊時，卻仍然顯出是一個巨大的威脅，由於雙方在此時的兵力比以前或以後更接近平衡，所以他仍然有勝利的可能——假使對方還是像過去那樣的糊塗和畏怯，則他也許早已勝利了（過去英軍所享有的優勢比目前還更確實）。但經此一戰之後，隆美爾遂從此喪失了一切捲土重來的希望。「阿蘭哈法會戰」的特殊重要性可以用下述的事實來說明：儘管它不過是在同一地區內所打的多次「艾拉敏會戰」中的一個，但它卻被賦予一個獨立不同的名稱。

就戰術而言，這一戰役也有其特殊的意味。因爲它的勝利不僅是由防禦一方所贏得，而且也是靠純粹防禦來決定勝負，沒有任何的反擊——甚至於連任何認眞的反擊企圖都沒有。這是和古今戰史中大多數「轉捩點」（Turning Point）的會戰都不相同。當蒙哥馬利在防禦成功之後決定不再進攻，這固然是放棄了捕捉和擊毀隆美爾兵力的機會（就眼前而言，那也的確是一個極好的機會），但並不因此而影響到這次會戰作爲戰役轉捩點的決定性。從此以後，英國部隊開始對最後勝利具有信心，所以士氣也日益高昂，而其對方則開始感到前途毫無希望，無論如何的努力或犧牲，也不過是把最後的失敗暫時延遲而已。

同時在戰術上的技巧方面，也有許多值得學習的教訓。英國兵力的部署以及對地形的選擇，對於戰鬥的勝負都具有很大的影響。還有其調動的彈性也是如此，最重要的應首推空權與地面部隊計畫的密切和良好的配合。這次會戰的防禦典型也足以增加此種配合的效果。英軍地面部隊圍成一個圓圈，而空軍則繼續不斷的轟炸被圍在圈子內的敵軍。因爲凡是在圈內的一切部隊都是敵人，都可以當作目標，所以空軍的作戰也就可以比較自由和有效。反之，在敵我混雜的較流動型態的戰鬥中，空軍的行動也就會受到許多限制，而使其效力大打折扣。

再過了七個星期英軍才開始發動他們自己的攻擊。儘管那位沒有耐性的首相對於這樣的延遲極感不滿，但是蒙哥馬利的態度卻非常的堅決，他認爲必須等到他的準備完成並有合理的成功把握之後才可以動手，而亞歷山大也支持他的這種主張。因爲自從這一年開始以來，英國人已經遭遇到一連串的災難，所以邱吉爾的政治地位在此時也已經動搖不穩，因此他的氣燄也就不像過去那樣逼人，只好勉強聽從他們兩位的辯論，同意到十月底再發動攻勢。

正確的D日是要由月亮的位置來決定。這個攻擊計畫是準備以一個夜間突擊爲起點，其目的是爲了減弱敵火的效力，但同時又必須有適當的月光可供照明之用，這樣才能便於在敵方的佈雷地帶中掃清一些通道。所以突擊的發動定在十月二十三日——因爲二十四日即爲滿月。

邱吉爾之所以希望能夠提早攻擊是受到另一重要因素的影響，那就是號稱「火炬作戰」(Operation Torch)的英美聯軍在法屬北非登陸的偉大計畫，現在已經預定在十一月初發動。若能在艾拉敏對隆美爾贏得一次決定性的勝利，也許即能鼓勵法國人歡迎盟軍的登陸，同時也可以幫助增強佛朗哥拒絕德軍進入西班牙和西屬摩洛哥的決心——假若西班牙給予德軍此種便利，則聯軍的登陸計畫即可能會受到破壞。

但亞歷山大卻認爲他的攻擊，代字爲「捷足作戰」(Operation Lightfoot)，若能在「火炬作戰」之前兩個星期發動，那麼中間這一段時間，其長度既足以毀滅面對著英軍的軸心兵力的大部分，又可以使敵人來不及對非洲作大規模的增援。無論如何，他感覺到要使北非另一端的登陸能產生良好的結果，則首先必須使他這一端的攻擊能有成功的確實把握。所以他說：「我確認決定性因素就是必須準備妥善以後才可以進攻，否則不僅是甘冒失敗的危險，而且更足以招致災難。」這些辯論終於佔了上風，雖然他現在所建議的日期要比邱吉爾過去向奧欽列克所要求的日期幾乎遲了一個月，但是邱吉爾最後還是同意延期至十月二十三日爲止的意見。

到了那時，英國人所享有的優勢——無論數量或素質——都已經增大到空前所未有的程度。若照慣用的計算「師」數的老辦法來比較，則雙方在表面上似乎恰好勢均力敵——因爲每一方面都有十二個「師」，其中四個爲裝甲師。但以實際的人數而言，則雙方相差很遠，第八軍團的戰鬥實力爲二十三萬人，而隆美爾則只有八萬人，其中又只有二萬七千人是德國部隊。同時，第八軍團一共有二十三個裝甲團，而隆美爾的裝甲兵力則只有四個德國戰車營和七個義大利戰車營。至於實際戰車數量的比較則更爲驚人。當會戰開始時，第八軍團一共擁有砲戰車一千四百四十輛，其中有二千二百二十九輛是可以立即參加戰鬥——而在一個長期消耗戰中，目前在埃及的倉庫和工廠中還有一千輛左右的數字可供補充之用。隆美爾則僅有二百六十輛德國戰車(其中又有二十輛在修理中，三十輛爲輕型的二號戰車)，和二百八十輛義大利戰車(全部都是落伍的)。只有那二百一十輛德國中型砲戰車有資格在裝甲戰鬥中和對方交手——所以實際上，就適合於戰鬥之用的戰車數量而言，英國人在開始時是佔了六對一的優勢;而且還擁有大量的補充能力，所以他們就可以不必害怕消耗的損失。

以戰車對戰車而言，英軍在戰鬥力方面所享有的優勢更爲巨大，因爲在「格蘭特」戰車之後又有大批的「薛曼」(Sherman)戰車從英國繼續運到，那是一種更新型和更優越的戰車。到會戰開始時，第八軍團所擁有的「薛曼」和「格蘭特」已經超過了五百輛，而且還有更多的數量正在運輸途中·，隆美爾只有三十輛新式的四號戰車，那是裝有初速較快的七十五公厘砲，有資格和美國新式戰車對抗——比阿蘭哈法會戰時只多了四輛，此外，隆美爾也已經喪失其過去在戰防砲方面的優勢。他的「八八」砲固然已經增到了八十六門，而且又獲得了六十八門從俄國俘虜來的「七六」砲（譯註：應爲七十六・二公厘ZIS-3戰防砲），但是其標準的德國五十公厘戰防砲，除了在近接距離之外，已經不能夠穿透「薛曼」、「格蘭特」或「法蘭亭」等型戰車的裝甲。又因爲新式的美國戰車備有高爆彈頭，可以在遠射程擊毀對方的戰防砲，所以德軍這種弱點也就變成一種非常嚴重的障礙。

在空中，英國人也享有空前所未有的巨大優勢。中東空軍總司令泰德爵士(Sir Arthur Tedder)現在手中所能運用的作戰部隊已經達到九十六個中隊之多——包括十三個美國的，十三個南非的和一個羅德西亞的，五個澳洲的，兩個希臘的，一個法國的和一個南斯拉夫的中隊在內。他們一共構成第一線飛機一千五百架以上。在這個總數中，有一千二百架是以埃及和巴勒斯坦爲基地，可隨時準備用來支援第八軍團的攻擊。反觀在非洲能用來支援隆美爾裝甲軍團的空軍實力，把德義兩國的都加在一起也只有可用的飛機大約三百五十架。英軍的這種空中優勢具有極大的價值，它可以妨礙德軍的行動，切斷其補給線，並同時保護英軍補給線暢通無阻。但對於整個會戰的勝負而言，更重要的因素還是空軍間接的和戰略性的行動，它與英國海軍的潛艇合作，切斷了隆美爾的海上補給線。在九月間，差不多有三分之一的軸心補給船隻都在越過地中海時被擊沉，此外還有許多船隻被迫駛回。十月間補給的減少變得更為嚴重，送往非洲的數量能夠達到目的地的還不及一半。砲兵的彈藥變得那樣的缺乏，所以已經無法對抗英軍的轟擊。而最重大的損失則為油輪的被擊沉，在英軍發動攻擊之前的幾個星期內，幾乎沒有一艘能到達非洲——所以當會戰開始時，非洲軍團手中所剩下來的只有三個配發量(issues)，而通常被認為最低的儲備量應該有三十個。這種燃料的嚴重缺乏，也就妨礙了他們所採取的任何對抗行動：迫使他們對大機動部隊不能分割使用，阻止他們迅速集中在某一點上，而在戰鬥繼續發展時，也使他們日益喪失機動能力。

糧食補給的損失也是一個重要因素，它足以使部隊營養不良，疾病流行，塹壕中的惡劣衛生條件更加強這種作用，而尤以義大利部隊所據守的地段為甚。甚至於在七月會戰時，英國人在攻佔了義大利人所據守的塹壕之後，往往會因為那裏的骯髒和臭味使他們受不了而必須撤出，以至於在塹壕尚未挖好之前，常為德國裝甲部隊乘機擊敗。但是這種不衛生的情況終於有一天會產生嚴重的後果，使痢疾和肝病廣泛的傳染，那也不僅限於義大利部隊，連其德國盟友也跟著遭殃——裝甲軍團中的若干重要軍官也都在劫難逃。

一個最重要的「病患損失」(Sick Casualty)就是隆美爾本人。於八月間在阿蘭哈法發動攻擊之前，他早已臥病。以後恢復了一點，所以才能在那一次會戰中勉強親自指揮，接著就病得更厲害，於是在九月間遂不得不回歐洲治療和休養。他的職務暫時由斯徒美將軍（General Stumme）代理，而非洲軍軍長的空缺則由托瑪將軍（Ganeral von Thoma）接任——這兩位指揮官都是從東戰場調來的，他們對於非洲情況頗爲隔膜。由於隆美爾的離開，加上這兩位新任指揮官缺乏沙漠戰場的經驗，所以對即將來臨的英軍大攻勢，德軍方面也就沒有適當的應付準備。會戰開始後的次日，斯徒美驅車往前線，突然受到英軍的重大火力狙擊，他從車上掉下來，接著因爲心臟病突發而死亡。隆美爾此時尚在奧地利休養，希特勒立即用電話問他能否回非洲。次日，十月二十五日，他飛回了非洲，當天黃昏時到達了艾拉敏的附近，親自接管指揮權——此時軸心軍的防線已經有多處造成了裂口，而且在毫無效果的反擊中又幾乎損失一半可用的戰車。

最初，蒙哥馬利的計畫是準備同時在左右雙方都發動攻擊——李斯中將的第三十軍在右（北端），何洛克斯中將的第十三軍在左（南端）——然後再把他的裝甲主力，集中在第十軍內，由魯門斯登（Herbert Lumsden）指揮，從缺口中送到敵人的後方來切斷他們的補給線。但到了十月初，他又開始感覺到這個計畫未免太「好大喜功」，因爲他的部隊在訓練上還是不夠標準，於是他改採一個比較有限制性的計畫。在這個新的計畫，即所謂「捷足作戰」中，攻擊的主力集中在北端靠近海岸，夾在艾沙山與米特里亞嶺之間四哩寬的地段之內——同時，第

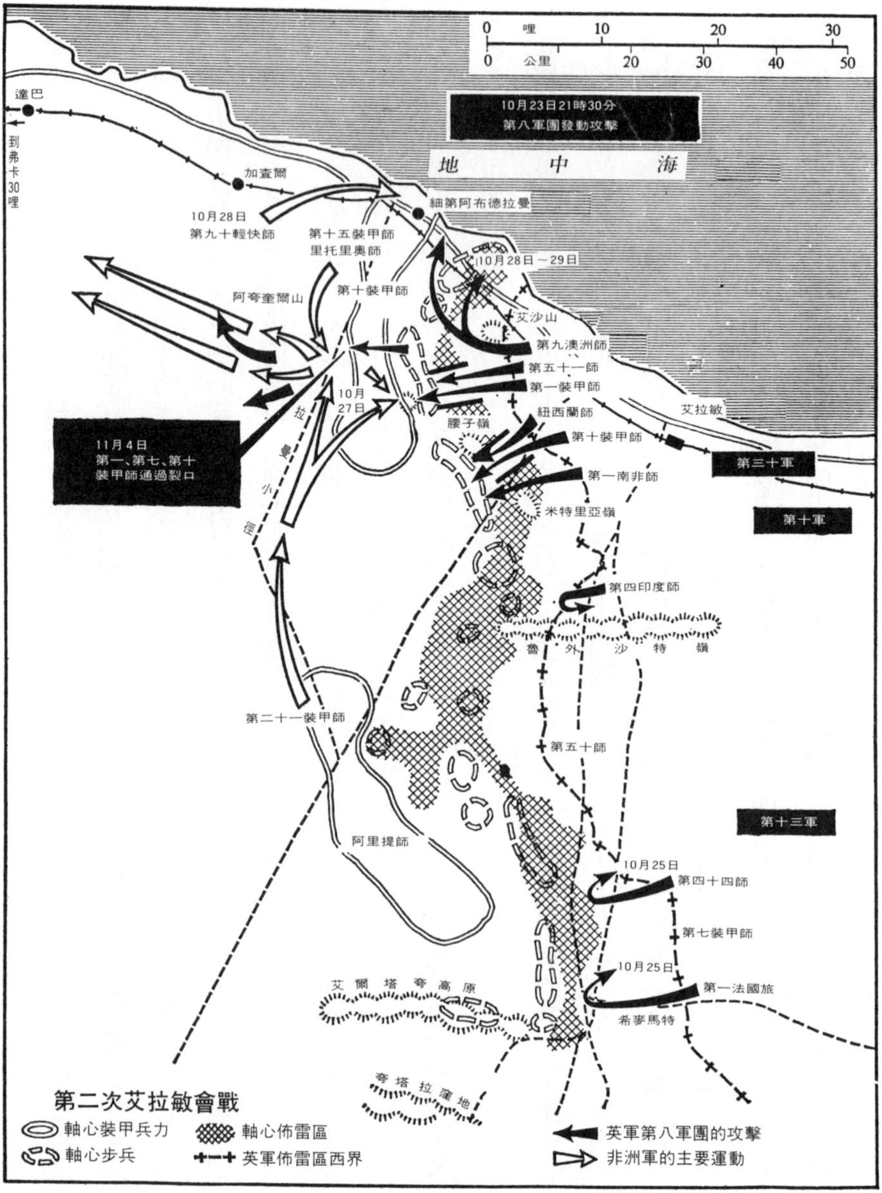
0 哩 10 20 30
0 公里 20 30 40 50
10月23日21時30分
第八軍團發動攻擊
地 中 海
達巴
到弗卡30哩
加查爾
細第阿布德拉曼
10月28日
第九十輕快師
第十五裝甲師
里托里奧師
10月28日～29日
阿奪奎爾山
第十裝甲師
艾沙山
第九澳洲師
第五十一師
第一裝甲師
10月27日
紐西蘭師
腰子嶺
艾拉敏
第十裝甲師
第一南非師
第三十軍
11月4日
第一、第七、第十裝甲師通過裂口
拉黑小徑
米特里亞嶺
第十軍
第四印度師
魯外沙特嶺
第二十一裝甲師
第五十師
阿里提師
第十三軍
10月25日
第四十四師
第七裝甲師
10月25日
第一法國旅
艾爾塔奪高原
希麥馬特
奪塔拉窪地
軸心裝甲兵力
軸心步兵
軸心佈雷區
英軍佈雷區西界
英軍第八軍團的攻擊
非洲軍的主要運動
第二次艾拉敏會戰

十三軍以牽制敵軍爲目的，在南端發動一個助攻，除非那一方面的敵軍防線完全崩潰，否則不得壓迫得太厲害。這種謹愼的有限性計畫，結果帶來一次長時間的苦鬥，假若仍能採取原有的計畫，則由於第八軍團的兵力雄厚，這樣的苦鬥也許即可避免。這次會戰變成了一種消耗的過程——都是硬攻而沒有巧妙的運動——而且有一度似乎已經到了失敗的邊緣。但由於雙方實力相差得太懸殊，所以即令是這樣的消耗，結果也還是對蒙哥馬利有利——而他又能以無比堅定的決心硬撐下去，這也是他的最大特長。不過在他的計畫限度之內，蒙哥馬利還是善於調換其攻擊方向，他的戰術彈性足以幫助傾側敵人的平衡。

在一千多門大砲作了十五分鐘颶風式的轟擊之後，步兵在十月二十三日(星期五)夜間十時開始發動突擊，這次的突擊有一個成功的開始——由於對方缺乏砲彈，所以斯徒美制止他的砲兵轟擊英軍的集結位置。但是地雷區的大縱深和密度卻形成極大的障礙，掃雷的時間要比預計的延長了很多，所以到天明時，英國的裝甲部隊有的尚滯留在雷區的通道內，有的則尚未進入。直到第二天上午，即經過步兵再作一次夜間攻擊之後，英軍的四個裝甲旅才全部通過了佈雷地區，距離原有的戰線只進展了六哩，而在通過那些狹窄的通道時也受到了很大的損失。同時，第十三軍在南端的助攻也遭遇到類似的困難，而且也在次日，十月二十五日，放棄了他們的努力。

但是英軍在德軍防線北端所插入的那個「楔子」，卻顯得頗富威脅感，所以守軍的指揮官在那一天內爲了努力阻止這個「楔子」的擴大，也就把他們的戰車零碎的投入戰鬥。此種行動恰如蒙哥馬利所計算的，並且使他的裝甲部隊(現在已經據有良好的位置)能夠對此種零星的逆襲部隊造成重大的損失。到了十月二十五日黃昏，德軍第十五裝甲師留下來尙堪一戰的戰車，僅爲其原有總數的四分之一——至於第二十一裝甲師則仍留在南端地區之內。

次日(十月二十六日)，英軍仍繼續攻擊，但他們想要向前推進的企圖卻已經受到阻止，爲了這個流產的努力,其裝甲部隊也付出了重大的代價。想把「突入」(break-in)發展成爲「突破」(breakthrough)的機會已經喪失,集中在一起的英國裝甲部隊已經陷入強大德國戰防砲單位的包圍圈中。在第二天夜裏，魯門斯登和他的師長們對於把裝甲部隊作如此的用法早已提出嚴重的抗議。他們認爲把裝甲兵的行動局限在這樣狹窄的通道內，只不過是徒然增加人員的傷亡，而很難達到突破的目的。

蒙哥馬利雖然在外表上仍然保持著一種高度自信的姿態，但他在內心裏已經很淸楚的承認這個最初突擊的失敗；敵方的缺口已經被封住，所以他必須另擬新計畫，並同時讓他的攻擊主力有一個休息的機會。在這次以及以後的許多次攻擊中，他都表現出他能夠隨機應變，願意根據環境來改變他的目標。蒙哥馬利有一種愛說大話的習慣，當事後追述戰況時，總是說一切的發展都不出其神算之外，實際上，他的這種彈性對於士氣是遠比那種大話更有裨益，而對於他爲將之道也是一種較佳的表現。但是很夠諷刺的是，他的那種壞習慣卻反而使人忽視他這種適應能力的價值。

新計畫定名爲「超重作戰」(Operation Supercharge)——這個名稱對於執行者的精神應能產生振奮作用，表示它與過去的作戰具有決定性的差異，並且也具有較佳的成功希望。第七裝甲師被移到北面來準備增援，但隆美爾也已經乘這個暫息的機會對他自己的部隊作了一番整頓。第二十一裝甲師早已奉命北調，跟在它後面的即爲義大利阿里提師。英國第十三軍在南面所發動的助攻，並未能達到分散敵人的注意力並將其一部分裝甲部隊繼續牽制在南方的目的。這些部隊的北調，結果使兩軍的兵力都變得較爲集中。就戰術而言，那是對隆美爾比較有利，它使得英軍必須依賴強攻和消耗。所僥倖的是，英軍的數量優勢實在太大，所以即令是以非常不利的比例來繼續消耗，只要他們能有堅定的決心，則結果還是會由他們獲得最後勝利。

蒙哥馬利的新攻勢是在十月二十八日夜間發動——以那個已經揷入敵線的大楔子爲起點，向北對海岸線進攻。蒙哥馬利的意圖是要切斷敵人沿海岸這一段的部隊，然後向西沿著海岸公路突進，直趨達巴和弗卡。但是這個新的攻擊還是被陷在雷區中，進退不得，隆美爾非常迅速的把第九十輕快師調到這個側翼上來，這一個對抗措施也就抵消了蒙哥馬利的成功希望。隆美爾雖然很僥倖的又逃過了一關，但他的資源卻已經愈用愈少。非洲軍只留下了九十輛可用的戰車，而第八軍團在這一點上卻仍有可用的戰車在八百輛以上——所以儘管英軍已經付出了四輛換一輛的代價，但他們的優勢比例卻反而增高到十一比一。

隆美爾在二十九日寫信給他的夫人說：「我已經沒有太多的希望。夜間兩眼張開不能入睡，因爲感覺到肩頭上的責任實在太沉重。在白天裏我也感覺疲倦得要命。假使在這裏出了差錯，結果將會是怎樣？這個思想日夜都在我的腦海裏盤旋。假使是那樣，我眞想不出有什麼補救的辦法。」從這封信上可以明白地看出這種情況不僅在消磨部隊，而且也在消磨其指揮官，隆美爾本人還是一個病人。在那天淸晨他本已決定退到西南六十哩遠的弗卡陣地，但他卻不願意採取這樣的步驟，因爲那無異於要犧牲其大部分非機動化的步兵，所以他還是壓制了那個重要的決定，而希望蒙哥馬利再受阻一次就會自動結束他的攻擊。事後看來，英軍向北海岸攻擊的受阻，對於英軍反而是一種利益。因爲假使隆美爾在這個時候溜走了，則英軍方面的一切計畫也都將隨之而脫節。

當蒙哥馬利看到其向海岸的攻擊已經被阻止之後，他馬上決定再回到其原有的進攻路線

——希望由於敵軍少量預備隊都已經北調而可以有助於成功。這種判斷的決定都是很正確的，也足以表現其腦筋的靈活。但是他的部隊卻並不具有這樣高度的彈性，爲了重組而花了不少的時間，所以一直到十一月二日才能發動新的攻擊。

由於英軍一再的被擊退，接著又加上這樣一次暫停，也就加深了倫敦方面的失望和憂懼。邱吉爾對於攻勢進展如此的遲緩十分的不滿意，所以他非常勉強的沒有對亞歷山大發出痛斥的電報。這種維護之責完全落在陸軍參謀總長布羅克一個人的身上——他儘量向內閣保證，但在內心裏也很感到疑惑，他自己反問自己說：「假使蒙哥馬利眞被打敗了那又怎麼辦呢？」甚至於蒙哥馬利本人也已經不再那麼深具信心，他外表上雖然仍力持鎭靜，但私下也承認他已經焦急不堪。

十一月二日清晨，當新攻擊發動之時，情況又是很令人感到沮喪——於是也更使人認爲這次攻勢應該徹底結束。這一次又是在雷區產生許多困難，而敵軍的抵抗也比預料的遠爲堅強。當天明時，英軍領先的裝甲旅發現在拉曼小徑上已經有強大的戰防砲陣地正擋住他們的進路。在這種侷促的位置上，又受到隆美爾剩餘裝甲部隊的反擊，於是在這一天的戰鬥中，就損失其戰車實力的四分之三。但英軍的殘部仍堅持不退，於是也就使後續的各旅也能繼續推進，但當他們推進到拉曼小徑的附近時還是被阻止了。等到入夜雙方暫停戰鬥時，英軍戰車因爲戰鬥和機械故障而損失的總數已有二百餘輛之多。

經過這一次挫折，情況遂顯得更爲黯淡——尤其從遙遠的後方看來更是如此——但實際上，烏雲卻已經開始升起了。因爲到那一天結束時，隆美爾手裏的資源也已經告一結束。此次防禦能夠支持這麼久，也實在是一種奇蹟。防禦的核心即爲非洲軍的兩個裝甲師，甚至於在會戰開始時，他們的戰鬥實力一共也只有九千人，經過如此的消耗，現在剩下來的已經只有二千餘人。更糟的是非洲軍現在全部可用的戰車只剩下三十輛，而英軍則還有六百餘輛——所以他們的優勢已經增到了二十比一。至於薄裝甲的義大利戰車，除了被英軍火力所擊毀者之外，其餘的大部分都已經向西逃走，在戰場上早已看不見他們的蹤影。

第一天夜間，隆美爾作了決定，準備分爲兩個步驟向弗卡陣地撤退。這本已進行得很順利，但在十一月三日中午不久後，希特勒來了命令，堅持必須不惜一切代價死守艾拉敏陣地。隆美爾過去還不曾受過希特勒的干涉，所以也就不知道有不服從的必要，於是立即停止撤退，並召回已經上路的縱隊。

這樣的往返拖延，一方面喪失了在後方作有效防禦的機會，另一方面也不可能再守住艾拉敏之線。三日清晨英國空軍即已發現德軍向西撤退的行動，這個報告自然也鼓勵蒙哥馬利繼續加強他的努力。雖然兩次繞過敵方戰防砲防線的企圖在白天都失敗了，但步兵（第五十一高地師和第四印度師）在夜間所發動的新攻擊，卻向西南方作成了突破，並打擊在德義兩軍的鄰接部位上。在十一月四日拂曉不久，英軍三個裝甲師都已通過缺口，並奉命向北旋迴，以阻塞敵軍沿海公路的退卻線。摩托化的紐西蘭師，加上在其指揮之下的第四裝甲旅，也加入了這個戰果擴張的運動。

切斷並毀滅隆美爾全軍的最佳機會現在已經來到。又因爲非洲軍的軍長托瑪將軍，在上午的混亂中已經被俘，所以這個機會也就更大。撤退的命令直到下午才發出，而希特勒的批准遲到次日才收到。不過當隆美爾的撤退命令發出之後，德國部隊的行動卻非常的迅速。他們立即擠在所剩下來的摩托化運輸車輛上，有秩序的向西撤退。而英軍擴張戰果的行動又是犯了老毛病——過分小心、猶豫不前、速度太慢和運動的範圍太狹窄。

在通過缺口之後，英軍三個裝甲師向北的行動只以加查爾（Ghazal）爲目標，那是在已經破裂的防線後方約十哩處。這樣狹窄的轉動使非洲軍的殘部有了阻塞他們的機會，只要迅速向側面移動一點即可以擋住他們的進路。他們只前進了幾哩路，就被這極少數德軍後衞部隊所阻止，一直停到下午才能再前進，而非洲軍團卻早已順利的作有秩序的撤退了。接著天就黑了，小心過度的英軍又還是照例停下來過夜。這實在是很不幸的，因爲他們的位置已經超前，有大批的敵軍可以很方便的加以捕捉。

次日(十一月五日)，英國的攔截行動還是太窄和太慢。第一和第七兩個裝甲師首先指向達巴，距離加查爾只有十哩，其先頭部隊到中午才到達——發現敵軍早已在他們的前面溜走了。第十裝甲師奉命指向加拉爾(Galal)，那是更向西約十五哩，在那裏他們抓到了敵人的尾巴，俘獲了四十餘輛戰車——大部分都是燃料用完了的義大利戰車。直到黃昏時，才開始企圖追擊敵人的主力，但只前進了十一哩，又停了下來過夜，距離其新目標——弗卡，只差六哩。

配屬給紐西蘭師的裝甲旅，本是奉命在突破之後即應向弗卡前進的。但它在隨著那三個裝甲師的後面通過缺口時，就已經耽擱了很多時間——一部分是由於交通管制不良——接著在路上爲了掃蕩殘餘的義大利部隊，又浪費了更多的時間。所以當它在十一月四日歇下來過夜時，距離弗卡還有一半的路程。五日中午才到達其目標附近，但卻又停頓在一處可疑的雷區之前——事實上，那是過去英軍所佈的疑陣，以掩護他們自己向艾拉敏撤退的。等到紐西蘭部隊搞清楚之後開始通過那個地區繼續前進時，天又快要黑了。

此時，第七裝甲師在其過早的向內轉直指達巴之後，現在又被送回沙漠中，要它再向弗卡後方十五哩的巴夸希(Baqqush)前進。但它在越過紐西蘭部隊尾部時，又耽擱了很久的時間，接著也受阻於可疑的雷區——最後就停在那裏過夜。

次日上午，這三個追擊的裝甲師都集中在弗卡和巴夸希附近——但敵軍卻早已溜過這裏繼續向西撤退。他們捕捉到的就只有二百名落後的人員，以及少數由於燃料用盡而被放棄的戰車。

現在捕捉隆美爾縱隊的主要希望，就寄託在第一裝甲師的身上——這個師在達巴落空之後，即奉命從沙漠中採取一條更長的迂迴路線，以切斷梅爾沙馬特魯以西的海岸公路。但它的前進也因爲燃料缺乏而兩度被迫停頓——第二次是在距離海岸公路已經只有幾哩的地方。這使那位師長感到非常的忿惱，因爲他和一些其他的人員都曾主張至少應有一個裝甲師要作長程追擊的準備，即應以索倫爲目標，所以應該把運輸車輛上的彈藥卸下一部分，而換裝額外的補充燃料。但他們的這種建議並未被採納。

十一月六日下午，在海岸地帶開始下雨，到了夜間下得很大。於是所有一切的追擊行動都被迫停止，隆美爾也安全的脫險了。此後，這一場大雨也被英國人用來當作掩飾其追擊失敗的主要藉口。但只要略加分析，即可以明瞭在這場雨還沒有落下之前，最好的機會即早已錯過了——英軍的行動範圍是太狹窄，太謹愼小心，太缺乏時間觀念，太不願意在黑暗中前進，尤其是太把精神集中在會戰方面，而忽視了作決定性擴張行動時的一切必要條件和準備。假使追擊行動能夠從沙漠方面更深入，以較遠的攔截點爲目標，例如在索倫的隘坡，則敵軍的抵抗和天空的變化也就不會產生妨礙作用——因爲在沿海岸地帶，大雨是一種可能遭遇到的危險，而在沙漠中這種機會卻很稀少。

十一月七日的夜間，隆美爾從梅爾沙馬特魯撤退到細第巴拉尼，在那裏稍微停留了一下，因爲他的運輸縱隊是魚貫而行地通過在索倫和哈法亞等地的山中隘道繼續向西行駛。他們曾經受到英國空軍的猛烈轟炸，一度引起嚴重的交通阻塞，車輛大擺長龍達二十五哩之長，但由於交通管制組織的良好，到次日夜間大部分都已通過。所以到了九日上午，雖然還有千餘輛車輛尚未通過這個瓶頸，隆美爾卻已經命令他的後衞向昔蘭尼加的邊境線撤退。

此時蒙哥馬利又組成了一支特殊的追擊部隊，由第七裝甲師和紐西蘭師所組成，其他的部隊則一律留在原地不動。這支追兵於十一月八日出發，但紐西蘭師直到十一日才到達了邊境線，至於從沙漠中前進的第七裝甲師雖然走得比較快一點，也還是不曾抓到敵人的尾巴，後者在十一日已經通過了卡普左。

雖然隆美爾已經逃出了蒙哥馬利的掌握，並且一路成功的躲過了連續不斷的攔截威脅，但是他的兵力卻已經太弱，無法在邊境上，甚或在昔蘭尼加境內重建一條新的防線。此時他的戰鬥實力只剩下大約五千名德軍和二千五百名義軍，德國戰車十一輛和義大利戰車十輛，德國戰防砲三十五門，野砲六十五門，以及少數義大利的火砲。雖然約有一萬五千名德國戰鬥部隊已經安全逃脫，但其中三分之二已經喪失一切裝備，至於義大利人則大部分已經是手無寸鐵。第八軍團除了擊斃敵軍幾千人外，還俘虜了德軍約一萬人，義大利部隊超過二萬人——包括行政人員在內——連同大約四百五十輛戰車和火砲一千門以上。對於其自己的損失一萬三千五百人，這是一個非常巨大的補償——不過令人感到失望的還是隆美爾終於溜走了，使他仍有「捲土重來」的機會。

經過一個短期的休息與整補之後，英軍繼續前進。但那卻只是「跟蹤」，而不是「追擊」，隆美爾過去的反擊已經留下了如此深刻的印象，所以英軍前進時是小心翼翼的沿著海岸公路走，而不敢從沙漠中越過，採取班加西弧形的弦線方向。英軍的先頭裝甲部隊直到十一月二十六日才到達梅爾沙布里加(Mersa Brega)，從越過昔蘭尼加東方邊境之目標起，已經走了兩個星期——此時隆美爾早已站在那個瓶頸陣地的掩護之下。在通過昔蘭尼加的撤退全程中，隆美爾所遭遇到的唯一危險和困難就是燃料的缺乏。隆美爾在梅爾沙布里加獲得了少許的增援，有一個新的義大利裝甲師，森陶羅師(Centauro Division)，以及三個義大利步兵師中所抽出的若干單位——不過後者，由於是非摩托化的，所以對於他只能算是一種麻煩而不能算是資本。

現在又暫停了兩個星期，因爲英國人爲了進攻梅爾沙布里加陣地，勢必又要集中他們的兵力和物資。蒙哥馬利又擬定了一個計畫想要把敵人毀滅在其防禦陣地之中——即一方面用一個強大的正面攻擊將隆美爾拘束在原地不動，另一方面再派一支強大的部隊採取寬廣的迂迴運動，以切斷他的退卻線。正面攻擊預定在十二月十四日發動，在十一日到十二日之間的夜裏，又先作了一次大規模的突襲以分散敵人的注意力，好掩護迂迴部隊的出發。但是隆美爾在十二日的夜間就見機溜走了——於是也就使英軍的計畫又落了空。他用一個迅速的跳躍，退回到布拉特(Buerat)附近的一個陣地，那是在梅爾沙布里加以西相距達二百五十哩——而距第八軍團在班加西的新前進基地則更在五百哩之外。

直到這一年結束時，隆美爾還是留在布拉特陣地之上，因爲這一次有一個月的暫停，蒙哥馬利需要那樣久的時間才能完成其繼續前進的一切準備。儘管如此，但很明顯的可以看出，在非洲的戰爭潮流確實已經在轉向了。因爲隆美爾軍團現在不可能再有機會達到可以與第八軍團對抗的實力標準，而由於英美聯合組成的第一軍團又已經由阿爾及利亞向東進入了突尼西亞，所以其後方也開始受到威脅，而有腹背受敵的危險。

但是希特勒的幻想不久又復活了，而墨索里尼也拚死的緊抓住他們自己的幻想不肯鬆手，因爲他在精神上不能忍受眼看著義大利的非洲帝國化爲烏有。甚至於當隆美爾能否擺脫追兵和救出其殘部都還成問題時，他們的幻想即已變得無可理喻。所以當隆美爾安全到達梅爾沙布里加時，他也就立即接到命令，要他不惜一切代價死守這個陣地，並阻止英軍進入的黎波里坦尼亞。爲了加強此種不可能要求的壓力，隆美爾又再度被置於巴斯提科元帥的指揮之下，即恢復其進入埃及以前的安排。當隆美爾在十一月二十二日謁見巴斯提科時，他曾經十分不客氣的告訴他的頂頭上司說，這個在沙漠邊境上抵抗到底的命令，是必然的會使這個軍團的殘部面臨同歸於盡的命運——「我們不是在四天以前失去這個陣地但卻救出了這個軍團，就是在四天以後把兩者都喪失掉。」

於是在十一月二十四日，卡伐里羅和凱賽林一同來看隆美爾，隆美爾就告訴他們，因爲現在他的德國部隊只有五千人是有武器的，所以若要命令他堅守梅爾沙布里加陣地，則他要求應趕在蒙哥馬利發動攻擊之前，迅速的送來五十輛裝有新式七十五公厘長管戰車砲的四號戰車，和五十門同樣種類的戰防砲，此外還須有適當的燃料和彈藥補給。對於他的需要來說，這實在是一種很克己的估計，但非常明顯的，連這樣的要求也沒有滿足的可能，因爲一切可以到手的裝備和增援，大部分都早已送往突尼西亞方面。儘管如此，他們兩位還是力促隆美爾必須遵守在梅爾沙布里加死守不退的命令。

所以，爲了希望能說服希特勒使其認清當前的眞實情況，隆美爾遂飛赴東普魯士森林深處，在拉斯頓堡(Rastenburg)附近的希特勒大本營。在那裏他受到一種冷淡的接待，當他建議最聰明的辦法就是撤出北非時，希特勒立即大怒，並拒絕再聽他所作的任何進一步解釋。這一次的爆炸比過去任何事件都更足以動搖隆美爾對其元首的信心。誠如隆美爾在他的日記中所寫的：「我開始認清了希特勒根本就不想承認現實，對於其理智所應該了解的事實，他卻發生了情感性的反應。」希特勒堅持認爲由於政治上的需要，在非洲必須守住一個主要的橋頭堡，所以不准許退出梅爾沙布里加之線。

但當隆美爾返回非洲時，他中途又轉往羅馬晉見墨索里尼，他卻發現這位義大利的領袖還比較講道理，後者認清了把足夠補給經由的黎波里轉送梅爾沙布里加的困難。所以他終於從墨索里尼處獲得了允許，可以在布拉特準備一個中間陣地，並且先把非摩托化的義大利步兵撤回到那裏，於是等到英國人再發動攻擊時，他就可以比較容易撤退其餘的部隊了。根據這個允許，隆美爾立即迅速採取行動，所以當英國人一開始表現出有進攻的徵候時，他就乘著黑夜溜走了。而且他也已經下了決心，不準備在布拉特或的黎波里的前面停留下來，好讓蒙哥馬利有捕捉他的機會。他的計畫早已擬定好了，準備一直退到突尼西亞的邊境和加貝斯(Gabes)瓶頸地帶，在那裏他可以比較不易於受到迂迴，而且也可能利用在手邊比較接近的增援，再作有效的反擊。

第二十一章 「火炬」作戰

聯軍在法屬北非的登陸是在一九四二年十一月八日。這個對西北非洲的進入，要比英軍在非洲東北端向隆美爾在艾拉敏的陣地發動攻擊的日期晚了兩個星期，而比那個陣地的崩潰則只晚了四天。

在一九四一年聖誕節於華盛頓召開的「阿卡地亞會議」(Arcadia Conference)中——那是自日軍偷襲珍珠港美國參戰以來的第一次同盟國會議——邱吉爾先生提出其所謂的「西北非洲計畫」(North-West Africa Project)，作爲「縮緊對德國包圍圈」的一個步驟。他告訴美國人說，早已有一個代字爲「體育家」(Gymnast)的計畫，那就是說假使第八軍團在昔蘭尼加獲得一個決定性的成功，足夠使它向西推進直趨突尼西亞的邊境，則英軍即擬在阿爾及利亞登陸。他又建議：「假定法國同意，美國部隊在被邀請的名義之下，也應同時在摩洛哥海岸登陸。」羅斯福總統對於這個計畫深表贊同，因爲他很快就認淸其在大戰略領域內的政治利益，但是他的三軍首長對於這個計畫的實際可行性卻表示懷疑。他們一心想早日對希特勒在歐洲的根據地發動一個較直接性的攻擊，所以害怕這個計畫會對那個觀念產生干擾作用。他們所能同意的最多僅為對這個作戰計畫——現在已經改名為「超級體育家」（Super-Gymnast）——應繼續加以研究而已。

在以後的幾個月內，一切的討論都集中在一個越過海峽的進攻計畫上，那是準備在八月或九月間開始發動，以應付史達林開闢「第二戰場」的要求。柯騰丁（Cotentin）半島，即瑟堡（Cherbourg）半島，被認為是一個最有利的地點。首先作這種主張的人是美國陸軍參謀總長馬歇爾將軍（General Marshall），而艾森豪少將也是附和者之一。他已被選派前往倫敦出任歐洲戰場美國部隊的指揮官。英國人強調使用不適當的兵力在歐洲作過早的登陸是有害無益的，因為這樣一個橋頭堡很容易被封鎖或被摧毀，對俄國人也並不能產生眞正有效的救助。但是羅斯福總統現在卻用他的全力來支持這個計畫，當五月底莫洛托夫訪問華盛頓時，羅斯福曾經向他保證說，他「希望」並「期待」一九四二年在歐洲開闢「第二戰場」。

六月間，當隆美爾對加查拉防線發動先制攻擊之後，英國在東北非洲的地位發生意想不到的崩潰，於是在西北非洲登陸的計畫反而因受此種刺激而復活了。

當邱吉爾於六月十七日，率領他的參謀首長們飛往華盛頓參加一次新的會議時，加查拉之戰早已開始逆轉。一到達華盛頓之後，邱吉爾就立即前往海德公園羅斯福在哈德遜河的私人別墅中，去作一次私人性的談話。在這次談話中，邱吉爾又再度強調在法國作不成熟登陸的危險和弊害，並認爲恢復「體育家」計畫不失爲一個較好的代替品。英美兩國的參謀首長們於六月二十一日在華盛頓正式集會，對於瑟堡計畫的意見雖不一致，但很奇怪的，他們卻一致認爲北非計畫是不健全的。

他們對於這個計畫雖然一致反對，但不久由於局勢的壓迫，遂不得不改變其立場。羅斯福要求在一九四二年必須採取某種積極行動，即令不像原先所希望的那樣直接化，但也總還是多少可以使其對於俄國人的諾言不至於完全交白卷。六月二十一日，消息傳來說，多布魯克要塞已被隆美爾攻陷，而第八軍團的殘部則正在向埃及倉皇逃走。

在以後的幾個星期內，英國人的情況日益惡劣，於是要求美國對非洲戰事作直接或間接介入的辯論，也日益變得理直氣壯。六月底，隆美爾跟著英軍敗兵的後面，已經到達艾拉敏之線並開始發動攻擊。七月八日，邱吉爾用電報向羅斯福說明「大槌」(Sledgehammer)作戰，即在法國登陸的計畫，必須放棄，並再度要求執行「體育家」計畫。此時，狄爾元帥(Sir John Dill)正在華盛頓擔任聯合參謀首長會議的英國代表團長，邱吉爾遂又透過他把一項解釋文件向羅斯福提出：「體育家」計畫可提供唯一的途徑，使美國能在一九四二年打擊希特勒。否則，西方同盟國在一九四二年又只好毫無行動的度過了。

美國參謀首長們對於這種要求依然是一致反對。馬歇爾說「體育家」是旣浪費又無效。海軍軍令部長金恩(Admiral King)則認爲：「如果要提供這個作戰所必要的船隻，即不可能在其他戰場上執行海軍的任務。」同時他們又一致認爲，英國人之反對在一九四二年對法國作登陸的企圖，足以證明即令在一九四三年，他們也還是不想作這樣的冒險。所以在金恩的熱烈支持之下，馬歇爾遂主張對戰略作一種徹底的改變——他說：「除非英國人接受美國的提早渡過海峽進攻法國的計畫，否則我們就應轉向太平洋先對日本發動決定性的攻擊；換言之，除空中作戰之外，對德國應採取防禦的態勢；而把所有一切可用的力量都投在太平洋方面。」

不過羅斯福總統卻反對向他的英國盟友發出此種最後通牒的辦法，他表示不批准這種改變戰略方向的建議，並且告訴他的參謀首長說，除非他們能夠說服英國人同意在一九四二年發動越過海峽的作戰，否則他們就只有下述兩種選擇：對法屬北非發動一個攻擊，或把強大的增援送往中東。他更強調指出，由於政治上的需要，必須在這一年結束之前採取某種顯著的行動。

面對著總統的決定，在意料之內的是，美國參謀首長們應該寧願對中東的英軍提供暫時性的增援，而不願採取他們一直堅決反對的「體育家」計畫。尤其是在對這條路線作了一番檢討之後，馬歇爾的計畫人員已經獲得了結論，認爲前者要算是兩害相權取其輕。但和一切的預料相反，馬歇爾和金恩卻又突然改變了態度，開始對「體育家」計畫表示支持。當他們在七月中旬，與總統私人代表霍普金斯(Harry Hopkins)一同飛往倫敦時，發現英國參謀首長們正強烈反對艾森豪所擬的在瑟堡附近登陸的計畫，於是他們遂決定站在英國人那一邊。

馬歇爾之所以寧願選擇西北非洲，而不願意把增援送往中東，根據霍普金斯的說法，其主要原因是認爲美國部隊和英國在埃及的部隊混合在一起會引起困難。誠然，在西北非洲的聯合作戰中，兩國部隊也還是混合在一起，但很明顯的，美國若派部隊前往中東，則將會在一位英國總司令之下作戰。

七月二十四和二十五兩日，英美兩國的參謀首長們在倫敦舉行了兩次會議，終於決定採取「超級體育家」計畫——這又立即受到羅斯福的贊許。此外，他又在電報中強調指示，計畫登陸的日期不應遲過十月三十日。由於邱吉爾的主張，這個作戰的代字遂又改爲「火炬」(Torch)，這是一個比較具有靈感的名稱。同時大家又同意這個作戰的最高指揮官應由美國人來充任——這正是邱吉爾的手段，用來安撫那些美國參謀首長們不愉快的心情。七月二十六日，馬歇爾就告訴艾森豪，這個職位將由他擔任。

「火炬」的決定現在固然已成定案，但是時間和地點的問題卻還沒有解決。於是對於這兩個問題遂又引起了一些新的爭論。

關於時間的問題，在邱吉爾的催促之下，英國參謀首長們主張把目標日定爲十月七日。但美國參謀首長們卻建議定爲十一月七日，因爲根據裝載專家的計算，這將是部隊登陸合理的最早日期。

關於地點的問題，雙方的意見相差得更遠。美國人主張應在非洲北岸登陸，即在地中海之內，這樣才可以儘快的向突尼西亞前進。但是美國方面卻堅持「體育家」計畫的有限目標，即是一個純粹美國人的作戰，他們希望把登陸地點限制在摩洛哥西岸(即大西洋方面)的卡薩布蘭加(Casablanca)地區之內。他們不僅害怕法國人會反對，而且更害怕西班牙會幫助德國，假使他們容許德國人攻佔直布羅陀，就會封鎖進入地中海的門戶。英國人認爲對於戰略問題不應採取如此過分愼重的態度。他們認爲這樣將容許德國人有時間得以搶先佔領突尼西亞，和增強或代替法國人在阿爾及利亞和摩洛哥的抵抗，這樣也就會破壞聯軍的作戰目的。

(原註：六月二十八日，當西北非洲計畫的復活正在華盛頓會議中展開激辯之後，有人詢問我個人對於這個計畫的意見。當有人告訴我主要的登陸點準備定在卡薩布蘭加時，我即指出這個地點距離比塞大〔Bizerta〕和突尼斯〔Tunis〕兩個戰略要點在一千哩以外，因而提早成功的最佳機會就是必須儘快的攻

佔這個要點，換言之，登陸地點應儘可能的接近這兩個要點。同時我也強調有在阿爾及利亞，即非洲北岸登陸的必要，因爲那是騎在法國人的背上，這樣就可以減低反抗的危險。如果從卡薩布蘭加登陸，再緩緩向東推進和作正面的攻擊，那麼勢必會引起強烈的反抗。）

艾森豪和他的幕僚們，比較傾向於接受英國人的意見。他在八月九日提出的第一個綱要計畫就是採取折衷的觀點。它主張同時在地中海的內外登陸，除在朋尼(Bône)作一個小規模登陸，以奪佔該地的機場爲目的以外(朋尼在阿爾及耳以東二百七十哩，但距比塞大有一百三十哩)，其他一切行動都以向東不超過阿爾及耳爲原則——因爲有受到敵方空軍從西西里(Sicily)和薩丁尼亞(Sardinia)發動攻擊之威脅。這種折衷案並不能使英國計畫作爲者感到滿意，而且照他們看來，也似乎不能夠符合成功的主要條件——那就是如他們所說的，「我們在通過直布羅陀後二十六天之內，即應佔領突尼西亞的要點，而最好是能在十四天之內。」依照他們的想法，在朋尼，甚或更向東去的地點作一個主要的登陸，實爲對突尼西亞迅速進展的必要條件。

這些辯論感動了美國總統，他指示馬歇爾和金恩對計畫加以研究。同時它們也使艾森豪感動，他向華盛頓報告說，他幕僚中的美國人員現在已經認爲英國人的理由比較正確，所以他現在正著手擬一新計畫，其中將取消對卡薩布蘭加的登陸，並提早其他登陸行動的日期。

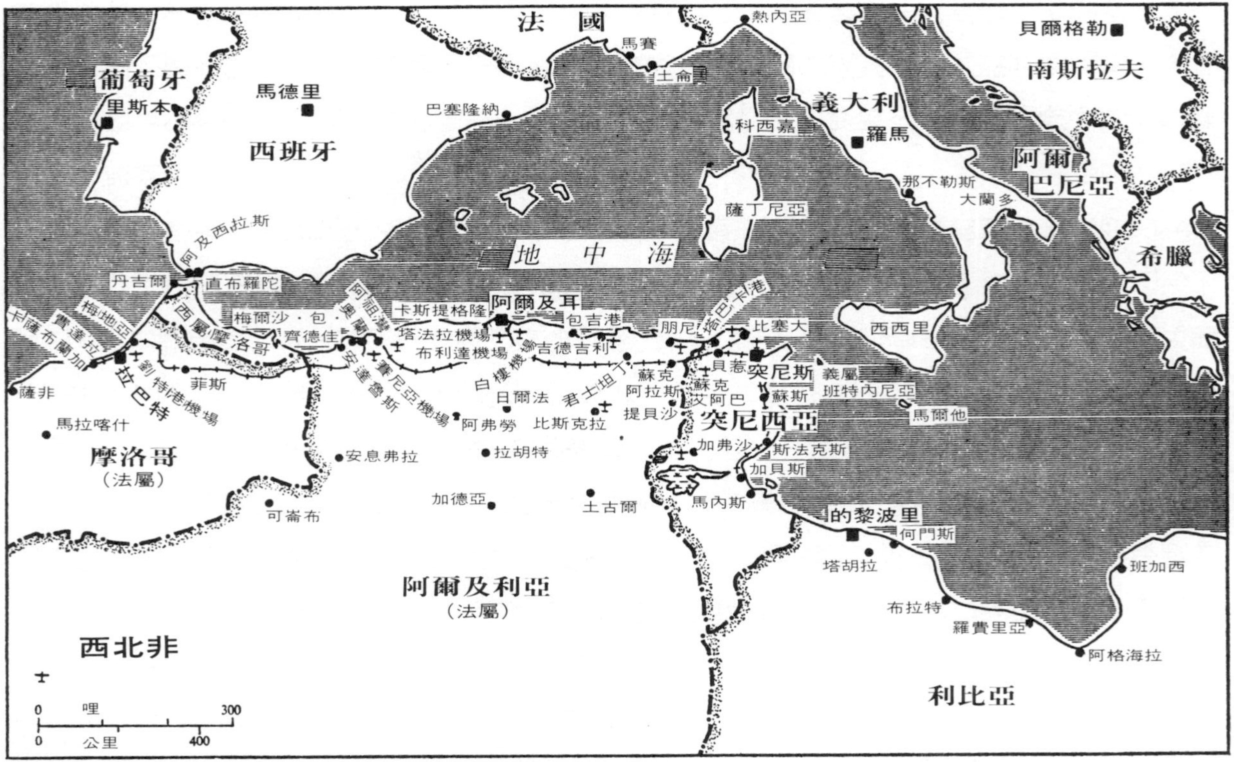

葡萄牙
里斯本
馬德里
西班牙
法國
巴塞隆納
馬賽
土崙
熱內亞
義大利
羅馬
科西嘉
薩丁尼亞
那不勒斯
大蘭多
阿爾巴尼亞
南斯拉夫
貝爾格勒
希臘
地中海
西西里
阿及西拉斯
丹吉爾
直布羅陀
梅地亞
賈達拉
卡薩布蘭加
拉巴特
西屬摩洛哥
梅爾沙·包·齊德佳
阿祖灣
奧蘭
卡斯提格隆
阿爾及耳
塔法拉機場
布利達機場
包吉港
吉德吉利
白樓機場
朋尼
菲利普維
波拿
瓦巴卡港
比塞大
突尼斯
貝若
蘇克
阿拉斯
艾阿巴
蘇克
蘇斯
義屬
班特內尼亞
馬爾他
突尼西亞
提貝沙
加弗沙
斯法克斯
加貝斯
馬內斯
的黎波里
何門斯
塔胡拉
布拉特
羅費里亞
阿格海拉
班加西
利比亞
薩非
馬拉喀什
菲斯
劉特港機場
安達魯斯
賽尼亞機場
阿弗勞
日爾法
君士坦丁
比斯克拉
安息弗拉
拉胡特
加德亞
土古爾
可崙布
摩洛哥
（法屬）
阿爾及利亞
（法屬）
西北非
0 哩 300
0 公里 400

艾森豪的幕僚於八月二十一日提出第二個綱要計畫，大體上是遵照英國人的意見。取消在卡薩布蘭加的登陸，預定美軍將在奧蘭(Oran)登陸(在直布羅陀以東二百五十哩)，而英軍則分別在阿爾及耳和朋尼登陸。但艾森豪個人對於這個計畫的讚許卻很冷淡，而且還強調這樣一個遠征行動，是完全位於地中海之內，所以其側面是十分的暴露。他的這個結論與馬歇爾的意見頗爲接近。

美國參謀首長們之不願意接受第二個綱要計畫，正像英國人之不願意接受第一個綱要計畫一樣。馬歇爾告訴美國總統說：「只有一條單獨的交通線通過直布羅陀海峽實在是太危險」，他反對任何在地中海內登陸的地點，選擇比奧蘭更東(那距離比塞大尚有六百哩)的地方。

邱吉爾率領布羅克訪問埃及和莫斯科之後，回到倫敦才知道又有了許多變化。當他們訪問莫斯科時，曾受到史達林的冷嘲熱諷。史達林對於西方國家遲遲未能開闢「第二戰場」深感不滿。他這樣的責問說：「難道你們是存心讓我們單獨苦戰而自己在一旁坐視嗎？你們是否永遠都不想開始打仗呢？假使你們一經開始之後，你們將會發現那並不會太壞！」這些話當然使邱吉爾很不好受，不過他卻還是勉強的設法引起史達林對「火炬」潛在價値的興趣，並且也很生動的說明了它是如何可以間接的解除俄國所受的壓力。所以當他現在發現美國人正在設法破壞這個計畫時，遂不免大感震驚。

八月二十七日，他發了一個長電給羅斯福，對美國參謀首長們所暗示的改變表示強烈的抗議，他說那足以「斷送整個的計畫」，他又說：「如果我們不能在第一天同時拿下阿爾及耳和奧蘭，則這個作戰計畫的全部精華也就成爲泡影。」他又強調如果把目標縮小，則對於史達林將會產生極惡劣的印象。

八月三十日，羅斯福卻在其回電中堅持：「在任何環境之下，我們必須有一個登陸是在大西洋方面。」所以他建議在卡薩布蘭加和奧蘭的登陸都由美國人負責，而讓英國人去負責較東面的任務。此外，因爲想到了英國人在北非、敍利亞等地對維琪法國所曾採取的軍事行動，所以羅斯福又提出了一個新的問題：

「我堅決的認爲，最初的攻擊必須完全由美國地面部隊來執行！我甚至於可以這樣有把握的說，如果是英美兩國的部隊同時登陸，則將會引起在非洲的法國人全面抵抗；如果最初登陸時只有美軍而沒有英軍，則很可能法國人將不會抵抗，或僅作象徵性的抵抗……我相信至少在最初攻擊後的兩個星期內，德國的空軍或傘兵部隊都還不可能大規模的進入阿爾及耳或突尼斯。」

美國人認爲在西面登陸之後，可以隔一個星期再作東面的登陸，這個觀念使英國人大感驚訝，因爲作爲戰略性的目標，東面遠比西面重要而緊急。此外，美國人以爲在兩個星期之內，德國人不可能作有效的干預，英國人也認爲這是一種過分樂觀的想法。

邱吉爾非常願意利用美國駐維琪的大使李海上將(Admiral Leahy)的影響力，作爲政治性和心理性的開路工具。他固然也願意儘量保持這個遠征行動的「美國性」，並同意儘可能把英軍保留在幕後，但他卻相信大部分的船隻、空中支援和海軍部隊都是屬於英國的事實是很難掩飾──在地面部隊尙未出場之前，這些單位早已被人發現了。他在九月一日回答羅斯福的電文內，對於這一點曾經暗示的提到。他強調的說：「我也和你一樣，相信政治性的不流血勝利是有很好的成功機會，但假使不成功的話，則其後果將是一個巨大的軍事災難。」邱吉爾又繼續這樣反覆的辯論說：

「最後，儘管有一切的困難，照我們看來，阿爾及耳仍應與卡薩布蘭加和奧蘭同時加以佔領。這是一個最友善和最有希望之點，其政治反應對於整個北非將具有最大的決定性。爲了實際頗有疑問的卡薩布蘭加登陸之故，而放棄阿爾及耳，照我們看來，似乎是一種非常嚴重的錯誤。假使因此而促使德國人不僅在突尼斯而且也在阿爾及利亞對我們採取先發制人的措施，那麼結果對於整個地中海的局勢將產生不利的影響。」

以上所說對於應該把在阿爾及耳的登陸列入計畫之內的理由，可以算是分析得極為透徹，但可惜的是卻沒有提到在更東的方面，和在比塞大附近登陸的重要性——這是一種省略，也是一種讓步，對於提早戰略成功的機會也就產生了重大的後果。

九月三日，在回答邱吉爾的電文中，羅斯福同意把阿爾及耳的登陸包括在計畫之內，並建議由美國部隊首先登陸，在一個小時之後英國部隊再跟著上來。邱吉爾立即接受了這種解決，但要求減少指定在卡薩布蘭加登陸的兵力，以使阿爾及耳的登陸可以變得更為有效。羅斯福對於這一點也表示同意，他建議把在卡薩布蘭加和奧蘭的登陸兵力各減一個「團戰鬥羣」(Regimental Combat Team)，以使在阿爾及耳有一萬人可用。邱吉爾在九月五日的回電中說：「我們完全同意你所建議的軍事部署。我們有大量的部隊均已完成高度的登陸訓練。如果方便的話，他們可以穿著你們的軍服。他們會因此而感到驕傲。船隻也已經準備就緒，絕無問題。」羅斯福在當天也回了一份只有一個字的電報：「Hurrah !」(意即「好哇」!)

於是在羅斯福和邱吉爾的這種來往的電報之中，一切的問題終於都獲得解決。三天以後，艾森豪確定以十一月八日爲登陸日期，同時他也拒絕了邱吉爾所提的讓英國陸戰隊(Commandos)穿著美國軍服的建議，因爲他非常希望最初的登陸能夠保持一種完全美國化的外表。邱吉爾對於這樣的延遲和計畫的改變只好儘量的忍耐。的確，他在九月十五日致羅斯福的電文中更曾如此委屈的說：「在整個『火炬』作戰中，無論在軍事或政治方面，我都把我自己當作是你的助手(lieutenant)，只要求把我的觀點坦白的呈現在你的面前。」

羅斯福「好哇！」的電報，在九月五日結束了這回「越過大西洋的論文競賽」(the transatlantic essay competition)——這是一種很夠諷刺的說法。雖然馬歇爾繼續表示懷疑，而他的頂頭文職上司軍政部長史汀生(Henry Stimson)也曾對羅斯福總統這個登陸北非的決定作了一次認眞的訴苦(那也是代表美國陸軍的意見)。但是羅斯福的決定已無改變的餘地，這不過是促使細部計畫加速完成，以補救拖延太久的毛病。但誠如美國官方史學家所認識和強調的，這個計畫仍然具有一種「折衷」的兩面不利的影響。一方面減低了在北非迅速獲得決定性成功的機會，另一方面又使聯軍在地中海方面的努力必然要拖得更久。

在最後的計畫中，大西洋方面的登陸是以奪佔卡薩布蘭加爲目標，所使用的全部爲美國部隊，由巴頓少將(Major-General George S. Patton)指揮，共約二萬四千五百人，載運他們的爲西方海軍特遣部隊(Western Naval Task Force)，由美國海軍少將希維特(Real-

Admiral H. Kent Hewitt)指揮。它從美國直接駛往非洲，包括各種艦船一百零二艘，其中二十九艘爲運兵船。

攻佔奧蘭的任務則由中央部隊負責，共爲美軍一萬八千五百人，指揮官爲弗里登達少將(Major-General Lloyd R. Fredendall)。但負責護航的卻是由陶布里基代將(Commodore Thomas Troubridge)所指揮的英軍海軍部隊，它從英國克來德(Clyde)河口駛出，這些部隊都是在八月初運到蘇格蘭和北愛爾蘭的美國單位。

對於阿爾及耳的登陸作戰，東方海軍特遣部隊完全是英國的部隊，指揮官爲海軍少將布羅斯(Rear-Admiral Sir Harold Burroughs)，但突擊部隊則有英美部隊各九千人，其指揮官則爲美國陸軍少將李德爾(Major-General Charles Ryder)。此外，也有美國部隊編在二千多名英國陸戰隊單位之內。這種奇異的混合編組，是希望能把美國人放在櫥窗的前面，好讓法國人相信所有的攻擊部隊完全是美國人。十一月九日，即登陸的次日，在阿爾及利亞境內的一切同盟國部隊，都被置在一個新成立的英國第一軍團的指揮之下，這個軍團的司令爲安德森中將(Lieutenant-General Kenneth Anderson)。

前往奧蘭和阿爾及耳的部隊都是從英國出發，共分爲兩個大船團，較慢的一個在十月二十二日發航，較快的一個遲了四天才啓碇。此種時間的安排是爲了要使他們能夠同時在十一月五日的夜間通過直布羅陀海峽，從那裏起他們遂受到康寧漢海軍上將(Admiral Sir Andrew Cunningham)所指揮的英國地中海艦隊一部分的掩護。這個艦隊的出現足以嚇阻義大利艦隊的干擾，甚至於在登陸之後也是如此——所以，誠如康寧漢很感遺憾的說法，他那樣強大的兵力卻在那裏閒蕩無所事事。但事實上，他手上的工作卻眞不少，作爲一個海軍總司令，位在艾森豪之下，他也負責主管「火炬」作戰中一切海洋方面的事務。包括在十月初先到的補給船在內，一共有二百五十艘以上的商船從英國駛出，其中約有四十艘爲運兵船(包括美國的三艘在內)，至於在此次作戰中用來護航和掩護用的英國海軍兵力，一共有各式不同的軍艦一百六十艘。

在登陸之前所作的外交準備活動，簡直就像是間諜小說，穿插在正式的歷史領域之內。美國在北非的首席外交代表麥菲(Robert Murphy)，早已在積極的爲這次登陸作戰進行準備，他對那些他感覺到可能會對這個計畫表示同情，和願意給予協助的法國官員們作一種非常愼重的試探。他特別信賴馬斯特將軍(General Mast)，他是在阿爾及耳地區中的法軍指揮官，過去曾任法軍總司令余安(General Juin)的參謀長。此外還有貝陶將軍(General Béthouart)，他現在正指揮著在卡薩布蘭加地區的法國部隊——不過那整個地區也是在米奇烈將軍(Admiral Michelier)指揮之下，這個事實卻是美國人所沒有注意到的。

馬斯特曾力主同盟國應派一高級軍事代表，祕密到阿爾及耳來和余安等人進行幕後的談判，並討論行動的計畫。於是剛剛奉派爲「火炬」作戰聯軍副總司令的克拉克將軍(General Mark Clark)，即率領四位重要的參謀軍官飛到直布羅陀，然後由一艘英國潛艇「天使」號(HMS. Seraph)，艇長爲潔威爾上尉(Lieutenant N. A. A. Jewell)，把他們載往北非。預定和對方會面的地方是阿爾及耳以西約六十哩，一所在海岸的別墅。潛艇在十月二十日清晨到達海岸附近，但已經太遲，無法在天亮以前把克拉克這一羣人送上岸去，於是它只好終日潛航在水中等待，而那些困惑和失望的法國人也只好各自回家。從潛艇上發電報到直布羅陀，再經過祕密的無線電通信網轉到阿爾及耳，才使麥菲和幾位法國人在次日夜間又回到那所別墅中去等候。克拉克等人分乘四艘帆布小艇登岸，其中有一艘在上船時翻覆。引導他們前往會晤地點的是一盞燈，用白布放在後面幫助反射，從窗口發出亮光。

克拉克用一種概括的方式告訴馬斯特，有大量的美國部隊準備進入北非，並由英國海空軍供給支援——這是一種缺乏坦誠的說法。此外，由於保密之故，他並不曾把聯軍登陸的時間和地點明白的告訴馬斯特。這個人的幫助既然是極爲重要，所以對他如此過分的保密實在是頗爲不智，因爲這樣使他和他的同謀者缺乏必要的資料和時間，來計畫和採取合作的步驟。克拉克授權麥菲在登陸之前可以把時間告訴馬斯特，但地點仍要保密。這也就太遲了，使馬斯特來不及通知其在摩洛哥的同志。

由於有某些感到懷疑的法國警察前往搜查，也就使會議發生了戲劇化的暫時中斷。克拉克和他的同伴們在警察搜索這所別墅時，都匆匆的躲進一個空的酒窖。很巧的有一位駕駛小艇的英國陸戰隊官員開始要咳嗽，這也就使危險變得更爲嚴重，於是克拉克給了他一小塊口香糖作爲止咳藥。不久之後，他又向克拉克再要一點，並且說那一塊已經沒有什麼味道了，克拉克回答說：「一點不奇怪，因爲那一塊我已經嚼了兩個鐘點了！」等到警察走了之後，克拉克等人也就趕緊離去，因爲他們懷疑警察還有再回來的可能。在上船時又遭遇到新的困難，因爲海潮高漲，克拉克的小艇被衝翻，他也幾乎被淹死。在天剛要亮之前他們再作了一次嘗試，才安全回到潛艇上，但全身都已經濕透。次日，他們換乘一架水上飛機，回到了直布羅陀。

在這次會議時曾經談到一項重要的問題卻未獲結論，必須另作更一進步的商討，那就是爲了號召在北非的法國部隊加入同盟國方面，必須選擇一個最適當的領袖人物。他們的總司令余安將軍，雖曾私下表示一種支持的傾向，但他卻希望儘可能保持「騎牆」的態度，愈久就愈好，而不願意採取主動的行動。他手下的主要次級指揮官們，不僅缺乏足夠的威望，而且也都不願採取違抗維琪政府命令的任何具體步驟。達爾朗上將(Admiral Darlan)是法國的三軍總司令，也是其年老的國家元首貝當元帥的預定繼承人。他在一九四一年曾向李海表示，最近又曾再向麥菲表示，他願意擺脫與德國的合作，而把法國拉到同盟國這一方面來，不過其條件爲美國必須保證給予足夠大規模的軍事援助。不過這個人與希特勒合作的時間太久了，所以他的話並不能令人信任。此外，達爾朗又具有一種反英的偏見，尤其是自一九四〇年法國投降之後，英國人曾在奧蘭等地攻擊法國的艦隊，所以就更自然的增強了他這種敵視的態度。由於事實上在「火炬」作戰中，英國人是扮演著一個重要的角色，這是很難僞裝的，所以他的態度將會如何變化也就很難斷言。

因爲相反的理由，戴高樂將軍(General de Gaulle)也是不在考慮之列——他在一九四〇年背叛貝當，此後又和邱吉爾合作，在達卡爾(Dakar)、敍利亞和馬達加斯加等地採取奪取法國殖民地的行動，所以仍然效忠維琪政府的法國官員是絕對不願意接受他的領導，即令他們很希望能夠早日擺脫德國人的枷鎖。這是麥菲所強調的事實，而且也恰好符合羅斯福的態度——他不信任戴高樂的一切判斷，而且也討厭他那種傲慢的態度。

邱吉爾最近對羅斯福既以「助手」自居，所以對其「老闆」所說的話當然也「不敢不」服從，直到登陸已經開始時，對於這個計畫，邱吉爾都不曾給予戴高樂任何資料。

在這種情況下，自總統以下的美國人，也就都願意接受馬斯特將軍和他的同志們的意見，認爲最適當的人選也許還是吉勞德將軍(General Giraud)——因爲在北非的法國人可能比較最願意接受他的領導。在這次會議之前，麥菲也曾將這種意見傳達美國當局。吉勞德在一九四〇年是一位軍團司令，曾爲德軍的戰俘，但在一九四二年四月卻居然逃出了戰俘營，並到達了法國未被佔領的地區。他被允許可以自由居留，其條件則爲他答應支持貝當的政權。他住在里昂附近，顯然是在監視之下，他暗中與許多法國軍官都有聯絡，包括在法國本土和北非的在內，他們的共同願望即爲在美國援助之下，組織一個反對德國支配的叛變。吉勞德的觀點在寫給其支持者之一，奧狄克將軍(General Odic)的信件中曾有明白的表示：「我們並不想要美國人來解放我們；我們所想要的是他們能夠幫助我們解放自己，這是兩件並不相同的事情。」此外，在其與美國人的私下談判中，他也曾鄭重聲明他的條件，在法國的領土內作戰時，他應被任命爲聯軍的總司令，而法國部隊也應包括在聯軍之內。從他所接獲的一項文件中，他認爲羅斯福已經同意接受他的條件，十一月七日，即登陸的前夕，吉勞德到達直布羅陀與艾森豪會晤。他的這些條件使得艾森豪大吃一驚，因爲他是完全不接頭。

吉勞德從法國的南部海岸祕密的登上一艘英國的潛艇，那就是送克拉克前往阿爾及利亞的「天使」號潛艇。吉勞德曾指定要一艘美國船來接他。爲了政治上的理由，他這個要求是被接受了，但辦法卻很巧妙：「天使」號在名義上暫時由一位美國海軍軍官指揮，他就是賴特上校(Captain Jerauld Wright)，並且攜帶著美國旗，以便必要時可以展示。隨同吉勞德前往的人有他的兒子和兩位青年參謀軍官——其中有一位即為薄富爾上尉(Captain Andre Beaufre)，他在計畫如何使法國陸軍對德國採取倒戈行動的工作中，曾經發揮很大的影響作用。(原註：賴特和薄富爾兩個人以後都官拜至上將，成為北大西洋公約組織中的重要人物。)(譯者註：薄富爾更成為李德哈特之後，第一個當代偉大的西方戰略家。)

從潛艇再換乘水上飛機，然後飛到直布羅陀。到達之後，許多的消息使吉勞德大感憤怒：聯軍在北非的登陸預定在次日上午就要發動——而以前人家告訴他的是要到下一個月才發動——總司令一職也早已由艾森豪充任，而並非虛位以待他的到達。這樣也就引起了激烈的辯論，他所根據的理由不僅是他的階級較高，而且也事先曾獲得保證。他一再表示他若接受比總司令較低的位置，即無異於自貶其國家和個人的威望。但到了次日(十一月八日)再繼續會談時，吉勞德的態度已經自動軟化，在明白保證他將出任法軍總司令和北非行政首長之後，他也就欣然同意——很不幸的，這個諾言不久還是落空了，因為聯軍有了利用達爾朗的機會，而後者的利用價值又遠高於吉勞德。

在把自由的「火炬」送入北非時，美國人所獲致的奇襲效果是太完全，結果使他們的朋友和協助者都陷入混亂中——這比敵方所造成的混亂更為嚴重。他們的法國合作者是毫無準備，所以也就未能有效的從事開路的工作，在突然侵入的震驚之下，大多數法軍指揮官在這樣的環境之下，都採取了一種順乎自然的反應，並仍然繼續效忠於合法的權威，其代表即是維琪的貝當元帥。所以這些登陸行動最初都受到了抵抗，不過在阿爾及耳地區所受到的抵抗，卻又比在奧蘭和卡薩布蘭加兩地所受到的要輕微些。

在卡薩布蘭加的法軍師長貝陶將軍，在十一月七日黃昏收到一個信息，告訴他登陸行動已經定在十一月八日的上午二時，他立即派他的部隊去拘捕德國休戰監察人員，並派了一些軍官前往拉巴特(Rabat)的灘頭歡迎美國人。拉巴特在卡薩布蘭加以北，兩地相距約五十哩，他假定美國人一定會在那裏登陸，因為那裏沒有海岸防禦要塞，而且又是法國在摩洛哥的政府所在地。

採取了這些預備步驟之後，貝陶本人就率領了一營部隊去佔領在拉巴特的軍團司令部，並派兵把那位軍團司令送走。貝陶同時也發信給羅古斯將軍(General Noguès)，他是法國駐摩洛哥的總督(兼全國總司令)，和米奇烈將軍，告訴他們美國人即將登陸，吉勞德將來接管整個法屬北非，而他本人則已奉吉勞德的命令負責接管在摩洛哥的陸軍。他的信要求羅古斯和米奇烈支持他所發佈的命令，即對美軍的登陸不作任何抵抗，否則他們也可以暫時置身事外，等到情況較方便時再來承認既成事實。

在接到這封信之後，羅古斯決定暫時採取「騎牆」的態度，以等待局勢的澄清。雖然羅古斯猶豫不決，但米奇烈卻立即採取行動。在入夜之前，他的空軍和潛艇在巡邏中都不曾發現艦隊接近海岸，所以他立即獲得結論，認爲貝陶是在招搖撞騙耍弄花槍。米奇烈遂向羅古斯保證在海岸附近絕無強大兵力出現，這樣也使羅古斯深信不疑，所以當上午五時不久，有關登陸的第一批報告達到他的面前時，他還相信那最多不過是突擊隊的偷襲而已。所以他立即跳下了牆，站在反美的那一方面，命令法軍抵抗登陸的行動，並以賣國罪名下令拘禁貝陶。

巴頓的主要登陸點是在費達拉(Fedala)，位於卡薩布蘭加以北約十五哩，補助性的登陸點分別在梅地亞(Mehdia)和薩非(Safi)，前者在更向北的方向上，距費達拉爲五十五哩；後者則在卡薩布蘭加以南，相距一百四十哩。對於卡薩布蘭加城和它那有堅強防禦的港口(那是摩洛哥在大西洋海岸唯一有良好設備的大港)而言，費達拉要算是一個最近的適當登陸灘頭。選擇梅地亞爲登陸點的理由是那裏距離劉特港(Port Lyautey)機場最近，在那裏有摩洛哥境內僅有的一條水泥跑道。選擇薩非的理由是一支左翼部隊若從那裏登陸，即可阻止駐在內陸城市馬拉喀什(Marrakesh)的法國重兵對卡薩布蘭加方面採取干預行動。此外那裏還有一個港口可供中型戰車卸載之用——因爲當時新型的LST(戰車登陸艦)還在生產中，來不及趕上「火炬」作戰。

當十一月六日，美國登陸艦隊正在接近摩洛哥海岸時，還是風平浪靜，但氣象報告卻說在摩洛哥附近海面已經起了風浪，氣象預測十一月八日海浪還會更大，將使登陸變爲不可能。但是希維特少將的氣象專家卻相信風暴馬上就會過去，所以他決定冒險繼續執行在大西洋海岸的登陸計畫。十一月七日，海浪開始平息，到了八日又恢復了風平浪靜的情況。比起這一個月的任何一天，風浪都可以說是最輕微。儘管如此，由於缺乏經驗，還是發生了許多差錯和延誤。

在上船之前的最後一次會議中，巴頓曾經用他那種「大言高論」的習慣姿態，半開玩笑半認眞地告訴那些海軍人員們說：「他們的偉大登陸計畫在『第一個五分鐘』內就會完全破裂。」他甚至於還這樣的宣稱：「在歷史上從來沒有一個海軍能夠使陸軍在計畫中的時間和地點登陸。假使你們能夠讓我們在距離費達拉五十哩以內的任何地點登陸，而時間不超出D日後的一星期，那我仍然可以勉力爭先並贏得勝利。」事實上，登陸計畫的執行固然是很差勁，但比巴頓所預料的還是要好一點。

很僥倖的，由於法國人的混亂和猶豫，所以在防禦者的火力開始變得嚴重以前，突擊登陸部隊已經有若干舟波都安全上岸了。而到此時，天色已經破曉，足以幫助英國海軍艦砲來制壓岸上的砲台。但在灘頭卻發生了新的困難，由於陸軍人員也一樣的缺乏經驗，所以巴頓現在就開始不罵海軍而罵陸軍了。雖然在第二天向卡薩布蘭加前進時，並未遭遇到任何嚴重的抵抗，但不久卻突然停頓了下來，此乃由於裝備缺乏——由於它們都還堆在灘頭，趕不上前進中的戰鬥部隊。第三天進展仍然有限，而抵抗卻日益增強，所以前途顯得頗不樂觀。

假使不是第一天即解除了法國海軍的威脅，則情況將會變得更爲惡劣。那是在卡薩布蘭加附近一次饒有古風的海戰中所獲得的成果。這次的戰鬥於上午七時開始，在艾爾漢克角(Cape El Hank)的砲台和在港內的「金巴特」號(Jean Bart)(那是一艘最新型的法國戰艦，因爲尚未完成所以不能離開它的碇泊所)向吉芬少將(Real Admiral R. L. Giffen)所指揮的掩護艦隊開火。這支艦隊包括美國戰艦麻薩諸塞號(Massachusetts)、兩艘重巡洋艦和四艘驅逐艦。這些軍艦都不曾受到損傷，雖然有幾砲幾乎擊中，但是他們的還擊很有效，使法國的砲台和「金巴特」號都暫時沉寂無聲了。不過當那些美國軍艦打得起勁的時候，他們卻忽視了另一項任務，即監視在港內的其他法國艦船。到了上午九時，一艘輕巡洋艦、七艘驅逐艦和八艘潛艇都已經溜走了。法國驅逐艦向費達拉駛去，而美國的運輸船隻都停在那裏不能動彈。很僥倖的，希維特少將派了一艘重巡洋艦、一艘輕巡洋艦和兩艘驅逐艦去攔截他們。同時，他又立即通知掩護艦隊去切斷他們的退路，由於他們操縱技術的精良，對煙幕使用的技巧，加上潛艇的擾亂功效，所以雖在壓倒的火力之下，法軍只損失了一艘驅逐艦。於是他們又再度衝向運輸艦船的停泊區，但在第二次交戰時，又被擊沉了一艘，其他的八艘法國軍艦雖然逃回了港內，但只有一艘不曾負傷。在港內又有兩艘被炸沉，而其他各艦也都不能再行動了。

但是結果還不能算是就此決定，因艾爾漢克砲台和「金巴特」號上的十五吋砲又再度開火了，而美國軍艦卻已經把彈藥消耗得太多，如果以達卡爾為基地的法國軍艦再來進攻，則他們就可能沒有力量將其逐退。這也正是他們所最害怕的事情。

很僥倖的，在卡薩布蘭加方面，以及在大西洋海岸方面的整個情況，由於阿爾及耳的政治發展有利，已經開始有了決定性的改變。在十日下午，羅古斯將軍間接的聽到在阿爾及耳的法國當局，以達爾朗將軍為首，已經在這一天發佈了停止戰鬥的命令。羅古斯也就立即根據這個尚未經過證實的情報，命令其部下立即停止積極抵抗，聽候休戰的安排。

此時，美軍在奧蘭登陸所遭遇到的抵抗，要比在卡薩布蘭加地區強烈得多。但在那方面，美國陸軍部隊與英國海軍部隊之間的合作卻至為良好，而且聯合計畫作為也遠較周詳。此外，其先頭部隊，由艾倫少將(Major General Terry Allen)所指揮的美國第一步兵師，也是一支具有高度訓練的部隊，已經獲得第一裝甲師一半兵力的支援。

計畫是使用兩面包圍的方式來攻佔奧蘭的港口和城市——艾侖的兩個團戰鬥羣在阿祖灣(Gulf of Arzeu)的灘頭登陸——在奧蘭以東約二十四哩，而第三個團戰鬥羣，由羅斯福准將(Brigadier General Theodore Roosevelt)指揮，則在安達魯斯(Les Andalouses)灘頭登陸，在該城以西約十四哩。接著一支輕裝甲縱隊將從阿祖灘頭向內陸推進，另外還有一支較小的裝甲部隊從更遠的一個登陸點，奧蘭以西三十哩的梅爾沙·包·齊德佳(Mersa Bou Zedjar)前進，以攻佔奧蘭以南的飛機場，並從後方切斷該城與內陸的交通線。這個行動的迅速完成是非常的重要，因爲據估計，在奧蘭城內約有法國駐軍一萬人，但在二十四小時之內，來自內陸各地的援軍即可使其實力幾乎增加一倍。

這個作戰的開始頗爲順利。十一月七日黃昏，護航艦隊故意駛過奧蘭，向東進發，然後又在黑暗中加速駛回。上午一時，美軍準時在阿祖灣登陸，而在安達魯斯和梅爾沙·包·齊德佳登陸也都遲了半小時。奇襲效果很完全，在灘頭上完全沒有遭遇到抵抗。雖然這一段海岸有十三座砲台掩護，但直到天明之後，他們才開始發砲射擊。但也只是造成極輕微的損失，這應歸功於有效的海軍支援和煙幕所供給的掩蔽。人員的下船和裝備的卸載，就全體而論，要算是相當的順利。不過由於部隊的負荷過重——每一個人幾乎要攜帶九十磅重的裝備——所以行動頗爲遲緩。中型戰車是裝在運輸船內，在阿祖灣已經被攻佔之後，才從碼頭上卸下。

唯一嚴重的挫折是在企圖用直接突擊的方式來攻佔奧蘭港時所遭遇到的——此種企圖的目的是爲了想要阻止該港設備和留在港內的船隻受到破壞。兩艘英國小型軍艦，載著四百名美國部隊，被用來執行這個冒險的計畫——美國海軍當局指責那是過分的魯莽，結果誠如他們所料，變成了一次「自殺的任務」(Suicide Mission)。尤其不聰明的是，發動突擊的時間是定在H時後的兩小時，那也正是法國人已經被到處登陸的消息驚醒之後。在船頭上掛著一面大型美國旗的預防措施，並不能對法國人產生嚇阻作用。在強烈火力之下，兩艘船都被擊毀，其乘員和部隊的一半當場被擊斃，其餘大多數都已負傷，也都做了俘虜。

美軍從灘頭向前推進從上午九時開始，甚至於還要更早，上午十一時以後不久，瓦特爾上校(Colonel Water)的輕裝甲縱隊就已從阿祖灣進入了塔法拉(Tafaraoui)機場，一小時之後來的報告說，該機場已可接受從直布羅陀來的飛機了。但當這支縱隊再向南前進時，卻在尙未達到賽尼亞(La Sénia)機場前就受阻了，由羅比內特上校(Colonel Robinett)所指揮，從梅爾沙前進的另一支縱隊，也是一樣。從阿祖灣和安達魯斯分別作向心前進的步兵部隊，也被擋在半路上——當他們接近奧蘭城時也遭遇到抵抗。

次日仍然沒有任何發展，因爲法軍的抵抗已更增強，而他們對於阿祖灣側面所發動的一個反擊，更使整個作戰計畫受到了擾亂。下午雖然攻佔了賽尼亞機場，但所有的法國飛機都已飛走，而機場受到強烈火力的破壞也已不能使用。在夜間繞過了一些孤立的據點後，到第三天上午遂對奧蘭城又發動另一次向心的攻擊。從東西兩面進攻的步兵均被阻止，但他們卻發揮了吸引敵人注意力的作用，於是兩支輕裝縱隊遂得以乘機從南面進行奇襲，除了偶然的狙擊以外，幾乎就沒有其他的抵抗，所以他們在中午以前即到達了城內的法軍司令部。法國指揮官才同意投降。在三天陸上的戰鬥中，美軍的損失在四百人以下，而法軍的數字則更少。這種輕微的損失，尤其是在最後一天，抵抗也逐漸減弱，那是因爲法軍指揮官已經獲知在阿爾及耳正在進行談判的消息。

在阿爾及耳的登陸更是順利，也更迅速，那應該歸功於當地的法軍指揮官馬斯特將軍，以及其同志們的協助。除了想嘗試提早進入港口以外(像奧蘭的情形一樣)，在任何其他的地方都不曾遇到嚴重的抵抗。

十一月七日拂曉，在距離阿爾及耳一百五十哩的海上，一艘德國潛艇發射了一顆魚雷，使一艘美國運輸艦「湯瑪士•斯東」號(Thomas Stone)暫時不能行動。但此後就一帆風順，沒有再碰到其他的麻煩。雖然曾爲少數敵方偵察機所發現，但在天黑以後，船團向南轉向，駛向登陸灘頭之前，就不曾遭受空中攻擊。一個船團在馬提孚角(Cape Matifou)附近登陸，在阿爾及耳以東約十五哩；另一個船團在細第•費魯赫角(Cape Sidi Ferruch)附近登陸，在阿爾及耳以西約十哩。此外，第三個船團則在卡斯提格隆(Castiglione)附近登陸，那是更在費魯赫角以西十哩遠的地點。爲了政治上的僞裝，在靠近阿爾及耳城的登陸是以美國人爲主，但混雜著英國的陸戰隊人員，只有在卡斯提格隆附近的灘頭，才由英軍充任主力。

在這個地區的登陸準時在上午一時開始，儘管灘頭的地形很險惡，但一切都進行得很順利，沒有什麼差錯。在稍進內陸之後就遇到了法國部隊，他們說已經奉令不抵抗。大約在上午九時就達到了布利達(Blida)機場。在阿爾及耳以東的登陸要略爲遲了一點，並且也發生了一些混亂，但由於沒有抵抗，所以情況也就很快的恢復正常。

在上午六時以後不久，即已經到達重要的白樓(Maison Blanche)機場，在放了幾槍作爲象徵性的抵抗之後，它就被順利的佔領了。不過向阿爾及耳城的前進卻曾受到兩次阻礙：第一次是一個村落據點拒絕讓美軍通過；第二次是有三輛法國戰車造成了攻擊的威脅。在馬提孚角的海岸要塞砲台也拒絕招降，直到下午受到了軍艦和轟炸機兩次攻擊後才放棄了抵抗。

企圖衝入阿爾及耳港所造成的結果就更壞。兩艘英國驅逐艦「布羅克」號(Broke)和「馬可門」號(Malcolm)，飄揚著大幅美國旗，載著一個美國步兵營來從事此種冒險——計畫是要在登陸後三小時才衝入港內，希望到了此時防禦部隊縱不同意投降，也可能已經被調開。

那知道當驅逐艦一接近港口，即遭到猛烈的射擊。「馬可門」號被擊重傷立即退出。「布羅克」號作了四次嘗試，終於衝到了碼頭邊，讓它所載的部隊下船。最初他們佔領了一些設施而未遭到反抗，但是到了上午八時左右，法國人開始集中砲火轟擊「布羅克」號，迫使它必須趕緊退出。於是已登陸的美軍也受到法國非洲部隊的圍困，由於他們的彈藥已經快要用盡，同時主力也無來援的消息，所以到了下午遂被迫投降。不過，法軍火力卻只是用來圍困他們而並無意將他們消滅。

在阿爾及耳以西，細第•費魯赫角附近的登陸發生了更多的延誤和混亂，有一部分登陸艇駛錯了方向，到達了更西面的英軍灘頭。每一個營的部隊都分散在長達十五哩的海岸上，有許多登陸艇在海浪中撞毀，或由於機件故障而遲到。所幸的是這些部隊一開始就受到了友好的歡迎。馬斯特本人和他的一些軍官親自前來迎接他們，替他們排除困難——否則這次登陸一定會變成一場慘敗。不過在匆匆改組之後，當他們繼續向阿爾及耳城推進時，卻曾在幾處地方遇到了抵抗。因爲馬斯特現在已經被解除了指揮權，其與美國人合作的命令也已被撤消，所以他的部隊遂開始阻止聯軍的前進。

在阿爾及耳和同盟國合作的法國人，可以說是已經盡了他們最大的努力，因爲他們接獲登陸行動的通知太遲，而且又不曾把登陸的目標詳細的告訴他們，所以困難也就非常的多。

但他們仍然依照他們自己所擬定的計畫立即採取行動。一些軍官分別位於海岸上，歡迎美軍並充任嚮導。各控制點都由有組織的人員去加以奪佔，電話線大都被切斷，警察局和派出所也都分別加以佔領，不同情的較高級官員均被監視，而無線電台也被接管，以使吉勞德或他的代表可以發表廣播，並且希望那是可以產生決定性的效果。總而言之，當聯軍開始登陸時，這些法國合作者已經產生了足夠程度的癱瘓作用，而他們一直控制這個城市到上午七時為止——這已經超過了必要的限度，實在是難能可貴。所可惜的是從登陸灘頭的前進實在太慢，不能配合這種需要。

當美國人到上午七時尚未出現時，法國合作者對於其國人的影響力也已達到了極限。尤其是當他們在無線電廣播中以吉勞德的名義來作為號召時(他同時也沒有能如所期待的趕到)，結果發現他的號召力被他們自己估計得太高了。不久，他們對於情況就失去了控制，不是被置之不理就是被拘禁。

此時，決定命運的討論又在較高的階層進行。在午夜後的半小時，麥菲前往晉見余安將軍，把具有壓倒優勢的強大兵力即將登陸的消息當面告訴他，要求他合作並立即下令命法軍不要抵抗。麥菲說美軍之來是應吉勞德的邀請，以協助法國自求解放為目的。余安表示並無接受吉勞德指導的意念，同時也不認為他的權威是足夠的，所以他說這種請求應向達爾朗提出——很巧合的，達爾朗此時恰好在阿爾及耳，他是飛來該城探望他正在重病中的兒子。於是達爾朗在睡夢中被電話鈴聲吵醒，要他立即前往余安的別墅去接受麥菲的要求。當達爾朗來到之後，他聽到美軍即將發動攻擊的消息時，不禁大怒的叫著說：「我老早就知道英國人是笨蛋，但我總相信美國人是比較聰明的。我現在才開始知道你們是和他們一樣的笨。」

經過了一番討論之後，達爾朗終於同意發電報給貝當元帥報告此間的情況，並要求授權可以代表元帥自由作緊急的處理。此時，余安的別墅已被反維琪的法國人所組成的武裝部隊所包圍，所以達爾朗實際上已被看管。不久之後，那些人又被一隊「機動衞隊」趕走，他們並拘捕了麥菲。於是達爾朗和余安一同前往在阿爾及耳的司令部，但是他們彼此也在互相猜疑。在司令部中，余安開始採取步驟來恢復控制，他釋放了馬斯特等人所拘禁的柯爾茲將軍(General Koeltz)和其他的軍官，反過來又把馬斯特等加以拘禁。但是在上午八時以前，達爾朗又再發了一份電報給貝當元帥，其中強調著說：「情況正在惡化，防禦不久即將被壓倒。」——這也就是暗示向較大的勢力投降不失爲明智的措施。貝當的回電給了他所要求的授權。

剛剛過了上午九時，美國駐維琪的代辦屠克(Pinkney Tuck)前往晉見貝當，面交羅斯福要求他合作的函件。貝當把一份早已準備好的回信交給屠克，其中的內容是對於美國的「侵略」表示「失望和遺憾」，並且宣稱即令是老朋友攻擊它的帝國，法蘭西也仍將抵抗——「這就是我所給予的命令。」但他對於屠克的態度卻至爲愉快，絲毫看不出他有不滿意的表情。很明顯的，他的態度是要使對方明瞭這種官式的答覆，其眞正的意義就是爲了減輕德國人的疑惑，使他們不至於出來干涉。但幾個小時之後，法國的總理賴伐爾(Pierre Laval)，在希特勒的壓力下已經接受了德國人所提供的空中支援——到了當天黃昏，軸心國家即已在準備派兵前往突尼西亞。

此時，達爾朗，由其自己負責，已經下令凡在阿爾及耳地區的法國部隊和軍艦，一律停止戰鬥。雖然這個命令並不適用於奧蘭和卡薩布蘭加地區，達爾朗卻授權余安去對整個北非作成一種安排。此外，在同一天下午，又決定在晚間八時把阿爾及耳的控制權移交給美國人接管，而到了次日(十一月九日)拂曉，聯軍也就可以使用那裏的港口。

十一月九日下午，克拉克和安德森都來到了阿爾及耳，前者的任務是要主持進一步的必要談判，而後者則將負責指揮聯軍以便向突尼斯推進。吉勞德也來了，比他們兩位到得較早一點，但當他發現北非的法國人對他並不太表示歡迎時，就立即暫時躲在一家偏僻的住宅內去避一避風頭。克拉克開玩笑的說：「他實際上已經是隱入地下了。」——不過在次日上午，克拉克與達爾朗、余安和其他高級人員舉行第一次會議時，他又還是從地下鑽了出來。

在這次會議中，克拉克壓迫達爾朗下令要求法屬北非全部地區內立即停火。達爾朗對於此種要求表示猶豫，他說他已經把停火條件的節略送往維琪，希望能等候那裏的答覆。克拉克就開始拍桌子，並且說他將讓吉勞德代替他來發佈此項命令。此時，達爾朗即指出吉勞德缺乏必要的合法權力和足夠的個人威望。他同時又宣稱這樣一個命令將會促使德國立即佔領整個法國南部——他這個預言不久就眞的不幸而言中。又經過了更多的辯論，再加上不斷的拍桌子，克拉克終於不客氣地告訴達爾朗說，除非他立即下命令，否則他就要受到保護——克拉克早已有準備，在房屋的周圍已經部署了武裝警衛。於是達爾朗又和他的僚屬簡短的商討了一番，然後接受了這個最後通牒——他的命令遂在上午十一時二十分發出。

當這個命令報告到維琪時，貝當本人的反應是批准它，但此時賴伐爾正應希特勒的緊急召喚前往慕尼黑，他在半途聽到這個消息，就用電話勸告貝當拒絕批准。下午克拉克即獲知維琪拒絕休戰的消息。當克拉克把這個消息告訴達爾朗時，後者沮喪的說：「那沒有辦法，我只好收回我上午所簽署的命令。」克拉克說：「不行，你不能這樣做，這些命令不能收回，爲了確保安全起見，我將對你加以監護。」達爾朗早已想到這個辦法，遂表示欣然接受監護——他回電話給貝當說：「我撤消了我的命令，並自願被俘。」——這完全是爲欺騙德國人。次日，在希特勒壓迫之下，貝當宣佈在北非的一切權力都應由達爾朗移交給羅古斯，但他卻又早發了一個密電給達爾朗，說明對休戰的否決是由於受到德國人的壓力，實在是違背了他個人的願望。這種兩面應付的辦法當然是受迫於法國那種危險的情況而不能不如此，但卻使阿爾及耳以外的北非情況和法國指揮官們，仍然處於混亂之中。

很僥倖的，希特勒卻幫助澄清這種情況和解決他們的疑惑，因爲他命令其軍隊侵入法國尚未被佔領的部分，那是根據一九四〇年的休戰協定仍留在維琪政府控制之下的地區。在十一月八日和九日，維琪政府曾一再拒絕接受希特勒所欲提供的軍事援助，這也就引起了他的疑慮。當十一月十日，賴伐爾來到慕尼黑與希特勒和墨索里尼見面時，希特勒在那天下午就堅持在突尼西亞的港口和機場，必須立即交由軸心國家的軍隊使用。賴伐爾還嘗試拖延，說法國人不能同意讓義大利人進入，而且不管怎樣，還是只有貝當一個人才能作決定。於是希特勒也就喪失了他的耐性，在會談結束後不久，即命令其部隊在午夜進佔法國尚未被德國佔領的部分——那個行動早已在準備之中——並立即奪佔突尼西亞的海空軍基地，這些行動義大利人也被准許參加。

法國南部很快的就爲德國的機械化部隊所佔領，而六個師的義大利部隊也同時從東面開入。十一月九日的下午，德國飛機即開始飛抵突尼斯附近的一個機場，帶來了一些保護它們的地面部隊，不過法國部隊卻在機場外構成了一道包圍圈，把他們限制在機場之內。自從十一日起，空運遂更頻繁，機場附近的法軍都被解除了武裝，而戰車、火砲、運輸車輛和補給物資也開始由海上送往比塞大。到十一月底，已有一萬五千名的德軍到達了突尼西亞，他們攜帶大約一百輛戰車，不過其中有相當大量的人員是負責組織基地的行政人員。同時也有九千餘名義大利部隊到達，他們大部分都是從的黎波里的陸路進入的，以掩護南面的側翼。這時候軸心的兵力正在到處受到重大的壓迫，而在倉促拼湊之下能有這樣的成就，的確要算是很高明的。但這樣多的部隊，若與聯軍已經進入法屬北非的兵力作一比較，則依然還是渺乎其小；假使「火炬」計畫曾經準備用較大的兵力向突尼西亞推進，或者是聯軍當局能夠前進得比較迅速一點，則他們還是少有能夠作有效抵抗的機會。

德國人的侵入法國南部，使在非洲的法國指揮官們大感震驚，於是也就對同盟國的情況產生了極有利的影響。十一日上午，在這個消息尚未傳到之前，在阿爾及耳又正在進行第一回合的談判拉鋸戰。克拉克去見達爾朗，壓迫他採取兩項緊急措施——命令在土侖的法國艦隊前來北非的港口，和命令突尼西亞總督艾斯提伐將軍(Admiral Esteva)拒絕德國的進入。達爾朗最先是婉言推諉，他說因爲維琪的廣播已經宣佈解除了他對法國武裝部隊的指揮權，所以他發出的命令也不見得會有人服從——以後在繼續逼迫之下，他還是拒絕接受克拉克的要求。當克拉克告辭時，他順手使勁把門關上來發洩他心裏的怒火。但到了下午，達爾朗卻自動打電話要求再和他見面，由於法國方面的情況發展，達爾朗現在願意接受克拉克的要求——不過他發給土倫艦隊司令的電報在形式上沒有說是命令，而只說是一種緊急的勸告。另一個有利的轉變，爲羅古斯將軍（維琪指定接替達爾朗的人）也同意在次日來阿爾及耳參加一次會議。

但在十二日的清晨，克拉克又受到了一次新的震驚，因爲他聽說達爾朗要突尼西亞總督不抵抗的命令又被撤回了。他馬上把達爾朗和余安請到他所住的旅社中來，以便當面查清眞相，結果發現這是余安所幹的好事，他辯論著說那並非撤消前令，而只是暫緩執行，以等待羅古斯的到達，因爲就法理而言，羅古斯現在是他的頂頭上司。這種對於細節的拘泥，固然是法國軍人的老毛病，但從克拉克眼裏看來，則簡直是開玩笑。由於他的堅持，這個命令遂又立即再度發出，而沒有等候羅古斯的到達。接著他們又一致拒絕讓吉勞德參加會議，所以結果也就使克拉克大爲光火，他憤怒的宣佈說，除非他們在二十四小時內作成一個滿意的決定，否則他就要拘捕所有的法國領袖人物，把他們鎖在港口內的一艘船上。

此時，達爾朗對於在非洲的其他法國領袖們的地位又已經獲得了增強，因爲他已經收到貝當發來的第二次祕密電報，其中重申他個人對達爾朗的信任，並且強調他個人與羅斯福總統私交甚篤，但由於有德國人的監視，所以他無法公開的表明心跡。這份電報給予達爾朗很大的幫助。比起許多其他的法國人，達爾朗具有一種較敏銳的現實感，於是他終於設法使羅古斯諸人對於如何與同盟國合作的問題,作成一種可行的協議,包括承認吉勞德的身分在內。由於克拉克又一再的威脅,所以他們終於在十三日結束了一切的爭論。當天下午,一切的安排都已獲得解決,並立即獲得艾森豪將軍的讚許,他是剛剛從直布羅陀飛到了阿爾及耳。在他們的約定之下,達爾朗做了高級專員(High Commissioner)兼海軍總司令;吉勞德任陸空軍總司令;余安任東部地區司令;羅古斯任西部地區司令,仍兼法屬摩洛哥總督。與同盟國積極合作以解放突尼西亞的行動也就立即開始。

艾森豪非常願意批准這個協議,因爲他也像克拉克一樣,完全了解只有達爾朗這個人才能夠把法國人帶回到同盟國方面來。尤其是他還記得在剛剛離開倫敦時,邱吉爾曾經這樣的向他說過:「達爾朗是我所最痛恨的一個人,但他若能夠把他的艦隊帶到同盟國方面來,則我將很高興的膝行一哩路去迎接他。」

但是在新聞報導中,達爾朗早就已經是一個十惡不赦的納粹幫凶,所以這種「和達爾朗談生意」的消息,在英美兩國也就都引起了抗議的風潮——其程度的嚴重更遠超過了邱吉爾或羅斯福的料想。在英國是尤其鬧得更厲害,因爲戴高樂在那裏,而支持他的人也都在傾全力來煽動羣衆的怒火。羅斯福爲了想平息這種風潮,遂公開發表了一項解釋,並引用了邱吉爾在給他的私人電文中所說的一句話,那就是說和達爾朗的安排只是「一種權宜之計」,其唯一的理由即爲戰爭的需要。此外在一個不作記錄的記者招待會上，羅斯福又引用了天主教會的一句古老格言：「我的孩子們，在嚴重的危險時允許你們和魔鬼同行，直到你們已經過橋時爲止。」

羅斯福這種所謂「權宜之計」的解釋，自然使達爾朗大感震怒，他覺得他已經受到了愚弄。在一封寫給克拉克的抗議信內，他很尖刻的指出從羅斯福的公開聲明和私人談話中，似乎已經顯示出美國人是把他當作一顆檸檬，等到把汁榨乾了就可以順手丟掉。那些支持達爾朗並達成與同盟國合作協議的法國將領們，對於羅斯福的聲明也一致深感不滿。這也就使艾森豪感到非常的煩惱，他去電華盛頓特別強調說：「現在法國人的感情，與事先所料想的大不相同，希望不要採取任何刺激行動，來破壞我們已經勉強建立起來的平衡，這是極爲重要。」史末茲元帥由倫敦飛回南非時，恰好路過阿爾及耳，他也電告邱吉爾說：「關於達爾朗的問題，所發佈的聲明對於當地的法國領袖們已經造成了不安的影響，這條路線絕不可以再走，否則即將引起嚴重的危險。羅古斯已經提出辭職的威脅，由於他控制著摩洛哥的人民，此種步驟也就會產生極複雜的後果。」

此時，達爾朗又已經和克拉克就合作的行動，作成了一個具體的和詳細的協議。同時他也已經說服了西非洲的法國領袖們跟他一致行動，並使聯軍得以利用重要的達卡爾港，以及附近的空軍基地。但是在聖誕節的前夕，他卻突然爲人所刺殺。凶手是一個狂熱的青年人，名叫查培里(Bonnier de la Chapelle)，他是屬於保皇黨和戴高樂派，後者是一直都在希望消滅達爾朗的權力。這樣一個突變幫助解決了同盟國的困難政治問題，掃清了戴高樂上台的障礙，而且同盟國在他們和達爾朗的交易中也早已大獲其利。誠如邱吉爾在他的回憶錄中所評論的：「達爾朗的被害，不管是如何的罪過，但卻使同盟國解除了一項巨大的麻煩，同時他在聯軍登陸的緊要階段所作的一切貢獻，卻仍然繼續爲同盟國所保留。」在吉勞德的命令之下，刺殺達爾朗的兇手立即受到軍法審判，並迅速執行死刑了事。次日，法國領袖們同意推選吉勞德繼達爾朗出任高級專員。他補了這個空缺——但也只有一個短期間。

假使不是獲得達爾朗的幫助，則同盟國將會發現他們的問題較預料艱鉅。因爲在北非的法國部隊總數接近十二萬人——摩洛哥約五萬五千人，阿爾及利亞約五萬人，突尼西亞約一萬五千人。雖然分散得很遠，但若他們決心繼續抵抗，則對聯軍即足以構成很大的行動障礙。

只有在另一個重要的方面，達爾朗的協助和權力未能發揮預期的效果：那就是沒有能夠把法國的主力艦隊從土侖拖到北非來。法國艦隊的指揮官拉波德將軍(Admiral de Laborde)，在沒有獲得貝當的認可前，不敢聽從達爾朗的召喚，而達爾朗派往說服他的一位特使又被德國人中途攔住了。拉波德遂繼續按兵不動，同時他也並不緊張，因爲德國人很乖巧，只在海軍基地的外圍加以監視，聽任這支艦隊留在一個僅由法國部隊駐防而未經佔領的地區內。但他們同時卻準備用突襲的辦法，以求完整的奪取這支艦隊，這個行動在十一月二十七日發動，首先用水雷把港口封鎖。雖然由於時間的延誤，使法國艦隊喪失了突圍逃走的機會，但他們還是依照預定計畫迅速的把船隻炸沉，而使德國人的企圖完全落空——這也誠如十一月十日達爾朗在與克拉克初次會商時所保證的：「無論在任何環境之下，我們的艦隊絕不會落入德國人的手裏。」這支艦隊未能前來北非固然使同盟國感到失望，但由於它的沉沒，也使敵人無法利用，所以也感到如釋重負。

在這個緊急階段，尤其是最初幾天，另外還有一件事也更使同盟當局感到輕鬆，那就是西班牙人並不曾企圖作任何的介入，而希特勒也不曾企圖通過西班牙以求攻擊進入地中海的西面門戶。西班牙陸軍只要從阿及西拉斯(Algeçiras)用砲火即可使直布羅陀的港口和機場變得無法利用。此外，西班牙陸軍也可以很容易切斷巴頓的部隊與在阿爾及利亞聯軍之間的交通線，因爲從卡薩布蘭加到奧蘭之間的鐵路線，是緊靠著西屬摩洛哥的邊界——有的地點只相距二十哩。當「火炬」作戰還正在計畫中時，英國人就早已明白表示，如果佛朗哥要介入的話，則直布羅陀也就不可能守住和繼續被利用。同時，艾森豪的計畫作爲人員也認爲，必須要用五個師的兵力才能佔領西屬摩洛哥，而此種任務的完成又可能需時三個半月。很僥倖的，佛朗哥卻寧願維持其作爲軸心方面的「非交戰」(non-belligerent)同盟者的地位，而並無見獵心喜，躍躍欲試的意圖——尤其是因爲美國繼續購買西班牙的產品，同時又允許它從加勒比海方面獲得石油的供應，所以佛朗哥也就更感到滿足而不願意輕舉妄動。此外，從軸心方面的檔案中顯示，在戰爭的初期，希特勒雖曾企圖假道西班牙進攻直布羅陀，但自從受到佛朗哥的巧妙拒絕之後，在一九四二年十一月，卻並不曾認眞的考慮利用西班牙來發動反擊的問題。僅僅到了次年四月間，當在突尼西亞的軸心軍隊正受到重大的壓力，而聯軍又有提早侵入義大利的威脅時，墨索里尼才向希特勒提出此種構想。但希特勒又拒絕了墨索里尼的這種請求。其原因可能有兩點：他怕遭到他那個「非交戰」同盟國的激烈和頑強的抵抗；同時他仍然確信軸心軍隊能繼續守住其在突尼西亞的立足點。在一九四二年十一月底，被派往突尼西亞的軸心兵力雖然極爲單薄，但他們卻仍能擋住聯軍的前進。這種優異的成就也就更增強了希特勒的信心。

第二十二章　向突尼斯的賽跑

向突尼斯和比塞大的前進，是以一個海上的運動爲其開端，但卻只是一個非常短的航程——以包吉港(Bougie)爲目的地，該港在阿爾及耳之東相距約百餘哩，而在從阿爾及耳到比塞大的全部距離則僅佔四分之一而已。這只是一個原定計畫的縮小，那個計畫是假定在法國人的立即和充分合作之下，準備在連續三天之內——即十一月十一日至十三日——使用傘兵和海軍陸戰隊去攻佔在朋尼、比塞大和突尼斯的飛機場，另外用一支浮動的預備隊(對已在阿爾及耳登陸的兵力而言)直赴包吉港，並從那裏進佔四十哩外的吉德吉利(Djidjelli)機場。但由於在阿爾及耳登陸之後，情況變化不定，所以這個計畫被認爲太危險，於是較遠的行動也就被取消。乃於十一月九日決定改爲只佔領包吉港和機場，然後再派一支部隊趕往突尼西亞邊境的蘇克阿拉斯(Souk Ahras)鐵路車站，同時另派第二支海運和空運部隊去佔領朋尼。

十一月十四日的清晨，兩支有良好保護的船團，駛出了阿爾及耳港，載運英國第七十八師一個先頭的旅羣(第三十六旅)，以及一些補給品，前往作遠征的冒險。這個師的師長爲艾費里少將(Major-General Vyvyan Evelegh)。次日清晨船團到達了包吉港外，但由於害怕敵意的接待，於是在大浪之中，從鄰近的灘頭登陸，因而浪費了許多的時間——儘管事後證明那裏的接待是頗爲友善。因爲風浪太大，又放棄了原定在吉德吉利附近登陸的企圖，以至於未能立即佔領機場，所以直到兩天之後才能提供新的戰鬥機來保護。在此以前曾有幾艘船因受敵方空襲而被擊毀。不過到了十二日清晨，有一支陸戰隊溜進了朋尼港，而一個傘兵支隊也同時降落在機場上，他們都受到了法國人的歡迎。

到了十一月十二日，在包吉港的旅羣遂開始向前推進，而這個師的其他單位也從阿爾及耳沿著陸路進發，後面緊跟著的即爲「布拉德部隊」(Blade Force)，那是一支剛剛上陸的裝甲縱隊，由第十七和第二十一「槍騎兵」(Lancers)團和其他配屬部隊所組成，由赫爾上校(Colonel R. A. Hull)率領——它是第六裝甲師的先頭部分。(原註：在這個師的第十七和第二十一「槍騎兵」團以及其他的裝甲團中，每一個連〔中隊〕都有兩個排配備著新型快速的十字軍三式〔Crusader III〕戰車，裝有威力強大的六磅砲；而其他兩個排則配備著只有兩磅砲的「法蘭亭」式戰車，後者雖然速度較慢，但卻較爲可靠而且裝甲也較厚。)

爲了替這個前進開路，又計畫在十五日把一個英國傘兵營首先投在蘇克艾阿巴(Souk el

Arba)，該城在突尼西亞境內，距離突尼斯八十哩·，另一個美國傘兵營則降落在提貝沙(Tebessa)附近，以求掩護南面的側翼並佔據那方面的一個前進機場。美國傘兵的降落能夠照預定計畫執行——兩天之後，這個營在拉弗上校(Colonel E. D. Raff)指揮之下，向西南方作了一個八十哩遠的躍進，確實佔領了加弗沙(Gafsa)機場，那裏距離加貝斯灣和從的黎波里來的道路瓶頸僅爲七十哩。因爲受到天氣的影響，英國傘兵的降落比預定計畫遲了一天，而先頭的地面部隊卻前進得極快，所以他們在十六日也同時到達了蘇克艾阿巴。此時，另有一支縱隊沿著海岸公路前進，也已經到達了通往比塞大道路上的塔巴卡港(Tabarka)。

次日，即十一月十七日，安德森將軍命令第七十八師在完成其前進集中之前，以摧毀軸心部隊爲目的，即應向突尼斯進攻，爲了集中而暫停一下，就理論而言固然是必要的，但由於當時已經到達的軸心兵力非常的微弱，所以這種耽誤不僅是不需要，而且也是很可惜的——在突尼斯只有一個不足額的傘兵團所屬的兩個營，他們是在十一月十一日由義大利空運來的，此外在比塞大也只有兩個營(一個傘兵工程營和一個步兵營)。十一月十六日，內林將軍——前非洲軍的軍長，在阿蘭哈法會戰中曾負重傷，現在剛剛康復——帶了一個孤單的參謀軍官來到了突尼斯，他是奉令來指揮這一點核心部隊，一共不過三千人，現在已經定名爲「第九十軍」。甚至到了十一月底，其兵力也還只有一個師。

德國人不等候其兵力的集中，就迅速的向西面進攻，並用這種勇敢的姿態來掩飾其弱點。在突尼斯的法國部隊，雖然數量遠較巨大，但卻在他們的前面聞風而退，因爲在聯軍援兵未來到之前，他們是不願和德國人發生過早的衝突。十一月十七日，一個德國傘兵營（大約僅有三百人）在克羅赫上尉（Captain Knoche）指揮之下，沿著突尼斯至阿爾及耳的公路向前挺進，沿線的法軍向梅傑茲艾巴布（Medjez el Bab）的道路中心撤退（那是在突尼斯以西三十五哩），在那裏有一座跨越在梅德傑達（Medjerda）河上的重要橋樑。十八日夜間，法軍在這裏獲得一部分「布拉德部隊」的增援，包括一個英軍傘兵營和一個美國野戰砲兵營在內。（第十七和第二十一「槍騎兵」團連同他們的戰車尚未到達，其先頭連已在十八日到達了蘇克艾阿巴，但卻不曾開往前方。）

上午四時，在突尼西亞的法軍指揮官巴里將軍（General Barré），在那裏接見了德方的軍使，他帶來了內林將軍的最後通牒，要求法國部隊應撤退到靠近突尼斯邊境的一線上。巴里嘗試和他進行談判，但德國人卻已了解那只是拖延時間，因爲其淸晨的空中偵察早已發現了聯軍部隊的行蹤。所以在上午九時，他們停止談判，再過了一刻鐘接著就開火了。一個半小時之後，德國以俯衝轟炸機飛臨現場助長攻擊者的威勢。在轟炸攻擊之後，防禦者的心理受到惡劣的震盪，德國傘兵接著又作了兩次小規模的地面攻擊，他們那種高昂的鬥志，勇猛的作風，足以使人對他們的實力產生一種誇張的印象。對方的指揮官們感到除非是有更多的援兵趕到，否則他們就會守不住了——但安德森將軍的指示是必須先完成聯軍對攻擊突尼斯計畫的兵力集中，所以也就斷絕了增援的希望。

天黑之後，克羅赫上尉派出一小股部隊用游泳的方法渡河，這使聯軍誤以爲攻擊兵力又增強了。於是聯軍從橋上撤退，並且保持該橋的完整，未予破壞。在午夜之前，當地的英軍指揮官又把法軍指揮官找到他的指揮所來，堅決要求應再立即撤退到後方八哩遠的一座高地上，以便在那裏建立一個較安全的陣地。法軍當然照辦，於是德軍佔領了梅傑茲艾巴布。這是一個極顯著的例證：不及對方十分之一數量的小型部隊，憑藉其英勇冒險的精神，終於能夠獲得勝利。

在較北的方面，魏齊格少校(Major Witzig)的德國傘兵工程營，攜帶著少數戰車從比塞大出發，沿著海岸公路向西推進，在傑貝爾艾巴德(Jebel Abiod)遭遇到英軍第三十六步兵旅羣的先頭部隊，也就是第六皇家西肯特營(Royal West Kents)。雖然德軍衝散了該營的一部分，但他們卻仍然守住了陣地，以待該旅後續部隊的增援。

此時，被派往南面的若干小型德軍支隊，也已經在通往的黎波里的道路上攻佔了一些重要的村鎮——蘇斯(Sousse)、斯法克斯(Sfax)和加貝斯。差不多有五十名德國傘兵從空中降落，就駭倒了法國駐軍使他們撤出加貝斯。十一月二十日，才有兩營義大利步兵從的黎波里徒步行軍趕來增援，他們到達的時間恰好足以擋住拉弗上校所指揮的美國傘兵對加貝斯的攻擊。十一月二十二日，一支小型的德軍裝甲縱隊把法軍逐出了斯拜特拉（Sbeitla）中央道路的中心，把一支義大利支隊留在那裏駐防，然後才再撤回突尼斯——不過那些義大利部隊不久還是爲拉弗傘兵營的另一支隊所趕走。

儘管如此，內林的這一個僅有骨架子的軍，不僅是守住了在突尼斯和比塞大的橋頭堡，而且還把它們擴大成爲一個非常巨大的橋頭陣地，包括了突尼西亞北半部的大部分。

安德森計畫進攻突尼斯的作戰，是直到十一月二十五日才開始發動。在這個空隙中，微弱的德軍兵力已經增加了三倍，不過其能夠作近接戰鬥的兵力，還是只有兩個小型傘兵團（每團兩個營）、一個傘兵工程營、三個步兵補充營和一個戰車營（第一九〇營）的兩個連，共有戰車三十輛。其中包括一些新型的三式戰車，裝有長管七十五公厘火砲，要算是一項重要的資本。因此，由於安德森爲了完成其兵力的集中，在邊界上逗留得太久，遂使軸心與同盟國部隊之間極端懸殊的差距已經逐漸縮小。

十一月二十一日，安德森對其兵力是否足夠達成目標表示懷疑。於是在艾森豪的命令之下，又匆匆派了更多的美國部隊前來爲他增援，其中還包括第一裝甲師的B戰鬥羣（Combat

Command B)，那是從七百哩以外的奧蘭城一路趕來的——其輪型的半履帶車輛沿著公路行駛，而其戰車則利用鐵路運輸。不過在作戰開始發動時，只有一部分兵力勉強趕到了戰場。

（原註：在這個階段，美國的裝甲師包括兩個裝甲團，每個團有一個輕型戰車營和四個中型戰車營；一個裝甲步兵團下轄三個營和三個裝甲野戰砲兵營。照編制有戰車三百九十輛——輕型一百五十八輛，中型二百三十二輛。在作戰時分為A及B兩個戰鬥羣。以後又增加了第三個羣。）

（譯者註：在原書中有三種臨時的編組，即「Team」、「Group」和「Command」。第一種是美軍所用的，以一個團為基幹，再加上其他的單位；第二種是英軍所慣用的，以一個旅為基幹；第三種為美國裝甲師所獨有的。譯文均統稱之為戰鬥「羣」。）

在一個分三路進攻的作戰中，第三十六步兵旅羣在左，靠近海岸線，實力強大的布拉德部隊在中央，而第十一步兵旅羣在右，沿著主要公路——每一路的部隊又都受到美國裝甲部隊和砲兵部隊的增強。

左翼的部隊在丘陵起伏的海岸公路上，比預定日期遲了一天才發動攻擊，而在最初兩天中每天只前進了六哩，行動非常的愼重——魏齊格的那個小型傘兵工程營就在它的前面向後撤退。於是到了十一月二十八日，它推進了十二哩，但卻在傑弗拉(Djefna)車站附近的隘道中受到德軍伏兵的狙擊，其先頭營損失頗重。三十日，對於德軍已經增強了的防禦作了一次較大的攻擊，在失敗之後，這一方面的攻擊遂被放棄。次日清晨，有一支英美軍混合組成的陸戰隊，在傑弗拉以北的海岸登陸，並在馬陶爾(Mateur)以東封鎖德軍後方的道路。他們在那裏苦撐了三天，卻還不見援軍來到，由於補給已經用盡，遂自動撤退。

中央的一路是由布拉德部隊所組成，由於加上一個美軍輕戰車營，所以其戰車實力早已超過了一百輛以上(美軍第一裝甲團的第一營，配備著「斯圖亞特」戰車)。在突破了由少數德軍所據守的前哨線之後，這支部隊於二十五日前進了三十哩，到達了巧久(Chouigui)隘道。次日，德軍的一個支隊，包括一個十輛戰車的戰車連和兩個步兵連，從馬陶爾向南發動了一個攻擊，遂阻止了英軍的繼續前進。德軍的十輛戰車被擊毀了八輛，大部分都是美製三十七公厘戰防砲的功勞，但是他們的犧牲精神使英軍高級指揮官望而生畏，由於他們害怕這種側翼的威脅，遂中止了布拉德部隊的前進，並把這支部隊展開來掩護右翼部隊的攻擊。

雙方部隊都是在「戰爭之霧」中摸索，但是在這個緊要關頭上，英國人的過分謹慎與德國人的勇敢形成一個對比，那就顯然是不智。尤其是因為在前一天下午，布拉德部隊的一個小型支隊已經使德國的高級指揮官也駭了一大跳，赫爾曾命令瓦特爾中校(John K. Waters)指揮一個美國輕戰車營去偵察在提包巴(Tebourba)和傑德打(Djedeida)附近跨越梅德傑達河上的橋樑。在巴羅少校(Major Rudolph Barlow)指揮之下的C連，偶然地到達了傑德打機場的邊緣，那是新近才使用的機場。巴羅就抓著這個機會，率領他的十七輛戰車掃蕩機場，擊毀了二十餘架德國飛機——在報告上被誇大爲四十架。這個深遠的突穿，在內林所接獲的報告中也同樣的被誇大了，所以遂使他大感震驚，開始命令其部隊後撤，以便對突尼斯作嚴密的防守。

聯軍的右翼部隊，沿著主要公路前進，在進攻梅傑茲艾巴布時，即已受到了阻擋，接著德軍發動了幾個小規模的逆襲，更使英軍無組織的潰逃。但是到了二十五日的夜間，傑德打由於受到突襲而震驚，內林遂命令守軍後撤，害怕他們會被一個新攻擊所壓倒。聯軍跟在敵軍後面前進，於二十七日清晨佔領了二十哩以外的提包巴。次日又前進了一小段距離，就在傑德打（距離突尼斯二十哩）爲一個混合營所組成的德軍戰鬥羣所阻。二十九日再度進攻又被擊退。於是艾費里將軍遂建議暫停前進，以等待更多的援兵，同時爲了要對付德國俯衝轟炸機，還要求提供較嚴密的戰鬥機掩護，因爲德軍飛機正在日益加重對同盟國部隊的擾亂，使他們在精神上感到吃不消。

他的建議爲安德森和艾森豪所接受。當艾森豪在兩天後到前線地區視察時，美國軍官一看見他無不抱怨的說：「我們那些倒霉的空軍到哪裏去了？爲什麼我們所看見的盡是德國的飛機呢？」在他的回憶錄《歐洲十字軍》一書中，他這樣的記載著：「沿途所聽到的一切談話，都是對損失作驚人的誇大，儘管如此，當聽到像『我們部隊必然要撤退，在這樣的條件之下任何人都不能生存』這一類的話時，還是令人很感到憂慮。」

此時，凱賽林元帥也正在突尼斯視察，他譴責內林太謹愼和缺乏攻擊精神。他不理會有關聯軍兵力遠較強大的辯論，和由於聯軍對機場的轟炸已使軸心援兵的空運受到嚴重阻礙的事實。凱賽林在批評了不應從梅傑茲艾巴布撤退之後，就命令內林立即設法收復失地，至少應回到提包巴爲止。所以，在十二月一日，德軍遂用了三個戰車連，共約戰車四十輛，再加上少許支援單位，包括一個三門砲的野砲連和兩個連的戰防砲在內，發動一次反擊。這次反擊的目標，並非針對已在進攻傑德打的聯軍部隊，而是從北面超向巧久隘道，再鑽到聯軍在傑德打附近的後方。（原註：德國第十裝甲師的先頭部隊是剛剛到達突尼西亞的，其中包括一個新戰車營的兩個連——擁有三十二輛三號戰車和二輛新型四號戰車。這兩個連與以前所到達的另一戰車營中的一個連，被立即用於此次反擊作戰。）

德軍分成兩個縱隊，首先集中攻擊布拉德部隊，這支部隊是奉派保護側翼，所以兵力分散得很遠，因此其中的一部分被衝散和被擊破。於是到了下午，德軍遂向提包巴挺進，但在尚未達到目標和切斷主要公路之前，即爲聯軍的砲火和轟炸所阻。

但是他們的繼續壓迫，對於這一條大動脈構成了相當嚴重的威脅，以致使聯軍在傑德打的矛頭被撤回到提包巴附近。十二月三日，這個壓力繼續增大，同時內林也只留下極少量的兵力在突尼斯城中擔負警衛任務，而把所有能夠集中的部隊都用來作向心的攻擊。那一天夜間，聯軍的矛頭部隊終於被擠出了提包巴地區，他們利用一條沿著河岸的小徑，勉強逃出了重圍，大部分裝備和車輛都被拋棄。在德軍的反擊中，共計捕獲了一千多名俘虜，而他們這個「袋」中還包括著五十多輛戰車在內。

值得一值的是，最近德軍的增援中包括著五輛新出產的五十六噸重的「虎」式(Tiger)戰車，裝有長砲管的八十八公厘砲。這種「巨怪」本是當作一種「祕密武器」來看待，但希特勒決定送幾輛到突尼斯來接受戰鬥的試驗，其中有兩輛配屬給傑德打戰鬥羣參加了這次提包巴的會戰。

在以後的幾天內，聯軍指揮官們計畫使用已經增強的兵力，提前重新發動攻勢。但由於內林的擴張行動來得太快，所以他們的成功希望不久也就變得極爲微弱了。內林現在計畫使用其小型裝甲部隊，從梅德傑達河之南作一個大迂迴，以達到收復梅傑茲艾巴布的目的。美國第一裝甲師的B戰鬥羣剛剛部署在這裏，一方面準備再繼續前進，另一方面也想和英軍分開，以便能以一個完整的單位來從事戰鬥。其中的一個前進支隊係位於傑布爾艾古沙(Jebel el Guessa)，那是在提包巴西南面的一片高地，正俯視著其南面的平原。作爲其迂迴運動的序曲，德軍於十二月六日淸晨首先攻擊這個觀察哨，衝散了那裏的守軍，美軍被迫匆匆撤退，潰不成軍。美軍雖派兵前往增援，但行動太遲緩，等他們趕到現場時，又遭到德軍的攻擊，損失頗爲慘重。

這次德軍新的攻擊，加上其所造成的威脅，使得新到的英國第五軍軍長阿弗里中將(Lieutenant General Allfrey)命令在梅德傑達河以北的部隊，從他們在提包巴附近的陣地撤退到二九〇高地附近的一個新陣地，這裏比較接近梅傑茲艾巴布——這座山被英國人命名爲「長停山」(Longstop Hill)。此外，他又建議作一個更遠的撤退，到達梅傑茲艾巴布以西的一線爲止。這個建議雖然得到安德森的贊同，但卻被艾森豪所否決。不過，「長停山」卻又還是撤出了。

艾森豪在十二月七日，曾經寫了一封私信給他的朋友韓德將軍(General Handy)，其中有一段頗爲有趣味，現將其引述如下：「對於我們目前的作戰，我想最好的形容就是說它們已經違反一切公認的戰爭原則，並與教科書中所規定的一切作戰和後勤的方法發生了衝突，在今後二十五年之內，所有一切美國指參學院和戰爭學院的學員們，都會把它們罵得體無完膚。」

十二月十日，德軍又繼續側進，其兵力包括大約三十輛中型戰車和兩輛虎型戰車，但前進到距離梅傑茲艾巴布還有兩哩遠的地方，就爲一個位置良好的法國砲兵連所阻。當他們離開道路企圖迂迴時，又暫時被沙坑陷住了，接著美國B戰鬥羣又派了一支部隊來威脅他們的後方，於是他們就自動撤退。但他們卻獲得一個意想不到的間接成功：到了天黑之後，B戰鬥羣開始從其暴露的位置撤退，當他們聽到德軍來襲的謠言之後，卻發生了混亂，沿著一條靠近河岸的泥土小徑行動，致使許多戰車和車輛都陷在那裏不能移動而只好放棄。這一次災難也就斷送了聯軍早日向突尼斯推進的希望，因爲此時，B戰鬥羣剩下來能適於戰鬥之用的戰車已經只有四十四輛——即僅爲其編制的四分之一。所以這兩次德軍的反擊，的確已經有效的破壞了聯軍的一切計畫和希望。

此時，希特勒又派阿爾寧上將(Colonel-General Jurgen von Arnim)來接任突尼西亞軸心軍隊的最高指揮官，這支軍隊現在已改名爲第五裝甲軍團。他在十二月九日從內林手中接管了指揮權，由於已有更多的增援到達，他現在就著手把掩護突尼斯和比塞大的兩個環形，擴大成爲一個完整的橋頭陣地，用一百哩長的防線將其包圍，那也是由許多據點所構成的一條鎖鏈，由比塞大以西約二十哩的海岸上起，到東岸上的恩費達維里(Enfidaville)爲止。這個完整的橋頭陣地又分爲三個地區：北區由一個拼湊而成的「布羅赫」師(Division von Broich)負責防守，這個師是以其師長的姓名來命名的；中區(從巧久隘道以西起到法斯橋

〔Pont-du-Fahs〕以東爲止）由第十裝甲師負責，這個師是分成許多小單位陸續運來的，南區則由義大利「蘇培加」師（Superga Divsion）負責。迄十二月中旬，聯軍的情報判斷是，軸心兵力約爲戰鬥部隊二萬五千人，行政人員一萬人，戰車八十輛——此種判斷未免偏之過高。聯軍方面的有效戰鬥部隊接近四萬人——英軍二萬餘人，美軍一萬二千人，法軍七千人——其總人數當然更多，因爲他們的行政組織遠較龐大。

部分由於天氣惡劣的影響，聯軍實力增建得很慢，使安德森不得不展緩其再度進攻的日期。但是到了十二月十六日，他終於決定應在二十四日發動攻擊，以便利用滿月來作步兵的夜間突擊。這次攻擊中所使用的兵力爲英軍第七十八師和第六裝甲師，以及美國第一步兵師的一部分。

爲了獲得便於展開的空間，最初的攻擊是以收復「長停山」和提包巴以北的四六六高地爲目標。但在惡劣天氣之下發生了嚴重的混亂，結果發展成爲長期的拉鋸戰，於是主力的攻擊只好又暫時停頓。到了十二月二十五日，德軍完全收復了其原有的陣地——很自然的，他們現在把「長停山」又改名爲「聖誕山」（Christmas Hill）。

早在聖誕節的前夕，艾森豪和安德森即已勉強的決定放棄這次攻擊——因爲一再遭遇挫敗，而傾盆大雨又把戰場變成泥淖。聯軍已經喪失了「向突尼斯的賽跑」。

但是很諷刺的，由於命運的安排，這次的失敗反而因禍得福。因爲若非聯軍這次的失敗，希特勒和墨索里尼也許就不會獲得時間和鼓勵，來繼續把大量的援軍送入突尼西亞，而終於達到二十五萬人以上的實力。爲了守住這個橋頭陣地，這些人必須背靠著敵人所控制的海洋作戰，換言之，一旦失敗之後，也就絕無逃脫的希望。所以在一九四三年五月間，當突尼西亞的軸心兵力終於被壓倒時，在歐洲的南部，敵人幾乎是已經無兵可用，所以聯軍在七月間侵入西西里島時，自然也就感到非常的輕鬆。但假使不是十二月的失敗，則也許就不可能有五月間的大勝，於是當聯軍進入歐洲時，也就可能會受到嚴重的阻力。邱吉爾所愛說的「軟下腹」（soft under-belly），實際是一個到處多山，地形極爲艱險的地區，僅僅由於缺乏防禦兵力之故，才會變得如此柔軟。

第二十三章　在太平洋的潮流轉向

日本在太平洋的攻勢目的，就是要建立其所謂的「大東亞共榮圈」，在四個月之內，這個目的實際上幾乎可以說是已經達到了。那時，馬來亞和荷屬東印度已經完全被征服，此外還有香港，而菲律賓的全部與緬甸的南部也已經差不多如此。在次一個月之內，柯里幾多（Corregidor）島嶼要塞的投降，遂使美國人喪失了在菲律賓的最後立足點。一個星期之後，英國人也被逐出了緬甸，退回到印度，而中國與其同盟國之間的陸上交通線也從此完全被切斷。對於這樣巨大的征服成果，日本人所付出的代價一共僅約爲人員一萬五千名，飛機三百八十架，和驅逐艦四艘而已。

在這樣一連串的輕鬆勝利之後，日本人自然很不願意依照其原定的戰略計畫，再回轉到防禦的態勢。他們害怕這樣的轉變可能會導致戰鬥精神的逐漸衰退，同時也會使經濟基礎遠較強大的西方敵國，獲得一個恢復的喘息機會。尤其是日本海軍，急於想消滅美國人在太平洋方面可能捲土重來的兩個基地——夏威夷和澳洲。誠如他們所指出的，美國海軍的航空母艦仍可在夏威夷從事作戰，而澳洲更是顯明的已經變成一個反攻的跳板和防禦的堡壘。

日本陸軍，由於其心理還是以中國大陸(包括東北在內)爲焦點，所以不願意再派遣更多的部隊來滿足這種遠征的要求，尤其是想侵入澳洲的話，則所需的作戰時間可能很長，而所需的兵力也可能很大。陸軍在聯合艦隊所草擬的攻佔錫蘭計畫中，即早已拒絕合作。

日本海軍的領袖們，希望能在兩個方向中的一面再作一次成功的攻擊，於是憑藉這種成功也許能夠克服陸軍領袖們的反對，足以說服他們提供部隊來完成這種遠征作戰，但是究竟何者爲最佳的一面，他們自己之間又有了不同的意見。山本大將和聯合艦隊司令部方面，是主張採取攻擊中途島的計畫(該島在珍珠港以西一千哩)——用這個行動爲餌以吸引美國太平洋艦隊出而應戰，於是再將其擊滅。海軍軍令部(即參謀本部)則主張通過所羅門羣島(Solomon Islands)以攻佔新卡里多尼亞(New Caledonia)、斐濟(Fiji)和薩摩亞(Samoa)等島嶼，其目的爲切斷美國與澳洲之間的海上交通線。後者的計畫，即孤立澳洲的計畫，在辯論上是比較有重量，因爲在對澳洲構成包圍圈的任務上，日本人早已有相當的進展。到三月底他們已經從拉布爾(Rabaul)進入了所羅門羣島，以及新幾內亞的北岸。

一九四二年四月十八日，美國飛機空襲東京，遂使此種有關海軍計畫的爭辯暫時發生了中斷，並改變了方向。

東京空襲

這個對日本國都(其本土的心臟)的空中攻擊，是具有替珍珠港報仇的意義，從一月起就開始進行策劃。由於在太平洋中任何尙存的美國基地都距離日本過遠，所以這次空襲必須由海軍航空母艦來執行。但由於日本人已在距離其本土五百哩以外的海洋上，建立了一道由哨戒船(Picket Boat)所構成的警戒線，所以攻擊的飛機必須要在大約五百五十哩遠的距離起飛，包括來回在內，則航程至少應爲一千一百哩——那對海軍航空母艦上的飛機而言，實在是太遠了。而且美國海軍現在所有的少數幾艘航空母艦可以說是非常的珍貴，要它們在原地等候飛機返回，也是一種不敢輕言嘗試的冒險。所以就決定使用美國陸軍的飛機，那不僅是航程較長，而且在轟炸了東京之後，它們也就可以向西飛到中國的機場去降落。

這也就要求二千哩以上的航程，及在航空母艦上起飛的能力。於是選定了 B-25 米契爾(Mitchell)式轟炸機，此種轟炸機加上額外的油箱，可以攜帶二千磅炸彈，飛行二千四百哩。在杜立德中校(Lieutenant-Colonel James H. Doolittle)領導之下，駕駛員熟練了短距離起飛和長程水面飛行的技術。由於 B-25 的體型太大不能儲藏在母艦甲板之下，而須放在甲板上，同時還必須留出足夠的空間以供它們起飛之用，所以航艦上一共只攜載了十六架飛機。

四月二日，選定執行此項任務的航空母艦「大黃蜂」號(Hornet)，在巡洋艦與驅逐艦護航之下，從舊金山啓程。四月十三日，第十六特遣部隊和他們會合在一起，後者是以航空母艦「企業」號(Enterprise)爲基幹而組成的，其任務爲提供空中支援——因爲「大黃蜂」號本身的飛機都已被藏入甲板之下。在四月十八日的清晨，這支航空母艦部隊已被一艘日本巡邏艇所發現，而此時距離東京尙在六百五十哩以外。海軍指揮官海爾賽中將(Vice-Admiral Willam F. Halsey)遂與杜立德商議，他們所獲得的一致結論是，寧可讓轟炸機立即起飛，而不考慮所要飛過的額外距離，以後證明這是一個聰明而幸運的決定。

在〇八一五時到〇九二四時之間，轟炸機在波濤洶湧的海面上起飛，這些轟炸機於四個小時之內到達了日本，使防禦者受到了奇襲，並在東京、名古屋、神戶等地投下了他們的炸彈(包括燃燒彈)，然後在一種尾風(tail wind)幫助之下向中國飛行。很不幸的，由於誤會，衢州機場卻並未作接受他們的準備，結果使那些機員只好迫降或跳傘。在八十二個人當中，有七十人安全歸來——其中有三個沒有回來的已被日本人所殺害，其所持的理由是轟炸非軍事性目標。兩艘航空母艦都安全的撤退，並於二十五日回到了珍珠港。

另一件幸運的事情是，儘管日本已經獲得其巡邏艇的警告，但日本人卻以爲空襲的來臨將會遲一天——即在十九日。因爲照他們估計，航空母艦必須達到夠近的位置始能使其轟炸機起飛。到了那時，日本的空軍也就有了準備，而南雲中將的航空母艦也會趕到指定的地點來向美國艦隊發動一個反擊。

這次空襲的主要成就乃爲激勵美國人的士氣，因爲自從珍珠港事變之後，美國人的心理已經發生了嚴重的動搖。不過它也同時迫使日本把四個陸軍的戰鬥機大隊保留在國內，以供東京及其他城市防空之用。此外又促使日本人動用五十三個營的兵力，來對中國的浙江省作一次懲罰性的作戰，因爲美國人的轟炸機是在那裏降落的。可是更重要的效果是，使日本除了企圖切斷澳洲與美國之間的連繫以外，爲了預防下一次的空襲，遂又決定進行對中途島的作戰。這種分散兵力的兩面進攻，顯然是是違反了集中的原則。

在修改後的日本計畫中，其第一方面的行動又再分爲兩部分：一方面向所羅門羣島深入，攻佔屠拉吉(Tulagi)，並企圖利用它來作爲一個水上飛機的基地，以便掩護再向西南方進一步的躍進。另一方面企圖攻佔新幾內亞南岸的摩斯比港(Port Moresby)，以使澳洲的昆士蘭(Queensland)進入日本轟炸機的航程之內。於是在山本指揮之下的聯合艦隊，接著就要去執行攻佔中途島以及西阿留申羣島的若干要點。如果能如願的把美國太平洋艦隊予以擊滅，則第三個行動就是繼續再向東南方前進，以切斷美澳之間的海上交通線。

這些行動中的第一個引起了珊瑚海(Coral Sea)會戰，第二個引起了中途島會戰，而第三個則引起了長期而激烈的瓜達康納爾島(Guadalcanal)爭奪戰，該島是靠近屠拉吉的一個大島。

這種兵力分散的日本計畫所產生的一個諷刺的和間接的效果，正好彌補了美國計畫作爲和指揮安排中的一個裂縫。

在四月初，美國已經負起了對整個太平洋的作戰責任，只有蘇門答臘例外，而蘇門答臘和印度洋地區則仍由英國負責，中國是另成一個獨立戰區，但卻受到美國的援助。美國本身所負責的地區又劃分爲兩大分區——西南太平洋戰區由麥克阿瑟將軍負責，其總部設在澳洲；中太平洋戰區由尼米茲上將(Admiral Chester W. Nimitz)負責，其總部設在夏威夷。他們兩位都是強人，很可能會發生衝突。日本人的計畫卻使他們各有用武之地，所以可以不必爭功。而他們雙方領域的分界線又恰好在所羅門羣島附近，日軍在那裏的兩棲威脅，要求麥克阿瑟的陸軍和尼米茲的海軍必須聯合運用，於是他們之間也就必須發展出一種合作的安排。

珊瑚海會戰

準備進行第一個行動的日本地面和空中兵力，都集結在新不列顛(New Britain)的拉布爾，而海軍則集結在加羅林羣島中的特魯克島(Truk)附近，該島位於北面一千哩的地方。在被指定擔任兩個攻擊任務的兩棲作戰部隊的後方，又有一個航空母艦攻擊部隊，準備隨時擊退美國人的干涉行動。這支部隊以航空母艦「翔鶴」號和「瑞鶴」號爲基幹，加上護航的巡洋艦和驅逐艦，一共搭載著一百二十五架海軍飛機(四十二架戰鬥機和八十三架轟炸機)。在拉布爾另有飛機一百五十架可以用來支援。

美國的情報(這是同盟國方面的主要優點)已經發現了日本計畫的主要線索，於是尼米茲將軍也把他所有一切能動用的兵力都向南方運送——兩艘航空母艦，「約克鎮」號(Yorktown)和「萊克辛頓」號(Lexington)從珍珠港出發，載有飛機一百四十一架(戰鬥機四十二架，轟炸機九十九架)，另有兩批巡洋艦擔任掩護的任務。(另外兩艘航空母艦「企業」號和「大黃蜂」號在空襲東京之後剛剛回來，也奉命向珊瑚海趕去，但是到達太遲未能趕上會戰。)

五月三日，日軍在屠拉吉登陸，在無抵抗的情況下佔領了該島——島上少量的澳洲守兵已經事先聞風撤走，那時「萊克辛頓」號正在海上加油，而在佛萊契海軍少將(Rear Admiral Fletcher)指揮之下的「約克鎮」號則距離現場更遠。但在次日，當它距離屠拉吉約一百哩時，還是向該島發動好幾次攻擊。除了擊沉一艘日本驅逐艦以外，便無其他的成果。而「約克鎮」

號本身未受到報復只能歸之於僥倖。因爲兩艘日本航空母艦爲了運送一批戰鬥機已經前往拉布爾——那是爲了省事而離開了屠拉吉。這是雙方所犯一連串錯誤或誤解的開端，美國人最後在兵力平衡上獲得了利益，也應歸功於這些錯誤和誤解。

現在井上所指揮的日本航空母艦羣向南駛來，經過了所羅門羣島的東方，而繞道進入了珊瑚海，希望能從後面偷襲美國的航空母艦部隊。此時，「萊克辛頓」號已和「約克鎮」號會合，正在往北駛，企圖攔截前往摩斯比港的日本侵入部隊。五月六日——即柯里幾多島投降的黑暗日子——雙方航空母艦部隊都在搜尋對方卻並未發生接觸——雖然有一度它們之間僅隔了七十哩的距離。

七日清晨，日本的搜索機羣報告他們已經發現了一艘航艦和一艘巡洋艦，於是井上立即命令對這兩艘敵艦加以轟炸，並迅速予以擊沉。但實際上，它們不過是一艘油輪和一艘護航驅逐艦，所以時間和努力都是浪費了。同日黃昏，井上又嘗試另一次較小規模的攻擊，但結果卻使他所用的二十七架飛機損失了二十架。此時，佛萊契的母艦飛機，也同樣被一件錯誤報告引入歧途，把力量用來攻擊日軍掩護摩斯比港侵入軍的艦隊。在這次攻擊中，他們擊沉了輕航空母艦「祥鳳」號，一共只花了十分鐘——這在整個戰爭記錄中要算是最快的一次。一個比較重要的戰果是，日本人因此而暫時放棄了侵入行動，並命令其部隊撤回。這是由於攻擊錯誤所得的意外收穫。

五月八日上午，雙方的航空母艦部隊終於交手了。雙方的實力十分接近，日本人有飛機一百二十一架，而美國人則有一百二十二架。雙方的護航兵力也幾乎是勢均力敵——日本方面爲四艘重巡洋艦和六艘驅逐艦，美國方面則爲五艘重巡洋艦和七艘驅逐艦。不過日本人卻進入了一個雲帶，而美國人則在晴空之下作戰。這使得「瑞鶴」號始終未受到美國飛機的注意。不過，「祥鶴」號卻中了三彈，負傷頗重而必須撤離戰場。在美國方面，「萊克辛頓」號中了兩枚魚雷和兩顆炸彈，接著發生了爆炸而不得不放棄這艘有歷史意義的名艦——美國水兵們一向尊稱它爲「萊夫人」（Lady Lex）。「約克鎮」號只中了一顆炸彈，安全的逃脫了。

下午，尼米茲命令航空母艦部隊撤出珊瑚海——由於對摩斯比港的威脅至少是暫時已經解除。日本人也退出了現場，並相信美國的兩艘航艦均已沉沒。

以絕對損失而言，美國在飛機方面損失較輕：七十四架對八十餘架。美軍在人員方面的損失爲五百四十三人，而日軍則超過了一千人，但美國卻損失了一艘艦隊重型航艦，而日本則僅損失了一艘輕型航艦。不過比較重要的是，美國人還是阻止了敵人達成其戰略目標——攻佔新幾內亞的摩斯比港。而現在美國人憑藉其優異的技術，迅速修復「約克鎮」號，使其能夠勉強如期趕上次一階段的太平洋大戰，而日本方面在珊瑚海會戰中負傷的兩艘航艦，卻未能在第二次更具有決定性的會戰中登場。

珊瑚海會戰是有史以來第一次雙方艦隊在彼此不見面的情況下交戰，其距離從戰艦的最大極限約二十哩，伸展到航空母艦彼此相距約一百餘哩。不久，我們就可以再看到一次更大規模的海戰——那就是中途島會戰。

中途島會戰

日本的大本營在其五月五日的命令中，即已決定了這個次一階段的作戰。聯合艦隊司令部所擬定的計畫是異常的宏大而詳盡，但卻缺乏彈性。幾乎整個日本海軍都被用在這次作戰中。一共差不多動用了二百艘艦艇，其中包括八艘航空母艦，十一艘戰鬥艦，二十二艘巡洋艦，六十五艘驅逐艦，二十一艘潛艇。協助他們的還有六百多架飛機。尼米茲上將一共只勉強集中了七十六艘艦艇，而其中有三分之一是屬於北太平洋的兵力，根本就不曾參加會戰。

對於主要的中途島作戰，日本人一共使用了：㈠一個前進潛艇部隊，分成三線巡邏，具有擊滅美國海軍對抗行動的意圖；㈡一支侵入部隊由近藤中將指揮，用十二艘有護航的運輸船，載運著部隊五千人，擔負密切支援的爲四艘重巡洋艦，而一支較遠距離的掩護部隊則有兩艘戰鬥艦，一艘輕航空母艦，和另外四艘重巡洋艦；㈢南雲中將的第一航空母艦部隊，包括四艘艦隊重型航艦——搭載飛機二百五十架以上——由兩艘戰鬥艦、兩艘重巡洋艦和一隊驅逐艦擔負護航的任務；㈣山本大將所直接指揮的主力艦隊，包括有三艘戰鬥艦，加上驅逐艦的屏障和一艘輕航空母艦。其中有一艘戰鬥艦爲最近建造完成的巨無霸「大和」號（Yamato），排水量七萬噸，裝有十八吋砲九門，爲山本的旗艦。

對於阿留申的作戰，日本人所分配的兵力有：㈠一支侵入兵力由三艘有掩護的運輸船組成，搭載部隊二千四百人，加上一個由兩艘重巡洋艦所組成的支援羣和一支包括兩艘輕航空母艦的航艦部隊；㈡一支掩護部隊則有四艘較舊的戰鬥艦。

這次會戰的發起是在阿留申方面，以六月三日對荷蘭港（Dutch Harbor）的空襲爲起點，接著日軍應於六月六日在三個地點突擊登陸。六月四日，南雲的航空母艦飛機也應攻擊中途島上的機場；而次日即應佔領庫里珊瑚礁（Kure Atoll）（在中途島以西六十哩），並用它來當作一個水上飛機的基地。六月六日，巡洋艦將砲擊中途島，而部隊也開始突擊登陸，這整個侵入行動則由近藤的戰鬥艦擔負掩護之責。

日本人所料想的是在日軍登陸之前，在中途島地區是不會有美國軍艦出現，因爲他們希望美國太平洋艦隊在聽到阿留申已經受到空襲之後，就會兼程向北面趕去。於是也就可能使它陷落在日本兩大航空母艦部隊之間。但在追求此種戰略目標（即擊滅美國航空母艦）時，日本人的戰術安排卻使他們自己受到妨礙。由於六月初有比較有利的月光條件，所以山本不願意等候「瑞鶴」號將其在珊瑚海所損失的飛機補充完全就決定先發動攻擊，否則那些飛機即可用來增援其他的航艦。至於在一共可用的八艘航空母艦中，有兩艘已前往阿留申方面，兩艘用來配合戰艦羣，所以只剩下四艘可充任攻擊的主力。同時，艦隊的行動在速度上已受到緩慢運兵船的拖累。此外，假使日本人的主要目的是擊滅美國的航空母艦，而並非僅爲攻佔中途島，則對於阿留申方面採取分散的行爲，似乎也就很難說得上是有理由。而最糟的還是爲了在固定時間內攻佔固定的點，遂使他們自己的行動備受拘束，而喪失了一切的戰略彈性。

在美國方面，尼米茲的主要煩惱即爲日本人的兵力優勢。自從珍珠港事變之後，他已經沒有戰鬥艦可用，而在珊瑚海會戰之後，又只剩下兩艘適合於戰鬥之用的航空母艦——「企業」號和「大黃蜂」號。不過依賴一種驚人的努力，它們又終於增加到了三艘——因爲「約克鎮」號只花了兩天的時間就修好了，而據正常的估計應該需要九十天。

不過，尼米茲也有一個巨大的利益，足以抵補兵力的劣勢，那就是在情報方面的優勢。三艘美國航空母艦，連同他們的二百三十三架飛機，是位在中途島以北相當遠的地方，所以也是在日本偵察機的視線以外，但以中途島爲基地的長程「卡塔林那」式(Catalina)飛機，卻可以提早把日軍的行蹤報告他們。這樣他們也就希望能對日本海軍作一個側面的攻擊。六月三日，即爲美國航空母艦就位後的一天，空中偵察即已在中途島以西六百哩的海面上，發現了緩慢行動中的日本運輸船。日本飛機在搜索時所採取的典型是有相當大的空隙，所以容許美國航艦從東北面接近而不被發現。同時，山本和南雲都相信美國太平洋艦隊不在附近的海上，這也使他們在行動上獲得很多的方便。

六月四日淸晨，南雲以其飛機中的一百零八架對中途島發動一次攻擊，另外還保留相當數量的飛機，以便發現任何敵方軍艦時即可立即加以攻擊。第一波攻擊即使中途島上的設施受到了重大的損毀，而日機的損失極爲輕微，但他們向南雲的報告卻認爲有再度攻擊的必要。因爲他們自己的航空母艦正受到從中途島起飛的美機轟炸，所以南雲也認爲有徹底摧毀該島機場的必要，遂命令其控制的第二波飛機全部將魚雷換成炸彈，以執行此項任務；因爲截至此時爲止，還沒有發現美國航空母艦的蹤影。

不久之後，就有報告傳來說，約在二百哩之外已經發現一羣美國艦船；不過最初還只認爲是一些巡洋艦和驅逐艦。但到了〇八二〇時，又來了一個比較精確的報告，說其中包括有一艘航空母艦。這實在使南雲處於一種極爲狼狽的情況，因爲他的大多數魚雷轟炸機現在都已換裝了炸彈，而他的大多數戰鬥機又都在空中巡邏。同時他又正在收回第一波出擊中途島的飛機。

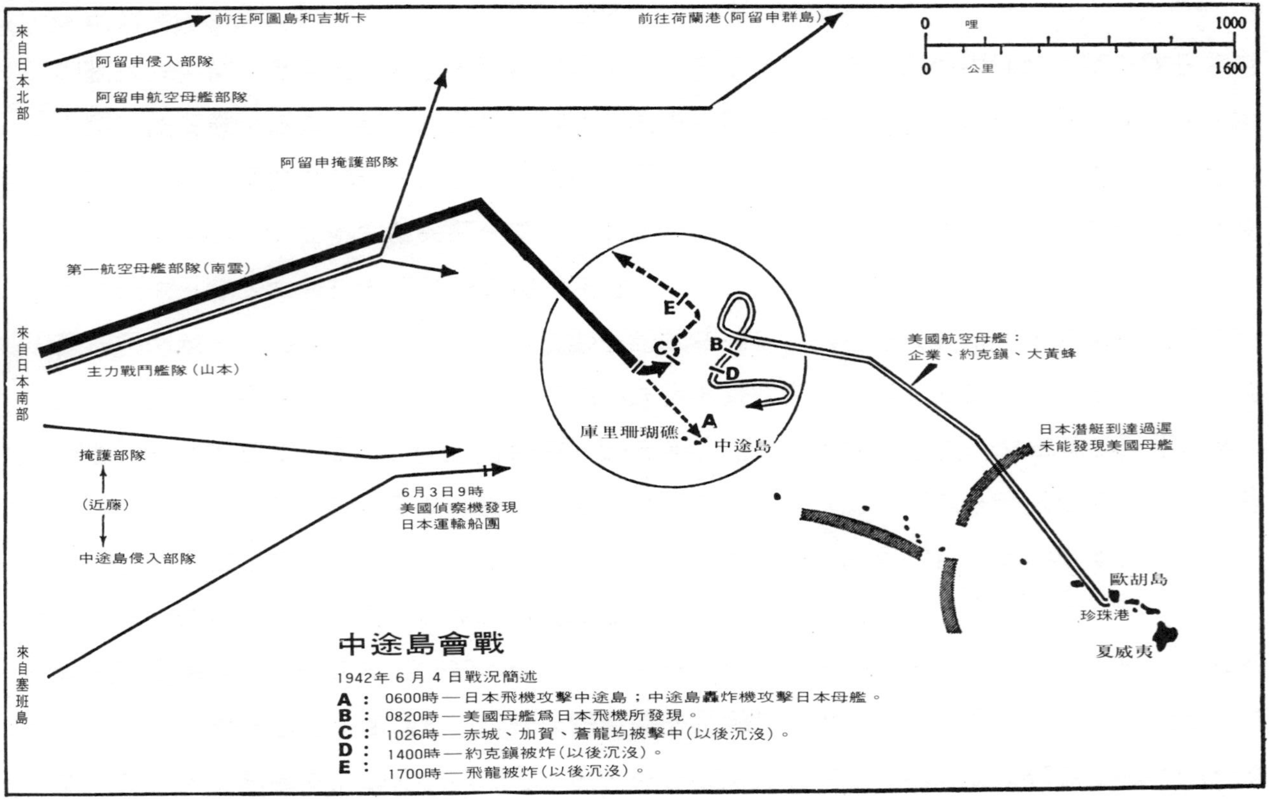

中途島會戰

1942年 6 月 4 日戰況簡述

A： 0600時—日本飛機攻擊中途島；中途島轟炸機攻擊日本母艦。
B： 0820時—美國母艦爲日本飛機所發現。
C： 1026時—赤城、加賀、蒼龍均被擊中(以後沉沒)。
D： 1400時—約克鎮被炸(以後沉沒)。
E： 1700時—飛龍被炸(以後沉沒)。

儘管如此，由於接獲這個消息之後，南雲就改取東北的航向，所以也就逃過了美國航空母艦派來攻擊他的第一波俯衝轟炸機。以後在〇九三〇時到一〇二四時之間，雖又有三批魚雷轟炸機（那是速度很慢的飛機）連續向日本航空母艦進攻，但在四十一架飛機中，就有三十五架被日本戰鬥機和高射砲擊落。在這個時候，日本人感覺到他們已經贏得了這一次的會戰。

但在兩分鐘之後，從「企業」號上來的三十七架俯衝轟炸機，在麥克勞斯基少校（Clarence W. McClusky）率領之下，從一萬九千呎的高空衝下來，那是完全出乎日本人的意外，所以也就沒有遇到任何的抵抗。日本戰鬥機剛剛才擊落了第三波的魚雷轟炸機，所以也就沒有機會來得及爬高和反擊。南雲的旗艦「赤城」號首被攻擊，那些正在甲板上換裝炸彈的飛機均被炸中，而許多魚雷也都發生爆炸，迫使艦上的官兵棄船。「加賀」號的艦橋也被炸毀，從頭到尾都成了一片火海，黃昏時終於沉沒。「蒼龍」號被從「約克鎮」號上飛來剛剛趕到現場的俯衝轟炸機命中了三顆半噸重的炸彈，於是在二十分鐘後也被迫棄船了。

現在日本方面所僅存無恙的一艘航空母艦「飛龍」號就集中全力向「約克鎮」號反擊，在那天下午使其受到重創而終被放棄——該艦在珊瑚海會戰時即早已負傷頗重，雖經搶修後趕來參加這場會戰，其實力早已大爲減弱。但是到下午會戰將結束的時候，二十四架美國俯衝轟炸機，包括從「約克鎮」號上飛來的十架在內，又抓住了「飛龍」號，使其受到嚴重的打擊。於是到了五日凌晨，日本人只好將其放棄，而到〇九〇〇時它也終於沉沒。

這個六月四日的會戰，是海軍歷史上所僅見的一次，其命運的變化是如此的奇特而迅速，同時也證明在此種運用長程海空戰鬥的新型會戰中，機會的因素是相當的大。

山本聽到其航空母艦部隊慘敗的消息之後，其第一個反應是一方面命令他的戰鬥艦前進，另一方面召回其在阿留申方面的兩艘輕航空母艦——他仍然希望打一次比較舊式的海戰來挽回命運。但由於「飛龍」號喪失的消息繼續傳來，再加上南雲的悲觀報告，遂使山本也改變了決心。六月五日淸晨，山本決定中止對中途島的攻擊。他仍然希望能夠把美國人引入陷阱，所以他向西撤退，以等待敵人的追擊。但是在這個緊要的一戰中指揮兩艘美國航空母艦「企業」號與「大黃蜂」號的斯普勞恩斯少將(Admiral Raymond A. Spruance)，卻是勇敢和愼重兼而有之，所以山本的妙計遂未得逞。

此際，日本人在北太平洋方面對阿留申羣島的攻擊，已在六月三日淸晨按預定計畫實施。分配給這個作戰的兩艘輕航空母艦，對荷蘭港派出了二十三架轟炸機和十二架戰鬥機。這是一支太小的兵力，除非是運氣特別好，否則絕難產生重大的效果；實際上由於地面爲雲霧所遮掩，所以幾乎沒有什麼損毀。次日天氣較佳，日軍再度攻擊，雖然能命中若干目標，但效果極爲有限。於是到了六月五日，這兩艘航艦又被召南下去協助主力作戰。不過在六月七日，日本的小型海運部隊還是照計畫登陸，在無抵抗的情況之下，佔領了三個島中的兩個——吉斯卡(Kiska)和阿圖(Attu)——這也是他們的指定目標。對於這一點成就，日本人卻大事宣傳，以求抵消他們在中途島的慘敗。從表面上看來，這兩個點的被攻佔似乎是一種重要的收穫，因為阿留申羣島是橫跨著北太平洋，靠近舊金山與東京之間的最短航線。但事實上，這些荒涼的小島，經常為雲霧和積雪所封鎖，根本就不適宜作為空軍或海軍基地，以從事越過太平洋的前進。

總結言之，一九四二年六月的作戰對於日本人而言是一次慘重的失敗。他們在中途島戰鬥中喪失了四艘艦隊航艦和大約三百三十架飛機，大部分都是和航艦一同沉沒的，此外還有一艘重巡洋艦——而美國人的損失則僅為一艘航空母艦和大約一百五十架飛機。在美國方面，主要的兵器即為俯衝轟炸機——成為強烈對比的是，魚雷轟炸機有百分之九十被擊落，而陸軍的巨型 B-17 轟炸機，證明對艦船的攻擊是沒有太大的效力。

除了上文中所提到的那些基本戰略的錯誤外，日本人同時也因為其他各種毛病而吃了很大的虧。在「指揮」方面最大的毛病是山本五十六實際上是被孤立在其旗艦「大和」號的艦橋上，對於作戰未能作全盤的控制；南雲則已經喪失了他的理智，而海軍的傳統使山口和其他的將領們寧願和他們的船隻一同沉到海底，而不設法去恢復主動。反之，尼米茲因為始終留在岸上，所以能夠對戰略情況保持著嚴密的全面控制，這和山本的情形恰好成一強烈對比。

一連串的戰術錯誤更增加了日本人的困難——搜索飛機飛行的架次不夠，所以未能提早發現美國的航艦；在高空缺乏戰鬥機的掩護；艦上救火的設備太差；四艘航艦上的飛機同時出擊，這也就是說所有的飛機將要同時收回和再裝備，所以有一段時間整個艦隊完全沒有攻擊力。當正在作這些換裝(由炸彈改換魚雷)時，艦隊又同時向敵軍前進，這也就使美國飛機更易於發現其位置，而且在其戰鬥機尚來不及自衛時就將其擊中。造成這些錯誤的大部分原因，乃是由於過度的自信。

一旦當日本人喪失了這四艘艦隊航艦，連同其有良好訓練的飛行人員之後，雖然他們在戰鬥艦和巡洋艦兩方面仍繼續保有優勢，但那已無太多的價值。因爲只有在他們自己陸上基地的飛機可以掩護的地區內，這些軍艦才敢於冒險出動——而日本人在長期的瓜達康納爾爭奪戰中之所以終歸失敗，其主因又正是缺乏制空權。這次中途島會戰給予美國人一次無價的喘息機會，因爲一直到這一年的年底，他們的新型「艾塞克斯」級(Essex Class)艦隊航艦才開始能夠參加戰鬥。所以可以很合理的說，中途島會戰實爲一個重大的轉機，並終於決定了日本最後敗亡的命運。

中途島以後的西南太平洋

雖然中途島一戰的結果嚴重的妨礙了日本人在西南太平洋的前進，但卻還是不曾完全阻止它。儘管日本人已經不再能使用其艦隊來推動侵略，但他們卻仍要繼續前進，而且還分爲兩個方向——一在新幾內亞，越過該島東部的巴布亞半島(Papuan Peninsula)作陸上的進攻；另一在所羅門羣島，採取一種逐島躍進的方式，並沿著島鏈建立機場以掩護連續的短程躍進。

新幾內亞和巴布亞

當日本人在一九四一年十二月投入戰爭之時，澳洲作戰部隊的大部分都在北非加入英國第八軍團的序列——雖然在緊急時，這些部隊是可以召回的。儘管新幾內亞是那樣的接近澳洲本土，但在那裏比較強大的兵力卻只有一個旅級的部隊，駐在位於南岸的巴布亞首府摩斯比港。在新幾內亞的北岸，以及在俾斯麥羣島和所羅門羣島上的少許澳洲駐防部隊，都是在看到日本人要來時就先行撤退了。但對於摩斯比港卻認爲有防守的必要，因爲如以那裏爲基地，日本人的空中攻擊即可以達到澳洲大陸上的昆士蘭。很自然的，澳洲人民對於這樣的威脅是十分的敏感。

早在一九四二年三月，日本人以拉布爾爲基地，已經在新幾內亞北岸的拉意(Lae)登陸，那裏已經很接近巴布亞半島。但如上文所說，由於五月間珊瑚海無決定性會戰的結果，日本的海運遠征部隊在尚未達到摩斯比港之前又退回了原處。此時，麥克阿瑟將軍已奉派爲西南太平洋地區的聯軍總司令。在六月初中途島會戰之後，聯軍的地位，無論爲直接的或間接的，都已經變得比過去遠較安全，因爲澳洲部隊的大部分現在都已經回國，而新的師也正在編組中；同時美國也已經把兩個師和八個航空大隊(Air Group)置於澳洲。在巴布亞，澳軍的實力也已經增強到一個師以上——在摩斯比港駐有兩個旅，在該半島東端的米爾尼灣(Milne Bay)又駐有第三個旅，另有兩個營則沿著科科達(Kokoda)小徑向在北岸的布納(Buna)推進，其目的是想要在那裏建立一個空軍基地，以便掩護計畫中沿新幾內亞海岸向西的兩棲前進。

但到了七月二十一日，這個行動就受到了阻止，而顯然正在消蝕中的日本威脅，又死灰復燃。作爲其企圖再度攻佔摩斯比港行動的一部分——這回是準備採取陸上進攻的方式——日軍二千餘人已在布納附近登陸。接著在二十九日，聯軍又受到進一步的震驚，日本人又已經攻佔科科達，在橫越半島的距離上是差不多去了一半。到了八月中旬，日軍的兵力已經增加達一萬三千人以上，他們正在壓迫澳軍沿著叢林小徑向後撤退。雖然在這裏半島的寬度不過一百多哩，但因爲小徑必須越過歐文斯坦里山脈（Owen Stanley Mountains），其中有一處高達八千五百呎，所以補給運輸日益困難——這自然是對攻擊者不利——而聯軍的空中攻擊又更增大了此種困難。在一個月之內，日軍前進終於停頓，距離其目標只差三十哩左右。同時，一支小部隊的日軍（一千二百人，以後增到二千人），於八月二十五日也在米爾尼灣登陸，經過五天的激烈戰鬥之後，到達該處機場的邊緣，但受到澳軍的逆襲而被迫退回到船上。

到九月中旬，麥克阿瑟已經把第六和第七兩個澳洲師的主力，外加一個團的美軍，集中於巴布亞境內準備發動攻勢。二十三日，西南太平洋聯軍地面部隊總司令，澳洲籍的布拉梅將軍（General Sir Thomas Blamey）到達了摩斯比港，開始指揮這次作戰。當聯軍反攻科科達和布納時曾受到日軍猛烈的抵抗，不過由於大量使用空運之故，聯軍的補給困難卻可以獲得解決。日本人在山脈最高峰附近的敦普爾頓路口（Templeton's Crossing），本已構築三道連續的防禦陣地，但到十月底，其最後一道防線也還是被聯軍攻克。十一月二日，澳軍收復科科達並重新開放那裏的機場。日本人嘗試在庫穆希河（Kumusi River）上再建立一個新的立足點，但由於聯軍不僅用空投的方式獲得了架橋的器材，而且另外一批美澳部隊也用空運到達北岸，構成側面威脅，所以日軍的防禦很快就被擊破。

儘管如此，日軍在布納附近還是作了長期的固守，直到一九四三年一月二十一日，在聯軍援兵紛紛從海上和空中到達之後，日本人在海岸的最後據點才終被消滅。在六個月的作戰中，日本人一共損失了一萬二千人以上。澳軍的戰鬥損失爲五千七百人，美軍爲二千八百人，一共爲八千五百人——但在熱帶濕熱和瘧疾流行的叢林中，他們患病的人數卻高達此數的三倍。但他們卻已經證明，即令在如此惡劣的叢林條件之下，他們還是能夠成功的與日本人戰鬥，而以各種不同形式來表現的空權，也可以提供一種決定性的利益。

瓜達康納爾

由於麥克阿瑟和尼米茲兩位將軍同樣都希望能利用中途島的勝利，以使在太平洋的作戰迅速轉守爲攻，因此瓜達康納爾戰役遂成爲其自然發展的結果。他們的願望也分別受到在華盛頓的上級馬歇爾和金恩的支持，不過其條件卻是這種攻勢必須與美英兩國共同協議的大戰略相配合，那就是「首先擊敗德國」的構想，對於任何提早的反攻來說，唯一可行的領域即爲西南太平洋，這也是一致同意的。但同時也非常自然的，究竟應由誰來指導和指揮這次反攻的問題，卻不免引起爭論。現在由於敵人在中太平洋，對於夏威夷羣島的壓力不僅減輕而且已經消除，所以海軍對於這個本質爲兩棲性的作戰，當然非常希望能充分表現其能力。僅僅是非常勉強的，金恩才同意接受「先擊敗德國」的大戰略構想，和爲了這個目的而在英國增建美國兵力的政策。在一九四二年，由於英國人反對提早發動越過海峽的攻擊，遂使馬歇爾反過來想對太平洋方面的作戰予以第一優先，金恩對於這種觀點的轉變大爲高興，雖然那不過只是暫時性的曇花一現而已——因爲羅斯福總統是不可能贊成對政策作這樣肯定的改變。

但是，當有關在西南太平洋地區轉守爲攻的問題達成協議之後，至於由誰負責指揮的辯論也就立即尖銳化，在六月底是最爲激烈。結果又還是一種折衷的解決，那是由馬歇爾所提出，而在七月二日用參謀首長聯席會議指令的形式來發佈的。這個攻勢被分爲三個階段來執行。第一個階段爲佔領聖克路羣島(Santa Cruz)和所羅門羣島的東部，尤其是屠拉吉和瓜達康納爾。爲了這個目的，陸海軍的境界線也要移動，以便使這個地區落在尼米茲的轄區內，所以這個攻勢的第一階段自然由尼米茲負責指導。第二階段爲攻佔所羅門羣島的其餘部分，以及新幾內亞的海岸直到胡昂半島(Huon Peninsula)爲止，即剛剛超過拉意的地區。第三階段爲攻佔日本人在西南太平洋的主要基地拉布爾，以及俾斯麥羣島的其餘部分。這兩個階段在修改了境界線之後，也就都落入麥克阿瑟的指導之下。

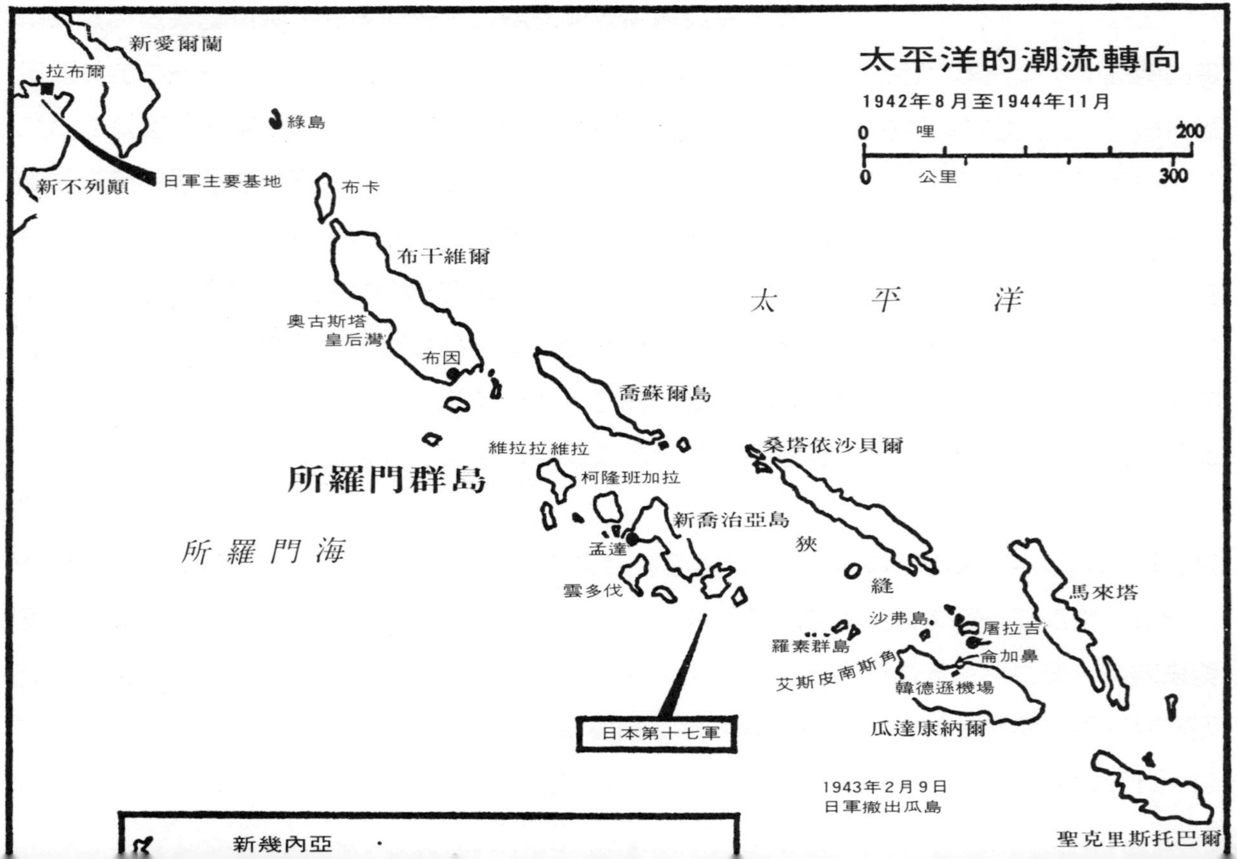
太平洋的潮流轉向
1942年8月至1944年11月
0 哩 200
0 公里 300
新愛爾蘭
拉布爾
新不列顛
日軍主要基地
綠島
布卡
布干維爾
奧古斯塔
皇后灣
布因
太 平 洋
喬蘇爾島
維拉拉維拉
所羅門群島
柯隆班加拉
新喬治亞島
桑塔依沙貝爾
所 羅 門 海
孟達
狹
雲多伐
縫
馬來塔
沙弗島
屠拉吉
羅素群島
艾斯皮南斯角
侖加鼻
韓德遜機場
瓜達康納爾
日本第十七軍
1943年2月9日
日軍撤出瓜島
聖克里斯托巴爾
新幾內亞

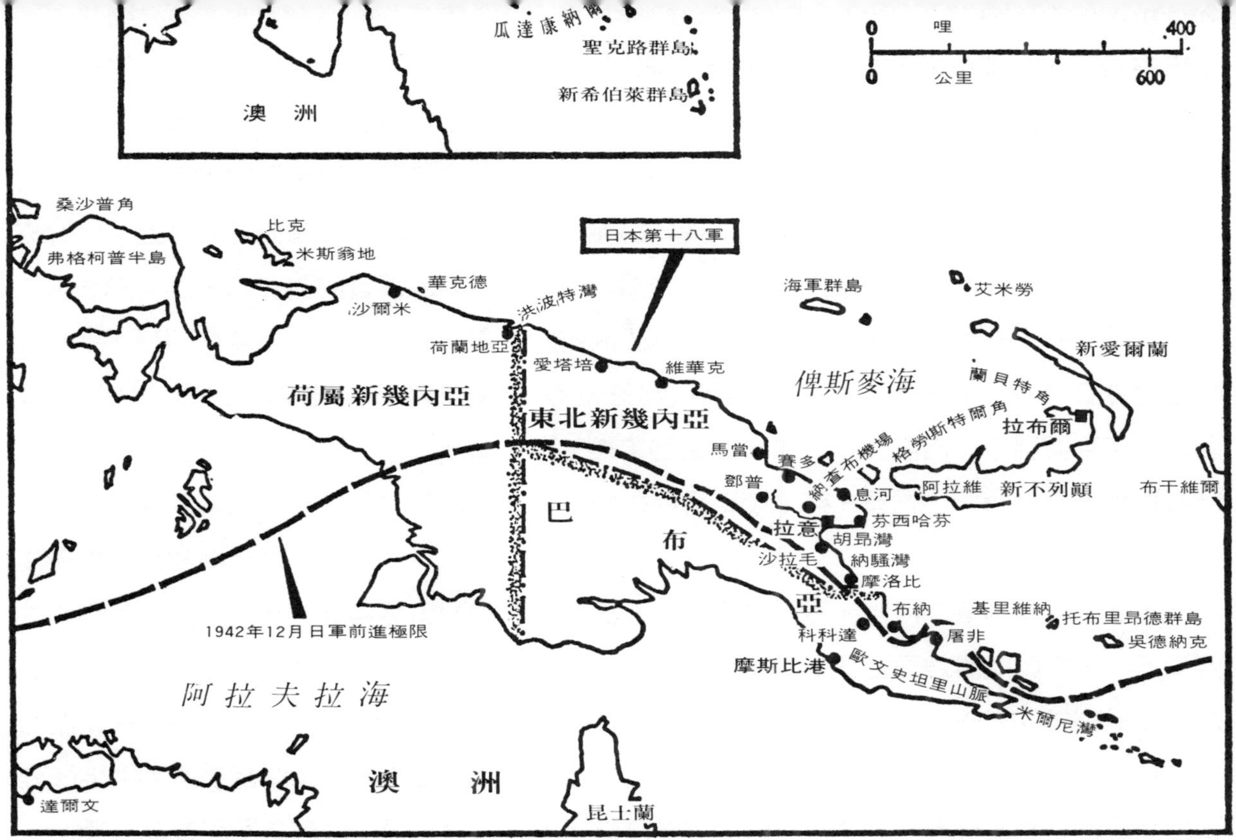

瓜達康納爾
聖克路群島
新希伯萊群島
澳洲
哩
0
400
公里
0
600
桑沙普角
比克
米斯翁地
弗格柯普半島
華克德
沙爾米
洪波特灣
日本第十八軍
海軍群島
艾米勞
荷蘭地亞
愛塔培
維華克
新愛爾蘭
俾斯麥海
蘭貝特角
荷屬新幾內亞
東北新幾內亞
格勞斯特爾角
拉布爾
馬當
賽多
納查布機場
鄧普
息河
阿拉維
新不列顛
布干維爾
巴
拉意
芬西哈芬
布
胡昂灣
沙拉毛
納騷灣
摩洛比
亞
布納
基里維納
托布里昂德群島
科科達
屠非
吳德納克
1942年12月日軍前進極限
摩斯比港
歐文史坦里山脈
阿拉夫拉海
米爾尼灣
澳洲
達爾文
昆士蘭

此種折衷的計畫使麥克阿瑟深感不滿，自從中途島勝利之後，他就主張對拉布爾發動一個迅速和大規模的攻擊，他深信他能夠很快的攻克該地，並連同俾斯麥羣島的其餘部分在內，而把日本人趕回特魯克（位於七百哩外的加羅林羣島中）。但他卻認清了不可能獲得所要的兵力——除了他現在所有的三個步兵師以外，再加一個海軍陸戰師和兩艘航空母艦——所以他也只好同意採取這種折衷性的三階段計畫。結果其完成的時間，又比這些領袖人物中任何一位所料想的都還要長。

就攻佔所羅門東部的部分而言，正像在巴布亞的情形一樣，聯軍的計畫在尚未發動前就爲日本人的搶先行動所阻。七月五日，據偵察機的報告，日本人已經把一些部隊從屠拉吉調到附近另一較大的島嶼——也就是瓜達康納爾（九十哩長和二十五哩寬），並且已在侖加鼻(Lunga Point)建築一個機場，以後它就被美軍稱爲「韓德遜機場」(Henderson Field)。以那裏爲基地，日本轟炸機將構成一種顯著的威脅，所以也就促使美國方面對戰略立即再作檢討，一開始就使瓜達康納爾島成爲一個主要的目標。這個島以森林密佈的山地爲其背脊，加上多雨和不衞生的氣候，對於任何作戰而言，都不是一個有利的目標。

在尼米茲之下，對於這個作戰的全盤戰略指導，是由這個地區的司令葛美里中將(Vice-Admiral Robert L. Ghormley)負總責，而由佛萊契少將負戰術指揮之責——他同時也控制著以「企業」號、「沙拉托加」號(Saratoga)和「胡蜂」號(Wasp)三艘航艦所分別組成的三個掩護部隊羣。至於陸上基地的空中支援，則分別來自摩斯比港、昆士蘭和其他若干島上的機場。登陸部隊由范地格里弗特少將(Major-General Alexander A. Vandegrift)指揮，包括第一陸戰師和第二陸戰師的一個團，共約一萬九千人，分乘十九艘運輸船，再加上護航軍艦。當這支龐大的艦隊接近海岸時，看不見島上任何敵人的蹤跡，八月七日清晨海空火力開始轟炸，部隊於〇九〇〇時登陸。到黃昏時，在岸上已有一萬一千名陸戰隊官兵，在次日上午佔領了機場，那是差不多已經完成了。在瓜達康納爾島上本來共有二千二百名日軍，但大部分都是建築工人，現在都已經逃入叢林中。在屠拉吉有日軍一千五百人，曾作較頑強的抵抗，直到第二天黃昏時，才被在那裏登陸的六千名美國陸戰隊所肅清。

日本人的反應亦來得非常迅速——而最可笑的是由於情報的錯誤，日本人相信美軍登陸的人數很少(只相當於其實際人數的一個零頭)，所以反應也就來得更快。他們並不準備作一次適當的攻擊，而只是把兵力零星的投入和逐次的增援。結果儘管雙方都想像是進行一次迅速的攻擊和反擊，但實際上卻發展成一種拖延的作戰。

不過，日本海軍的護航部隊卻比較強大，他們的一再前進也就產生了一連串的重大海軍衝突。其中的第一次，對美國人而言也是最糟的一次，即所謂沙弗島(Savo)會戰，那是靠近瓜達康納爾西北岸的一個小島。八月七日黃昏，日軍在拉布爾的第八艦隊司令三川中將，集中了一支五艘重巡洋艦和二艘輕航空母艦的兵力駛往瓜達康納爾。次日偷偷地溜進了所羅門羣島兩行島鏈間的狹窄水域，即所謂「狹縫」(slot)地區。在黃昏時就接近了沙弗島——而恰好在這個時候，佛萊契已經命令美國航空母艦撤退，因爲他們的燃料和戰鬥機都急待補充。雖然聯軍的巡洋艦和驅逐艦在夜間也採取了戒備的措施，但合作和瞭望的工夫都很差。在凌晨的時候，三川的部隊先後使其南北兩羣島都受到了奇襲，在一個小時之內，它又迅速退回「狹縫」裏。結果美軍的五艘重巡洋艦有四艘沉沒或正在下沉中，而另一艘也受重傷——眞是所謂全軍覆沒——而三川的部隊幾乎完全沒有受任何損傷。

使日本人大受其利的因素有：他們對夜戰的優良技巧，優秀的光學儀器，尤其是二十四吋的「長槍」(Long Lance)魚雷。這是美國海軍在戰爭中所遭遇到的一次最惡劣的失敗。對於美軍而言可以說是非常的僥倖，三川在完成其任務之後，並未進一步去摧毀停在侖加泊地那些毫無防禦能力的運兵艦和補給船——因爲不知道美軍的航空母艦已經撤走，以爲如果不迅速退回到「狹縫」中比較有掩蔽的位置，則天明之後可能會受到空中的攻擊。此外，三川也不知道美國人對瓜達康納爾的登陸具有那樣巨大的規模。所以對於一位指揮官的優劣是必須根據其作決定時所獲得的情報來判斷。

當天下午，爲了避免再度的攻擊，美國海軍的剩餘部分遂向南撤退，儘管陸戰隊的補給品（糧食和彈藥）還有一小半尚未卸載。於是部隊的口糧減爲一天兩餐，而在以後的兩個星期內，陸戰部隊也都是處於完全孤立的地位——既無海軍的支援，復無空中的掩護。直到八月二十日才有第一個中隊的陸戰隊飛機到達，韓德遜機場方開始啓用。即令如此，這樣的空中掩護也還是極爲有限。

日本人之所以錯過機會，其主因還是由於他們對已在瓜達康納爾登陸的美國海軍陸戰隊的兵力始終估計過低——估計只有二千人，並假定只要用六千人的兵力即足以擊敗他們而收復該島。於是他們派了兩個先遣支隊，共一千五百人，用驅逐艦載運，在八月十八日，分別在侖加鼻的東西兩側登陸。這些部隊一登陸之後就立即進攻，而並不等候其後續部隊的到達，結果就立即爲美國陸戰隊所殲滅。後續的部隊——也只有二千人——於十九日從拉布爾啓程。雖然兵力很小，但卻有強大的海軍支援——這又是在中途島所曾經用過的老辦法，用登陸爲餌以引誘美國艦隊進入陷阱。這次前進以輕航空母艦「龍驤」號爲前導，其本身也是香餌的一部分，接著後面就是近藤中將所指揮的兩艘戰鬥艦和三艘巡洋艦，在他們的後面則爲南雲中將所指揮的艦隊航艦「翔鶴」號及「瑞鶴」號。

這次誘敵計畫導致了所謂東所羅門會戰，但美軍卻並未如日軍所願的被引入陷阱。因爲葛美里中將對於他們的接近，從「海岸監視哨」方面已經護得了適時的警告——「海岸監視哨」這個組織是由澳洲海軍情報軍官和當地的農夫所組成，分佈在各小島上，對於情報搜集頗有貢獻。他把三支海軍特遣部隊集中在瓜達康納爾的東南方海域，那也就是以「企業」號、「沙拉托加」號和「胡蜂」號三艘航空母艦爲基幹。二十四日上午，日軍航艦「龍驤」號首被發現，到下午即爲美國航艦上的飛機所擊沉。此時，兩艘日本艦隊航艦也已被發現，所以日軍飛機來襲時，美國航艦上的全部戰鬥機早已升空備戰，結果把來襲的八十架日機擊落了七十架，而自己則僅損失十七架。唯一受到比較嚴重創傷的艦隻即爲「企業」號。在此次不具有決定性的會戰之後，日本艦隊遂乘黑夜逃走，而美國的艦隊也是一樣。

在這次無效的海軍努力之後，遂有一個休止的段落，不過在陸上則爲例外——因爲在瓜達康納爾島上的微弱日軍部隊，正在韓德遜機場作無效的進攻。每次都被美軍所擊退，又因爲他們是如此的死拚到底，所以幾乎總是全部被殲滅。但是他們又不斷的獲得補充，分成小隊的援軍，由驅逐艦很規律的按時送達——所以美國人戲稱之爲「東京快車」(Tokyo Express)。因此島上的日軍數量仍在不斷的增加，到九月初又有六千人正在向該島輸送。在九月十三日的夜間，這支部隊對美國陸戰隊的陣地發動了猛烈的攻擊——這個陣地因此而獲得了「血嶺」(Bloody Ridge)的命名——但是所有的攻擊終於還是被擊退，日軍損失超過一千二百人。

不過此時，在該地區中的美國海軍部隊已經元氣大傷，因爲兩艘航空母艦「沙拉托加」號和「胡蜂」號都受到日本潛艇的攻擊——前者重傷而後者沉沒。由於「企業」號尚在修理，所以現在只剩下一艘「大黃蜂」號可以提供空中掩護。

在前次日軍企圖重佔瓜達康納爾失敗之後，日本帝國大本營曾在九月十八日頒佈一道新訓令，把這個戰役的優先次序列在新幾內亞之前。但日本人對於在瓜達康納爾島上的美國陸戰隊兵力還是繼續估計過低，認爲最多不會超過七千五百人，照這樣計算，他們相信派遣一個師的兵力，再加上聯合艦隊的協力，即足以達成任務。第一批增援的先期海軍行動，又導致了在瓜達康納爾海岸附近的另一次海戰。這次會戰發生在十月十一日的夜間，被稱爲艾斯皮南斯角(Cape Esperance)會戰。雙方損失都不重，但平均說來是對美國人比較有利——所以對於士氣可以產生振奮作用，不過乘著這次海戰，日本已經使其援軍完成登陸，使其兵力總數達到二萬二千人。同時，美軍的兵力也已增到二萬三千人——在屠拉吉島上還另有四千五百人。

儘管如此，對美軍而言十月中旬仍然是這個戰役的最緊急階段，尤其是兩艘日本戰鬥艦曾用巨砲猛轟韓德遜機場，使儲存的燃料發生大火，並把機場上的九十架陸戰隊飛機擊毀了四十八架，只剩下四十二架——而同時也迫使美國陸軍的重轟炸機飛回新希伯萊(New Hebrides)羣島。日本飛機的不斷轟炸雖是一種痛苦，但使美軍人力消耗得最厲害的還是濕熱的氣候和不良的食物。

日本人受到傾盆大雨和濃密森林的一再耽擱，其陸上攻勢終於在十月二十四日發動。主力攻擊是在南面，但美國陸戰隊據守著非常堅強的防禦陣地，而他們的砲兵也運用得非常良好。日軍終被擊退，其損失達數千人，而美國方面卻只有幾百人。到了十月二十六日，日軍被迫撤退，留下死屍約二千具。

此時，在山本統率下的聯合艦隊也來到了所羅門羣島的東北方水域，正在等候陸軍攻佔韓德遜機場的好消息。他的兵力有兩艘艦隊航空母艦，兩艘輕型航空母艦，四艘戰鬥艦，十四艘巡洋艦，四十四艘驅逐艦。而在美國方面，儘管已有新戰鬥艦「南達科塔」號(South Dakota)和幾艘巡洋艦來到，但全部海軍實力卻僅及日方的一半。以戰鬥艦而論則為一對四。但修復的「企業」號已前來增援「大黃蜂」號，從近代海軍的觀點來看，這卻是較為重要的。海爾賽已奉派代替過度疲勞的葛美里，同時他也帶來了新的朝氣。十月二十六日，兩支艦隊開始衝突，此即所謂「聖克路羣島會戰」，這次戰鬥又是再度受到雙方空中行動的支配。「大黃蜂」號被擊沉，「企業」號負傷。日軍方面，航艦「翔鶴」號和輕型航艦「瑞鳳」號均受重傷。雙方的艦隊在二十七日均退出戰場。以飛機損失而言，則日軍方面遠較慘重——七十架飛機沒有回航，而在以此次會戰爲頂點的十天內，一共損失了二百架飛機，此外從八月最後一個星期算起，他們一共損失了三百架。美國人不久又獲得二百多架新機的增援，還有陸戰第二師的其餘部分以及一個陸軍師的一部分。

儘管如此，日本人也已同時獲得足夠的增援，使他們可以作繼續的努力——一方面是受到榮譽心的驅使，另一方面也是由於對敵方損失作了過分樂觀的估計，這些努力遂導致兩次衝突，合稱爲「瓜達康納爾海戰」。

第一次衝突是發生在十一月十二日(星期五)的凊晨，雖然爲時只有半小時之久，但美國方面有兩艘巡洋艦被擊沉，而日本的戰艦「比叡」號也受到了重傷，並於次日沉沒——這是日本方面在此戰爭中所喪失的第一艘戰艦。

這次海戰的第二部分是發生於十一月十四日的夜間，一萬一千名日本援軍從海上運往瓜達康納爾，由驍勇不屈的田中少將所領的大批驅逐艦護航，並由近藤的重型軍艦擔任掩護。在美軍截擊之下，運輸船中途沉沒，其他四艘雖能到達瓜達康納爾，但在次日上午又爲空中攻擊所擊毀，所以一共只有四千人能夠登陸，連同極少量的緊急補給在內。

在這次海戰中，美國驅逐艦的損失很重，但近藤所剩下的一艘戰鬥艦「霧島」號，也被擊傷。在午夜時，裝有雷達控制砲火的美國新戰鬥艦「華盛頓」號，在八千四百碼的射程開火，其火力是如此的精確和猛烈，在七分鐘之內就使「霧島」號喪失了行動能力，不久即告沉沒。

此時，在陸上的美國海軍陸戰隊以及其他的部隊，在獲得補給上的優勢之後，現在也就開始反守爲攻，正在擴張他們的灘頭陣地。到了十一月底，美國在島上的空軍實力增加到飛機一百八十八架，所以日本人已經不再敢用行動緩慢的運輸船團來運送增援或補給。在十二月間，兵員與補給都只能依賴潛艇輸送，其數量簡直不過是聊勝於無而已。

日本海軍已經損失慘重，所以其首長們力主放棄瓜達康納爾，但陸軍首長們，由於在拉布爾已經集中了五萬人的部隊，所以仍希望找機會把他們送往該島增援——在那裏他們也已經有了二萬五千人。不過此時，美國人也早已增強他們的實力，到一九四三年一月七日，總數已超過五萬人，而且補給狀況極爲良好。反之，日本人的口糧卻已經減到正常量的三分之一，飢餓和瘧疾已經使他們變得極爲軟弱，因此也就不可能再採取攻勢——儘管在防禦中它還在繼續作頑強的抵抗。

所以在一月四日，日本大本營遂不得不面對現實，命令島上的殘部逐步撤出。因爲不知道已有這個決定，美國人在推進時仍然是非常的謹愼，所以日本人得乘機把部隊分爲三批撤退，從二月一日夜間開始，到二月七日夜間完成——在全部過程中僅損失了一艘驅逐艦。

不過總結算起來，在瓜達康納爾的長期苦鬥，對於日本人實為一次非常嚴重的失敗。它已經喪失大約二萬五千人，包括死於飢餓和疾病的九千人在內，而美國人的損失則要小得多。更糟的是它至少已經損失了六百架飛機，連同其有訓練的人員在內。同時，美國在所有各方面的實力都繼續增高，因為其人力和工業的動員正在加速的推進中。

緬甸：一九四二年五月—一九四三年五月

到一九四二年五月，由於英軍已經從緬甸撤入印度，所以日本人在東南亞的擴張也就已經達到其計畫中的極限。因此他們開始轉取守勢，並企圖鞏固其征服的地區。同時英國人也開始準備反攻的計畫，以等待次一個乾季的來臨（在一九四二年十一月）。這些計畫沒有一個是可行的——由於後勤上的困難。其中只有一個曾經勉強嘗試，那就是非常有限的阿拉干(Arakan)攻勢，而其結果則為一場慘敗。（原註：可參閱第二十九章中的地圖。）

就後勤而言，最重要的地區就是阿薩姆(Assam)和孟加拉(Bengal)，但它們從未被認為或計畫為一個軍事基地。機場、倉庫、道路、鐵路和油管一律都得現做，港口也要擴大，而整個區域也必須改組。

印度指揮當局所面臨的第一項重大困難就是船隻，因爲大部分的需要都必須來自海外。但因爲所有其他的戰場都具有較高度的優先，所以給印度留下來的船隻在數量上也就非常的少。要想把這個地區變成一個反攻的跳板當然是需要很多的物資，但分配給印度的東西卻尙不及其所需量的三分之一。

內部的運輸也同樣是一個重大的困難。在印度東北部的公路和鐵路系統，都已年久失修。要想把補給物資從加爾各答和其他港口運往前線，則這些運輸系統首先必須加以巨大的改進。但各種不同物資的缺乏又妨礙了此種工作的進度。此外，季風雨也是一種嚴重的障礙，它造成山崩與沖走了橋樑。日本人的空襲也頗有貢獻，但更嚴重的障礙卻是勞工糾紛和政治不安——自一九四二年夏季克里普斯訪問團(Cripps Mission)的任務失敗之後，印度國會黨就開始發動一種非暴力的不服從運動，所以國內的秩序很難維持。這又受到一部分親日份子的利用，和日益惡劣的經濟情況的刺激。不過在所有一切的障礙中，最惡劣的又首推鐵路機車(火車頭)的缺乏——魏菲爾曾要求至少應供給一百八十五輛，但他卻只獲得了四輛！

由於已經決定要把印度建設成爲一個基地，使其能容納三十四個師的兵力和一百個航空中隊，所以後勤問題也就變得更爲複雜和艱鉅。爲了修建二百二十個新機場，就要動用一百萬人以上的勞工，於是也就使其他各種計畫所能動用的人力受到很大的限制——其中需要人力最急的是建築道路。此外又有四十萬難民從緬甸逃入印度，供養他們也成爲一種嚴重的補給負擔。

雖然現在的印度總部已控制了很多個師的兵力，但那都是一些新成立的部隊，不僅缺乏裝備和訓練，而且更缺乏有經驗的軍官和士官。那少數已有若干戰鬥經驗的部隊，不僅由於緬甸戰役，也因爲瘧疾的肆虐而變得疲憊不堪，而且在撤退的過程中也已喪失其大部分的裝備。所以雖然名義上是有十五個師，但在最近的將來，勉強能夠作戰的最多不過三個師而已。

除了行政問題之外，還有指揮問題，尤其是一部分中國部隊已經撤入印度，和他們一同來的還有美國陸軍的第十航空軍，和性情乖僻的史迪威將軍(General Stilwell)。

另一個緊急因素即爲空中優勢的需要——爲了保護印度本身和確保對中國的補給，以及對任何收復緬甸的企圖提供必要的空中掩護。所幸的，當季風在一九四二年五月來臨之後，日本人就把他們大部分的飛機抽調去幫助西南太平洋方面的作戰，於是也就使印度方面獲得一個短時期的休息。這也就使同盟國可以在比較平靜的環境中來增建其空軍實力。到了一九四二年九月，在印度已有了三十一個英國和印度中隊。不過在他們之中，有六個中隊尙不適於作戰，九個中隊專供保衛錫蘭之用，五個用在運輸和偵察方面——因此只留下七個戰鬥機中隊和四個轟炸機中隊可以參加印度東北部的作戰。不過，從英美兩國送來的飛機數量卻是每月都有增加，所以到一九四三年二月，即將有五十二個中隊。此外，飛機本身也都逐漸更換較新的型式——有「米契爾」式、「颶風」式(Hurricane)、「解放者」式(Liberator)等。他們中間大多數都是直接飛往在阿薩姆和孟加拉的新機場，因爲自從珊瑚海和中途島等地的海戰之後，印度受到海上侵入的危險已經變得很微小了。

一九四二年四月，魏菲爾已經改組了印度的指揮體系。其中央總部設在亞格拉(Agra)，並負訓練和補給之責，另設三個區域性的陸軍指揮部：西北、南區和東區，後者才是作戰性的。

對於收復緬甸的計畫作爲，又包括與中國軍隊合作的問題在內，這是分別指駐在印度阿薩姆和中國雲南省內的部隊而言。在一九四二年十月，中國計畫從雲南出兵十五個師，加上在阿薩姆的三個師，再加上十個左右的英國或印度師，對緬甸作一次兩面夾攻。在中國人的計畫中，後者的任務不僅要侵入緬甸北部，而且還應對仰光發動一個海上的攻擊。魏菲爾在原則上雖然同意這個計畫，但他卻懷疑他所認爲必要的兩個條件是否能夠滿足——足夠強大的空軍兵力以控制緬甸的上空；和一支強大的英國艦隊，包括四至五艘巡洋艦，足以控制印度洋並掩護對仰光的攻擊。第二個要求事實上是不可能的——因爲英國海軍在其他方面的任務已經使它分身乏術。蔣委員長對於魏菲爾的這些考慮卻認爲是英國人根本無意作任何認眞努力的證明，所以在一怒之下，也就在一九四二年底放棄了這種計畫。

阿拉干攻勢：一九四二年十二月——一九四三年五月

儘管如此，魏菲爾卻還是決定發動一個有限性的攻勢：一方面向馬玉(Mayu)半島前進一百哩，以收復阿拉干沿岸地區；另一方面對次一半島頂端的阿恰布島(Akyab)作一個海上侵入，以便攻佔那裏的機場——因爲日本飛機從那裏可以攻擊印度東北的大部分地區。假使聯軍飛機能以那裏爲基地，則也就可以掩護緬甸的整個北部和中部。不過，這個計畫的此一重要部分，因爲缺乏登陸艇，終於還是被取消。

即令如此，魏菲爾還是堅持其對阿拉干的陸上進攻計畫，他認爲總比一事無成要好一點。第十四印度師在一九四二年十二月開始前進，但行動極爲遲緩，所以使得日本第十五軍的司令飯田將軍，能夠把援軍調往該地區，並在一月底阻止了英軍的前進——以後在二月間他增援更多的部隊。此時印度東區司令愛文將軍(General Noel Irwin)，已經提出警告，認爲由於瘧疾之故，部隊已經很不完整，士氣更爲低落，但魏菲爾卻不聽忠告仍堅持繼續前進。於是日軍遂向該師的後方進攻，於三月十八日達到馬玉河(Mayu River)上的錫茲威(Htizwe)，並迫使該師撤退。接著印度第二十六師又接替了第十四師的防務，但日軍繼續進攻，越過了馬玉河，於四月初在印定(Indin)到達了海岸。然後日軍再繼續向北推進，其目的希望在五月季風季節來臨之前，佔領毛達—布其道(Maungdaw-Buthidaung)之線，這樣即可以在下一個乾季來臨時(一九四三年十一月—一九四四年五月)，使英軍無法再向緬甸發動攻勢。

四月十四日，第十五印度軍的軍長史林中將(W. J. Slim)，接管了在阿拉干地區的指揮權，他發現部隊的物質和精神狀況都極爲惡劣，一方面是由於瘧疾的肆虐，另一方面是由於對日軍陣地的正面攻擊使他們受到重大的損失。儘管仍希望守住毛達—布其道之線(在海岸與馬玉河之間)，但他又計畫如必要時再向後退，撤到柯克斯市場(Cox's Bazar)之線，那也就是再向北退五十哩，恰好達到國境線上。在那裏的地域比較開闊，要比在馬玉半島上的叢林和沼澤中更能發揮英軍在戰車和火砲方面的優勢，而同時也可以使日軍的交通線拉得更長，更易摧毀。

但所有一切的計畫都未能生效。因爲日本人在五月六日黑夜把英國人逐出了布其道，而側面的威脅又使他們自動放棄了在海岸的毛達。於是日本人決定停止在新攻佔的線上，因爲季風即將來臨。總而言之，英國人企圖從陸路(沒有海上的協助)收復阿恰布及其機場的企圖，已證明是一場完全的慘敗。日本人所表現的是他們擅長側面迂迴的行動和通過叢林的滲透行動。反之，美國人卻完全忽視了間接路線，只知蠻攻硬打，不僅付出了巨大的代價，而且更使部隊的士氣受到極嚴重的挫折。到了一九四三年五月，他們只得退回到在前年秋天所據守的舊有戰線。

緬北游擊戰

在這種一片漆黑的環境中也還有一線光明出現，那就是緬北游擊隊已經第一次立功。這個部隊有一個非常古怪的名稱，叫作「擒敵」(Chindit)，這是其創始者，溫格特(Orde Wingate)所命名的。「擒敵」是一種半獅半鷹的神獸，在緬甸的佛塔上時常可以看到牠的雕像。溫格特認爲在這種作戰中最需要地面和空中的密切合作，所以他就想到用這種神獸來作爲象徵。事實上，這支部隊的第一次作戰就是在緬甸北部更的宛江流域——這也可以幫助大家把這個「隊名」記在心裏。(譯者註：「更的宛江」的英文爲「Chindwin」恰好把「Chindit」和「Wingate」這兩個字的頭部包括在內，所以原作者才會這樣說。)

在一九三八年秋天，溫格特當時還是一位上尉軍官，他從巴勒斯坦請假回英國，曾經會晤了一些有影響勢力的人士，並使他們對他產生強烈的印象——正好像他在那一年稍早的時候，曾使當時在巴勒斯坦任英軍司令的魏菲爾將軍，和負責北區的艾費茲准將(Brigadier

John Evetts)產生良好印象一樣。（原註：他曾經來看我幾次並和我討論「特別巡夜隊」〔Special Night Squads〕的訓練問題——那是他在春季裏被允許組織的，隊員是從猶太人的地下自衛隊哈格拉〔Hagana〕中挑選的，以對付在巴勒斯坦擾亂治安的阿拉伯武裝匪徒。他告訴我說，他已經把我的戰術觀念應用到此種游擊式的作戰上，並且把他對於這個問題所寫的一套論文送給我看。在那個時候，他又特別強調他是「阿拉伯的勞倫斯」〔T. E. Lawrence〕的遠房親戚，並且還很顯然的以此自豪；儘管他成名之後，對勞倫斯有同行相輕的趨勢。由於溫格特的要求，我也曾致書邱吉爾替他作介紹。）

但是當溫格特在十二月間回到巴勒斯坦時，他發現他在猶太人圈內的政治活動，已經引起了當地英國當局的疑忌。魏菲爾的後任韓林將軍(General Haining)——他原先也曾批准「特別巡夜隊」的組織——就決定不再讓他控制那個部隊，而把他調到自己的司令部中當一個閒差事。接著在一九三八年五月，韓林又要求把他送回英國，回國之後他就在高射砲司令部中充任一項低級幕僚的職位。

但在一九四〇年秋季，溫格特又從這個冷藏庫中被救出，送往衣索比亞去組織游擊隊，以對抗控制東非洲的義大利人。他這個任命是由剛剛入閣不久的艾美里(Leo Amery)所推薦，而魏菲爾對於此項建議也立即表示欣然接受。一九四一年五月東非洲戰役成功的結束，就溫格特個人的命運來說，是又再度的陷入低潮。在這種不如意的環境之下他又爲瘧疾所困，以致企圖自殺。但他在家中休養時，新的機會又來臨了，這一次是英國人在遠東吃了大敗仗。這個機會又是魏菲爾所提供，他本人自從北非的夏季攻勢失敗之後，遂被免除了中東總司令的職務，而被送往印度。到了一九四一年年底，由於日本人連續的侵入馬來亞和緬甸，於是又使魏菲爾面對一個更大的危機。一九四二年二月，當緬甸的情況顯得沒有希望時，魏菲爾遂要求把溫格特送來印度，以便在緬甸發動游擊戰。

當溫格特到達後，遂力主創立一個所謂「長程穿透羣」(Long Range Penetration Group)，訓練它能在緬甸叢林中作戰，以襲擊日本人的交通線和哨據點。他的理論是認為這支部隊應該相當強大，使其襲擊行動能發揮強大的效力；同時又應該相當精小，使其可以躲避敵人。旅級的兵力被認爲最爲適合，於是第七十七印度旅被改組來配合此種目的。這些「擒敵」戰士要比日本人更擅長叢林戰，他們擁有各種不同的專家，尤其是要有精通爆破和無線電通信的人才。同時他們又必須發展良好的地面與空中之間的合作關係，因爲其補給是仰賴於空投。由於這個原因，每個縱隊又都配屬了一個皇家空軍人員的小組。此外，縱隊的運輸工具即爲馱騾。

溫格特要求提早採取行動，一方面是想用表現其破壞敵軍士氣的能力爲手段，來恢復英國人的士氣；另一方面也是想對於此種「長程穿透羣」的工作作一次試驗。魏菲爾本來是認爲應該在英軍發動全面攻勢直前和同時，來使用這支特種部隊，但他還是同意實現溫格特的願望，因爲一個提早的試驗可以獲得經驗和情報資料，所以這個冒險也還是值得一試的。

這個旅分爲七個縱隊，對於計畫中的作戰，又合編爲兩個羣——北羣五個縱隊，總計兵員二千二百人，騾馬八百五十四；南羣兩個縱隊，總計兵員一千人，騾馬二百五十匹。這兩個羣在一九四三年二月十四日，渡過了更的宛江，而一部分正規軍也採取行動以分散敵人的注意。在向東前進的途中，這兩個羣又分成預先安排的縱隊，然後對日本的前哨據點作一連串的攻擊，並切斷鐵路線，炸斷橋樑，和在公路上採取伏擊的行動。三月中旬，這些縱隊已經越過了伊洛瓦底江，伊洛瓦底江在更的宛江之東，彼此相距約一百哩。不過到了那時，日本人已經爲此種威脅所驚醒，開始使用其兩個師的大部分兵力進行對抗——日軍在緬甸一共只有五個師。在對抗壓力和其他的困難之下，這些縱隊乃被迫撤退，到四月中都回到了印度，已經損失三分之一的實力，並丟棄了大部分的裝備。

這個作戰並無太大的戰略價值，而日本人的損失也頗爲輕微，但它證明了英國和印度部隊也一樣能在叢林中作戰，並且對於空投補給的技術獲得了實用的經驗，同時也指出空中的優勢甚爲必要。

此外，它也使日本的新任十五軍司令牟田中將，認清了他不能把更的宛江當作一個安全的屏障。要想預防英國人的反攻，則他必須再繼續前進。所以這樣才使日本人在一九四四年又越過印度的邊界進攻，並引起了重要的英法爾(Imphal)會戰。

未來的計畫

由於行政的困難和資源的缺乏，所以在一九四二年到四三年間的乾季中，英國人還是沒有希望發動任何眞正的攻勢。主要的計畫都是爲下一個乾季(即一九四三年十一月到一九四四年五月)來設想的，依照一九四三年一月卡薩布蘭加會議的決定，中英兩國軍隊在緬甸北部發動攻勢，並在海岸攻佔某些要點之後，接著就應向仰光發動一個海上的突擊——它被命名爲「阿拉金作戰」(Operation Anakim)。要達到這些目的則又必須獲得空中優勢，集中強大的海軍兵力，包括充足的登陸船隻在內——此外對於行政問題和陸上運輸問題也都必須尋求解決。

很明顯的，要想滿足所有這些要求是非常困難的，所以到了一九四三年春天，魏菲爾也就有了放棄對緬甸作戰的企圖，而主張進攻蘇門答臘，來作爲一種擊敗日本人的間接路線。四月間他前往倫敦述職時，曾經與邱吉爾及參謀首長們會談，並向他們說明「阿拉金作戰」必須放棄或暫緩的理由。代替它的蘇門答臘計畫有一個動人的代字，叫作「寇飛寧」(Culverin)（譯者註：「寇飛寧」原意爲十六世紀所通用的一種長管砲）。邱吉爾對於此種間接路線頗爲欣賞，不過最後還是因爲相同的理由，像「阿拉金」計畫一樣的被放棄了。同時又因爲美國人堅持必須儘快的重新打通到中國的陸上補給路線，所以這些南面的作戰遂均被擱置，儘管計畫作爲仍在繼續進行。在這個戰區內若有任何眞正的行動，那就是在緬甸的北部。

第二十四章　大西洋之戰

在大西洋之戰中最緊要的階段，是在一九四二年的下半年和一九四三年的上半年，但其長久變化的過程卻與整個六年的戰爭同其終始。的確，甚至於還可以說在戰爭本身尚未開始時它就早已發動，因爲德國的第一艘遠洋潛艇，是在一九三九年八月十九日離開德國駛往在大西洋中的作戰位置。到八月底，即德軍侵入波蘭的前夕，已有十七艘這樣的潛艇進入了大西洋，而另有十四艘左右的近海潛艇也已經留在北海水域。

儘管在德國再武裝的過程中，潛艇的生產在時間表上開始得很晚，可是當戰爭爆發時，德國人卻已有五十六艘的實力(雖然有十艘尚未完成作戰準備)，換言之，只比英國海軍所有的總數少一艘。不過其中又有三十艘爲「北海之鴨」(North Sea Ducks)，不適宜在大西洋作戰之用。

首開記錄的爲九月三日夜間，擊沉了從英國駛出的郵輪「雅典」號(Athenia)，這也就在和英國宣戰的同一天，以及德軍侵入波蘭後的兩天。實際上，那是未經警告即被德國潛艇的魚雷所擊中，顯然是違背了希特勒的明令，即規定潛艇戰的執行必須遵照海牙公約；那艘潛艇的艇長對於他自己的行動所提出的辯護理由是，他確信那艘郵輪是一艘武裝商船。在以後的幾天內，又有幾艘船被擊沉。

到了九月十七日，德國人獲得一次更重要的戰果：在不列顛羣島的西端，其第二十九號潛艇(U-29)擊沉了英國航空母艦「勇敢」號(Courageous)。三天以前，另一艘航空母艦「皇家方舟」號(Ark Royal)也曾幾乎被第三十九號潛艇(U-39)所擊中——不過在護航的驅逐艦反擊之下，那艘潛艇卻立即被擊沉。這種顯明的危險遂使英國人不再敢用艦隊航空母艦來參加獵殺潛艇的工作。

潛艇對商船的攻擊，同時也獲相當成功。在戰爭開始的第一個月(九月)內，同盟國和中立國商船被擊沉的總數爲四十一艘，其總噸位達到十五萬四千噸之多。而到那一年(一九三九)結束時，共損失商船一百一十四艘，總噸位超過四十二萬噸。此外在十月中旬，由普林上尉(Lientenant Prien)所指揮的第四十七號潛艇(U-47)，曾深入英國艦隊在斯卡巴佛洛(Scapa Flow)的碇泊區，擊沉了戰鬥艦「皇家橡樹」號(Royal Oak)，使英國人在其防禦尚未改進之前，只好暫時放棄這個主要基地。

不過值得注意的是，在十一和十二兩個月內，商船的損失要比前兩個月減少了一半，而損失於水雷的船隻又多過損失於潛艇的。此外，英國海軍已經擊沉九艘德國潛艇——即相當於其總實力的六分之一。至於對商船的空中攻擊只能算是一種擾亂，並無更厲害的效果。

在戰爭的最初階段，德國海軍是把巨大的希望寄託在其水面軍艦上，而並不太重視潛艇，從經驗上看來，這種希望是不現實的。當戰爭爆發時，德國袖珍戰鬥艦「斯比上將」號（Admiral Graf Spee）正位於中大西洋，而其姊妹艦「德意志」號（Deutschland）則在北大西洋——該艦以後又改名爲「盧左」號（Lützow）。但直到九月二十六日，希特勒才准許他們開始攻擊英國的船隻。他們的成績都並不太好——而「斯比上將」號被困在普拉特（Plate River）的河口內，終於在十二月被迫自沉。新建的巡洋戰艦「格耐森勞」號（Gneisenau）和「香霍斯特」號（Scharnhorst），在十一月間曾作短時間的出擊，但在冰島—法羅羣島（Iceland-Faeroes）水道中擊沉一艘武裝商船之後，即匆匆返回德國。根據在一九一七年到一八年的經驗，同盟國的船隻在航行時早已組成船團，雖然護航的軍艦還不夠，而且還有許多的船隻未能納入組織，但這種辦法即已經產生相當有效的嚇阻作用。

在一九四〇年六月法國淪陷後，英國船隻的航線所受到的威脅也變得比較嚴重。所有一切經過愛爾蘭南方的船隻現在都暴露在德國的潛艇、水面和空中攻擊之下。除了甘冒巨大危險以外，所剩下來唯一的進出路線就是繞過愛爾蘭的北面—即所謂「西北路線」。甚至於這一條航線德國的長程轟炸機也還是能夠達到。這種四引擎的福克—吳爾夫「鷹」式(Focke-Wulf FW-200 "Kondor")飛機，以挪威的斯塔凡格(Stavanger)和法國的波爾多(Bordeaux)附近的米瑞納克(Merignac)爲基地。在一九四一年十一月間，這種長程轟炸機曾經擊沉十八艘船隻，共計六萬六千噸。此外，潛艇的成績更大形增加——在十月間達到六十三艘的總數，超過了三十五萬噸。

此種威脅變得如此的嚴重，所以大量的英國軍艦已從反侵入任務中抽回，被派往西北水道去擔負反潛護航的工作。儘管如此，水面和空中的護航能力還是非常的薄弱。

六月間，即戰略情況改變的第一個月，被德國潛艇擊沉的商船數字躍進到五十八艘和二十八萬四千噸，雖然在七月間略爲下降一點，但在以後的月份中平均都是在二十五萬噸以上。

在英國東岸航線上，德國空投的水雷在一九三九年最後幾個月內所造成的損失超過了潛艇，而在一九四○年春季德軍侵入挪威和低地國家之後，這種威脅也隨之益形增加。

此外在秋季裏，袖珍戰鬥艦「希爾上將」號(Admiral Scheer)又偷偷地溜進了北大西洋，在十一月五日攻擊一個從新斯科夏的哈里法克斯港(Halifax, Nova Scotia)返回英國的護航船團，擊沉了五艘商船和唯一的一艘護航船，這艘武裝商船「傑維斯灣」號(Jervis Bay)

爲了想使船團中其餘船隻能獲得逃走的時間，而不惜犧牲其自己。「希爾上將」突然在這一條主要航路上出現，使得越過北大西洋的整個航運都暫時爲之停頓，所有其他的船團都暫停航行達兩星期之久，直到知道「希爾上將」已經進入南大西洋之後才敢開始行動。在南大西洋方面所能找到的攻擊目標較少，但當它於四月一日「巡航」了四萬六千餘哩，安全返回基爾(Kiel)時，一共擊沉了十六艘商船，共計爲九萬九千噸。重巡洋艦「希伯上將」號(Admiral Hipper)在十一月底也衝入了大西洋，但在聖誕節的拂曉，當它攻擊一支船團時本身卻受到奇襲，因爲這是一支運輸部隊前往中東的船團，擁有強大的護航部隊。護航的英國巡洋艦把「希伯上將」趕走，以後它的機件又發生故障，遂逃往法國的布勒斯特港(Brest)。二月間，它從那裏又作了第二次出擊，這次比較成功，在非洲海岸附近擊沉了一個無護航的船團中的七艘商船，但它自己的燃料也將用盡，所以其艦長遂決定再返回布勒斯特。三月中旬，德國海軍參謀本部命令它回國作一次徹底的整修，於是它恰好趕在「希爾上將」之前回到基爾港。這艘船的耐航力是如此之低，不僅表示其機件有毛病，而且也證明這一類軍艦不適宜於擔任突襲商船的任務。

德國人在海洋戰爭中最有效的武器，僅次於潛艇和水雷的，證明是改裝供突襲之用的偽裝商船。這些船隻從一九四〇年四月起，開始被派出去作長時間的巡航，到同年年底，第一批六艘船已經擊沉四十四艘商船，共三十六萬噸——大部分是在遙遠的海上。它們的出現，或其可能出現，都足以造成許多困擾，其威脅幾乎是和實際擊沉的數字一樣的重大。又因為德國能夠利用一些祕密基地，來使它們不斷的獲得燃料和其他的補給，所以這種威脅也就更形擴大。這些突襲船有很巧妙的運用，其所攻擊的目標也都經過良好的選擇——其中只有一艘曾陷入戰鬥，但它還是逃脫而並未受到嚴重的損傷。除了一次例外，他們這些艦長在行為上都能合於人道的原則，容許那些被攻擊的商船船員有時間放下救生艇，並對他們的戰俘給予適當的對待。

面對著多方面的威脅，尤其是在從大西洋到不列顛海路上的潛艇威脅，英國海軍的護航能力早已感到應接不暇。德國潛艇以法國的大西洋港口為基地——布勒斯特、羅隆(Lorient)和洛瑟爾(La Rochelle)附近的巴里斯(La Pallice)等——最遠可以達到西經二十五度，而在一九四〇年的夏季，英國人所能提供的護航最多卻只能達到西經十五度，即愛爾蘭以西約二百哩，出了這個範圍之外，商船經常就只能採取疏散的方式，在無護航之下前進。甚至於在十月間，護航的限度也還只能延伸到西經十九度——即愛爾蘭以西約四百哩，而且通常擔任護航的也不過是一艘武裝商船而已，直到一九四〇年的年底，才能夠增加到每個船團平均二艘。只有前往中東的船團才能獲得較強大的掩護。

這裏應該特別提到的是，在新斯科夏的哈里法克斯港，實爲大西洋航道西端的主要起點，凡是從美洲載運糧食、石油和軍火返回英國的船團，在最初三四百哩的航程中，是由加拿大的驅逐艦來護航，然後再由大西洋護航部隊來接替，直到不列顛西端保護較佳的地區爲止。

在一九四〇年春季，有一種專用的「護航艦」(Corvette)出現，於是使護航問題的解決獲得了非常有價值的幫助。這種小型軍艦，排水量只有九百二十五噸，在惡劣天候之下艦上官兵的體力很難支持，而且船的速度也不夠快，甚至於趕不上在水面行駛的德國潛艇，但是它們在任何的天候中，都曾非常英勇的來執行護航任務。

一九四〇年九月，經過兩個月的說服努力，邱吉爾終於和羅斯福達成一項協議：美國以五十艘舊驅逐艦(第一次大戰的剩餘物資)，來交換對大西洋彼岸八個英屬基地的九十九年租借權。這對於英國人是一個極大的幫助。雖然這些驅逐艦都是舊船，並且必須裝上偵側潛艇的測音儀器始能使用，但是不要好久，它們就能對護航和反潛的工作提供重要的貢獻。同時，這種基地的租借也使美國得以開始準備其本身對於航運的保護，這也是使那個偉大的中立國家被捲入大西洋之戰的第一步。

冬季來臨，天氣開始轉劣，自然使護航的困難益形增加，但同時也減少了德國潛艇的活動。到一九四〇年七月，德國的數字顯示潛艇的實力已經增加百分之五十，已被擊毀的爲二十七艘，但仍餘留五十一艘。到次年二月，其有效兵力的總數降到二十一艘。但自從有了法國的基地之後，德國人從已減少的總數中，卻仍可以把較多的潛艇維持在海上，同時也可以使用較小的近海潛艇來參加攻擊遠洋航運的工作。

在另一方面，義大利海軍對於此種鬥爭的貢獻卻非常的有限。雖然他們的潛艇從八月起即開始參加大西洋中的作戰，但到了十一月，在大西洋中活動的艇數已不少於二十六艘，但其收穫卻幾乎等於零。

雖然主要是由於惡劣天氣的影響，德國潛艇的壓力在冬季已經減弱，但到一九四一年初，它又開始恢復了。同時又因為鄧尼茲上將(Admiral Donitz)採取了一種新的「狼羣」(Wolf-Pack)戰術，所以威脅也就為之倍增——這種新戰術是把幾艘潛艇集中在一起活動，而不是單獨的作戰。此種戰術在一九四〇年十月間首次試用，在以後的幾個月內遂逐漸發展成為一種完善的典型。

他們作戰的方式大致如下：當一個護航船團的位置大致確定後，岸上的潛艇總部就通知距離最近的一個潛艇羣，先派一艘潛艇去尋找這個船團並形影不離的跟蹤，然後再用無線電引導其他潛艇駛向目標。當他們在現場集合之後，就在夜間發動水面攻擊，通常都是居於上風的方向，這樣的攻擊將連續達數夜之久。白天裏，潛艇都退到護航船所達不到的位置上。此種夜間水面攻擊的方法在第一次大戰時即已用過，鄧尼茲本人在第二次大戰前曾寫過一本書，敍述他個人在這一方面的經驗和意見。

此種新戰術使英國人受到了奇襲，因爲他們所考慮的主要爲水下的攻擊，並且把一切信心都寄託在測音儀器上，這種水底偵測工具的有效距離大約爲一千五百碼。但當潛艇浮出水面像魚雷艇那樣的接近船團時，測音儀器卻喪失其效力，而在夜間，護航船隻實際上也和瞎子差不多。所以德國人對於夜間攻擊的利用，遂使英國人對於潛艇戰的一切準備都落了空，因此也就使他們喪失平衡。

要想對抗此種新戰術，最佳的機會即爲提早發現跟蹤的潛艇，也就是由「接觸保持者」(Contact-Keeper)將它趕走。假使護航艦能使潛艇潛入水中，則這種狼羣戰術就會發生困難，因爲它們的潛望鏡在黑夜裏是無用的。對抗夜間攻擊的一種非常重要的措拖，即爲在海上實施照明，最初所使用的爲照明砲彈和火箭，但以前即採用一種更有效的照明工具，叫作「雪片」(Snowflake)，它簡直能夠把黑夜變成白天。另外還有一種叫作「萊光」(Leigh Light—係以發明家的姓名來命名)的強力探照燈，可以裝在擔任護航驅逐任務的飛機上。以後還有更重要的發展即爲雷達，可以用來補助視覺的不及。和這些新工具之發展相配合的，就是加

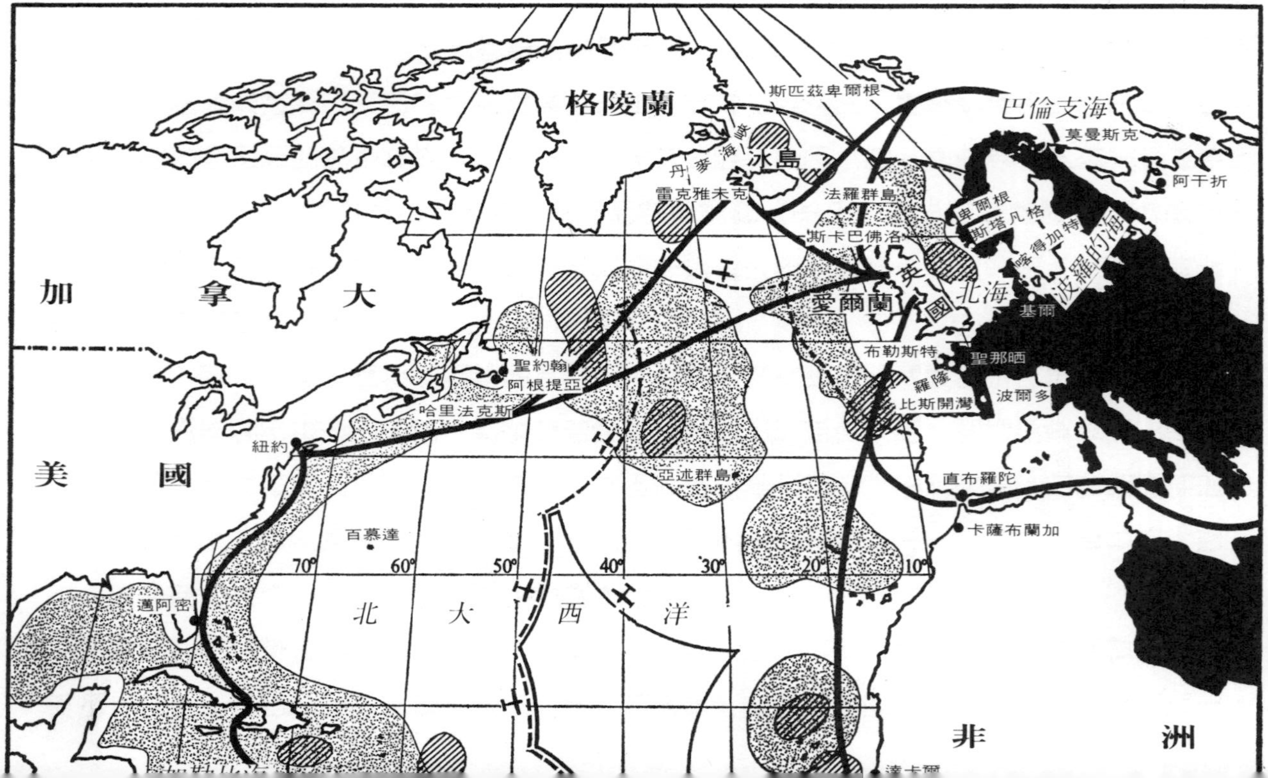
格陵蘭
斯匹茲卑爾根
巴倫支海
莫曼斯克
阿干折
丹麥海峽
冰島
雷克雅未克
法羅群島
卑爾根
斯塔凡格
斯卡巴佛洛
喀得加特
波羅的海
加拿大
英國
愛爾蘭
北海
基爾
聖約翰
阿根提亞
哈里法克斯
布勒斯特
聖那哂
羅陵
比斯開灣
波爾多
紐約
美國
亞述群島
直布羅陀
卡薩布蘭加
百慕達
70°
60°
50°
40°
30°
20°
10°
邁阿密
北大西洋
非洲
達卡爾

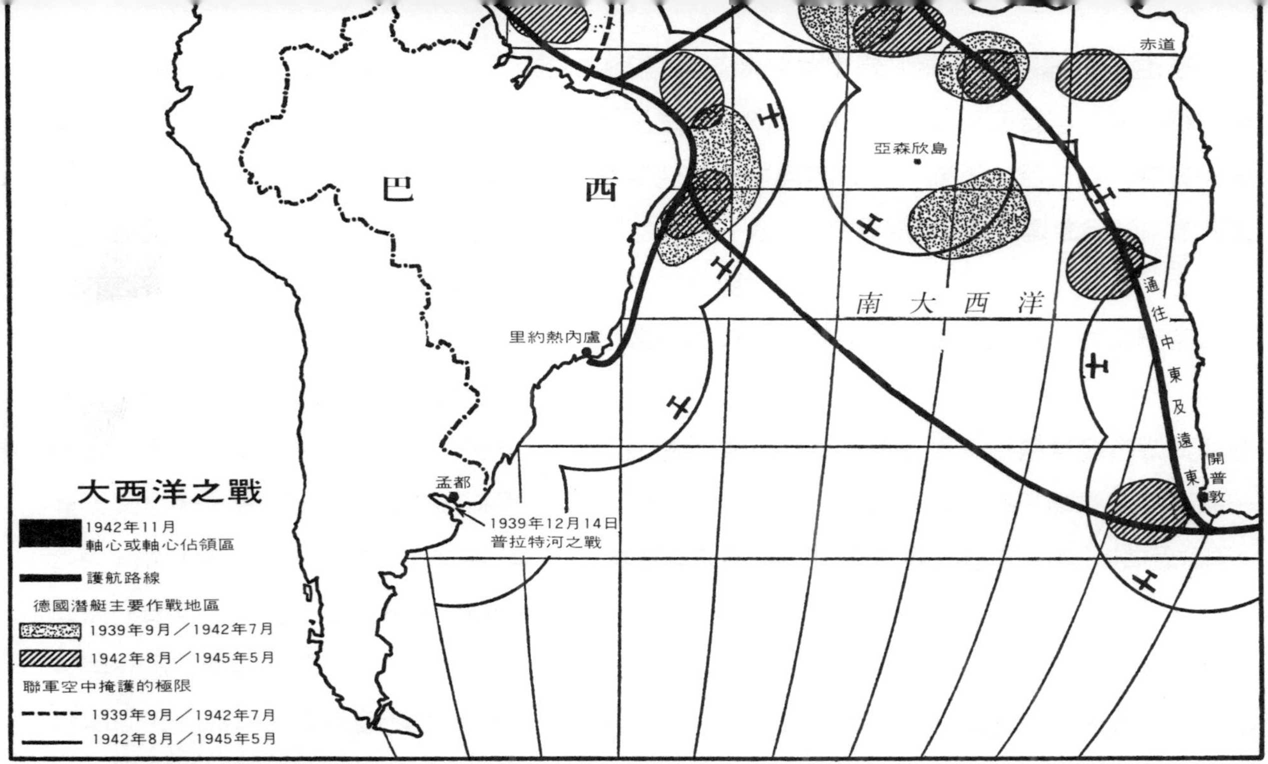
大西洋之戰
1942年11月
軸心或軸心佔領區
護航路線
德國潛艇主要作戰地區
1939年9月／1942年7月
1942年8月／1945年5月
聯軍空中掩護的極限
1939年9月／1942年7月
1942年8月／1945年5月
巴西
里約熱內盧
孟都
1939年12月14日
普拉特河之戰
亞森欣島
南大西洋
赤道
通往中東及遠東
開普敦

強護航船隻和人員的訓練，以及改進情報組織體系等。

不過所有這一切的改進都需要時日，而非在短暫時間之內可以收效，但很僥倖的，在這個階段的德國潛艇數量還太少，足以限制此種「狼羣」戰術的使用。戰前鄧尼茲曾作這樣的估計：假使英國人採取一種全球性的護航系統，則德國需要三百艘潛艇始足以產生決定性的戰果。但在一九四一年春季，德國所有的作戰實力卻只及此數的十分之一。

尤其僥倖的是，因爲在三月間，其他軍艦和飛機所作的商船突襲行動也達到了新的高潮。袖珍戰鬥艦「希爾上將」號和巡洋戰艦「香霍斯特」號及「格耐森勞」號，曾擊沉和俘獲十七艘商船；長程轟炸機曾炸沉四十一艘，而潛艇所擊沉的數字也相同——總共曾經毀滅商船一百三十九艘，超過了五十萬噸。

不過當巡洋戰艦於三月二十二日回到布勒斯特之後，在四月間由於英國人對該港作了一次猛烈攻擊，遂使巡洋戰艦受到重傷而陷在那裏不能行動。

剛剛過了五月中旬，一艘新的德國戰艦「俾斯麥」號(Bismarck)，由一艘新的巡洋艦「猶金親王」號(Prinz Eugen)隨伴著，駛入大西洋以增強此種威脅。英國人的情報工作這次做得很好，當他們在喀得加特(Kattegat)海峽出現時，五月二十一日淸晨倫敦即已接獲警告，以後英國的海岸巡邏飛機，同一天又在卑爾根附近發現其行蹤。英國巡洋戰艦「胡德」號

(Hood)和戰艦「威爾斯親王」號，在何蘭德中將(Vice Admiral L. Holland)指揮之下，從斯卡巴佛洛駛出，想在繞過冰島北方的航線上去加以攔截。次日黃昏，當空中偵察證明他們已不在卑爾根地區後，英國主力艦隊在托費上將(Admiral Tovey)率領之下，也從斯卡巴佛洛向同一方向駛去。二十三日黃昏，英國兩艘巡洋艦「諾福克」號(Norfolk)和「蘇福克」號(Suffolk)，在冰島西方和格陵蘭東方之間的丹麥海峽中看見了那兩艘德國軍艦，斯時，何蘭德的部隊正在接近海峽的南端。

從紙面上看來，英國艦隊是擁有巨大的優勢，因爲四萬二千噸的「胡德」號，在名義上是英德雙方海軍中最大的軍艦，並裝有十五吋砲八門，而和它在一起的「威爾斯親王」號是一艘新建的戰艦，排水量三萬五千噸，裝有十四吋砲十門。但「胡德」號是在一九二〇年建造的，也就是在華盛頓條約簽訂之前，而且從未加以徹底的近代化——一九三九年三月，英國海軍部已決定給予該艦以較佳的裝甲保護，包括垂直的和水平的在內，但由於戰爭的爆發，這個計畫遂被打消。至於「威爾斯親王」號是一艘新艦，所以它的兵器都還沒有來得及作充分的試驗——事實上，當它這次出海時，還有一些工人在船上趕做未完的工程。雖然華盛頓條約曾經限制德國戰鬥艦不得超過三萬五千噸，重巡洋艦不得超過一萬噸，但實際上，這兩艘德國新船卻分別具有四萬二千噸和一萬五千噸的排水量，這也就使他們享有比表面上看來還要重的裝甲保護。此外，雖然它們的主砲居於劣勢的地位——「俾斯麥」號爲八門十五吋砲，「猶金親王」號爲八門八吋砲——但因爲「威爾斯親王」號的砲有毛病，而德國方面的觀測儀器比較精良，同時英國戰艦在進入戰鬥時的方式不妥，因而產生了抵消作用。

三月二十三日，上午五時三十五分(即日出前一小時)，雙方已經互相望見；五時五十二分，四艘船一同開砲——大約射程爲二萬五千碼(十四哩)。在英國方面是由「胡德」號領先，所以兩艘德國軍艦的火力遂集中在它的身上。除了它是旗艦以外，它也是最易擊毀的，尤其是運用「瞰射」火力(Plunging fire)爲然——因爲這個原因，所以德國人也就儘快的企圖縮短射程。(譯者註：所謂「瞰射」即居高臨下之意。)結果雙方緊逼在一起，以至於英國人無法使用其後砲塔，而德國卻可以使用其整個側舷火力。他們在第二次和第三次齊放就發生了效力，於是在上午六時「胡德」號發生爆炸，並於幾分鐘內沉沒——全艦官兵一千四百餘人只有三人生還。對於英國巡洋戰艦在四分之一世紀前的日德蘭(Jutland)會戰中的命運，實在是一個太沉痛的追憶。

現在兩艘德國軍艦就可以把火力集中在「威爾斯親王」號的身上，在幾分鐘之內，它被「俾斯麥」號擊中了幾砲，而「猶金親王」號也命中了三彈。所以在上午六時十三分，「威爾斯親王」號的艦長決定脫離戰鬥，並在煙幕掩護之下實行退卻。現在射程已經減到了一萬四千六百碼。指揮著兩艘巡洋艦的威克華克少將(Rear Admiral Wake-Walker)——自從何蘭德陣亡後，整個部隊遂由他指揮——認可了這個決定，而他自己也決定僅和敵人保持接觸，以等候托費上將所率領的主力艦隊趕到現場。那時托費上將還在三百哩以外，所以抓住德國人的希望並不太大，因爲在那天上午能見度已經愈變愈壞。到了下午，當托費聽到「俾斯麥號」已經改變航向，並把速度減低到大約二十四節時，他不禁感到放心了。

因爲在早晨那場短促的戰鬥中，「威爾斯親王」號也曾使「俾斯麥」號被命中了兩發砲彈，其中一彈已經使它漏油，所以也就減低了它的耐航力，於是使德軍指揮官盧金斯將軍(Admiral Lütjens)決定向法國西部的港口進發，而放棄進入大西洋的企圖——因爲他知道已有幾艘英國軍艦正企圖攔截他，所以他不敢退回德國去。

當天下午，托費派遣寇提斯(Admiral Curties)率領的第二巡洋艦支隊，保護航空母艦「勝利」號(Victorious)——它載運著一批戰鬥機正擬前往中東——前進到距離「俾斯麥」號一百哩內的位置。這樣近的距離使「勝利」號可以使用其九架魚雷轟炸機。它們在下午十時後即全部起飛，冒著非常惡劣的天候，很困難的才找到了「俾斯麥」號，並在午夜後不久連續對它發動攻擊，但是只命中一顆魚雷，對於這艘重裝甲的戰艦卻未能造成任何嚴重的損害。二十五日清晨，「俾斯麥」號擺脫了追兵而不知去向。在那一整天內，英國人白花了許多氣力，還是沒有能夠找到它。

直到二十六日上午十時半，它才又被英國海岸司令部的一架巡邏機再度發現，其位置距離布勒斯特約爲七百哩。可是托費的部隊現在分散得太遠，而且燃料也開始感到缺乏，所以很難在它逃入庇護所之前將其抓住。但是從直布羅陀前來的H部隊，在索美維爾將軍(Admiral Somerville)指揮之下，現在卻正好居於可以攔截的位置。這支部隊包括一艘大型航空母艦「皇家方舟」號。第一次攻擊毫無效果，但在下午九時左右所作的第二次攻擊卻比較成功。所發射的十三顆魚雷有兩顆命中，其中一顆擊中「俾斯麥」號的「裝甲帶」(armour belt)，沒有發生作用，但另一顆卻命中其右後方，損毀了它的俥葉、操縱系統和舵。這才是具有決定性的意義。

費安上校(Captain Vian)的驅逐艦隊現在構成了一個包圍圈，並在夜間繼續作魚雷攻擊。英國戰鬥艦「喬治五世」號(King George V)和「羅德尼」號(Rodney)也已趕到現場，並以他們的重砲發射穿甲彈，痛擊已經跛足的「俾斯麥」號達一個半小時之久。到十時十五分，它已經只剩下一個尚在燃燒中的殘骸。此時，在托費命令之下，英國的戰鬥艦開始撤退，以防德國的潛艇和重轟炸機前來報復，只留下巡洋艦來替這艘正要下沉的德國軍艦送終。「多賽夏」號(Dorsetshire)再發射三顆魚雷，於是到了十時三十六分，「俾斯麥」號遂消滅在碧波之下。

在「俾斯麥」號沒有沉沒之前，它至少命中了八顆魚雷，也可能為十二顆，再加上更多的重砲彈。這說明了該艦結構設計者的工作，實在是非常的優異。

「猶金親王」號於二十四日和「俾斯麥」號分手，在中大西洋補充燃料後，即發現主機有故障，所以其艦長遂決定放棄巡航而返回布勒斯特。雖然中途也曾被英國人發現，但終於還是在六月一日回到了該港。

不過總結言之，一九四一年五月的這一場戲劇化的海戰，終於證明德國人想用水面軍艦來贏得大西洋之戰的計畫和努力是完全失敗了。

德國潛艇的作戰卻持續了較長的時間，而且也變成一種嚴重的威脅，儘管其過程是起伏無常。

五月間，德國潛艇擊沉商船的數字急劇地上升，到六月間又再度達到了三十萬噸以上的高水準——說得更精確一點，是六十一艘商船，共計三十一萬噸。這也相當於一個大型船團的全部商船數量。值得稱述的是，海員們並不因此而受到嚇阻，對於船員的補充是從未感到缺乏。

不過那年春季也出現了一些有利的因素。三月十一日，美國的租借法案完成了立法程序，而在同一個月內，包括驅逐艦和飛艇的美國「大西洋艦隊支援羣」(Atlantic Fleet Support Group)也已組成。四月間，由美國海軍負責巡邏的美洲「安全地帶」(Security Zone)，也從西經六十度向東伸展到西經二十六度。

同時在三月間，美國在格陵蘭東岸上建立了空軍基地，在百慕達(Bermuda)也有設施，而在五月間，其海軍也接管在紐芬蘭東南部的阿根提亞(Argentia)租借基地。七月初，美國海軍陸戰隊在冰島的雷克雅未克(Reykjavik)接替英國駐軍的防務，而從那時起，來往於冰島與美國間的美國商船也由美國海軍負責保護。所以美國在大西洋的「中立」，已經日益變得不中立了。英國船在美國船塢中的修補在四月間就已獲得批准，而利用租借的方式在美國建造軍艦和商船也已經開始。

此時，加拿大在大西洋的鬥爭中也給予英國強大的援助，六月間已經創立一支加拿大護航部隊，基地設在紐芬蘭的聖約翰(St. John's)。加拿大海軍現在接管了在大西洋中的護航責任，由此往東直到冰島以南的會合點爲止。於是英國海軍部所計畫的連續護航才變得有其可能性。

一九四一年夏季，加拿大和英國的護航部隊在大約西經三十五度的「中洋交點」(Mid Ocean Meeting Point)會合，並互相交換其所護送的船團。而冰島和西線(Western

Approaches)兩支護航部隊(均由英國人負責)，則在大約西經十八度的「東洋交點」(Eastern Ocean Meeting Point)會合和交換船團。

自六月以後，從英國到直布羅陀的船團，在全程中都有密切的保護，而對於沿著西非洲海岸到獅子山(Sierra Leone)爲止的船團，也給予連續的保護。

現在每一個船團平均可以分配到五艘護航軍艦。一個總數四十五艘商船的船團，有長過三十哩的圓周需要保護。即令如此，每一艘護航軍艦上的聽音偵測儀，卻只能掃過一哩長的弧線——所以空隙仍然很大，足以容許德國潛艇穿透圓周而不被察覺。

至於說到空中的掩護，租借法案增加了卡塔林那式水上飛機的數量，所以從一九四一年春季起，這種掩護以不列顛羣島爲起點，向海洋推進到約七百哩的距離，所以迫使德國潛艇不得不遠離西面的進入路線。以加拿大爲起點的空中掩護距離已達六百哩；從冰島向南伸展也達到四百哩。但在中大西洋仍留下一個大約三百哩寬的缺口，只有航程較長的美國「解放者」式飛機才可以提供掩護。直到一九四三年三月底才能有經常的巡邏，而到四月中旬仍只有四十一架飛機擔任勤務。

此時，德國潛艇的數量也在不斷增加。到一九四一年七月已有六十五艘在服行作戰任務，到十月間即增爲八十艘。在九月一日，德國潛艇總數爲一百九十八艘——而到此時商船損失的總數共爲四十七艘。總而言之，參加服役的新潛艇是要比擊沉的多。此外，德國潛艇的構造也加強了。其外殼要比英國的潛艇堅固，一顆深水炸彈必須在非常接近之處爆炸，始能將其擊毀。

九月間有四支船團曾遭受重大的損失——所有的損失又都是由於缺乏適當的空中掩護。不過在那個月，緊接著羅斯福和邱吉爾八月間會晤之後，兩國海軍的合作又因爲美國總統批准了計畫良好的美國「第四號西半球防禦計畫」而獲得更進一步的加強。在這個計畫之下，美國海軍同意保護由非美國船隻所組成的船團，於是對於某些東行的大西洋船團，美國海軍開始提供護航部隊直到「中洋交點」爲止，而這個交點又已經向東移到大約西經二十二度的位置。

此項行動也幫助減輕英國人的困難，這樣使他們對於英國與「中洋交點」間的一段距離可以提供比較適當的護航部隊。到一九四一年底，在該地區中的護航部隊已經增到八個羣，每個羣有三艘驅逐艦和大約六艘護航艦。另外還有十一個羣，每個羣有五艘驅逐艦，名義上它是充任預備隊以便增援任何發生困難的護航艦隊，或應付大量集中的德國潛艇，但實際上卻多爲例行性的任務所佔用了。

十月間，德國潛艇所擊沉的商船數字減到三十二艘，共十五萬六千噸。尤其值得注意的是，在任何海岸司令部基地周圍四百哩以內的水域並沒有商船被擊沉。這可以證明德國潛艇不願冒險進入長程偵察機和轟炸機所能掩護的地區。不過沉船數字的下降還另有一個原因，就是有一部分德國潛艇被派往地中海方面去支援隆美爾在北非的作戰。

十一月間，沉船的數字又再度下降——只比十月間總數三分之一略多一點——而在十二月間，在北大西洋方面的數字仍然繼續減少。但在日本參戰之後，在遠東方面的損失大增，使船舶沉沒的總數達到二百八十二艘，接近六十萬噸(包括各種原因在內)。

在西方，一九四一年下半年內，德國的長程轟炸已經變成一種比潛艇更要巨大的威脅，尤其以到直布羅陀的航線爲甚。這也就令人認清對任何船團都有提供戰鬥機密切支援的必要。所以在六月間，遂採用了第一艘護航航空母艦(Escort Carrier)——英國的「大膽」(Audacity)號，該艦還是使用彈射起飛(Catapult Launched)的戰鬥機。在十二月間，這艘航艦在一次成功的防禦戰中(保護一支從直布羅陀返回英國的船團)曾經扮演重要角色，雖然它本身在九天的苦戰中終於沉沒。

在一九四一年年底，德國作戰潛艇總數爲八十六艘，而正在訓練和試航中的約有一百五十艘之多。但因爲當時有五十艘是分佈在地中海內或其進出口的附近，所以留下來可用於北大西洋方面的只有三十六艘。六月間，由於大舉進攻補給船隻之故，而使其中有九艘被獵殺，於是殘餘潛艇乃暫時退往南大西洋。從一九四二年四月到十二月這九個月之內，德義兩國的潛艇一共擊沉商船三百二十八艘，計一百五十七萬六千噸，但其中僅三分之一是結隊航行的。反而言之，在德國所損失的三十艘潛艇中，有二十艘是被護航部隊所擊毀。這似乎可以證明，以較大的護航部隊和閃避曲折的航線來對付德國的潛艇，已經暫時佔得了上風。

在這裏對一九四二年初的護航兵力部署情況，先作一個概述。西方航線司令部都是由羅貝爾將軍（Admiral Sir Percy Noble）主持，其三大作戰基地分別設在利物浦、格陵諾克（Greenock）和倫登德立（Londonderry），一共控制著二十五個護航羣——總共約有七十艘驅逐艦和九十五艘較小型軍艦。

他們共分爲四類：㈠短程驅逐艦，保護中東和北極航線的第一段和運輸美國部隊的郵船；㈡長程驅逐艦和護航艦，保護從「西洋交點」到不列顛之間的北大西洋航線和直布羅陀航線；㈢長程砲艦（Sloops）、驅逐艦和巡邏艇（Cutters），保護獅子山航線的主要部分；㈣凡在德國轟炸機所能達到的地區內，各防空羣支援護航部隊和隨護北極和直布羅陀兩航線上的船團。

同時，在直布羅陀也有相當於兩個羣的兵力來負責局部性的護航任務，而在自由鎮

(Freetown)的護航部隊則有一個驅逐支隊和大約二十四艘的護航艦。紐芬蘭護航部隊主要是由加拿大海軍來提供，共有十四艘驅逐艦，大約四十艘護航艦，以及二十多艘專供局部性護航之用的其他艦艇。

但是在一九四二年的初期，大西洋之戰仍然還是沒有起色，其原因之一即為缺乏飛機。當費爾特爵士(Sir Philip Joubert de la Ferté)在前年夏季接管海岸司令部時，他曾經估計需要各式飛機共八百架，而尤其特別強調長程轟炸機的重要性。但至一九四二年時，海岸司令部所屬的轟炸機奉命全部移交給轟炸機司令部(Bomber Command)，而所有一切新生產的轟炸機也都完全予以分配，以便對德國發動空中攻擊。這種優先次序上的衝突變得非常的嚴重。此外，艦隊航空方面要想為自己訂造的三十一艘新護航母艦獲得戰鬥機，也遭遇到很大的困難。

另一障礙是因為由美國替英國建造的新巡防艦(Frigates)未能如理想的那樣迅速加入服役——由於美國人優先建造越過海峽作戰所需的登陸艇，因為美國人仍然希望能在一九四三年發動那樣的作戰，即使在一九四二年已無希望。此種優先次序的決定，對於英國在大西洋中無法改善其弱點，和商船繼續受到重大損大，都應負極大的責任。

第三種障礙是在一九四二年初，美國海軍本身也遭遇到了重大的困難——不僅是在太平洋方面由於珍珠港災難所引起的各種困難，而且在大西洋方面由於德國潛艇活動的擴大，也使美國本身的船隻遭遇嚴重的損失。

在一九四二年五月，鄧尼茲和他的幕僚們估計，要想擊敗英國，則他們每個月應平均擊沉七十萬噸的商船。他們知道在一九四二年並不曾達到這個數字——不過他們卻並不知道實際上每月的平均數並未超過十八萬噸。他們認爲美國的參戰對他們是有利的，因爲那樣可以在西大西洋中給予他們以較大的行動自由，和較多尋獲無保護目標的機會。

德國能派往美洲海岸附近作戰的潛艇數量是非常的有限，但其收穫卻大到了不成比例的程度。因爲美國海軍將領們對於開始實施護航制度是十分的遲緩和勉強——正像第一次世界大戰時的英國海軍將領們一樣。同時，美國對於其他戒備措施的採取也是同樣的遲緩。發光的水道標誌，和船舶無線電的無限制使用，都可以使德國潛艇獲得其所需的一切幫助。海岸的遊樂場，例如在邁阿密海灘，夜間還是照樣的燈火輝煌，使海上的船隻在多少浬以外就會顯出很清楚的陰影。德國潛艇白天就潛伏在海岸附近的水面下，到了夜間就浮出水面，使用火砲或魚雷任意攻擊船隻。

雖然在美洲海岸附近作戰的德國潛艇從未超過一打之數，但他們到四月初，即已擊沉約近五十萬噸的船隻——其中百分之五十七都是油輪。

這種損失對於英國的情況也就造成了一種非常嚴重的反應。美國海軍必須撤回其護航的軍艦和飛機，以鞏固其本身沿岸水域的防務；同時美國商船在安全的越過了大西洋之後，在駛進美國水域時反成爲德國潛艇送上門的肥羊。

這種結果使得鄧尼茲大感興奮，於是他希望能夠把所有的德國潛艇都儘可能派往美國的沿海。對於同盟國眞可以說是太幸運，在這個緊要關頭上，希特勒的「直覺」卻救了他們的老命。在一月二十二日的一次會議中，他突然宣佈他深信挪威是一個決定命運的地區，所以他堅持把所有一切的水面軍艦和能夠動用的潛艇，都應送往那一方面以預防聯軍的侵入。三天之後，鄧尼茲接獲一個完全出乎其意料的命令，要他立即派遣第一批八艘潛艇去掩護通經該國的海上進路，新戰鬥艦「鐵比制」號(Tirpitz)也同時在一月間前往挪威，跟在它後面的還有「希爾上將」號、「猶金親王」號、「希伯上將」號和「盧左」號等艦。

這不能說希特勒沒有先見之明，因爲在四月間，邱吉爾的確曾經要求英國參謀首長們考慮在挪威登陸的可行性，其目的是想要減輕德國人對北極航線的壓力——但他們卻表示懷疑，而美國人也支持他們的態度，所以這個計畫遂始終不曾成熟。

對於同盟國而言，還有另外一件幸事，那就是由於一九四一年和一九四二年之間的冬季特別寒冷，延誤了德國潛艇在波羅的海的訓練進度，結果使德國在一九四二年的上半年內一共只有六十九艘新潛艇可供作戰之用。其中二十六艘終於被派往挪威北面水域，兩艘前往地中海，十二艘補充損失，所以在大西洋方面的淨增數字僅爲二十九艘。

儘管如此，軸心潛艇擊沉商船的數字卻仍然每月都有增加——二月間增加到接近五十萬噸，三月超過五十萬噸，四月間雖曾降到四十三萬噸，但是五月卻又升到六十萬噸，而在六月間卻達到空前的七十萬噸。到六月底的總計，半年來一共擊沉商船四十一萬四千七百四十噸，其中爲德國潛艇所擊沉的則超過了三百萬噸——差不多百分之九十都是在大西洋和北冰洋被擊沉的。直到七月間，由於反潛方法有了全面的革新，同時美國也已採用了護航辦法，所以被潛艇擊沉的數字才又降回到五十萬噸以下。

一九四二年夏季情況的改進，只不過是曇花一現而已。到八月間由於德國新建的潛艇紛紛出場，使其全部實力增加到三百艘以上，而其半數以上均可供作戰之用。它們區分爲許多羣，分別在格陵蘭、加拿大、亞速羣島(Azores)、西北非洲、加勒比海和巴西等地區附近的水域中活動。八月間德國潛艇擊沉船隻的數字又再度超過了五十萬噸的大關。在以後的幾個月內，它們在千里達(Trinidad)附近的收穫特別豐富，因爲在那裏有許多船隻還是單獨的航行。八月中旬有五艘巴西商船被擊沉，可是立即促使巴西向德國宣戰，此一舉動就政治和大戰略的觀點來看，對於德國都是得不償失。同盟國使用巴西基地，對於整個南大西洋可作較嚴密的控制，並從此使德國水面突襲船隻無法在那裏躲藏。

不過，這已經不像過去那樣重要，因爲德國現在已經可以不用武裝商船在遠洋中從事突擊了，他們改用一種新型和較大的潛艇——即所謂「水底巡洋艦」（U-Cruisers），排水量一千六百噸，行動半徑爲三萬哩。

新型德國潛艇能夠潛入較深的水中，可達到六百呎的深度，在緊急時甚至於還可以更深——不過這種優點不久即爲深水炸彈也可在較大深度爆炸的事實所抵消。此外，德國潛艇的產量也正日益增大。新的潛水油輪可以使它們在大洋中補充燃料，其無線電情報的效率也已經提高。最後，德國人對於英國人控制護航船團所用的許多密碼也都能予以譯出，正好像他們在一九四〇年八月以前的情形一樣。

在另一方面，新的十公分波長雷達——它的訊號是潛艇所無法攔截的——爲英國科學家所有一切成就中最重要者。在一九四三年初，它才在飛機上普遍的採用，與「萊光」探照燈配合運用，遂使同盟方面恢復了在夜間和低能見度時的主動，並擊敗德國潛艇在一點五公尺波長範圍上工作的雷達搜索接收器。

在鄧尼茲這個階段的戰時日記中顯示，他對於英國人的此種偵察工具的效力，以及英國飛機在東大西洋中的數量增加是如何的感到憂慮。

在整個戰役中，鄧尼茲一直表現出他是一個非常能幹的戰略家，他經常能探尋敵人的弱點，並集中其全力打擊在這些弱點上。從開始時，他就一直掌握著主動，同盟國的反潛部隊總是要比他慢一步。

在一九四二年的下半年，他的計畫是以格陵蘭以南的空中護航缺口爲焦點，他的目的是在同盟國船團尚未達到這個地區之前就先將其釘牢，等到他們通過這個缺口時就集中全力來加以攻擊，等到他們進入有空中掩護的地區就馬上撤退。

此外到秋天時，鄧尼茲已有足夠的潛艇，所以只要一有機會出現，即可以容許他從心所欲的使用其「狼羣」戰術來進行主動的攻擊。

自從七月起，德國潛艇的壓力即開始增加，十一月間擊沉船隻的數字增到了一百一十九艘，共七十二萬九千噸。不過其中有一大部分是在南非和南美水域中脫離了船團而單獨行動的船隻。

一九四二年秋天，美英聯軍開始在西北非洲登陸，即所謂「火炬作戰」。這對護航部隊形成了一種巨大的額外要求。所以直布羅陀、獅子山和北極等航線都只好暫時停止。爲了保護美國運兵船從冰島到英國這一段航程，也需要更多的護航部隊。對於這種快速的船團，至少要有四艘驅逐艦才能保護三艘運兵船。

唯一例外的就是那兩艘被改裝爲運兵船的巨型郵輪，八萬噸的「瑪麗皇后」號(Queen Mary)和「伊莉沙白皇后」號(Queen Elizabeth)。它們每艘能搭載一萬五千人甚至於還可以更多——一個師的大部分。其時速超過二十八浬，那實在是太快了，除了航程的兩端之外，任何驅逐艦都無法伴送。所以此種巨型郵輪的安全就只能依賴其高速，再加上曲折多變的航行路線。此種冒險政策居然獲得了完全的成功，自從一九四二年八月起，它們曾多次穿越大西洋航行，從未受到任何潛艇的攔截。

概括言之，海軍護航兵力和空中掩護兵力的增長，是無法趕上日益增多的潛艇數量。平均每個月有十七艘德國新潛艇加入服役，而到一九四二年的年底，總數達到三百九十三艘，其中有二百一十二艘已經參與作戰——而在同年的年初總數爲二百四十九艘，參加作戰的僅爲九十一艘。這一年之內，被擊毀的德國潛艇爲八十五艘，義大利潛艇二十二艘——這個數字顯然是不足以抵消新增加的產量。

在這一年內，軸心國家的潛艇，在全世界各水域中所擊沉的船隻爲一千一百六十艘，共計六百二十六萬六千噸——再加上敵方其他兵器所造成的損失，總數應爲一千六百六十四艘，共計七百七十九萬噸以上。

雖然同盟國方面約有七百萬噸的新船參加服役，但自從開戰以來，每年結算起來總還是虧損，以一九四二年而論，仍然還是虧損了約近一百萬噸。在這一年之間，英國的輸入減到了三千四百萬噸——尚不及一九三九年數字的三分之一。尤其是英國的商業燃料(煤)的存量已經降到最低額，只有三十萬噸，而每個月的消耗量則爲十三萬噸，顯然必要時須動用海軍的存煤，不過，除非是在極端緊急的情況下，否則這種措施還是應該儘量避免。

所以當一九四三年一月間，同盟國的領袖們在摩洛哥海岸的卡薩布蘭加集會，以決定次一階段的大戰略時，他們對於商船噸數的逆差情況感到非常的煩惱。除非能夠克服德國潛艇的威脅，和贏得大西洋之戰，否則對於歐洲實際上也就不會有進行有效攻擊的可能。這一戰的重要性不亞於一九四〇年的不列顛之戰。勝負的決定主要就要看哪一方面在物質上和心理上能有較長久的耐力。

這個鬥爭的勝負又受到指揮人事改變的影響。十一月間，羅貝爾上將奉派出任英國海軍駐華盛頓代表團的團長，也就是英國海軍參謀總長在兩國聯合參謀首長組織中的常任代表。在他充任「西方航線」地區司令的二十個月任期當中，對於反潛措施的改進頗多貢獻，他也能使海上和空中的護航人員都保持高昂的士氣，因爲他了解他們的問題，並經常和他們保持密切的個人接觸。不過很僥倖的，接替他的人也經過非常良好的選擇。此人即爲賀爾敦爵士

(Admiral Sir Max Horton)，在第一次世界大戰時，他已是一位傑出的潛艇指揮官。自從一九四〇年初起，他就負責指揮所有一切以不列顛爲基地的潛艇部隊。所以他把一切有關潛艇和潛艇人員的專家知識帶入了反潛作戰，再加上他個人的推動力和想像力。這些素質的結合使他成爲一個有資格和鄧尼茲作一次較量的理想人選。

賀爾敦的計畫是想對潛艇發動比較強大和集中的反擊。護航艦和其他小型艦艇的速度不夠快，所以在德國潛艇之間的戰鬥中不能夠窮追不捨，因爲假使他們追得太遠，也就無法再趕上其所保護的船團。因此必須要有更多的驅逐艦和輕巡洋艦，他們分開工作，並協助護航部隊，當他們一和敵方潛艇發生接觸，就必須拚命窮追不捨直到將其擊沉爲止。爲了這種目的，在九月間即已開始組成支援羣，而賀爾敦上任之後，對於這種工作的推動遂更不遺餘力，他甚至於不惜減少密切護航的兵力，來加速完成這種組織。他的目的是想在中大西洋內奇襲敵人；統合使用幾個新組成的支援羣和母艦飛機的戰力來作有協調的反擊，同時也和護航部隊及長程飛機協力攻擊敵潛艇。他強調支援羣不應浪費時間去對德國潛艇作廣泛的搜索——這是過去所常犯的錯誤。潛艇出沒的地方就在船團的附近，所以支援羣必須與保護船團的護航羣保持密切的合作。當船團進入格陵蘭附近的空中掩護缺口時，就應派一個支援羣去增援每一個護航羣，只要情況可能還應加派飛機。他相信，德國潛艇所慣於應付的是來自護航船團方面的攻擊，所以支援羣若從四方八面來攻，則一定會使他們受到奇襲和喪失平衡。

在德國方面，希特勒卻正在大發雷霆，因爲在一九四二年的除夕，德國軍艦「希伯上將」號、「盧左」號和六艘驅逐艦，從阿呑峽灣(Altenfiord)出發，攻擊一支通過北極海的船團，結果毫無所獲。這個事件具有非常重要的後果。他在一怒之下，表示決心遣散這些大船。於是在一個月之後，賴德爾元帥(Grand Admiral Raeder)辭去海軍總司令的職務，接替他的人即爲鄧尼茲，但鄧尼茲仍然兼任潛艇部隊司令的職務。鄧尼茲對於如何應付希特勒是另有一套，他終於說服了希特勒同意把「鐵比制」號、「盧左」號和「香霍斯特」號等艦，仍繼續保留在挪威，作爲一支相當強大的任務部隊。

在十二月和一月，大西洋是比較平靜無事，德國潛艇只擊沉了二十萬噸的商船。這主要是由於惡劣天候所致。但是在船團中的商船也因此受到重大的損失，尤以動力較弱的船隻爲甚。

一九四三年二月間，德國潛艇所擊沉的數字又幾乎增加了一倍，到三月間，擊沉的商船總數爲一百零八艘，共計六十二萬七千噸——又再度接近了一九四二年六月和十一月的最高峰數字。最令人感到煩惱的是，其中將近有三分之二的商船是在船團中被擊沉的。三月中旬，三十八艘德國潛艇集中攻擊兩支返回英國的船團，很巧合的這兩支船團靠近在一起，在三月二十日恢復空中掩護之前，被擊沉了二十一艘，共十四萬一千噸。德國只損失一艘潛艇。這是整個戰爭中一次最大的船團護航會戰。

事後，英國海軍部的記錄上說：「一九四三年三月的前二十天內，德國人幾乎已經切斷了新舊兩世界之間的交通線。」此時，英國海軍參謀本部甚至於已經開始懷疑以護航船團作爲一種有效防禦體系的價值。

但在三月份最後的十一天內——即這個決定命運之月的最後三分之一階段——又發生了一種巨大的改變。在北大西洋一共只沉沒了十五艘商船，而在前三分之二的階段內，卻被擊沉了一百零七艘。四月間的數字僅及三月的一半，而到五月則更少。賀爾敦統合戰力的反擊已經生效——在一個極短的期間內，已經達到其理想的目的。

在三月間最緊急的時候，美國人曾要求退出北大西洋的護航系統，以便專心負責南大西洋航線，尤其是以通到地中海者爲然。同時他們也懸念著太平洋方面的作戰。不過實際影響卻並不大。美國政府把其第一艘支援羣航空母艦交給英國人指揮，並且還提供重要的長程「解放者」式飛機。所以從四月一日起，在美洲與英國之間的一切航程，都是由英加兩國共同負責保護。

在一九四三年的春季中（即三、四、五三個月），德國潛艇在一連串的護航戰鬥中遭遇失敗，並且受到慘重的損失。五月中旬，鄧尼茲已有預感的向希特勒提出報告說：「在潛艇作戰中，我們正面對著最巨大的危機，因爲自從敵人利用新的偵察工具之後，已使戰鬥變爲不可能，並正在使我們蒙受重大損失。」在五月間，德國潛艇的損失已經不止增加一倍，升到其全部海上兵力的百分之三十——像這樣高的損失率是絕難持久的。所以在五月二十三日，鄧尼茲把他的潛艇完全撤出北大西洋，以等待有新兵器可資利用。

到七月間，同盟國商船的增建數字已經多於被擊沉的數字。這是一件大事，也證明德國潛艇的攻勢已經失敗了。

但事後回顧，很明顯的可以看出，美國本身在三月間的逃過失敗，其機會的狹窄也是間不容髮。同時，也明白顯示其危險的主因即爲船團缺乏長程飛機的掩護。從一月到三月，當有空中掩護的時候，在大西洋的船團中一共只被擊沉了兩艘船隻。一旦對船團能提供適當的空中掩護，尤其是長程的「解放者」式飛機，則德國潛艇在「狼羣」戰術的運用上也就日益困難。他們現在在任何時候都可能會突然發現有一架飛機出現在其上空，並正在指示一個支援羣中的軍艦各就其適當的戰鬥位置。

但是，雷達使用德國潛艇所不能攔截的十公分波長的脈波，也誠如鄧尼茲所認淸和強調的，確是一種非常重要的因素。新型兵器，例如一種叫作「刺蝟」彈(Hedgehog)的反潛火箭，和較重的深水炸彈，也都頗有貢獻。還有負責研究最佳戰術體系的「西方航線戰術單位」(Western Approaches Tactical Unit)以及布拉特教授(Professor P. M. S. Blackett)，對於護航部署所作的作業分析(Operation analysis)——也都是功不可沒。此外，在一九四三年五月底，對於船隻的控制又改用了一套新的密碼，所以使德國人又喪失其最有價值的情報來源。

不過對於勝利而言，也許最重的因素還是護航軍艦和飛機在訓練標準上的改進，以及海空軍雙方人員的合作無間。

以個人而論，賀爾敦上將對於擊敗德國潛艇的戰鬥所作的傑出貢獻，是上文中所早已強調過的。此外，斯雷索空軍中將(Air Marshal Sir John Slessor)的功勞也是同樣的重大，他於一九四三年二月出任海岸空軍司令，那也正是最緊急的階段。在許多優秀的護航羣指揮官當中，最值得稱讚的有兩個人——華克上校(Captain F. J. Walker)和格雷敦中校(Commander P. W. Gretton)——他們都是最善於擴張戰果的。

在一九四三年六月整個一個月之內，北大西洋中沒有一支船團曾受到攻擊，而在七月間，德國潛艇的損失卻極爲重大，尤其是以在比斯開灣(Bay of Biscay)中爲最，在那裏，英國海岸司令部的空中巡邏曾經有極豐富的收穫。在該月內有八十六艘德國潛艇企圖越過海灣，其中有五十六艘被發現，十七艘被擊沉(有十六艘是被飛機擊沉的)，另有六艘被迫退回其基地。誠如鄧尼茲對希特勒的報告中所說，他們在比斯開灣的唯一出路就只剩下沿西班牙海岸的一條窄線。不過，反潛巡邏隊對於他們的成功也曾付出相當的代價，一共損失了十四架飛機。

在一九四三年六月到八月之間的三個月內，除地中海外，德國潛艇在一切其他水域中總共只擊沉五十八艘同盟國的商船，而其中又差不多有一半是在南非洲附近和在印度洋中擊沉的。他們爲這種平常的戰果一共付出了七十九艘潛艇的代價——其中爲飛機擊沉的不少於五十八艘。

爲了希望能重獲優勢，鄧尼茲堅決要求希特勒在大西洋上給予較多的長程空中搜索，和對必經的要道提供較強的空中掩護。戈林是很不願意提供空中的協力，爲了克服此種困難，鄧尼茲也就必須反覆辯論，而比起賴德爾，希特勒對於他的話要算是比較能夠言聽計從。鄧尼茲同時也獲得了批准，把潛艇的生產量從每月三十艘增加到四十艘，並且優先建造一種新型潛艇，那是具有較高的潛航速度。但是這種非常有前途的「華特」(Walter)式潛艇——其動力來源爲狄塞爾燃料(Diesel fuel)和過氧化氫(hydrogen peroxide)混合——但卻發生許多試驗上的困難，以至於直到一九四五年戰爭結束時，都還沒有一艘能夠參加服役。不過另有一種重要的新發展卻比較可以應急，那就是所謂「修諾克」（Schnorkel），那本是一九四〇年以前由荷蘭人所原始設計的一種潛艇呼吸管，其功用爲吸入新鮮空氣和排除柴油引擎的廢氣。它也能使潛艇在保持潛望鏡的深度時仍可繼續爲其電池充電。到一九四四年的中期，已有三十艘德國潛艇裝置了此種呼吸管。

在一九四三的中期，德國人還有兩種其他的新武器：追蹤魚雷（homing torpedo），即魚雷利用船隻螺旋槳的音響來導航；和滑翔炸彈（glider bomb）。但在九月和十月間，也就是德國潛艇再度發動攻擊的兩個月，同盟國一共只損失了九艘商船——在四十六個北大西洋船團中總共有二千四百六十八艘船隻——而德國潛艇反而被擊沉了二十五艘。經過此種進一步的重大失敗之後，鄧尼茲遂不再把潛艇組成大型機動羣了。

十月八日，英國和葡萄牙簽訂了一項協定，接管在亞速羣島上的兩個空軍基地，於是整個北大西洋從此都已置於空中掩護之下。

在一九四四年的最初三個月內，德國潛艇所受到的損失更爲重大。在越過北大西洋的一百零五個船團中，共計三千三百六十艘船隻，只被擊沉了三艘，而德國潛艇反而損失了三十六艘。現在鄧尼茲就決心停止一切進一步對護航船團的作戰，並且坦白的報告希特勒說，除非能有新型的潛艇、新的防禦工具和較佳的空中偵察，否則他們即不可能再行作戰。

一九四四年三月底，鄧尼茲奉命用四十艘潛艇組成一個羣，以便在聯軍侵入西歐時從事近海的作戰。到五月底，他已經把七十艘潛艇集中在比斯開灣的各港口內，在北大西洋中則只留下三艘，而其任務又僅是報告天候的變化而已。

德國人的放棄北大西洋潛艇作戰，遂使英國的海岸司令部有如釋重負之感。在長達四十一個月的反潛作戰中，該司令部所屬的飛機(第十九聯隊)共計擊沉德國潛艇五十艘，和擊傷了五十六艘(出入比斯開灣基地的次數爲二千四百二十五次)。在此同一期間之內，第十九聯隊在比斯開灣也損失了飛機三百五十架。如果英國當局對於海岸司令部能夠分配以較多的飛機——從其任務的重要性上看來，那也許是應該的——則其損失可能較小，而效果也可能更大。

在這個階段還有一件值得一提的事，即對碇泊在挪威北部的德國戰鬥艦「鐵比制」號所作的兩次攻擊——第一次是在一九四三年九月，它受到三艘英國超小型潛艇(midget-submarine)的攻擊，第二次是在一九四四年三月，又受到英國艦隊飛機的攻擊——但都不過使其受到相當創傷而已。最後到十一月間才終爲英國空軍的重轟炸機所擊沉。在對斯匹茲卑爾根(Spitzbergen)的一次突擊時，它的主砲才有過一次射擊的機會——但它累經重創而仍不沉沒的事實，卻可以證明德國海軍造艦工程技術的優良。此外，僅僅由於其存在的威脅，也已經對英國的海軍戰略產生一種重大的影響，並且也牽制英國海軍相當大的一部分實力。「香霍斯特」號的威脅是在上年十二月裏被解除的：當它企圖截擊一支北極的船團時，受到英國本土艦隊一支強大部隊的包圍而終於被擊沉。

在一九四四年的上半年，英國在國內水域中的主要煩惱，是來自一種稱爲「E艇」(E-boats)的小型摩托魚雷艇。雖然他們的總數從來未超過三十餘艘，但因爲他們在各航線之間可作迅速的調動，而且又能選擇適當的機會，所以也就構成了一種很難應付的擾亂。

德國的潛艇均已集中在法國西岸的港口內，準備對抗聯軍的渡海行動，但結果卻證明殊少效力。不過他們也乘著這個機會在六月間諾曼第登陸之前裝配了「修諾克」呼吸管，於是對於空中攻擊也就變得不那樣容易被摧毀了。

當美國第三軍團在八月中旬從諾曼第衝出，達到法國西岸的那些港口——布勒斯特、羅隆、聖那晒(St. Nazaire)——附近時，大多數的德國潛艇都被調往挪威。自從那時起，出入不列顚的船隻遂開始可以再度使用繞著愛爾蘭南岸的舊有正常航線。

從八月下旬起，又有一連串的德國潛艇從挪威和德國出發，繞過蘇格蘭和愛爾蘭北面，到達接近不列顚海岸的位置，但在這次近岸作戰中他們的戰果卻非常的有限——不過由於他們經常潛伏在水面下並使用「修諾克」之故，所以損失也比過去爲少。在一九四四年九月到十二月之間，他們在不列顛沿岸水域中一共只擊沉十四艘商船。

北極航線

從一九四一年九月底起，英國人即開闢了到蘇俄北部的航線。在冬季阿干折(Archangel)港被冰封時，就改用莫曼斯克(Murmansk)，那是蘇俄唯一重要的不凍港。德國人沒有能從陸上攻佔該港，就戰略而言，實在是一項嚴重的錯誤，使他們在蘇俄最危險的時候，喪失了切斷這一條北面補給路線的機會。

等到德國人知道英國船隻(以後又加上美國的)已在大規模利用這條航線援助蘇俄時，他們才開始匆忙的增強其在挪威的海空兵力，並在一九四二年三月至五月的三個月內，對同盟國的北極船團加以連串的強力攻擊。尤以六月底向東行駛的 PQ17 號船團所受到的損失最爲慘重。英國海軍部相信這支船團和其護航部隊已快要被德國軍艦全部擄獲，於是在七月四日命令所有船隻在巴倫支海(Barent Sea)分散逃走。這些毫無抵抗力的商船在德國飛機和潛艇攻擊之下，全部三十六艘只逃出了十三艘。這支船團所載運的飛機只送到了八十七架，損失了二百一十架，戰車只送到了一百六十四輛，損失了四百三十輛，非戰鬥車輛只送到了八百九十六輛，損失了三千三百五十輛——加上其他物資的三分之二，大約損失了九萬九千三百一十六噸。

在這次災難之後，直到九月才有第二次的船團駛往蘇俄，並有遠較強大的部隊護航，而德國方面因爲早已獲得無線電情報的警告，所以賴德爾上將爲了慎重起見，也就沒有使用其較大型的軍艦——如果使用了也許仍能擊敗英國的護航部隊。結果PQ18號船團中的四十艘商船，有二十七艘安全的到達阿干折，而德國的飛機和潛艇卻受到極慘重的損失。從此以後，德國人遂再也不曾在遙遠的北方部署如此巨大的空軍兵力。

經過了另一段時間之後，在冬季中英國又曾派遣少數幾支較小的船團前往蘇俄。儘管俄國人一再強烈要求多派船團來援助他們，但是對於綿長的遠洋航線卻從未派遣部隊協助護航，即令到了他們的港口附近，所提供的掩護也都極爲有限。自從一九四三年三月起，由於白晝已經開始延長，所以英國國內艦隊總司令托費上將，遂不願意再派護航船團前往蘇俄。在大西洋方面的緊急情況遂決定了此種辯論。一切用在北極航線上的護航部隊都轉移到大西洋方面，而他們對於那年春季德國潛艇所遭受的決定性失敗，也曾有很大的貢獻。

到十一月間，北極航線方面的船團才又繼續航行，卻有了遠較過去強大的護航部隊，並包括新建的護航航艦在內。這些部隊使已經減弱的德國空軍和其潛艇都受到重大的損失，而同時也使大量的物資得以安全的運達蘇俄港口。

從一九四一年起，經由北極水域駛往蘇俄的船團一共有四十個，包括船隻八百一十一艘，除其中五十八艘被擊沉，和三十三艘因爲各種原因而中途折回以外，其他的七百二十艘都安全通過——並已把大約四百萬噸的物資運抵蘇俄。這些物資中包括五千輛戰車和七千架以上的飛機。爲了運輸這些大量的援俄物資，同盟國曾損失十八艘軍艦和二十八艘商船，包括回程者在內。至於德國人爲了阻止它們的通過，也喪失一艘巡洋戰艦「香霍斯特」號、三艘驅逐艦和三十八艘潛艇。

最後階段

在一九四五年最初幾個月內，德國潛艇的數量仍在繼續增加——由於新潛艇仍在繼續生產，而損失則已減輕，這又是由於「修諾克」呼吸管的採用，和在大西洋中的長程作戰已經停止之故。一月間，有三十艘新潛艇加入服役，而過去每個月平均都僅爲十八艘。其中有些是新的改良型，具有較長的巡航距離和較高的潛航速度——一千六百噸的U艇二十一型(Type XXI)遠洋潛艇，和二百三十噸的U艇二十三型(Type XXIII)近海潛艇(其中約有三分之二爲較大型)。在三月間，德國潛艇隊達到了其實力的最高峰，總數爲四百六十三艘。

直到三月以後，聯軍的轟炸作戰才開始對潛艇的生產產生嚴重的影響。對於同盟國而言，很僥倖的在波羅的海中的空投佈雷，雖然所造成的物質損失極爲有限，但卻帶來了一項重要的意外收穫——甚至於是他們的海軍將領們都不曾認清的——那就是妨礙了德國潛艇的試驗和訓練，所以也使那些新型潛艇不能大量的加入作戰。如果不是這樣，當大量新型潛艇加入戰鬥之後，即可能使潛艇的威脅又回升到一九四三年那樣的高峰。

不過一旦當同盟國陸軍在三月裏渡過萊茵河之後，並且又與俄軍東西並進向柏林會師，於是對於德國人而言，所有一切的希望也就隨之而消失。

在戰爭的最後幾個星期中，德國潛艇的活動主要是在不列顚的東海岸和東北岸附近。雖然他們並無什麼收穫，但值得注意的卻是在這些水域中，從來沒有一艘新型潛艇被擊沉過。

德國於五月間投降之後，有一百五十九艘潛艇隨之投降，但卻有二百零三艘爲艇上的官兵自己所鑿沉。這可以表現德國潛艇人員的傳統精神和不屈不撓的士氣。

在前後五年半的戰爭期中，德國人曾建造和使用一千一百五十七艘潛艇，同時還接收了五十艘外國潛艇。其中一共損失了七百八十九艘(包括三艘外國的在內)。此外，他們也使用了大約七百艘超小型潛艇。在海上被擊沉的共有六百三十二艘，其中極大部分(五百艘)都應歸功於英國或英國所控制的部隊。反之，德、義、日三國的潛艇一共擊沉船隻二千八百二十八艘，總計約近一千五百萬噸。其中極大部分爲德國人所擊沉——其潛艇同時也擊沉了同盟國軍艦一百七十五艘，其中大部分是屬於英國的。在同盟國方面爲德國潛艇所擊沉的商船數字中，有百分之六十一是單獨航行的船隻，百分之九爲船團中的落伍者，而只有百分之三十才是船團中的船隻——而在有空中掩護的情況之下，在船團中的損失可以說是極爲輕微。

德國人佔用了比斯開灣沿岸的法國海軍基地達四年之久，而愛爾蘭人又一直拒絕允許同盟國利用其西面和南面的海岸線，儘管他們自己的補給也還是有賴於護航船團的供應。上述兩項因素對於同盟國在大西洋中的損失應負很大的責任。反之，同盟國的保有北愛爾蘭和冰島對不列顛所剩餘的唯一航路的暢通，實具有極大的貢獻。

第六篇　退　潮（一九四三）

第二十五章　非洲的肅清

聯軍的原始戰略觀念是一方面由追擊的英國第八軍團西進，另一方面由在突尼西亞的第一軍團向東推進，把隆美爾包圍在兩大軍團之間。由於一九四二年十二月聯軍未能攻佔突尼斯，於是這個觀念也就只好放棄。（原註：參看第二十八圖。）現在聯軍的這兩個軍團必須分別同時來應付兩支德國部隊：在的黎波里坦尼亞的隆美爾和在突尼西亞的阿爾寧。另一方面，由於隆美爾的部隊正逐漸靠近阿爾寧的部隊，於是也就使他們得以享有中央位置的戰略利益——即他們可以集中全力來打擊任何一個對手。

由於在聖誕節時被阻於突尼斯城之前，並且雨季尚未結束，地面的泥濘情況也仍將繼續不會改善，所以艾森豪就想發起一個更偏向南方的攻擊，以在斯法克斯(Sfax)附近到達海岸線為目的，這樣即可以切斷隆美爾的補給線和退路。對於這個代字為「沙丁」(Satin)的作戰，計畫使用美國部隊為主，把他們集中在提貝沙附近，給這支部隊定名為美國第二軍，由弗里登達少將指揮。

在一月中旬，羅斯福和邱吉爾都來到非洲，準備在卡薩布蘭加舉行一次新的同盟會議，以討論未來的目標，兩國的參謀首長們也都隨同前往。於是艾森豪就把他的這個新計畫向他們當面提出報告。當他們在開會討論時，有人認爲隆美爾的百戰精兵不久即將達到這個地區，如果以毫無經驗的新編部隊去作這樣的進攻，似乎是未免過分冒險。尤其是英國陸軍參謀總長布羅克反對得最爲激烈，他力主打消這個計畫。

這樣的決定遂把次一行動留給蒙哥馬利，十二月中旬他仍在羅費里亞(Nofilia)附近徘徊，想等其兵力增強之後，再來攻擊西面一百四十哩遠的布拉特陣地——自從退出埃及之後，隆美爾即率領他的殘軍在那裏整頓。

一月中旬，蒙哥馬利才發動他的新攻勢。其計畫又還是採取過去同樣的典型——對敵正面發動一個牽制攻擊，另從沙漠的內陸作一個迂迴運動以切斷敵人的退路。不過這一次他沒有採取任何試探性的準備行動，以免洩露他的企圖和事先把敵人嚇跑。此外，他也只用一個由裝甲車所構成的搜索幕來監視敵軍陣地，其主力則控制在這後方的位置上。直到攻擊發動的前一天，他們才開始作長距離的接敵前進，並在一月十五日上午直接投入戰鬥。第五十一師在裝甲兵支援之下沿著海岸道路進攻，而第七裝甲師和紐西蘭師則執行計畫中的迂迴行動。但一開始即不曾遭遇德軍抵抗，等到在布拉特以西遭遇德軍時，那已經是敵人的後衞了。隆美爾又已經從布拉特陣地溜走，使蒙哥馬利的企圖又再度落空。德軍的溜走似乎很容易，因爲紐西蘭師和第七裝甲師的行動過於謹愼和遲緩。

隆美爾的主要敵人不是蒙哥馬利而是軸心的最高當局。墨索里尼回到安全遙遠的羅馬之後，又再度和現實脫節，在聖誕節前的那個星期內，他已經下了一道命令要求隆美爾在布拉特陣地上抵抗到底。於是隆美爾用無線電向義大利最高統帥部參謀長卡伐里羅元帥提出詢問：如果英國人不理會這個陣地，因爲那是非常容易繞過的，而直接向西進發，那麼又應怎樣應付呢？卡伐里羅避免直接作答，但他卻強調表示義大利部隊不可再像在艾拉敏會戰時那樣的被留在口袋之內。

隆美爾遂向巴斯提科指出，在墨索里尼的命令和卡伐里羅的指示之間，有顯明的矛盾存在。像專制王朝的大多數臣僕一樣，對於任何與其主上的希望和夢想不符合的路線，他都力求避免選擇和負責。但是經過苦苦糾纏之後，隆美爾終於獲得他的同意，並下了一個命令允許非摩托化的義大利部隊撤到塔胡拉—何門斯之線（Tarhuna-Homs Line），即比布拉特要退後一百三十哩，並非常接近的黎波里城。於是，在一月的第二個星期裏，卡伐里羅又要求把一個德國師調回加貝斯隘道，俾預防美軍在那方面的威脅——上文中早已說過，那個威脅並未成熟。隆美爾對於這樣的要求當然欣然同意，因爲那恰好和他構想中的計畫相配合，所以他立即派第二十一裝甲師前往。於是他手裏所留下的就只有第十五裝甲師的三十六輛戰車，以及義大利森陶羅師的五十七輛舊式戰車，以對抗蒙哥馬利在新攻勢中的四百五十輛戰車。面對著如此壓倒性的優勢，隆美爾自然無意去作一次毫無希望的戰鬥，所以當他透過其無線電監聽單位獲知英軍將在一月十五日發動攻擊的消息之後，他馬上就不客氣地自動溜走了。

把英軍滯留了兩天之後，隆美爾遂於一月十七日將其摩托化部隊撤回到塔胡拉—何門斯之線，並立即命令本來留在那裏的義大利步兵再退往的黎波里。而在那兩天戰鬥中，英軍由於受到分散極廣的雷區所阻，並且損失了五十輛戰車，所以行動也就變得比過去更爲謹愼。塔胡拉—何門斯之線已經有比較堅強的設防，應該是可以比布拉特陣地多守幾天，但隆美爾知道蒙哥馬利擁有強大的裝甲部隊，隨時都可以從內陸方面採取迂迴運動，所以他若在這一線上長期據守，結果必然會使自己的退路被切斷，而被迫處於毫無希望的態勢。因此他在十九日的夜間，即開始撤退其剩餘部隊，而的黎波里的港埠設施也在此時加以破壞。

次日清晨，卡伐里羅有急電來說明墨索里尼絕不准許撤退，並堅持這條防線至少應守三個星期。當天下午卡伐里羅親自趕到前線來監督隆美爾執行這個命令。隆美爾很不客氣的指出，由於根本上已無適當的增援，所以任何這一類的時限只好由敵人的行動來決定。最後他就把責任加在卡伐里羅的頭上，他這樣的說：「你可以在的黎波里多守幾天但結果卻是全軍覆沒；或者是提早幾天喪失的黎波里，卻可以保留這一點部隊以供防守突尼斯之用。現在就請你下決心。」卡伐里羅避免作具體的決定，但他卻間接的暗示隆美爾說，這個軍團的實力必須保存，不過的黎波里應儘可能的堅守。隆美爾遂立即開始撤退非摩托化的義大利部隊，以及大部分可以移動的補給物資。於是在二十二日的夜間，他就率領其剩餘的部隊從塔胡拉—何門斯之線撤退，一直退到的黎波里以西一百哩以外的突尼西亞的邊境上，然後又再退後八十哩，達到了馬內斯防線(Mareth Line)。

越過布拉特之線以後，英軍的追隨行動誠如蒙哥馬利所形容的，已經呈「黏著」(sticky)狀態。這不僅是由於地雷和道路被爆破之故，而更是由於英軍在對付敵人的後衛警戒幕時總是過分慎重。蒙哥馬利在他的回憶錄中，曾經強調在沿海公路上的前進「一般都缺乏主動和衝力」，爲了加重這種評論，他又引述在其日記中一月二十日所記錄的一份手令，表示他曾經如何催促第五十一師迅速前進。但事實上，隆美爾早已退到塔胡拉—何門斯之線，而他在二十二日之所以迅速放棄該線，而繼續退往突尼西亞邊境上的主因，又並非由於沿著海岸公路線方面壓力的加強，而是害怕英軍強大裝甲部隊從內陸方面以迂迴行動來切斷他的退路。當第五十一師在月光之下前進——其領先的步兵則坐在戰車上——他們發現敵人已經撤退。到一月二十三日拂曉時，英軍縱隊的矛頭已經在無抵抗的情況下進入的黎波里。

自從一九四一年以來，這個城即爲英軍累次攻擊的目標。從艾拉敏開始追擊隆美爾起，一路上已經前進了一千四百哩。這個目標的到達也就是這一段里程的終點。那是在攻勢發動之後整整三個月才到達的。對於蒙哥馬利和他的部隊而言，這是一項令人感到興奮的成就，但就他本人而言，也有如釋重負之感——因爲他在日記中曾這樣的的寫著：「自從我接管第八軍團指揮權以來，這是我第一次眞正感到焦急。」在一月初，有一場風暴使班加西港口受到極大的破壞，使那裏補給物資的接收量從每日三千噸減到一千噸以下，於是也就迫使他必須利用遠在後方的多布魯克港，從那兒到的黎波里的距離約爲八百哩，換言之，也就是要把那條已經夠長的公路線更拉長不少。爲了想獲得較多的補給，他已經把第十軍留在原地不動，以便利用它的運輸車輛。當他發動這次新攻勢時，他認爲必須在十天之內到達的黎波里，否則他也許就必須中止他的前進。

不過對於蒙哥馬利而言，又算是相當的僥倖，因爲敵人對於他的時間和補給問題並不太清楚，他們所知道的僅以爲他是挾著一種在戰車數量上的優勢來向他們進逼——他們所能使用的戰車就只有第十五裝甲師的那三十六輛，所以蒙哥馬利享有的優勢爲十四對一。假使第二十一裝甲師不被召回去應付美軍對加貝斯瓶頸地區所可能形成的威脅——在這個師被派往該地區之後的兩天，即十三日，美軍的那個攻擊計畫即已撤消——那麼德軍在塔胡拉—何門斯防線上也就比較有堅守的可能。假使是那樣，蒙哥馬利也許即將自動停止前進，而退回到布拉特陣地去等候解決其補給問題，因爲誠如他自己所說的，他這次進入的黎波里是在他自定的時限尙差兩天滿期之前。

蒙哥馬利又在的黎波里逗留了好幾個星期，以淸理和修補該地被破壞的港口。直到二月三日才有第一艘船進入該港，到了二月九日，才有第一支運輸船團開到。蒙哥馬利只派了少許輕裝部隊去追蹤敵軍的撤退，而其領先的一個師是直到二月十六日才越過突尼西亞的邊境線——隆美爾的後衞則已於前一夜撤入馬內斯防線的前進陣地，那一條防線本是法國人所建築的，其目的是阻止義大利人從的黎波里侵入突尼西亞。該防線係由一連串舊式的碉堡所組成，隆美爾認爲還是在它們之間的空間中新近所挖掘的野戰工事比較可靠。的確如此，當他視察了馬內斯防線之後，他建議最好是退守阿卡里特乾河(Wadi Akarit)之線，該線還要退後四十哩，恰好在加貝斯以西十五哩，它不僅可以掩護通往突尼斯的進路，而且由於在內陸方面有傑里德鹽湖(Chott el Jerid)的掩護，可以不必害怕受到迂迴的威脅——因爲那種鹽質沼澤地是裝甲部隊所不易通過的。但他的建議並不曾被遙遠的獨裁者所採納，他們雖已明知毫無希望，但卻仍不肯放棄其空中樓閣的幻想。至於隆美爾自己的資本也已經降到最低點了。

由於的黎波里的失守，墨索里尼遂遷怒於他的部下，把巴斯提科召回，把卡伐里羅免職——後者則由安布羅希奧將軍(General Ambrosio)來接替。同時，隆美爾在一月二十六日也接到一份電報，其內容是說由於其健康欠佳，所以已被解除指揮權，並應在馬內斯新陣地鞏固之後即辦理移交，其軍團將改名為第一義大利軍團，由梅希將軍(General Giovanni Messe)接任司令。不過，他卻仍被允許有權自行選擇移交和離去的日期——對於這一點權利，隆美爾曾加以充分的利用以使聯軍受到很大的損害。

隆美爾早已是一個病人，而最近三個月的憂勞緊張生活，當然不會使他的情況有所改善。但在二月間他仍然表現出他還是具有強大的活力。

當美軍透過突尼西亞南部逐漸接近隆美爾的退卻線時，他不但不感到憂慮，反而認為那是一個良好的機會，可以讓他在蒙哥馬利再度進逼之前先在那方面打一個勝仗。雖然馬內斯防線的防禦力量非常有限，但對於戰車的攻擊仍可構成一種阻礙，而至少能把蒙哥馬利的前進延遲一段時間。此外，隆美爾的實力也已經略有增加。當他向西撤退時，他也就日益靠近其補給基地的港口，所以也就獲得了一些補充，足以抵補其在長程撤退過程中的損失。以部隊的人數而言，他現在所有的與去年秋季艾拉敏會戰開始時差不多。當他進入突尼西亞境內時，他的軍團差不多有三萬名德國人（約爲其編制人數的一半，但卻與艾拉敏會戰開始時的數字相等），和大約四萬八千名義大利人——不過其中又包括已經派往加貝斯和斯法克斯地區的第二十一裝甲師，以及正要派往防守艾古塔爾（El Guettar）隘道的義大利森陶羅裝甲師在內。後述的隘道正面對著美軍在加弗沙的陣地。不過在裝備方面，情況卻似乎並不那樣良好——德軍部隊的戰車只約相當於編制數的三分之一，戰防砲爲編制數的四分之一，而一般火砲則僅及六分之一。此外，在大約一百三十輛戰車中，能夠合於戰鬥之用的又還不及半數。儘管如此，但在蒙哥馬利尚未能充分利用的黎波里港，和在突尼西亞邊境上集中優勢兵力之前，一般情況的確可說是已獲相當的改善。所以隆美爾對於這樣一個空隙是急欲加以利用的。

他現在就計畫發動一個拿破崙式的兩面攻擊，以發揮戰略家所謂的「內線」理論——即利用處於兩支向心前進的敵軍兵力之間的中央位置，趁其中有一方面尚來不及救援之前，即首先擊敗另一方面。假使他能夠擊敗在其後方的美國部隊，那麼隆美爾也就可以空出一雙手來對付蒙哥馬利的第八軍團，而後者又因爲補給線的拉長，所以其實力也已經相當的減弱。

這是一個卓越的計畫，但隆美爾的最大困難卻是在執行此項計畫時，他大部分都必須依賴並非他自己所能控制的部隊。他從馬內斯防線所能抽出的兵力，只夠組成一個大型的戰鬥

隆美爾企圖迂迴第一軍團（1943年2月14日～22日）

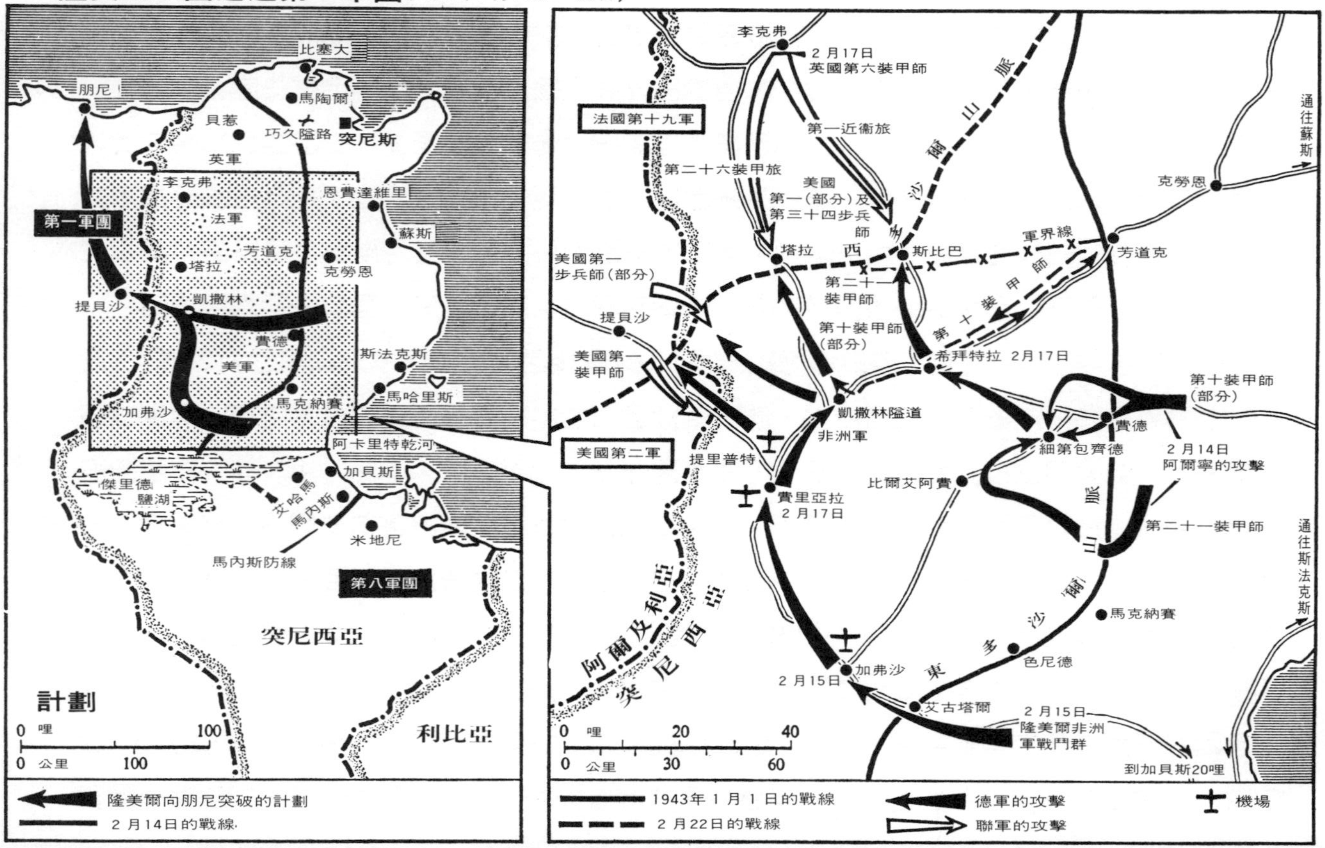

羣，尚不及一個師的一半，由李本斯坦上校(Colonel von Liebenstein)負責指揮。他手下著名的和可靠的第二十一裝甲師早已調回突尼西亞，現在也正位於他所要想打擊的地點上，但這個師卻已經改受阿爾寧軍團的指揮。所以從開始起，就變得要由阿爾寧來決定主要打擊的目標和所應使用的兵力，而隆美爾的任務卻只限於從旁協助而已。

美國第二軍(其中包括一個法國師)被預定爲此次反擊的目標。其戰線長達九十哩，但實際上其兵力是集中在從山地通過海岸的三條道路之上，其先頭則在加弗沙、費德(Faid)和芳道克(Fondouk)等地附近的隘道上——在那裏又與柯爾茲將軍所指揮的法國第十九軍連接在一起。這些隘道都是如此的狹窄，所以佔領它們的部隊感到相當的安全，而聯軍較高指揮部的注意力，則被軸心軍在芳道克以北地區中所作的一連串試探性攻擊所吸引。

但在一月底，身經百戰的第二十一裝甲師突然躍進在費德隘道上，在美軍遲來的援兵趕到之前，就已經在那裏擊潰了裝備惡劣的法國守軍，於是也獲得了一個作爲下次較大攻擊的立足點。這次突擊使聯軍較高級指揮官可以猜到敵人是在計畫發動怎樣的一種攻擊，但他們卻仍然沒有猜到即將來臨之攻擊的地點。因爲他們把這個在費德隘道上的攻擊，當作是一種分散聯軍注意力的行動來看待，所以他們相信主要的攻擊將會在芳道克的附近。誠如布萊德雷將軍(General Omar Bradley)在其回憶錄中所說：「這種想法幾乎變成了一種致命的假定。」不僅在艾森豪總部中是如此，在安德森的英國第一軍團司令部中亦復如此——在亞歷山大尚未來到之前，突尼西亞境內全部聯軍的作戰現在還是由安德森負責指揮。在卡薩布蘭加會議時，亞歷山大已被指派爲新成立的第十八集團軍總司令，其位置是在艾森豪之下。等到第八軍團進入突尼西亞之後，它就要和第一軍團聯合組成這個新的集團軍。爲了防守這一條期待中的攻擊路線，安德森遂把美國裝甲部隊的一半，即其第一裝甲師的「B」戰鬥羣，保留在芳道克的後方充當預備隊。這一個錯誤的計算也就幫助減輕德軍在前進時的困難。

到二月初，突尼西亞的軸心兵力總數已經增加到十萬人——其中七萬四千人爲德軍，二萬六千人爲義軍——比在十二月間對聯軍的兵力是佔有一種較良好的比例。約有百分之三十爲行政人員，至於在裝甲兵力方面則幾乎是完全依賴德國人的貢獻，其戰車數量剛剛超過二百八十輛——第十裝甲師一百一十輛，第二十一裝甲師九十一輛（以現有的編制而言恰好爲足額的一半），另有十二輛虎式戰車編成一個特種單位，而隆美爾也在李本斯坦戰鬥羣內增加一個營的二十六輛戰車，以增強在加弗沙公路上的森陶羅師，它還有殘餘的義大利戰車二十三輛。這個總數還是比聯軍的實力差得很遠，即令全部都集中在突尼西亞南部企圖的攻擊正面上，也仍不足以構成數量上的優勢。因爲支援這個地段的美國第一裝甲師，雖然也並未足額，但卻約有三百輛戰車可供作戰之用——不過其中有九十輛爲「斯圖亞特」輕型戰車——此外還有三十六輛驅逐戰車(Tank Destroyer)，而在火砲方面則更比德國裝甲師要強大得多。不過使隆美爾深感失望的是阿爾寧還是只派了第十裝甲師的一部分(一個中型戰車營和一個四輛虎式戰車的連)，來幫助第二十一裝甲師，而且還只限於攻擊開始的階段，因爲阿爾寧正計畫使用第十裝甲師在遠較北面的地區去作一次攻擊。

(原註：以上這些數字都是引自原始的記錄，可以非常有意義的顯示，若以「師」的數目爲標準來比較同盟和軸心兩方面的實力，其錯誤將是如何的巨大——但聯軍的指揮官，以及許多官方的史學家卻正是這樣計算的。在這個階段，一個美國裝甲師的編制戰車數量爲三百九十輛，而一個正常的德國裝甲師則爲一百八十輛，所以前者的數量要比後者多一倍而有餘。但實際的差距還要更大，因爲德國人對於缺額的補充比較困難。如上文中所說，即令是一個已經殘缺不全的美國第一裝甲師，其所擁有的戰車數量仍然還是要比德國裝甲師的平均數量幾乎大了三倍，一個英國裝甲師的編制最近已經減爲二百七十輛，但特種戰車例外；而美國裝甲師，除了某些例外，在這一年內也改組成爲類似的型態。但在一九四四年，英國裝甲師的戰車數量又升到三百一十輛，因爲其搜索單位的裝甲車也換裝爲戰車。總而言之，一個聯軍裝甲師所能實際用來作戰的戰車數量，通常要比德國裝甲師多出兩倍到三倍。要想維持平衡，則德國人必須依賴其在素質方面的優勢。)

二月十四日，德軍眞正的攻勢開始，第二十一裝甲師再度從費德躍出，連同第十裝甲師所派來的援兵在內。直接負責指揮攻擊的是阿爾寧的副手齊格勒將軍(General Ziegler)。由第十裝甲師所派出的兩個小型戰鬥羣從費德隘道中衝出，像鉗臂一樣的張開，把美國第一裝甲師的先頭部隊——「A」戰鬥羣——緊緊地夾住，於是第二十一裝甲師也派出兩支兵力(每支都是以一個戰鬥營爲基幹)，乘著黑夜向南面作較大的迂迴以包圍美軍。雖然當德軍在細第包齊德(Sidi Bou Zid)合圍之前，還是有許多美軍化整爲零的逃走了，但裝備的損失卻極爲慘重。戰場上到處都是起火燃燒的美國戰車，在這一次戰鬥中一共損失了四十輛。次日上午，美軍的「C」戰鬥羣匆匆趕上前線發動一個逆襲，結果卻恰好中了敵人的埋伏，一共只有四輛戰車逃回。因爲德軍擅長從劣勢資源中集中優勢兵力的技巧，所以兩個精銳的美國中型戰車營，就在這樣連續的戰鬥中被擊滅了。不過對於聯軍而言，卻又算是很僥倖，因爲德軍在追擊時行動頗爲遲緩。

在十四日那一天，隆美爾即已力促齊格勒趁著黑夜奔馳，對於這個成功的開端作儘量的擴張。隆美爾告訴他說：「美國人尚無實際戰鬥的經驗，所以我們必須一開始就給他們一個下馬威，好讓他們產生一種深入的自卑感。」但齊格勒卻認爲他必須獲得阿爾寧的批准才可以前進。所以直到二月十七日他才開始向前推進二十五哩到達了希拜特拉(Sbeitla)，而美軍已在那裏集結。因此，德國人遂遭遇較頑強的抵抗，因爲現在由羅比內特准將(Brigadier-

General Paul Robinett)所率領的「B」戰鬥羣也已經匆匆南調。直到下午快要結束時爲止，這個戰鬥羣尚能擋住德軍的前進，並幫助掩護其他兩個戰鬥羣的殘部退卻之後才自己開始撤退——這也是聯軍左翼全面退卻的一部分，在安德森命令之下，該部隊要撤到西多沙爾山脈(Western Dorsal)之線。雖然德軍進入希拜特拉的時間曾遭延遲，但他們的全部收穫卻增到一百輛以上的戰車和近三千名的俘虜。

此時，隆美爾所帶來的戰鬥羣，直向聯軍在加弗沙的南面側翼頂點進攻，當美軍於十五日撤出後，即早已進入那條道路的中心。現在遂加快速度並轉向西北，到十七日又前進了五十哩，穿過費里亞拉(Feriana)，並攻佔美軍在提里普特(Thelepte)的機場。所以現在其到達的位置幾乎和第二十一裝甲師平行，不過要更向西偏三十五哩，因此也更接近聯軍的交通線。亞歷山大也正在那一天到達現場，並在十九日接管這兩個軍團的指揮權。在他的通報中曾經這樣的指出：「在退卻的混亂中，美國、法國和英國的部隊都已經混在一起，糟不可言，既缺乏有協調的防禦計畫，又無堅定確實的指揮。」隆美爾聽說聯軍已經放火焚燒在提貝沙的補給倉庫——那是在四十哩以外，而且還隔了一道山脈——所以照他看來，那是他們已經喪失鬥志的證明。

現在就到了眞正的轉向點——雖然聯軍的指揮以爲那是三天以後。隆美爾希望能集中所有一切可以動用的機械化兵力，作一個透過提貝沙的全面追擊來擴張此種混亂和恐怖的效果。他感覺到這樣深入的一刀若切在聯軍的主要交通線上，則一定可以強迫聯軍把他們的主力撤回到阿爾及利亞——這也正是那些內心焦急不堪的聯軍指揮官們所想到的前途。

但隆美爾卻發現阿爾寧不願發動這樣一個冒險——他也早已把第十裝甲師收回。所以隆美爾就只好把他的建議呈送給墨索里尼——他相信墨索里尼迫切希望能獲得一次勝利，以增強其在國內的政治地位。同時，拜爾林(隆美爾最親信的參謀長)也說服了在突尼西亞的空軍指揮官，使他們同意支援這個計畫。

時間一個小時又一個小時溜過去，直到十八日的午夜，羅馬才來覆電准許繼續進攻，並指派隆美爾負責全面指揮，把兩個裝甲師都交給他，以求達到此種目的。不過這個命令卻規定應向北進攻塔拉(Thala)和李克弗(Le Kef)，而不應向西北穿過提貝沙。照隆美爾看來，這樣的改變是代表一種「驚人和令人難以置信的近視」——因爲這樣的攻擊與正面太接近，也必然會遭到敵方強大預備隊的阻擋。

所以攻擊的地點完全合於亞歷山大的料想，因爲他早已命令安德森應集中其裝甲部隊防守塔拉——不過亞歷山大所根據的卻是一種錯誤的計算，因爲他以爲隆美爾寧願追求「戰術性的勝利」，而並不想追求較間接性的戰略目標。這種錯誤的假定結果卻又變得對聯軍有利，那實在是很僥倖，主要的應歸功於墨索里尼的命令——但隆美爾若能被允許隨心所欲的去追求其理想中的目的，則聯軍就一定會受到他的奇襲而變得極爲狼狽。因爲聯軍援兵的大部分(包括英美兩國的部隊在內)都集中在塔拉和塔拉以東的斯比巴(Sbiba)地區內，至於在提貝沙卻只有美國第一裝甲師的殘部擔負掩護的任務。

英國援兵的主力爲第六裝甲師。其裝甲部分的第二十六裝甲旅即駐在塔拉，而剛剛到達的美國第九步兵師的步兵和砲兵，也都被送往該地充作支援。第一近衞旅，即第六裝甲師的摩托化步兵部分，則駐守希拜特拉北面的斯比巴缺口，和他們在一起的還有從美國第一和第三十四兩個步兵師中所抽出的三個戰鬥羣。

在接獲墨索里尼的准批之後的幾個小時內，隆美爾即在二月十九日的清晨發動攻擊。但由於一再的延誤，和阿爾寧召回第十裝甲師的行動，已使其成功的機會大爲減低——這個師已經北上，現在再把它調回來，在時間上也就無法趕上新攻擊的第一階段，而這正是最重要的階段。於是隆美爾決定只好使用其非洲軍的戰鬥羣，來領導穿過塔拉向李克弗的進攻，而第二十一裝甲師則從斯比巴方面也趨向於同一目標，所以這兩路兵力之間遂又可以互相呼應支援。

指向塔拉的路線必須經過凱撒林隘道(Kasserine Pass)，該隘道位於希拜特拉與費里亞拉之間的中點上，這個陣地現在是由一支美國的混合兵力據守，其指揮官爲斯塔克上校（Colonel Stark）。德軍最初的企圖是想用奇襲的方式衝過這個隘道，但未能如願；而到下午由於各種不同的援兵到達，遂使斯塔克的兵力遠超過非洲軍戰鬥羣的兵力（它一共只有三個小型的營——一營戰車和兩營步兵）。但由於防禦方面缺乏良好的協調，所以到黃昏時德軍已在某些點上滲入，而到了天黑之後，滲入的人數也就更多。此時向斯比巴前進的第二十一裝甲師也爲一道雷陣所阻，在雷陣之後聯軍又部署著重兵——十一個步兵營對抗攻擊者的兩個營，而在火炮和戰車兩方面也都享有數量的優勢（因爲第二十一裝甲師現在用於作戰的戰車已經不到四十輛）。所以在夜間隆美爾遂決定集中兵力來突破凱撒林隘道，因爲那裏的防禦似乎已經動搖，同時也把遲到的第十裝甲師用在那一方面。但因爲第十裝甲師所趕到的兵力只有一個戰車營、兩個步兵營和一個機車營，所以成功的希望遂又隨之而減低。阿爾寧所扣留的兵力幾乎還有半個師，並連同配屬的虎式戰車營在內，而隆美爾卻正想把這種戰車當作他手裏的王牌。

直到二十日的下午，他才能對凱撒林隘道發動集中的攻擊，因爲第十裝甲師的單位直到那個時候才勉強趕到——這樣的延誤使他非常的憤怒。上午的一次攻擊已被守軍的火力所擊退，但到了下午四時三十分，隆美爾親冒矢石，率領著所有一切可用的步兵——共五個營，包括一個義大利營在內——發動全面的突擊，並迅速的突破敵方陣地。但是一支兵力非常小的英國支隊，卻又對攻擊者展開極頑強的抵抗。那一共只有一個裝甲連、一個步兵連和一個野砲連，由高爾中校(Lieutenant-Colonel A. C. Gore)所率領，本是派來支援這個隘道的防禦。結果德軍使用了一個戰車營才把這個支隊壓倒，而它自己的戰車也被擊毀了十一輛。美國官方的戰史是比任何國家都要較忠實和公正，它不僅強調這個支隊的抵抗特別頑強而且非常有意義的指出德軍在其他地方的突破卻是相當容易。它說：「敵軍對於所俘虜的美軍裝備的數量和素質深感驚異，那些裝備幾乎都是完整無缺的。」

隆美爾在攻佔這個隘道之後，即派出搜索支隊，一方面沿著塔拉的路線前進，另一方面也抵達前往提貝沙的叉路上，其目的是要使聯軍在其預備隊的調動上感到困難，而同時還想奪取在提貝沙的美軍巨大補給倉庫——這本是他自己原定的目標。隆美爾節節勝利的消息早已產生第一種效果。因爲弗里登達在上午命令羅比內特「B」戰鬥羣從極右翼調向塔拉之後，又已經再度命令它去掩護從凱撒林到提貝沙的叉路。此時，英軍的第二十六裝甲旅羣在鄧費准將(Brigadier-General Charles Dunphie)率領之下——共有兩個裝甲團和兩個步兵營——已經從塔拉向南移動，在距離凱撒林隘道約十哩的地方佔領陣地，並期待「B」戰鬥羣前來支援。對於聯軍而言總可以說是很僥倖，因爲攻擊者的實力遠比他們所想像的要弱得多。

次日(二月二十一日)上午，隆美爾首先站在原地不動以等候聯軍的逆襲。他這樣按兵不動反而使對方大感驚異，因為他們並不知道隆美爾的兵力比他們所集中的數量差得太多。但是隆美爾發現敵人也靜止不動並不企圖發動逆襲時，遂率領第十裝甲師的一部分兵力向通往塔拉的道路挺進——其數量不過是相當於一個戰鬥羣，包括三十輛戰車、二十輛自走砲和兩營裝甲榴彈兵(panzer-grenadier，即摩托化步兵)。鄧費的旅羣在德軍的前面逐步後退，在連續的山脊上留著不走，直到受到迂迴和側擊為止。但當它的戰車在黃昏退入在塔拉既設陣地時，一連串的德國戰車就緊跟在後面——德軍使用巧計以一輛俘獲的英國「法蘭亭」式戰車領先前進，遂使英軍還以為他們是英軍方面的落伍單位。於是德軍衝入陣地，擊潰一部分步兵，並向許多車輛射擊，遂使到處都發生混亂。雖然經過三個小時的混戰之後才被阻止，但德軍在撤退時卻已帶走七百名戰俘。從凱撒林隘道出發，在這一連串的戰鬥中德軍也已損失十二輛戰車，但他們所擊毀的英軍戰車則已接近四十輛，包括一個迷失方向而衝入敵陣的戰車連在內。

因為預計將會遭遇較大的逆襲，隆美爾遂決定等待，以便在擊敗敵人的逆襲後再乘勢追擊。但在上午，空中偵察卻指明聯軍的增援已經到達現場，而且還有更多的部隊正在不斷的前來。所以想透過塔拉作更進一步擴張的機會似乎已經不大，而軸心軍左翼方面的危險也正在不斷的增加。在前一天的下午，非洲戰鬥團曾經推進到提貝沙叉路上，佔領了那方面的隘道並掩護對塔拉攻擊的側翼，但由於美軍在高地上已建立砲兵陣地，並集中強大的火力，所以未能得逞。二十二日上午，德軍又再度進攻，結果所得甚微，而損失的嚴重則已經使他們有吃不消之感——因爲在這個地區中，美軍所集中的兵力遠比他們強大，除了羅比內特的「B」戰鬥羣以外，還有艾侖(Terry Allen)所指揮第一步兵師的一部分。

那天下午，隆美爾與飛來視察的凱賽林獲得一致的結論，認爲再繼續作向西的反擊已無利可圖，所以應迅速擺脫這一方面的戰鬥，而把攻擊部隊轉向東方以對付英國第八軍團。根據這個決定，軸心部隊遂奉命在黃昏時開始撤退——第一步先退到凱撒林隘道。

在另一方面，艾侖從一淸早起就想對軸心軍的側翼發動一次逆襲，但由於通信上的困難，始終和羅比內特聯絡不上，所以直到下午很晚的時候才能開始行動。它促使非洲戰鬥羣匆匆地向凱撒林隘道撤退，而義大利部隊在撤退中遂變成了潰退。隆美爾對於這個地區中的美軍頗有好評，他們的戰術技巧日有進步，砲兵火力的精確，以及裝備的豐富都使隆美爾獲得深刻印象，假使一旦發展成爲較大規模的反擊，則他那支比較微弱的兵力也就會遭遇到嚴重的危險。

但是隆美爾的弱點和已經改變的情況，卻仍然不曾爲聯軍高級指揮階層所認識。誠如美國官方戰史所記載的，弗里登達面對撤退中的敵軍，對地面作戰的指揮已經變得極端猶豫不決，而在這個時候敵人卻正是最易被摧毀的。安德森也同樣的只是在考慮防禦的問題。事實上，在斯比巴的大量聯軍兵力，那一天夜間曾向北撤退約十哩的距離，因爲他害怕隆美爾會從塔拉突破並威脅他們的後方。在類似的恐懼之下，另一個側翼上的提貝沙也曾有撤出的考慮。甚至於在二十三日上午已經發現德軍從塔拉地區撤退之後，也不曾採取任何追擊的步驟，直到那天夜間才下達發動總攻擊的命令——而預定發動的日期則爲二十五日。到那個時候，敵軍早已撤走並安全通過凱撒林瓶頸地帶，聯軍計畫「殲滅」敵軍和「奪回」隘道的努力完全變成馬後砲，他們所遇到的只不過是敵人所留下來的爆破和地雷而已。

由於雙方兵力的懸殊，和聯軍抵抗的日益增強，軸心軍結束攻勢的決定可以說是非常恰當。面對著聯軍方面現已集中的巨大優勢兵力，若再堅持不退實爲一種愚行，從物質方面來說，這次攻擊的收穫若與成本相比較，可以說是很大——俘虜的敵軍超過四千人，而德軍的損失卻不過一千多人，聯軍被擊毀的戰車在二百輛左右，而德軍的損失幾乎不成比例。但卻未能達到迫使聯軍退出突尼西亞的戰略目標，儘管其危險已經間不容髮。如果第十裝甲師的全部兵力都能投入戰鬥，而從開始就由隆美爾統一指揮，並且還一切都由他自由決定而不加干涉（例如照他的想法應傾全力直趨提貝沙），則這個戰略目標也許可以達成。若是能夠迅速奪佔美軍的主要基地和機場中心，連同其累積的大量補給物質在內，則聯軍將不可能繼續保持他們在突尼西亞的地位。

最足以表現命運的諷刺者，是二月二十三日從羅馬發來的一道命令，指派隆美爾爲新成立的「非洲集團軍」總司令，並給予指揮突尼西亞境內所有一切軸心部隊的全權。這可以反證這次反擊的心理效果是多麼巨大，它又暫時恢復了墨索里尼和希特勒對隆美爾的信心。但對於隆美爾而言，這種滋味實在不好受，因爲當命令來到時，德軍已經在開始撤退——而且也實在太遲，無法挽救已經喪失的機會。

同時它也來得太遲，已經來不及打消阿爾寧在北面所想要發動的攻擊，因爲他一心想要獨建奇功，所以才扣留預備隊不放手，那些兵力若早日交給隆美爾運用，則對軸心方面的貢獻也將遠爲巨大。照原定的計畫，是以攻佔梅傑茲艾巴布(Medjez el Bab)爲一個有限性的目標，這個攻擊是預定在二十六日發動，所使用的兵力爲兩個裝甲營和六個其他的營。但在二十四日拂曉，當阿爾寧派了一位參謀軍官把這個有限性的計畫送給隆美爾看了以後，自己卻飛往羅馬去晉見凱賽林，並在他們的討論中產生一個更爲雄心勃勃的新計畫。在這個新計畫中，德軍要沿著從北海岸到法斯橋(Pont-du-Fahs)之間七十哩長的戰線上分別在八個點上進攻。其對手爲英國第五軍(包括第四十六師、第七十八師、Y師，加上海岸附近的一個法國團級戰鬥羣）。德軍的主攻部隊爲一個裝甲羣，其目標爲貝惹(Beja)的道路中心（在突尼斯以西約六十哩），與其配合的則爲一個較短程的鉗形攻擊，以攻佔梅傑茲艾巴布爲目的。雖然把所有一切能用的兵力均已用盡，但由於攻擊的範圍太大所以仍然不夠支配。爲了對貝惹的攻擊，該裝甲羣的兩個戰車營的戰車總數已經增強到七十七輛，並包括十四輛虎式戰車在內。但爲了湊足這個並不太大的數量，德軍即已經感到羅掘俱窮，甚至剛剛運到突尼斯預定補充第二十一裝甲師的十五輛戰車也都被截留下來充數。等到隆美爾獲知這個新計畫的內容時，他不禁駭了一跳，他形容該計畫是「完全不切實際的」。他以爲那是墨索里尼的過錯，殊不知當墨索里尼獲知這個計畫的內容時，所感到的震驚也不亞於隆美爾本人。

阿爾寧的作戰計畫是在二十五日發出，而攻擊則定在次日發動——所以還是保留著較小型原始計畫中所規定的時間。德國人在計畫作爲上所表現的速度和彈性是素有定評的，但對於如此巨大的改變還是不免感到太匆忙。即令如此，曼陶菲爾(Manteuffel)所率領的一個師在最北端地區所作的（新加的）助攻，仍然還是能夠作成最佳的表現，它幾乎在傑貝爾艾波德(Djebel Abiod)到達聯軍的主要橫路，並從據守該地區的英法兩國部隊中俘虜了一千六百人之多。但是由德軍裝甲戰鬥羣所發動的主攻，在細第思爾(Sidi Nsir)衝過英軍前進陣地之後，就在距離貝惹還不到十哩遠的一個狹窄的沼澤隘道中鑽入了英軍的陷阱，於是英軍的野戰砲和戰防砲遂發揮了巨大的威力。除了六輛以外，所有德軍的戰車全部被擊毀，這個攻擊也就自然的熄滅。以梅傑茲艾巴布爲目標的助攻，也是以失敗爲結束，雖然最初曾獲得少許的成功，其他在較南面的攻擊也都莫不如此。總結計算，阿爾寧的攻勢俘虜了敵軍二千五百人，而所付出的代價則只剛剛超過一千人，但遠較嚴重的事實，卻是其戰車已有七十一輛被擊毀或喪失行動能力，而英軍的損失尚不及二十輛。因爲德軍對於戰車早已感到極端缺乏，所以損失的戰車也極難迅速獲得補充。

更壞的是，這次流產的攻勢又耽擱了隆美爾第二次攻勢所需的兵力調度——那是準備打擊蒙哥馬利在米地尼(Medenine)面對馬內斯防線的陣地，因爲凱賽林曾要求隆美爾應讓第十和第二十一兩個裝甲師留在美軍側面附近夠長的時間，以牽制他們使其不能調遣預備隊去幫助應付阿爾寧的攻勢。這種延遲對於隆美爾東向反擊的成敗，也就足以產生重大的差異。直到二月二十六日爲止，蒙哥馬利還只有一個師的兵力進入米地尼陣地。他自己承認那時他很感到憂慮，而其幕僚也正在加緊工作以求能在隆美爾發動攻擊之前重新建立平衡態勢。等到三月六日隆美爾發動攻擊時，蒙哥馬利的兵力即已增加四倍——即相當於四個師的兵力，戰車接近四百輛，火砲三百五十門，和戰防砲四百七十門。

所以，在這一段時間之內，隆美爾也就喪失以優勢兵力進行攻擊的機會，他的三個裝甲師(第十、第十五和第二十一)一共只能集結一百六十輛戰車——尚不及一個足額的師——而支援這個攻擊的火砲又不及二百門及步兵一萬人，但駐在馬內斯防線沿線的脆弱義大利部隊則並未列入。此外，蒙哥馬利現在又有三個戰鬥機聯隊從前進機場起飛作戰，可以確保空中優勢，於是隆美爾想要獲致奇襲效果的機會也從此喪失。三月四日，即在發動攻擊的前兩天，英國飛機即已發現德國裝甲師的前進行動。

在這樣的情況之下，蒙哥馬利也就自然能夠發揮其一切的能力，來計畫一個有良好組織的防禦，所以其效力也比六個月之前的阿蘭哈法會戰時還要更高。前進中的德軍不久即被釘牢，接著英軍的集中火力就使他們受到重大的損失。隆美爾知道已無獲勝的可能，遂於黃昏擺脫英軍的攻擊。但到了那時，他已經損失四十多輛戰車，雖然人員的傷亡卻不過六百四十五人。英軍的損失則遠較輕微。

這一次的失敗也證明了數量和兵器均居於劣勢的軸心軍隊，是絕無希望擊敗聯軍兩個軍團中的任何一個。換言之，只能坐視他們會合並發展一種聯合的壓力。早在一個星期以前，隆美爾曾經把一份鄭重和冷靜的情況判斷呈送給凱賽林，那不僅代表他個人的意見，而且也是他的兩位軍團司令，阿爾寧和梅希所一致同意的看法。在這份文件中，他指出軸心兵力現在是據守著一條長約四百哩的戰線，而且面對著遠較強大的敵軍——他估計敵軍的兵力多過兩倍，而戰車數量則多過六倍——所以防禦的單薄已經到了非常危險的程度。他主張把防線縮短爲一條長僅九十哩的弧線，僅以掩護突尼斯和比塞大兩城爲限，但他又說若想守住這樣一道防線，則每個月的補給量必須要增加到十四萬噸。於是他直率的要求高級指揮部，對突尼西亞戰役的長程計畫有加以解釋的必要。經過了幾次的催問，他所獲得的是很簡單的答覆：「元首完全不同意他所作的情況判斷。」並且還附列一張表，其中只列出雙方部隊的數字，但完全不曾考慮到實際的兵力和裝備——這與聯軍指揮官們所常犯的錯誤如出一轍。

（原註：隆美爾估計聯軍兵力爲二十一萬人，擁有戰車一千六百輛，火砲八百五十門，和戰防砲一千一百門。這個估計還是偏低。在三月間聯軍的實際人數已經超過五十萬人，雖然其中僅有半數爲戰鬥部隊。戰車總數約近一千八百輛，火砲超過一千二百門，戰防砲則超過一千五百門。而軸心方面的戰鬥部隊約爲十二萬人，堪用的戰車則僅爲二百輛。）

隆美爾在米地尼遭遇失敗之後，遂獲得一個結論，認爲德義兩國的兵力若再留在非洲，則實在無異於「明顯的自殺」。所以在三月九日，他請准了拖延已久的病假，把集團軍的指揮權交給阿爾寧代理，然後飛返歐洲，想親自努力使他的上級了解實際的情況，結果卻結束了他個人與非洲戰役的關係。

到羅馬一下飛機之後，他就去見墨索里尼。據隆美爾的記載，墨索里尼似乎已經完全喪失了現實感，把整個時間都花在找理由來替他自己的觀點作辯護。於是隆美爾又去見希特勒，希特勒對隆美爾的要求感到不耐煩，並坦白的認為隆美爾已經變成一個悲觀主義者。他不讓隆美爾在此時返回非洲，要他安心養病，俾康復之後還可以來得及去指揮對卡薩布蘭加的作戰。由於卡薩布蘭加位於遙遠的大西洋海岸，所以可以反證希特勒仍在幻想著以為他可以把聯軍趕出非洲——這也可以表示他是如何的沉醉在自我催眠的狀態之中。

此時，聯軍正欲以巨大優勢的兵力來發動一個向心的攻勢，以求攻佔進入突尼西亞的南面門戶，好讓第八軍團和第一軍團會師，並粉碎梅希的「第一義大利軍團」——即前隆美爾的「非洲軍團」。（拜爾林雖然在名義上是梅希的德國參謀長，但該軍團的一切德國部隊卻都由他作直接的和完全的控制。）

蒙哥馬利在米地尼擊退德軍的反擊之後，並不嘗試利用他這次防禦的成功，和乘著敵軍在混亂中的情況，來立即跟蹤追擊。他仍然有耐性的去繼續增建其兵力和補給，以準備對馬內斯防線發動一次有計畫的攻擊。這個攻擊是計畫在三月二十日發動，換言之，也就是在米地尼戰鬥之後的兩個星期。

駐在突尼西亞南部的美國第二軍，為了幫助蒙哥馬利並打擊敵軍的背面，在三天之前（即三月十七日）也要發動一個攻擊。其目的是由安德森所指定並已獲得亞歷山大的讚許——可分爲三方面：㈠牽制敵方兵力使其不能用於阻塞蒙哥馬利的前進；㈡收復在提里普特附近的前進機場，以便利用它來幫助蒙哥馬利的前進；㈢在加弗沙附近建立一個前進補給中心，以便在蒙哥馬利前進之後可以幫助獲得給養。但攻擊部隊卻並未允許繼續向海岸公路挺進去切斷敵軍的退路。此種對目標的限制，乃由於安德森和亞歷山大對美軍有無此種深入攻擊的能力（從攻擊發起線到海岸的距離爲一百六十哩）感到懷疑所致，同時也不願意再讓美軍像二月間那樣再暴露在另一次德軍反擊之下。但是這種限制卻使具有進取精神的巴頓深感不滿，他已經被指派爲軍長代替那位懦弱無能的弗里登達。美國第二軍現在轄有四個師，共有兵力八萬八千人，那比對抗他們的軸心兵力大概多出了四倍。此外在目標地區內，據估計只有八百名德國人，和七千八百五十名義大利人，後者主要是屬於在加弗沙附近的森陶羅師。（原註：甚至於這個數字也還是估計過高——在二月戰鬥以前，森陶羅師就只有五千人的實力，現在當然只有更少了。）

美國人的攻擊準時開始。三月十七日，艾侖的第一步兵師未經一戰即佔領了加弗沙，義大利部隊撤退了二十哩左右改守艾古塔爾以東的一個隘道陣地，該陣地橫跨在通向沿海城鎮加貝斯和馬哈里斯（Mahares）的叉路上。二十日，華德（Ward）的第一裝甲師從凱撒林隘道南下，直趨加弗沙到海岸之間第三條路的側面上，第二天上午佔領了色尼德站（Station de Sened），然後再向東通過馬克納賽（Maknassy）以達前面的隘道。

在那一天，亞歷山大也放鬆對巴頓的控制，要他準備作一個強力的裝甲突擊以切斷海岸公路，並認爲這大大地有助於蒙哥馬利對馬內斯防線所剛剛發動的攻勢。但一支極小兵力的德軍支隊，在朗格上校(Colonel Rudolf Lang)指揮之下，對這個隘道和周圍的高地卻作了極頑強的防禦，所以使巴頓一時無法前進。三月二十三日，美軍爲了想佔領三二二高地，曾作了一連串的攻擊但都被擊退，而守軍卻只有八十餘人，他們過去都是隆美爾的衛士。次日美軍再度攻擊——用了三營步兵，而支援他們的又有四個營的砲兵和兩個連的戰車——但卻仍被逐退，而守軍的兵力也只不過增到三百五十人而已。二十五日，由華德師長親自率領，再作新的企圖——事先巴頓曾有嚴厲的電話命令，要求這次攻擊必須成功。但結果仍未成功，而且面對著敵方援軍益形增多的情勢下非放棄不可。巴頓早已抱怨認爲這個師是領導無方，所以華德遂被免職。巴頓本人雖有強烈的攻擊精神，但他卻不了解防禦的內在優點——甚至於對抗遠較強大的兵力也一樣能夠成功，尤其是當防禦是由具有高度技巧的部隊來擔任，而攻擊者又缺乏經驗時，則更是如此。

此時在艾古塔爾地區，這種優點又獲得另一次表現的機會。這次負責防禦的部隊雖然比較缺乏經驗，但卻有極良好的訓練——那就是美國的第一步兵師。在這一方面，艾倫的部隊於二十一日突入了義大利部隊的陣地，次日又作了一些新的進展，但到了二十三日卻受到德軍的強烈反擊。這是由非洲集團軍的主要預備隊——已經殘缺的第十裝甲師來執行的。該師從海岸匆匆調來，一共只有兩個戰車營、兩個步兵營、一個機車營和一個砲兵營。攻擊者衝過美軍的前進陣地，但卻爲一個雷陣所阻，然後就受到艾侖的砲兵和驅逐戰車的痛擊。在攻勢頓挫之後，下午又再作一次攻擊，但仍然未獲成功——如一位美軍步兵所報導的：「我們的砲兵用高爆彈猛轟，而他們就像蒼蠅一樣的落下。」雖然德軍的損失並不像所形容的那樣重大，但在這一天之內，毀於火力和地雷的德軍戰車卻有四十輛左右。

美軍把敵方主要預備隊吸進這樣一個代價高昂的反擊之中，使這個有限性的進攻替他們自己在馬克納賽的失敗獲得可供補償的成就。它不僅減輕對蒙哥馬利前進的重要抗力，而且更把敵軍最珍貴的戰車實力消耗掉不少。對於聯軍的最後勝利而言，敵軍三次不成功的反擊，對於聯軍實在可以說是貢獻良多，那比聯軍自己的攻擊更有價值。只有當敵軍把他們的實力過度消耗之後，聯軍才有獲得勝利的可能。此後，敵人雖然仍能把戰爭再拖長，但不過是把剩餘的實力都消耗完畢而已。

蒙哥馬利對馬內斯防線的攻擊，是在三月二十日夜間發動的。對於這個攻勢他使用第十和第三十兩個軍，大約有兵員十六萬人，戰車六百一十輛，和火砲一千四百一十門。雖然在名義上梅希的軍團有九個師，而蒙哥馬利卻只有六個，但梅希所能集中的人數還不到八萬人，

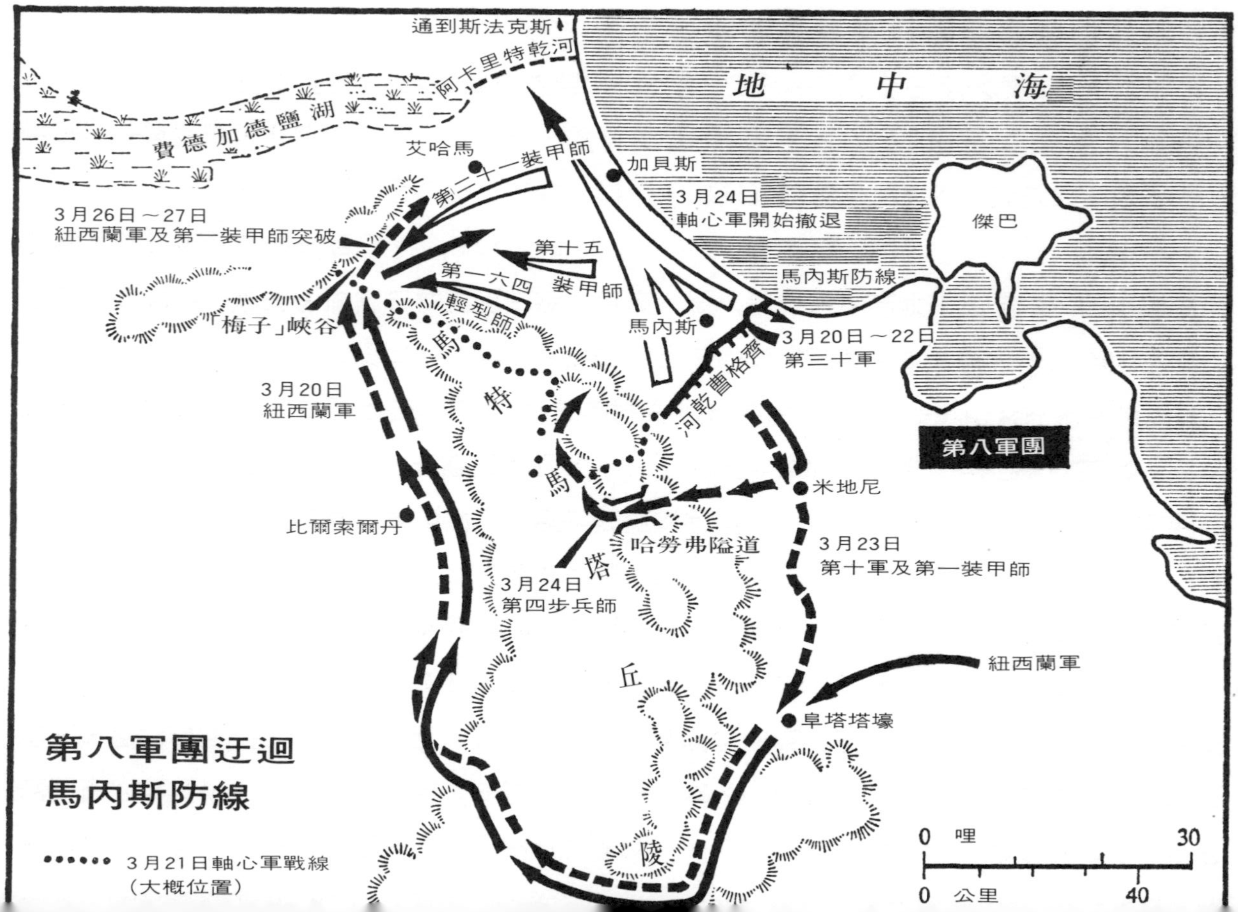
第八軍團迂迴
馬內斯防線
3月21日軸心軍戰線
(大概位置)
地中海
通到斯法克斯
阿卡里特乾河
費德加德鹽湖
艾哈馬
第二十一裝甲師
加貝斯
3月24日
軸心軍開始撤退
傑巴
3月26日～27日
紐西蘭軍及第一裝甲師突破
第十五
裝甲師
第一六四
輕型師
馬內斯防線
「梅子」峽谷
馬內斯
3月20日～22日
第三十軍
河乾曹格齊
3月20日
紐西蘭軍
馬
特
馬
塔
第八軍團
米地尼
比爾索爾丹
哈勞弗隘道
3月23日
第十軍及第一裝甲師
3月24日
第四步兵師
丘
陵
紐西蘭軍
阜塔塔壕
0 哩 30
0 公里 40

一共只有戰車一百五十輛(連同在加弗沙附近的第十裝甲師所有的戰車在內)和火砲六百八十門。所以攻擊者在人員和火砲兩方面所享有的優勢已超過二比一——在飛機方面也是一樣——而在戰車方面則更高達四比一。

此外，馬內斯防線長達二十二哩，從海岸起到馬特馬塔丘陵(Matmata Hills)止，而超過那道山脈之後又還有一個開放的沙漠側翼。在當前的環境中，對於相當微弱的軸心兵力而言，比較聰明的部署是在馬內斯防線上僅使用機動部隊來作一種遲滯防禦，而把主力放在加貝斯以北的阿卡里特乾河陣地上——那是一個寬度僅爲十四哩的瓶頸地帶，夾在海岸和鹽水沼澤(即所謂鹽湖)之間。自從隆美爾在十月間從艾拉敏撤退之後，就一直主張防守這一道防線。當他在三月十日晉見希特勒時，也已經成功的獲得希特勒的同意，並已指示凱賽林把馬內斯防線上的非機動性義大利部隊，調回到阿卡里特乾河上去建立一個防禦陣地。但義大利將領們卻寧願據守馬內斯防線，而凱賽林贊成他們的意見，遂又說服了希特勒收回成命。

蒙哥馬利的原始計畫是以「拳師急馳」(Pugilist Gallop)爲其代字。在這個計畫之下，主力攻擊指向正面，由李斯(Oliver Leese)第三十軍的三個步兵師來擔任，其目的想在靠近海岸的地段造成一個突破口，好讓何洛克斯(Brian Horrocks)的第十軍可以從缺口中衝出去擴張戰果。同時，臨時組成的紐西蘭軍由弗里堡(Bernard Freyberg)指揮，將作一個大迂迴運動直趨艾哈馬(El Hamma)，該城在內陸方面距離加貝斯二十五哩，以擾亂敵人的後方並牽制敵人的預備隊。

這次正面攻擊又告失敗。所使用的一個步兵旅和一個五十輛步兵戰車的裝甲團，在接近海岸的一個狹窄地段內，對敵軍陣地曾作一個很淺的突入——該地區前面受到二百呎寬和二十呎深的齊格曹乾河(Wadi Zigzaou)的掩護，而在乾河的前方還有一道戰防溝。乾河中鬆軟的河床，加上河床中所佈置的地雷，阻止了戰車和支援砲兵的前進，而在乾河彼岸的敵軍陣地中爲英軍步兵所已攻佔的少數立足點，遂變成德軍側射火力的集中目標。次日夜間，英軍再增兵繼續進攻，使這個橋頭陣地獲得少許的擴大，而也有許多義大利部隊乘機向英軍投降。但由於受到沼澤地形的障礙，英軍的戰防砲始終遲遲未能送到第一線，於是在下午，由於仍然缺乏適當的支援，這些前進的英國步兵遂爲德軍的一次逆襲所擊潰，於是在黑暗掩護之下退過了乾河。到二十二日的夜間，英軍的正面攻擊不僅未能造成一個適當的突破口，而且也放棄其在敵方防線上所已獲得的立足點。(原註：德軍逆襲兵力爲第十五裝甲師所屬不到三十輛的戰車和兩個步兵營。)

此時，迂迴運動雖然開始頗爲順利，但也已經停滯下來。紐西蘭軍在二十日的夜間(即正面攻擊開始之時)從第八軍團後方地區出發，率領著其二萬七千名人員和二百輛戰車，經過長距離的行軍，越過一片困難的沙漠，推進到一個名叫「梅子」(Plum)峽谷的前面——該峽谷在加貝斯西方約三十哩，在艾哈馬西南方約十五哩。他們在掃清了進路之後，即在這個峽谷中遭受到長期的阻滯。那裏的義大利守軍曾不斷的獲得增援，首先是從總預備隊中派來的第二十一裝甲師，接著又有從馬內斯防線右端抽出的第一六四輕型非洲師的四個營。

到了三月二十三日的清晨，蒙哥馬利認清沿海岸的攻擊已無成功的希望，遂決定改變他的計畫，準備把全部的戰力都集中在內陸側翼方面，因爲在那裏似乎是比較有希望，若用較大的兵力再度發動攻擊，則也許能達到突破艾哈馬的目的。他命令何洛克斯率領其第十軍的軍隊，以及由布里格斯少將(Major-General Raymond Briggs)所指揮的第一裝甲師(有一百六十輛戰車)，在當天夜裏開始向內陸方面前進，通過沙漠作一個大迂迴以增援紐西蘭軍。同時，第四印度師在屠克爾少將(Major-General Francis Tuker)指揮之下，也從米地尼向內陸斜跨一步，以肅清通過馬特馬塔丘陵中的哈勞弗隘道(Hallouf Pass)。因爲若能利用這個隘道，則對從沙漠側翼前進的大軍來說，至少可以使其補給線縮短一百餘哩。在肅清了隘道之後，屠克爾又應沿著山脊向北推進，並越過馬內斯防線的近側翼，這樣又可以對敵軍側翼構成一個額外的新威脅，而且一旦穿過「梅子」峽谷的迂迴運動被阻時，又可以從這一方面開闢一條新的預備進攻路線。

這個新計畫算得上是一個傑作，其構想很高明，其變化也很適當。這可以充分表現蒙哥馬利思想的彈性。他一向是善於改變其攻擊點，並且在攻擊受阻時善於創造新的路線，他這一次的表現似乎比在艾拉敏時更好——儘管一如他的老習慣，他在事後總是說一切的情況都和其「原始計畫」符合，而不肯歸功於彈性，實際上這卻正是將道的表徵。就許多方面來看，馬內斯防線之戰要算是他在第二次世界大戰中的最佳戰鬥表現，儘管其原始計畫尚具有下述兩大弱點：㈠試圖在靠近海岸的狹窄沼澤地段作勉強的突破；㈡洩露了沙漠迂迴行動的潛在價值，未能一開始就用足夠強大的兵力使其迅速成功。

此種過早的洩露對於新的計畫也變成一種主要的障礙。這個新的作戰現在所用的代字為「超重二號」(Supercharge II)——這個代名足以令人回憶起艾拉敏最後獲致成功的計畫。因為紐西蘭軍在二十日即已到達「梅子」峽谷附近，所以也就提高了對方的警覺。當二十三日和二十四日，位於丘陵地的觀察人員先後發現英軍的行蹤時，軸心軍的指揮官們也就立即認清了蒙哥馬利的計畫已經改變，其主力已經移向沙漠側翼方面。因此，第十五裝甲師遂從馬內斯方面抽回，調到艾哈馬附近，以準備支援第二十一裝甲師和第一六四輕裝師。這要比英軍援兵到達該地區的時間早了兩天——英軍照計畫是要在三月二十六日下午發動攻擊，第十軍的到達就時間而言只是剛剛趕上。

因爲喪失了奇襲的機會，所以「超重二號」的成功希望也隨之降低，但由於其他四個因素的結合，遂又使這種損失獲得了補償。第一個重要的因素是，阿爾寧已在二十四日決定把梅希軍團撤回到阿卡里特乾河陣地上，儘管梅希本人仍然希望留在馬內斯防線上不走——所以在「梅子」峽谷方面的守軍只要支持夠長的時間，足以容許在馬內斯防線上的非機動化師安全撤退。第二個因素是英國空軍發動了連續的低空攻擊，在前進的道路上構成一個「空中彈幕」(air barrage)，一共有十六個中隊的戰鬥轟炸機，每次由兩個中隊以炸彈和砲火來執行攻擊，每隔十五分鐘換一班。這是模倣德國人的「閃擊」方法，那是由沙漠空軍指揮官，布羅霍斯特少將(Air Vice-Marshal Harry Broadhurst)所組成的，並且發揮了非常良好的效果——不過英國空軍高級將領們對於他的這種方法卻頗不滿意，認爲那是破壞了英國空軍的傳統思想。第三個因素是一種勇敢的決定，即強迫英軍裝甲師部隊在夜晚繼續前進——對於德國人而言這是一種常例，並且也使他們獲益匪淺，而英軍卻一向不願意作這樣的嘗試。第四個因素是一股好運氣——恰好吹起了一陣沙暴(sandstorm)，使英國裝甲部隊在集結時和行動的第一階段(正要通過兩側都佈滿敵人戰防砲的峽谷)，都能獲得天然的掩蔽。

英軍在二十六日下午四時發動攻擊，此時太陽正落在他們的後方，所以也就足以幫助影響對方的視線。第八裝甲旅和紐西蘭步兵領先前進。於是布里格斯的第一裝甲師大約在下午六時，從他們中間通過，在塵霧和黑暗的掩護下突入了五哩遠，於是當七時三十分天已完全黑暗時，他們也就暫停不動，到了午夜將至月光出現時，遂又以一個「實心方陣」的態勢繼續前進。到三月二十七日拂曉，這個師已經安全通過瓶頸地段，並到達艾哈馬的邊緣。

但英軍在這裏卻滯留了兩天之久，因爲前方有德軍所設的戰防屏障，而第十五裝甲師也曾用三十輛左右的戰車向其側面作了一次攻擊。這個耽擱的時間已經夠長，足以容許馬內斯防線守軍的大部分，即令以徒步行軍的方式，也都能夠安全撤到阿卡里特陣地，而不致有被切斷的危險。大約有五千名義大利人做了戰俘，那主要是在作戰的較早階段中，另有一千名德軍在艾哈馬附近的戰鬥中被俘——但是他們的犧牲卻具有很大的價值，因爲他們掩護沿海岸的退路不至於被切斷，使大部分軸心部隊都能安全撤退，而且在裝備方面也只有輕微的損失。假使英軍能迅速轉換攻擊線，則也許能夠衝到海岸切斷敵軍，不過這種機會已經錯過了。蒙哥馬利休息整頓一個多星期後，才開始準備進攻敵軍的新陣地。

此時，巴頓又已再度發動趨向海岸和敵軍後方的攻擊，並且已獲得美國第九和第三十四兩個步兵師的增援。主力的進攻方向是從艾古塔爾直趨加貝斯，由第一和第九兩個步兵師來替第一裝甲師開路。此外，第三十四步兵師則攻佔北面一百哩以外的芳道克隘道，並從那裏另闢一條進路以進入沿海平原。但是對芳道克的攻擊於三月二十七日發動之後，不久即爲一道單薄的防線所阻，並且在次日就放棄了這個企圖。於是第三十四師遂向西退卻四哩，因此使敵方在戰鬥報告中獲得一個結論說：「美國人只要一受到攻擊，馬上就會自動放棄戰鬥。」

從艾古塔爾所發動的主攻是從二十八日開始的，但在經過較激烈的戰鬥和向前推進了一點之後，也同樣遭到阻擋。此時，蒙哥馬利已經在艾哈馬實行突破並到達加貝斯，所以亞歷山大乃指示巴頓不必等候其步兵掃清進路，即可放出他的裝甲縱隊直向海岸奔馳。因爲敵人的戰防砲已經構成有良好組織的防禦陣地，所以這種企圖頗難得逞，經過三天的徒勞無功之後，仍然只好再用步兵去擔當開路的工作——但儘管有巴頓的督促，成績也還是不太好。不過由於在敵人的後方已經形成這樣一個突破的威脅，遂使敵軍當局把第二十一裝甲師調到這個地區中來支援第十裝甲師，因爲敵方的裝甲預備隊本來就很單薄，這種額外的牽制，對於蒙哥馬利將在阿卡里特乾河所作的正面攻擊也就有很大的幫助——爲了這次攻擊，有五百七十輛戰車，一千四百七十門火砲可供蒙哥馬利任意使用。

就天然形勢而言，這個陣地是很堅強的，因爲平坦的沿海地帶只有四哩寬，而其前方尚有阿卡里特乾河的深谷作爲掩護，當過了某點之後，雖然乾河變得逐漸淺窄，但在平原上卻有斜度頗陡的丘陵起伏，一直延伸到鹽水沼澤地帶的邊緣爲止。不過由於軸心部隊撤出馬內斯防線的決定太遲，所以已經沒有充分時間來增強工事和擴展陣地的縱深。而更糟的是守軍極端缺乏彈藥——因爲他們在過早的和太前進的馬內斯防線戰鬥中，已經把有限的補給消耗了大部分。

蒙哥馬利的最初構想，也還是和在馬內斯一樣，準備先從靠近海岸的一個狹窄地段突入敵軍的陣地，然後再把裝甲部隊投入這個缺口以擴張戰果。第五十一(高地)師負責打開缺口，而屠克爾所指揮的的第四印度師，則攻佔丘陵地帶的東端以掩護其側翼。但屠克爾卻主張攻擊正面再予以放寬，並向西延伸以佔領中央的最高主峰爲目的——因爲根據山地戰的原則：「次高峰並無價值。」他深信他的部隊對山地戰和夜戰都已有高度訓練，能夠解決這樣一個困難的障礙物。蒙哥馬利採納了此項建議放寬攻擊的正面，並同時使用第三十軍的三個步兵師來打開缺口。此外，他也決定不再配合月光的周期再等待一個星期，而作了一個勇敢的決定，即在黑暗中發動此次攻擊，並相信隱蔽的利益可以抵得過混亂的危險。

四月五日入夜以後，第四印度師開始前進，在四月六日拂曉以前他們早已深入丘陵地，俘獲四千多名敵軍，大部分都是義大利人。上午四時三十分，在約近四百門火砲的支援之下，第五十和第五十一兩個師同時發動他們的攻擊。雖然第五十師爲一道戰防壕所阻，但第五十一師不久即在敵軍防線上打開了一個缺口，不過卻沒有第四印度師所開的那樣大。這樣兩方面的突破，遂使何洛克斯第十軍的裝甲部隊有了迅速擴張的機會，他們的位置是緊跟在步兵的後面。

上午八時四十五分，何洛克斯來到屠克爾的司令部，一份官方的文件曾經這樣的記載著：

「第四印度師的師長向第十軍的軍長指出，我們已經突破敵軍，已經替第十軍打通了出路；只要立即進攻即能結束北非戰役。現在時機已經來到，所以應該不惜一切的把人力和機器都投注下去。第十軍的軍長用電話向軍團司令要求允許立即使用第十軍來維持攻擊的力量。」

但是在行動開始時即發生不幸的延誤，而在擴張戰果時又耽擱得更久。亞歷山大的通報上說：「蒙哥馬利在十二時投入第十軍。」到那個時候，德軍第九十輕裝師的反擊，已經從英軍第五十一師手裏收復了一些失地，並把缺口封閉了一部分。於是到了下午，當第十軍的先頭裝甲部隊開始向缺口推進時，遂立即受到德軍第十五裝甲師的阻擋和反擊，這也是敵軍現在所僅有的一支預備隊。而此時，對於第四印度師所打開的缺口，根本上就始終不曾加以擴張。

蒙哥馬利還是保持著他那種好整以暇的老習慣，慢吞吞地計畫在次日上午再來作他的突破，並擬依賴大量的砲兵和空軍的火力來幫助其順利通過。但等到第二天上午，敵人卻早已遁去，他所計畫的決定性打擊遂又變成另一次替敵人送行的馬後砲。

但儘管蒙哥馬利已經喪失一次決定性勝利的機會，但是他的對手也已經喪失封鎖缺口和維持在阿卡里特乾河陣地的機會，因爲他們那三個裝甲師中的兩個(第十和第二十一)，已經調回去應付美軍對其後方的威脅。所以在前一天的黃昏，梅希即曾告訴阿爾寧想在阿卡里特陣地多守一天已不可能，因爲沒有援兵可派，所以阿爾寧乃同意他撤退到北面一百五十哩以外的恩費達維里(Enfidaville)陣地——因爲只有在此一線上沿海平原才比較狹窄，而且也有丘陵障礙的掩護。

在四月六日天黑之後不久，軸心部隊即開始撤退，於十一日安全到達恩費達維里陣地，儘管他們中間大多數人都是徒步行軍的。可是第八軍團的領先部隊，採取兩個軍平頭並進的形式，又隔了兩天才到達那裏——他們完全是摩托化的，而且保有壓倒性的優勢足以一路掃開那些微弱的德軍後衛部隊。

爲了要想切斷敵軍的退路，亞歷山大遂命令第一軍團的第九軍去攻佔芳道克隘道，並由那裏向東前進五十哩，通過克勞恩(Kairouan)，直趨海岸的蘇斯(Sousse)鎮，該鎮在恩費達維里以南約二十哩。這個新組成的軍由克羅克(John Crocker)擔任軍長，轄有英國第六裝甲師、第四十六師的一個步兵旅和美國第三十四步兵師，共有戰車二百五十輛。步兵的任務爲攻佔芳道克隘道兩側的高地，以便掃清進路好讓裝甲部隊順利前進。這個攻擊匆匆地在四月七日的夜間發動。但第三十四步兵師的部隊在發動攻擊時卻差不多延誤了三個小時，所以不久即喪失了黑暗的掩蔽而爲敵方火力所阻止。因爲僅僅在十天之前，他們在這同一地區內的攻擊中曾經有過失敗的經驗，所以士兵們都顯得很害怕，只想躲在掩蔽物的後面不動。因爲他們不敢前進，遂使敵人可以集中其火力向北面去阻止第四十六師的那個旅——它在對隘道北面高地的攻擊中已有較佳的進展。於是克羅克乃決定驅使其裝甲部隊強行衝過隘道，而不再等候步兵掃清進路，因爲整個攻擊的要點即爲迅速突破並到達沿海的平原。

次日(四月九日)，在凱特萊少將(Major-General Keightley)指揮之下，第六裝甲師開始執行此項突破任務。他損失了三十四輛戰車(但卻只損失六十七名人員)——這個損失雖然似乎很重，但若與該師所克服的困難相比較，則實在可以說是異常的輕微。他們除了要通過雷陣以外，還要在狹窄的隘道中，一路闖過十五道戰防砲防線，那都是必須要予以擊毀的。一直到下午，裝甲師才全部通過，於是克羅克決定暫停前進，把部隊集合在一起，就在隘道口上結成一個有掩護的車陣過夜。此種決定的過度愼重與他在衝過隘道時的勇敢，恰好形成強烈的對比。但是雷陣仍然使輪型運輸車輛的行動感到困難——同時情報也已經指出，在拜爾林控制之下，從南面撤回的德軍裝甲部隊已經接近克勞恩。四月十日拂曉，第六裝甲師又繼續東進，但等它到達克勞恩時，敵軍的縱隊早已安全的通過此一道路的中心。堅守芳道克地區的小型德軍支隊(兩個步兵營加上一個戰防砲連)，同時也已經溜走，他們已經達成拜爾林的命令，遲滯第九軍到四月十日的上午爲止，並掩護梅希軍團的撤退。在前後都受到巨大優勢兵力的威脅下，他們仍能從如此危險的情況中安全撤出，實在應該讚譽爲一種驚人的成就。

現在軸心方面的兩個軍團已經會合在一起，共同防禦一條一百哩長的弧線，從北海岸直達恩費達維里。雖然他們的情況暫時得到改善，但由於所受的損失太重，尤其是在裝備方面更是如此，所以儘管戰線已經縮短，但就他們的實力來說仍嫌太長。同時其面臨的聯軍，在數量和兵器方面的優勢更有增無已，現在也都集中在一起，來進攻這一條弧形防線。此外，阿爾寧二月間反擊時在梅傑茲艾巴布附近和北面所獲得的地區，當英國第五軍在軍長阿弗里中將(Lieutnent-General Allfrey)指揮之下，於三月底和四月初發動反擊時，也大部分爲英軍所收復——所以聯軍現在是居於一種有利的態勢，可以對突尼斯和比塞大發動一次新的東向攻擊。

聯軍應在哪一方面作決定性的攻擊以結束北非戰役，這個地區的選擇是受到政治和心理考慮的強烈影響。艾森豪在三月二日曾有一封信給亞歷山大，主張主攻應在北面，即屬於第一軍團的地區，而巴頓的軍應轉移到那裏參加決定性的攻擊，因爲對提高美國人的士氣而言，這是一種必要的措施——以後他又曾一再的寫件給亞歷山大堅持此項要求。所以當亞歷山大草擬計畫時，也就接受了此種建議，並於四月十日指示安德森準備在四月二十二日左右發動主力攻擊。亞歷山大同時也向巴頓屈服，由於巴頓強烈抗議再把他置於第一軍團的指揮系統之下，所以現在就安排讓美國第二軍僅在其本人指導之下繼續獨立作戰。同時他也拒絕蒙哥馬利的要求，把剛剛已經與第八軍團銜接在一起的第六裝甲師，撥給他指揮——並且也告訴蒙哥馬利，第八軍團現在的任務是擔任助攻，所以他應抽出其兩個裝甲師中的一個(第一裝甲師)來增援第一軍團。

在這裏，政策和戰略的利益又合而爲一，北面地區是一個比較可以發揮聯軍優勢兵力的地區，因爲在這一方面的攻擊道路比較寬廣，補給線也比較短，而取道恩費達維里的南面路線，則比較不利於展開有效的行動，尤其是妨礙裝甲部隊的運用。

現在美國第二軍的部隊必須按計畫從突尼斯的南區調到北區，包括每天有二千四百輛左右的車輛從英軍的後方越過——這是一種很複雜的參謀作業，也很值得欣賞。此時布萊德雷已經接任這個軍的軍長，至於巴頓則已升任第七軍團司令，專門負責計畫美軍在西西里島的登陸作戰。英國第九軍同時也要北調，不過其行動距離比較短，它將挿在英國第五軍和法國

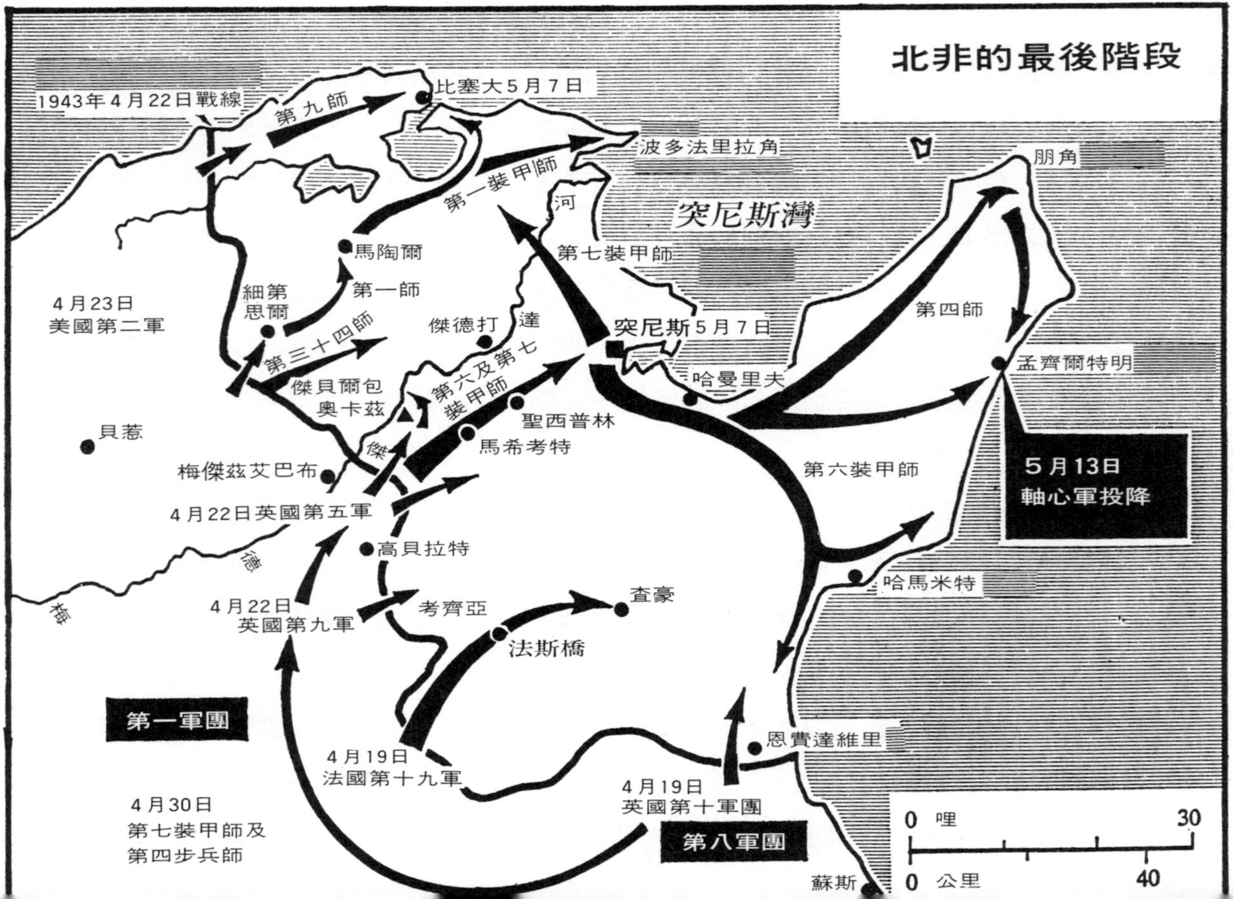
北非的最後階段
1943年4月22日戰線
第九師
比塞大5月7日
波多法里拉角
朋角
第一裝甲師
河
突尼斯灣
馬陶爾
第七裝甲師
細第
思爾
第一師
4月23日
美國第二軍
第三十四師
傑德打
達
第四師
突尼斯5月7日
孟齊爾特明
第六及第七
裝甲師
傑貝爾包
奧卡茲
哈曼里夫
聖西普林
貝惹
傑
馬希考特
第六裝甲師
梅傑茲艾巴布
5月13日
軸心軍投降
4月22日英國第五軍
高貝拉特
德
哈馬米特
查豪
4月22日
英國第九軍
考齊亞
梅
法斯橋
第一軍團
恩費達維里
4月19日
法國第十九軍
4月19日
英國第十軍團
4月30日
第七裝甲師及
第四步兵師
第八軍團
蘇斯
0 哩 30
0 公里 40

第十九軍之間的中心偏右點上——它現在是與聯軍右翼的第八軍團銜接在一起。

根據亞歷山大於四月十六日所頒發的「最後計畫」，這個攻擊將由四個向心的攻擊分別組成。第八軍團預定在四月十九日的夜間發動攻擊，以何洛克斯的第十軍爲先頭，穿過恩費達維里向北直趨哈馬米特(Hammamet)和突尼斯，並以切斷朋角(Cape Bon)半島的頸部爲目的，以阻止其餘的軸心軍隊退入這個半島去作長期的抵抗。這項任務必須通過一個非常困難的瓶頸地區，作至少五十哩遠的行軍。其次爲法國第十九軍，它應保持一種威脅的姿態，並準備擴張其鄰軍前進時所造成的任何有利機會。再向北就是英國第九軍，它有一個步兵師和兩個裝甲師，預定在四月二十二日清晨從高貝拉特(Goubellat)與法斯橋之間發動攻擊，其目的爲開闢一條可供裝甲部隊突破的道路。其左面爲英國第五軍，有三個步兵師和一個戰車旅，應在二十二日夜間在梅傑茲艾巴布附近發動一個主力的攻擊，其目標爲德軍第三三四師的兩個團所據守的一個十五哩長的地段。美國第二軍應遲一天在北區發動攻擊，這個四十五哩長的地段是由曼陶菲爾師的三個團和第三三四師的一個團所據守——但他們的實力尚不足八千人，而美國第二軍則有九萬五千人之多。

這樣一個幾乎是同時從各方面發動的全面攻勢，看起來是非常有利的。聯軍方面現在一共是二十個師，擁有超過三十萬人的戰鬥部隊和一千四百輛戰車。沿著一百哩長的弧線，構成防禦骨幹的為九個德國師，根據聯軍情報的正確估計，一共只有六萬人，而所有戰車的總數尚不及一百輛——有一份德國的報導說，適合戰鬥用的僅有四十五輛。此外，在四月二十日的夜間，阿爾寧在梅傑茲艾巴布以南又發動了一個不成熟的攻擊，雖然在黑暗中曾突入差不多五哩遠的距離，但天亮之後即被逐退，而且也未能阻止英軍在該地區準時發動計畫中的攻擊。

聯軍的總攻勢雖能準時發動，但卻並未能依照計畫進行。德國人在防禦上仍然是極端的頑強，並且善於利用困難的地形來阻擋優勢的聯軍。所以亞歷山大的「最後」計畫，實際上並非眞正是最後的，而必須重新加以修改。

第八軍團在恩費達維里的攻擊是用三個步兵師來執行的，在沿著海岸地帶邊緣的丘陵中遇到堅強的抵抗，並遭受嚴重的損失——最初蒙哥馬利和何洛克斯都存著樂觀的想法，以為可以一鼓破敵，現在才知道這種幻想又已落空。在這裏義大利人也和德國人一樣的奮戰不屈。在內陸較遠的地方，英國第九軍所集中的大量裝甲部隊，雖然在法斯橋西北的考齊亞(Kourzia)地區對敵方的戰線突入八哩的深度，但由於阿爾寧把其唯一尚具實力的機動預備隊第十裝甲師用來反擊，所以使得第九軍進到這裏就不能再越過雷池一步。第十裝甲師早已殘破不堪，其戰車實力尚不及英國第九軍的十分之一（該軍可用的戰車有三百六十輛）。英國第五軍所發動的主攻也同樣進展極慢，負責防守中央地區的兩個德國步兵團所作的抵抗非常頑強，經過四天的苦戰，英軍只超過梅傑茲艾巴布六七哩而已。爾後由於敵人把非洲集團軍殘餘的戰車又臨時編成一個裝甲旅用來反擊，結果使英軍不能再前進，甚至在某些地方還被迫後退。在北面地區，美國第二軍越過非常崎嶇的地形進攻，在最初兩天內也是殊少進展。到四月二十五日，德軍卻早已偷偷地撤到幾哩路以外的另一道防線上，繼續堅守不屈。總而言之，聯軍的攻勢是到處碰壁，未能達成任何實質上的突破。

不過為了對抗此種全面的攻勢，軸心軍隊也已經把他們的殘餘力量用到最後的極限。到了四月二十五日，兩個軍團的燃料補充量只剩下一次補給單位的四分之一——換言之，僅夠行駛二十五公里之用——而剩下的彈藥估計也只夠再戰三日之用。現在幾乎已經沒有任何補給送來，所以他們已經是彈盡援絕毫無希望。這也就是聯軍下一次攻勢中的決定因素。甚至於糧食也已經日感缺乏——以後阿爾寧曾經這樣說過：「即使聯軍不再進攻，我至遲到六月一日也還是非投降不可，因為我們已經沒有什麼東西可吃了。」

二月底，隆美爾和阿爾寧早已提出報告說，假使最高當局決定要死守突尼西亞，則為了維持軸心軍的戰鬥力，每月至少需要補給十四萬噸。羅馬當局是深知船舶運輸的困難，所以把這個數字暫定為十二萬噸，並估計其中又有三分之一會在海運途中沉沒。但實際上，在三月間運到的補給僅二萬九千噸，其中又有四分之一是空運的。對比之下，僅只是美國人，在那一個月內就已經把大約四十萬噸的補給安全的送入北非港口。四月間，軸心方面的補給減至二萬三千噸，而在五月的第一個星期內更降到只有二千噸了。這是同盟國空權和海權（主要是英國的）的貢獻，而對於敵方船隻行動的優良情報研判，也居很大的功勞。以上的數字即可充分說明軸心軍隊的抵抗突然崩潰的原因——較同盟國領袖們所作的任何解釋都還要清楚。

亞歷山大的新「最後計畫」，是從恩費達維里瓶塞中間接產生出來的。四月二十一日，三個師的攻擊失敗已成無可掩飾的事實，由於損失的不斷增加，遂迫使蒙哥馬利不得不暫停攻擊——這個暫停也就幫助阿爾寧得以把其所有殘餘的裝甲部隊北調，以阻止英軍在梅傑茲艾布巴以東的主力突破，其經過已如前述。蒙哥馬利則已經計畫在四月二十九日再度發動攻擊，其構想是把部隊集中在狹窄的海岸地帶內，而不再企圖攻佔內陸方面的高地。這個計畫雖然已為何洛克斯所接受，但卻遭到最前線兩個師長，屠克爾和弗里堡的強烈反對。當新攻勢發動之後，很快就受到阻擋，所以也就更增強他們兩人反對的氣焰。次日，四月三十日，亞歷山大親自到這方面來和蒙哥馬利討論情況，終於決定把第八軍團的兩師精兵轉用到第一軍團方面去，俾在梅傑茲艾巴布地區發動一個新的強力攻勢。在恩費達維里的流產攻擊尚未發動之前，屠克爾即早已作過這樣的建議。這項建議的確早就應該採納的，因為在恩費達維里的攻擊，甚至於連牽制敵方兵力使其不能向中央地區增援的有限目標也都不曾達到。

這種兵力的轉移一經決定之後，也就立即迅速的付諸實施。這兩個精銳的師，第四印度師和第七裝甲師，在當天斷黑之前，即已開始其長距離的西北行軍。因爲第七裝甲師位於後方充任預備隊，所以必須經過惡劣的道路，繞行約三百哩的路程，但是卻在兩天之內就完成其轉進——戰車都是用汽車來載運的。這兩個師被移交給第九軍，並準備用於決定性的攻擊，而第九軍本身則應向北斜跨一步，以便在第五軍據守地段的後方去集中兵力。何洛克斯本人也跟著過去接任第九軍的軍長，原來的軍長克羅克則因爲在參觀一種新迫擊砲的表演時意外負傷，已不能行動——在如此偉大的機會即將來臨之際，對他個人而言，實在是極大的不幸。

四月二十六日的夜間，美國第二軍又已經在北面地區再度發動攻擊。經過四天的苦戰，其通過丘陵地區的前進還是爲敵軍的頑抗所阻。但此種不斷的壓迫已使敵人的實力消耗殆盡，由於德軍感到嚴重的缺乏彈藥，遂不得不撤退到馬陶爾（Mateur）以東一道比較易於防守的新戰線上。這次撤退是在五月一日和二日夜間進行的，其經過是非常的技巧，而且完全沒有受到美軍的干擾。但新防線距離比塞大港僅五十哩，所以防禦也就極端缺乏縱深——正與面對突尼斯的梅傑茲艾巴布地區的情形一樣。

此種缺乏縱深的防禦，對防禦者而言是一種致命傷，並且也保證了聯軍新攻勢的決定性

——那是預定在五月六日發動。因爲一旦防線的外殼被突破之後，即不可能使用彈性防禦的手段來延長抵抗。雖然軸心軍隊過去曾經累次頓挫聯軍的攻勢，但所付出的代價就是使儲存的資源愈用愈少。現在所剩的彈藥只夠對聯軍壓倒性的火力作短時間的對抗；所剩的燃料只夠部隊作極短距離的調動。此外，他們現在已經沒有空中的掩護，因爲突尼西亞的機場已無法再維持，剩餘的飛機均已撤往西西里。

新攻擊的來臨對於軸心軍在這方面的指揮官並未能產生奇襲的效果，因爲他們早已從無線電竊聽中知道有大量部隊從第八軍團調到第一軍團。但是對於他們而言，事先知道攻擊將要來到已經毫無意義，因爲他們根本沒有可以應付的工具。

在亞歷山大號稱「火神」(Vulcan)的新計畫中，突破是由第九軍充任主力，通過第五軍的陣地，在梅德傑達河(Medjerda River)南面的河谷中，攻擊一個非常狹窄的正面——還不到兩哩寬。突擊主力是由第四英國師和第四印度師共同擔任，他們聯合組成一個巨大的方陣，支援他們的有四個「步兵」戰車營，緊跟在後面的即爲第六和第七兩個裝甲師，裝甲師的實力約有戰車四百七十輛。當兩個步兵師已突入敵軍防線約達三哩的深度時，兩個裝甲師即開始從缺口中衝入，在其第一次躍進之下，即應到達聖西普林(St. Cyprien)地區，距離攻擊發起線約爲十二哩，而到突尼斯則還有一半的路程。亞歷山大在其訓令中特別強調說：「主要目標爲攻佔突尼斯」，所以裝甲部隊一路不准停留，至於尙在負隅頑抗的局部性殘敵，可以留待以後再去掃蕩。

作爲第九軍突擊的前奏，第五軍奉命應於五月五日夜間攻佔在傑貝爾包奧卡茲(Djebel Bou Aoukaz)側面的高地——經過一番激戰之後，這個任務終於達成。此後，第五軍的主要任務即爲保持「通道」的暢通，以便第九軍可以順利的通過。事實證明那是毫無問題的，因爲敵人已經沒有能力來作有效的反擊。

在原定計畫中，由於第一軍團缺乏夜間攻擊的經驗，所以第九軍的突擊準備在白天發動。假使是這樣，則保持「通道」的暢通也就比較困難。但由於屠克爾的堅持，原計畫遂被修改，攻擊零時改定爲上午三時，以便可以利用無月之夜所提供的黑暗作爲掩護，對他的主張，習慣性的彈幕射擊也不再使用，代替的卻是一種中央控制的連續集中射擊，對所有已知的敵方據點予以打擊，而砲兵的彈藥補給量也已加倍，達到每門砲一千發的標準。這樣的集中射擊使每兩碼的正面就要攤到一顆砲彈，所以火力的密度比前年秋季艾拉敏會戰時高出五倍。除了用四百門火砲來支援這次攻擊以外，從拂曉起又輔以猛烈的空中攻擊，總共出動了二百架次以上，使此種集中火力的癱瘓效力更形增強。

到上午九時三十分，第四印度師已經打開了一個深洞，所付出的代價僅爲一百餘人的傷亡，並報告在前面已無任何嚴重抵抗的跡象——它告訴軍部說：「裝甲部隊現在已經可以前進，無論多快和多遠都不成問題。」在上午十時以前，第七裝甲師的先頭部隊已經開始通過步兵所佔領的一線向前奔馳。在右翼方面，第四英國師的攻擊發動較遲，而前進也較慢，但由於受到左翼鄰軍的幫助，所以在正午以前也達到其目標。於是裝甲師才終於可以全面的前進。不過到入暮以前，他們即在馬希考特(Massicault)附近停下來過夜——但距離攻擊發起線還只有六哩，而距離步兵所攻佔之線則只有三哩，就到達突尼斯的全部距離而言，則僅及四分之一而已。這種過分小心謹慎的態度，在第七裝甲師的隊史中曾有所解釋：該師師長認爲最好是把每個旅控制得緊緊地而不要放鬆他們，以免使補給的問題變得過分複雜——這種解釋可以證明他們完全不了解擴張戰果的基本原則，也缺乏必要的勇邁精神。正像在阿卡里特乾河時一樣，何洛克斯和各裝甲師的師長們，對於機會的召喚都是遲遲不敢答應，並且始終是以步兵行動的速度前進，而對機械化部隊機動性的潛力完全沒有充分的發揮。

這樣的愼重實在大可不必。在梅德傑達河南岸八哩長的地區中，敵人在兩哩長的攻擊正面上的守軍，只有兩個脆弱的步兵營和第十五裝甲師的一個戰防砲營，支援他們的則爲一支擁有不到六十輛戰車拼湊起來的部隊——那也正是所有軸心裝甲部隊的剩餘部分。巨大的集中火力把這樣單薄的防線打得千瘡百孔。而燃料的缺乏使阿爾寧不能依照計畫把第十和第二十一裝甲師非裝甲的殘餘部隊北調助戰。這種燃料的致命缺乏使德軍完全喪失了機動性，那比英國人所設計的偉大欺敵計畫更足以發揮牽制德軍的效力。

五月七日拂曉，第六和第七兩個裝甲師再繼續前進，但又還是過分的謹愼。駐在聖西普林爲數極小的德軍，使用十輛戰車和少數火砲，把他們一直遲滯到下午爲止。直到午後三時十五分，才發出向突尼斯前進的命令。半小時之後，第十一驃騎兵團的裝甲車才進入該城——在北非戰役中，三年來這個團曾多次擔負領先的任務，而這時也就達到其功業的最高峰。第六裝甲師的裝甲車團也幾乎同時到達。接著即由戰車和摩托化步兵完成對該城的佔領。當地的居民歡欣欲狂，用鮮花和香吻來歡迎聯軍，使他們感到手足無措，這比殘餘德軍的零星抵抗還要難以應付。當天夜裏已經收容相當數量的戰俘，次日上午又俘獲不少，但卻有更多的敵軍紛紛自該城向南北兩方逃命。而在外圍周邊上的殘餘敵軍，也在突尼斯陷落後開始向不同的方向落荒而逃。

此時，美國第二軍也已在北區繼續進攻，以配合英軍的行動。五月六日的進展很慢，敵軍的抵抗似乎很頑強，但到次日下午，第九步兵師的搜索部隊發現道路已經開放，遂於下午四時十五分衝入比塞大。此時敵軍已經自動撤出該城向東南方撤退。正式的入城式保留給法國的非洲軍，他們在五月八日才到達。美軍第一裝甲師從馬陶爾前進，在最初的兩天內曾受到阻擋，殊少進展。在南端的第一和第三十四兩個步兵師也是一樣。但到了五月八日，第一裝甲師發現敵軍的防禦已經崩潰，於是進展也就非常順利，因爲敵人的彈藥和燃料都已耗盡，而英軍第七裝甲師又已經從突尼斯北上，沿著海岸到達德軍的後方。

軸心軍夾在美英兩軍之間，此時已無抵抗和撤退的工具，於是開始集體投降。在黃昏前，第十一驃騎兵團的先頭部隊已經收容一萬多名戰俘。次日（九日）上午，部分英軍進至比塞大東方二十哩處的波多法里拉角(Cape Porto Farina)附近的波多法里拉港，並接受九千多人的投降。這些人都擠在海灘上，有些人甚至於正在嘗試建造木筏。不久之後，美國裝甲部隊到達，英國人把衆多的俘虜交給美軍接管，眞有如釋重負之感。上午九時三十時，指揮德國第五裝甲軍團和北部地區的法斯特將軍(General von Vaerst)致電給阿爾寧說：「我們的裝甲部隊和砲兵均已毀滅，彈藥和燃料都已用完，我們仍將戰鬥到底。」最後一句話實爲荒謬的壯語，因爲部隊若無彈藥當然也就不可能繼續戰鬥。法斯特不久即知道他的部隊早已認清此種英雄主義的命令是如何的毫無意識，並紛紛自動放棄抵抗。所以到中午時，他也同意其殘餘部隊正式投降，遂使這個地區的戰俘人數差不多增到四萬人之衆。

軸心軍隊的大部分都退至突尼斯以南的地區。這個地區有較易防禦的天然地形，所以聯軍當局以爲敵人會在那裏作較長久的抵抗。但事實上，由於彈藥和燃料都已用盡，所以經過短促的抵抗之後，即迅速的崩潰。因爲敵軍都已自知絕望，所以也就使其崩潰加速——他們不可能再獲得補充和增援，而且也不可能逃走。

現在亞歷山大的目的就是要阻止梅希軍團——即軸心軍隊的南面部分——退入較大的朋角半島，並在那裏建立一個堅強的最後堡壘。所以在突尼斯被攻佔之後，第六裝甲師即奉命轉向東南方，迅速攻取哈曼里夫(Hamman Lif)——即半島底線的左角，而第一裝甲師也向這一方向集中。哈曼里夫山地非常接近海岸，所以沿岸平坦地帶只有三百碼的寬度。這個隘道由一個德軍支隊所據守，並得到機場中撤出的八八砲的支援。聯軍雖曾努力攻擊，卻被他們阻止達兩天之久。但是這個障礙物也終於還是被聯軍克服。第六裝甲師的步兵首先攻佔可以俯瞰該鎮的高地，砲兵則依次沿著街道掃射，而一個縱隊的戰車則沿著海灘在懸岩掩護之下前進(因爲德軍還有一門砲仍在繼續發射)。到五月十日入夜時，聯軍即已完全封鎖半島的底線，並到達哈馬米特，於是也就切斷了敵軍的殘餘部隊。由於缺乏燃料，他們早已不能向半島撤退。次日第六裝甲師向南推進，到達曾在恩費達維里附近阻止第八軍團北上的敵軍後方。雖然那些敵軍手中還保有若干彈藥，但因爲他們已經知道前後都是聯軍，絕無逃出的希望，所以也就很快的投降了。

到五月十三日，所有剩餘的軸心軍官兵都已投降。只有少數幾百人曾從海上或空中逃往西西里——不過其九千名傷患卻從四月初即開始後送。至於最後的戰俘總數則缺乏確實的計算。五月十二日，亞歷山大總部向艾森豪的報告中說：從五月五日起已增到十萬人，並估計將達十三萬人。以後一份報告又說總數約爲十五萬人。但在其戰後的報告中，亞歷山大卻說總數爲二十五萬人。邱吉爾在其回憶錄中也持此同一概數，不過加上一個「接近」的形容詞。艾森豪則說是二十四萬人，其中約有十二萬五千人爲德軍。但非洲集團軍在五月二日對羅馬的報告中指出，在該月內的配給口糧份數介於十七萬份到十八萬份之間——這也就是在戰役最後一個星期前的數字。所以很難令人相信戰俘的總數會比這個數字多出百分之五十左右。一般說來負責給養的行政機構對於人數是絕不可能以多報少的。這裏值得一提的是，到了戰爭的最後階段，聯軍所宣稱的俘虜人數與最後已知的德軍口糧配給人數，其間的差異還要更大。

但不管正確的數字如何，聯軍在突尼斯所俘虜的人數總是非常巨大的。其最重要的效果即爲使軸心方面在地中海戰場已再無可用之兵。這些在非洲喪失的百戰精兵，本可用來阻止聯軍侵入西西里——這是他們重返歐洲的第一階段，同時也正是最重要的階段。

第二十六章 再度進入歐洲

在非洲肅淸軸心軍之後，一九四三年聯軍征服西西里島似乎是輕而易舉。但實際上，這一次的重返歐洲是一個危險的躍進，充滿了許多不確定的因素。它之所以能夠成功，大部分應歸功於一連串長期潛伏的原因。第一是希特勒和墨索里尼兩人的盲目驕傲心理，他們聯合起來嘗試在非洲挽救他們的面子。第二是墨索里尼對其德國盟友存有一種妒嫉的害怕心理，不願意讓他在義大利領土的防禦中居於領導的地位。第三是希特勒的想法和墨索里尼不一樣，他不相信西西里島是聯軍的眞正目標——英國人所使用的一項欺敵巧計，對於這種錯誤的判斷也頗有貢獻。

最重要的還是第一個因素。在整個戰爭中最大的諷刺之一，就是希特勒和德國的參謀本部經常因爲害怕英國的海權，遂不願作海外的遠征行動，所以始終不肯給予隆美爾以充足的兵力使其有擴張勝利的機會，但是到了最後的階段卻又不惜把大量的部隊送往非洲，結果反而斷送了他們防守歐洲的前途。

尤其更諷刺的是，因爲在一九四二年十一月，當艾森豪首次向突尼斯進攻時，他們意想不到的將其擊退，遂更增長了他們的驕氣，以爲可以守住北非的最後據點。當聯軍的矛頭非常謹愼的從阿爾及利亞指向東方時，德國人卻迅速的採取行動，把部隊空運越過地中海，以求阻止突尼斯和比塞大兩個港口落入聯軍的手中。他們終於守住了山地中的隘道，而產生了一種長期的僵局。

但是這個成功卻鼓勵希特勒和墨索里尼以爲他們可以永久據守突尼西亞，遂決定投入大量的援軍，使其足以對抗艾森豪手中日益增大的實力。他們投下的賭注愈多，也就愈感到不能撤退，否則即將使他們的威望受到嚴重的損失。同時，由於同盟國的優勢海空軍兵力，開始對西西里與突尼西亞之間的海峽構成嚴密的封鎖。於是無論據守或撤退，也都同樣變得日益困難。

德義軍在突尼西亞所建立的橋頭陣地，曾使聯軍在整個冬季裏無法前進，同時也對從艾拉敏越過二千哩距離撤退回來的隆美爾殘軍提供了掩護。儘管如此，聯軍之未能早日攻克突尼西亞，從長期的觀點來看，對於他們還是因禍得福。因爲希特勒和墨索里尼再也不聽信任何主張把德義兩國部隊撤出突尼西亞的意見，儘管當初還是有時間和機會來把他們撤走。

爲了想作一次最後的努力，隆美爾於一九四三年三月十日飛往東普魯士的希特勒大本營，企圖說服他使其明瞭撤退的必要，他在自己的日記上曾經記載這次努力是如何的徒勞無功。他說：「我曾儘量的強調主張這些『非洲』部隊應在義大利加以再裝備，使他們可以用來保衞我們在南歐的側翼。我甚至還當面向他保證——那是我通常所不願意做的事情——假使有這樣的部隊，則我可以負責擊敗聯軍在南歐的任何侵入行動。但結果卻是一切都毫無希望。」

當聯軍逐漸逼近這個橋頭陣地準備作最後的一擊時，軸心部隊卻懷著絕望的心情在那裏坐以待斃——假使他們能獲准撤退的話，則四月間多霧的天氣也許還能幫助掩護他們的上船和運輸。在四月二十日到二十二日之間，他們勉強的擊退了聯軍第一次進攻的企圖，但到五月六日，當聯軍再度大舉進攻並突穿他們的防線之後，接著就全面崩潰了。造成全面崩潰的原因有二：㈠橋頭陣地太淺，兵力運用無迴旋的餘地；㈡守軍自知是背水作戰，感到希望已經斷絕。

軸心軍在突尼西亞的八個師完全被俘，包括隆美爾老兵的大部分和義大利陸軍的精華在內，遂使義大利及其附近的島嶼幾乎完全暴露在無防禦的狀況之下。這些部隊本可以對從義大利進入歐洲的門戶提供非常堅強的防禦，則聯軍侵入的成功機會也就會隨之減低。不過，同盟國當局並不曾立即利用這種大好機會——雖然在一月間他們即已決定在西西里的登陸應爲次一步驟，而突尼斯的攻佔也和預定的時間十分接近。對於軸心方面而言，可以說是很僥倖，因爲聯軍各個司令部的意見分歧和爭論不休，遂使時間日益拖長。

在這裏我要提到另一項證據，那是由魏斯特伐將軍(General Westphal)所提供的。他當時是義大利南方總司令，凱賽林元帥的參謀長。由於義大利已經沒有機動的機械化部隊，所有的軍事首長遂要求德軍增援強大的裝甲部隊。在那個時候，希特勒認爲應滿足這種緊急需要，所以他致墨索里尼一份私人函件，表示願意提供五個師。但墨索里尼卻並未事先告訴凱賽林，即回答希特勒說他只需要三個師——那也就是除了把那些已在義大利的零星部隊拼湊編成兩個師以外(那些德國部隊本是準備經過義大利送往非洲增援的)，再從德國調一個師的生力軍而已。他甚至於還表示不再需要更多的德國部隊。

這是五月中旬的事情，墨索里尼之所以不願意接受希特勒提供的援助，其原因是驕傲和恐懼兼而有之。他不願讓全世界以及他自己的人民，認爲他是依賴德國人的援助。誠如魏斯特伐所說：「他希望由義大利人來保衛義大利，但事實上他的兵力已經殘破不堪，然而此種觀念已無現實的可能。他並非不知道此項事實，但卻閉起眼睛不敢正視現實。」此外還有一個更進一步的原因，那就是他不想讓德國人在義大利獲得一種支配的地位。他固然希望能夠不讓同盟國進入他的領土，但也同樣希望不讓德國人進來。

新任的義大利陸軍參謀總長羅塔將軍（General Roatta），曾經出任西西里的指揮官，終於說服了墨索里尼使其了解必須有較大的德國援助，然後義大利及其島嶼前哨始有防禦成功的機會。於是他才同意讓更多的德軍入境——不過條件卻是必須接受義大利指揮官的戰術控制。

義大利在西西里的守軍只有四個野戰師和六個靜態的海岸防禦師，其裝備和士氣都極為低劣。在非洲作戰崩潰之後，那些準備前往增援的德國部隊就在西西里編成一個師，雖然被稱為「第十五裝甲步兵師」，但它卻只有一個戰車單位。用同樣方式所編成的「戈林」裝甲師也在將近六月底時開往西西里。墨索里尼卻不允許讓這兩個師在一個德國將領指揮之下組成一個師。他們被置於義大利軍團司令古左尼將軍（General Guzzoni）的直接控制之下，並被分為五個羣，沿著該島一百五十哩長的直徑展開，作為機動預備隊。資深的德國聯絡官辛格爾中將（Lieutenant-General von Senger und Etterlin）只有一個小型的幕僚單位和一個通信連，以便他可以行使緊急的控制。

等到墨索里尼願意接受較多的德國援助時，希特勒對此種援助的提供又開始感到狐疑不決，而同時對於危險點的位置也具有不同的意見。一方面他懷疑義大利人將會推翻墨索里尼，並單獨和聯軍媾和——這種懷疑不久也獲得事實的證明——因為這個原因，他就不希望讓更多的德軍陷入義大利境內，以免一旦該國崩潰或轉向時，會受到被切斷的危險。另一方面，墨索里尼與義大利統帥部，以及凱賽林都一直認為聯軍在非洲的次一行動將是向西西里島躍進；但希特勒卻不以為然，認為他們的看法是錯誤的。就這一點而言，事實證明希特勒還是錯了。

在應付聯軍的重返歐洲時，希特勒最大的戰略弱點即為他已征服的地區實在太大——西起大西洋方面的法國海岸，東達愛琴海方面的希臘海岸。所以他要想推測聯軍將在何處發動攻勢，實在是非常困難。反之，聯軍方面的最大戰略優點，就是透過海權，他們對於任何一個目標都能作廣泛的選擇，同時也享有牽制分散的能力。希特勒一方面必須經常提防從英倫海峽而來的渡海攻擊，另一方面又害怕在北非的英美聯軍將在從西班牙到希臘之間的南側翼上選取任何一點登陸。（原註：可參看第二十八圖。）

希特勒相信聯軍在薩丁尼亞(Sardinia)登陸的機會要比在西西里島為大。薩丁尼亞可對進攻科西嘉島(Corsica)提供一塊容易的踏脚石，同時對於躍上法義兩國的大陸也是一塊位置良好的跳板。此外，聯軍在希臘的登陸也是另一種期待，希特勒希望能保留一些預備隊，以便在緊急情況時可以趕往那個方向。

希特勒的這種想法，又受到下述事故而予以增強：駐西班牙的納粹情報人員，曾經在被海浪沖到西班牙海岸的一位「英國軍官」的屍體上找到一批文件。除了身分證件和私人信件外，其中有一封由這個死者傳送的親啓密件——那是由英國陸軍副參謀總長奈伊中將(Lieutenant-General Sir Archibald Nye)寫給亞歷山大將軍的。這封信件中提到最近有關未來作戰的電報，並暗示聯軍意圖在薩丁尼亞和希臘登陸，卻想欺騙敵人使他們相信登陸的地點爲西西里。

這具屍體和這封密信都是假造的，爲英國情報機構某一小組所設計的欺敵計畫中的一部分。這種設計非常的精密，所以使得德國情報組織的首長們都深信不疑。雖然它並未能改變義大利領袖們和凱賽林的看法——他們仍堅信西西里將爲聯軍的次一目標——但對希特勒卻似乎已經產生了強烈的印象。

根據希特勒的命令，第一裝甲師已經從法國調往希臘——去支援那裏的三個德國步兵師和義大利第十一軍團——而新成立的第九十裝甲步兵師，則用來增強在薩丁尼亞島上的四個義大利師。由於補給上的困難，使對該島進一步的增援受到阻礙，因爲那裏只有極少數的幾個港口，而大部分碼頭均已被轟炸所毀。但爲了作額外的保證起見，希特勒又把司徒登將軍的第十一空降軍(包括兩個傘兵師)移駐到法國的南部，以便準備對聯軍在薩丁尼亞的登陸執行空降的反擊。

此時，聯軍方面的計畫作爲卻以一種較緩的步調推進。在西西里登陸的決定是以折衷的方式來作成，而對進一步的目標並無任何結論。當美英兩國的參謀首長在一九四三年一月的卡薩布蘭加會議中碰頭時，他們在意見上的分歧恰好和他們的共同名稱——「聯合參謀首長會議」(Combined Chiefs of Staff)成一強烈對比。美國人(金恩、馬歇爾和阿諾德〔General Arnold〕)是希望把地中海這一幕插曲趕緊結束，以便早日回到對德國的直接行動路線。而英國人(布羅克、龐德〔Admiral Pound〕和波塔爾〔Air Chief Marshal Portal〕)則認爲直接越過海峽的侵入作戰，時機尚未成熟；假使在一九四三年內作這樣的企圖，其結果不僅是徒勞無功，甚至於還要招致嚴重的災難——今天從歷史性的回顧中看來，這種研判似乎是殊少疑問的。但是大家卻一致同意必須採取某種進一步的行動，以便保持壓力和牽制德軍使其離開俄國戰場。在英國方面，雖然聯合計畫參謀主張在薩丁尼亞登陸，但英美兩國的參謀首長都寧願選擇西西里，同時這也是邱吉爾所贊成的，於是很快的就達成了協議。最有力的理由是，佔領西西里可以有效的肅清通過地中海的航路，也就可以節省許多的航運成本——因爲自從一九四〇年以來，大部分前往埃及和印度的運輸船團，都被迫必須繞過南非行駛。

在決定進攻西西里之後，一月十九日，聯合參謀首長會議遂確定其目標如下：㈠使地中海的交通線變得更安全；㈡分散德軍在俄國方面的壓力；㈢增強對義大利的壓力。至於如何擴張戰果的問題則暫且不論。因爲任何決定次一目標的企圖，必然會再度引起意見上的分歧——但是在這一類問題上若採取此種避重就輕的手段，其結果又將引起戰略上的遲緩。

在攻擊西西里的計畫作爲過程中，也缺乏緊迫感。雖然對突尼西亞的征服假定可以在四月底完成，但是兩國參謀首長們卻把七月裏滿月的一天，定爲登陸西西里的目標日。對於這個代字爲「愛斯基摩」作戰(Operation Husky)的行動，英國人在一月二十日曾提出了一項大綱——聯軍兵力將分別來自東西地中海，並作集中的海上前進和侵入。他們同意由艾森豪出任統帥，而亞歷山大則爲其副手。(這是一件值得重視的大事：儘管英軍的總司令比較資深，而且經驗也豐富得多，同時在這個戰役中英國也提供較大部分的兵力，但卻仍承認美國爲同盟中的首席夥伴。)二月初成立了一個特種計畫參謀羣，其總部設在阿爾及耳，但其分支機構卻分散得很遠。而在空軍方面，不僅在空間上，而且在思想上也都有很大的距離——其後果即爲在西西里戰役中，空軍的行動並不能密切配合陸軍的需要。當這些計畫還在公文旅行時，時間已過去了不少。艾森豪、亞歷山大，以及兩個被選定的軍團司令蒙哥馬利和巴頓，也都在忙於結束北非的戰役，所以對於次一行動也都未能給以適當的注意。一直到四月底，蒙哥馬利才有時間來研究這個計畫草案。他對計畫作了許多的修改，並於五月三日修改定稿，

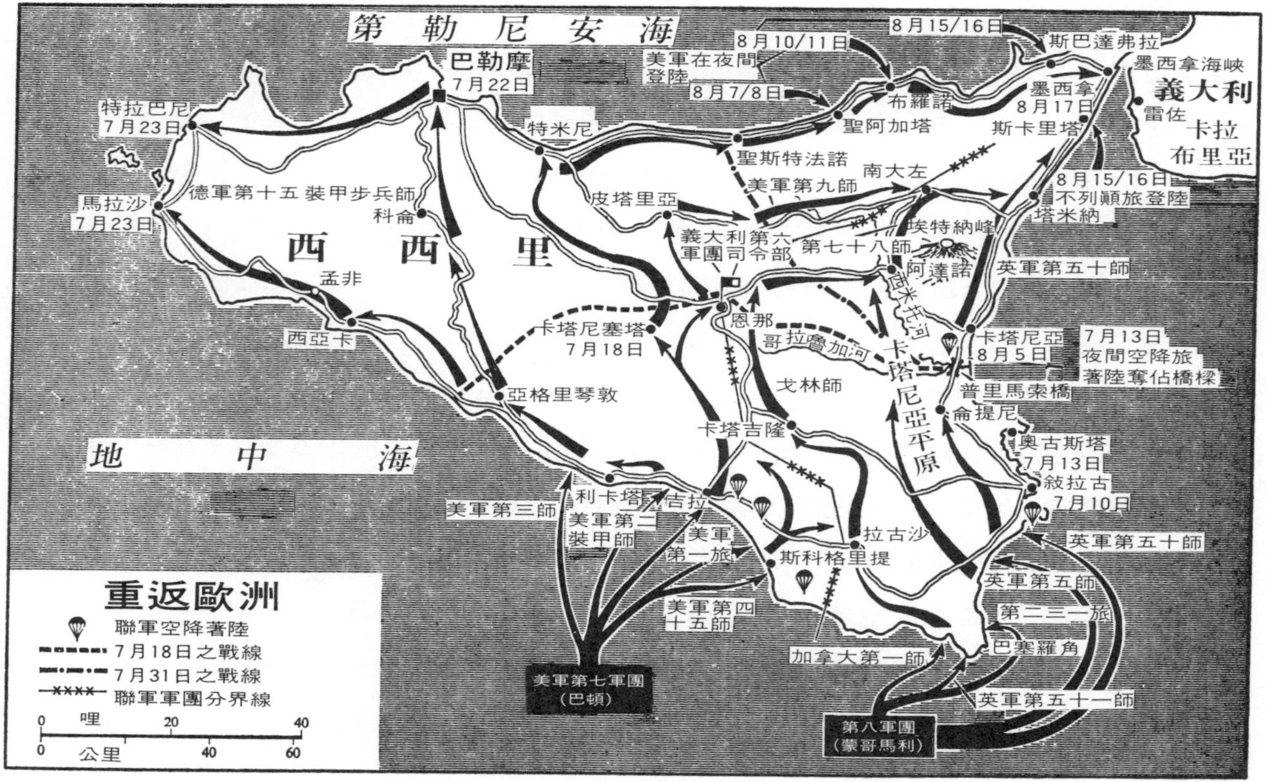
重返歐洲
聯軍空降著陸
7月18日之戰線
7月31日之戰線
聯軍軍團分界線
0 哩 20 40
0 公里 40 60
第勒尼安海
地中海
西西里
巴勒摩
7月22日
特拉巴尼
7月23日
馬拉沙
7月23日
德軍第十五裝甲步兵師
科侖
孟非
西亞卡
亞格里琴敦
卡塔尼塞塔
7月18日
特米尼
皮塔里亞
聖斯特法諾
美軍第九師
南大左
聖阿加塔
布羅諾
斯卡里塔
墨西拿
8月17日
美軍在夜間
登陸
8月7/8日
8月10/11日
8月15/16日
斯巴達弗拉
墨西拿海峽
義大利
雷佐
卡拉
布里亞
8月15/16日
不列顛旅登陸
塔米納
埃特納峰
義大利第六
軍團司令部
第七十八師
阿達諾
英軍第五十師
西米托河
恩那
哥拉曾加河
卡塔尼亞
8月5日
7月13日
夜間空降旅
著陸奪佔橋樑
普里馬索橋
倫提尼
卡塔尼亞平原
戈林師
卡塔吉隆
奧古斯塔
7月13日
敍拉古
7月10日
英軍第五十師
拉古沙
斯科格里提
利卡塔
吉拉
美軍第三師
美軍第二
裝甲師
美軍
第一旅
美軍第四
十五師
加拿大第一師
英軍第五師
第二三一旅
巴塞羅角
英軍第五十一師
美軍第七軍團
（巴頓）
第八軍團
（蒙哥馬利）

到五月十三日才獲得英美參謀首長的聯合批准——這也就是在突尼斯軸心防線崩潰後的一個星期，和最後敵軍殘部投降的那一天。

這種在計畫階段的延誤實在是非常的可惜，因爲準備用來進攻西西里的十個師，其中只有一個曾參加北非戰役的最後階段作戰，而另外七個師都是新加入的生力軍。假使能在非洲軸心軍崩潰之後，即緊接著在西西里登陸，那麼就會發現該島幾乎是處於毫無防禦的狀況下。而且，若非邱吉爾在卡薩布蘭加會議期間和以後，一直要求應在六月間登陸，否則容許敵人在西西里增強防禦的時間可能就會拖得更長。他的主張雖曾獲得兩國參謀首長的支持，但在地中海地區的指揮官們，卻在七月十日以前無法完成發動登陸作戰的一切準備。

計畫中的主要改變，就是預定要在西西里西端巴勒摩(Palermo)附近登陸的巴頓的軍團(西面任務部隊)，現在改在靠近蒙哥馬利軍團的東南海岸登陸，而後者的登陸地點也變得遠較集中，由於拖延的時間已經很長，所以敵人的增援也可能已經加強，此種把入侵部隊比較密集在一起的辦法，對於敵方發動強大反擊的危險，不失爲一種合理的預防措施——儘管以後的事實證明無此必要。但這樣卻犧牲在登陸開始時即攻佔巴勒摩港的機會——若非新型的兩棲車輛(DUKW)與戰車登陸艦(LST)的合併使用，解決了維持灘頭補給的問題，則此種機會的喪失可能就會引起嚴重的後果。修改後的計畫也喪失了原有計畫所具有的分散敵人注意力的效果，所以也就幫助敵人在聯軍登陸之後，可以集中其分散的預備隊，來阻擋聯軍越過該島中央山地的前進。假使巴頓仍在西北岸的巴勒摩附近登陸，那麼他也許很快就可以到達墨西拿海峽（Strait of Messina）——不僅切斷敵軍的增援或退卻線，而且實際上也使在西西里島上的全部敵軍都被關入陷阱之內。事實證明那些德國部隊的逃出，對於聯軍進一步的行動曾經產生遠大的不利影響。

不過，因爲這是聯軍第一次重返歐洲，而且也是對敵軍據守的海岸第一次作龐大的突擊，所以過分謹愼也是一種很自然的趨勢。此處値得一提的是八個師的同時登陸，其規模甚至於比十一個月後的諾曼第登陸還要大。在第一天和以後的兩天內，差不多有十五萬人的部隊已經登陸，而最後的總數則約爲四十七萬八千人——英軍二十五萬人，美軍二十二萬八千人。英軍登陸的地點是在該島的東南角上，海岸線長達四十哩。美軍則在南岸登陸，所佔的海岸線也是四十哩。在英軍左翼與美軍右翼之間相隔僅爲二十哩。

參加這次作戰的海軍，是在康寧漢海軍上將（Admiral Sir Andrew Cunningham）指揮之下計畫和執行的。其中包括非常複雜的行動典型，並以夜間登陸爲其終結，但一切進行自始至終卻異常的順利，這應該歸功於計畫和執行人員的稱職。作爲一個兩棲作戰，這一次遠比「火炬」作戰進行得高明，換言之，在那一次作戰中已經獲得不少的教訓。

東面的海軍特遣部隊(英國)是由雷姆賽海軍中將(Vice-Admiral Sir Bertram Ramsay)指揮，共有船隻七百九十五艘，另有登陸艇七百一十五艘供灘頭登陸轉運之用。英軍第五和第五十兩個師(以及第二三一步兵旅)是從地中海的東端乘船前來——即來自蘇彝士、亞歷山大和海法等港口。他們預定的登陸點是在西西里東岸上，夾在敍拉古(Syracuse)與巴塞羅角(Cape Passero)之間的南端地段。第五十一師乘坐登陸艇從突尼西亞出發，其中一部分來自馬爾他島，預定在西西里的東南角登陸。預定在該角西面登陸的第一加拿大師，則直接從英國分用兩個船團運來。其第二個船團(也是較快速的一個)載運著部隊的主力，在D-12日(即六月二十八日)從克萊德(Clyde)灣出發。它在美軍船團之前通過比塞大附近有水雷保護的水道。

西面的海軍特遣部隊(美國)由希維特海軍中將(Vice-Admiral H. Kent Hewitt)指揮，包括船隻五百八十艘和登陸艦一千一百二十四艘。右翼方面準備在斯科格里提(Scoglitti)登陸的第四十五步兵師，是分載於兩個船團越過大西洋從美國直達奧蘭港，略爲休息一下，再在比塞大附近接收它的戰車登陸艦和其他小艇，然後駛往西西里。第一步兵師和第二裝甲師預定在吉拉(Gela)登陸，分別從阿爾及耳和奧蘭上船。充任左翼的第三步兵師預定在利卡塔(Licata)登陸，它從比塞大出發，並完全用登陸艦艇載運的。

在海空軍掩護之下，如此巨大的船團在通過和集結的過程中，都不曾受到任何嚴重的干擾。由於遭受潛艇之攻擊，一共損失了四艘運輸船和兩艘戰車登陸艦。在接近西西里時也不曾因空中的攻擊而受到任何損失，敵軍的飛機都被阻於戰場之外，所以有許多船團根本就不曾被敵機發現。在這個戰區中，聯軍的空中優勢是如此的巨大——共有作戰飛機四千架以上，而軸心方面則僅有一千五百架左右——所以敵軍轟炸機在六月間即已撤退到義大利北中部的基地上。從七月二日起，在西西里島上的機場即不斷的受到猛烈攻擊，所以當D日來臨時，尚堪使用的就只剩下少數幾條輔助跑道，而大多數尚未損毀的戰鬥機也都撤回大陸或薩丁尼亞。不過在整個戰役中被聯軍擊毀的敵機實際數字並未超過二百架，但是聯軍當時卻宣稱有一千一百架之多。

七月九日下午，所有的船團都到達他們在馬爾他島東西兩面的集結水域，但此時卻風浪大起，使一些較小的艦艇感到威脅，而有使登陸行動受到妨礙的危險。不過很僥倖的，到午夜時風浪開始逐漸平靜，所以延遲到達灘頭的突擊艇僅在總數中佔一個很小的比例。

在海上突擊登陸前的空降作戰，卻受到最惡劣的影響——那是由英軍第一和美軍第八十二兩個空降師的一部分來執行的。這也是聯軍企圖發動的第一次大規模空降攻擊，由於缺乏經驗而且又要求在夜間執行，所以即令不受到風力的影響，也會感到非常困難。狂風增加了運輸機和拖曳機的航行困難，使其不易到達目標，並且再加上高射砲火力妨礙降落的行動，美國傘兵遂被分成許多小股，散佈在一片廣達五十哩的地區內。英國滑翔機載運的部隊也被散佈得很廣，在一百三十四架滑翔機中有四十七架墜落在海裏。儘管如此，這種並非故意的散佈，卻幫助空降部隊在廣大的敵後地區內造成普遍的驚擾和混亂，同時也有一部分傘兵攻佔了重要的橋樑和道路交叉點，因此也產生了一些較有利的效果。

突然發生的風暴雖然使攻擊者遭遇到一些困難，但同時也使防禦者疏於戒備，所以平均說來，對攻擊者而言，還是利多於害。雖然在那天下午德軍就已經發現有五個船團從馬爾他向北航行，而在天黑之前，又接獲一連串的報告，但是上級司令部所發出的警告不是未曾到達下級單位，就是未曾受到他們的重視。所有一切充任預備隊的德軍部隊，雖在接獲第一次報告後的一小時即已開始戒備，但駐在海岸的義大利部隊卻相信這樣大的風浪至少可以保證他們獲得一夜安眠——康寧漢上將在他的報告書中曾經作過下述生動的描寫：「那些義大利部隊已經戒備了許多夜晚，所以早已感到十分疲憊，當惡劣天氣來臨時，他們睡在床上高興的說：『無論如何他們今夜一定不會來。』那知道他們就眞來了。」

但是義大利人的疲憊卻是精神多於實質。他們之間大多數的人對戰爭都已極感厭倦，而更少有人對墨索里尼表示同情。此外，海防部隊大部分都是西西里人，選擇他們擔任海防任務的理由，是假定他們將會爲了保衛自己的家園而努力奮戰。但這種假定卻忽視了下述的事實：他們對德國人具有傳統的厭惡心理，同時他們的現實心理也完全了解打得愈厲害，則他們的家園所受到的破壞也會愈厲害。

到七月十日天亮之後，他們就更不想再勉強抵抗，因爲他們看到巨大的艦隊把眼前的海面都塞滿了，一直到海平線都看不見的盡頭，大批的登陸艇川流不息的把增援兵力向灘頭輸送，以支援在凌晨早已上岸的突擊部隊。

灘頭防線很快的即被衝破，雖然暈船病使許多突擊部隊感到頗爲苦惱，但是上岸後發現敵方火力使他們所受到的損失是那樣的輕微，遂又精神大振。亞歷山大對侵入戰的第一階段曾經用兩句話來概述：「義大利海防師的價值本來就不曾爲人重視，現在幾乎是未放一槍即完全潰散；至於野戰師，當他們遭遇我軍之後，也就像風掃落葉一樣的被趕跑了。集體投降已成常事。」所以自從第一天起，整個防禦擔子就完全落在那兩個臨時拼湊編成的德國師的肩膀上，以後他們才又獲得了兩個師的增援。

當聯軍尚未在岸上站穩脚步之前，德軍曾趁這個緊急的機會發動一次危險的反擊。那是由「戈林」師來執行的，該師連同一個新型五十六噸重的虎式戰車支隊，駐在卡塔吉隆(Caltagirone)的周邊地區，該城位於俯瞰吉拉平原的山岳地帶上，距離海岸線僅二十哩

——而美軍第一步兵師則已在該平原登陸。所幸的是這個反擊到第二天才發動。在第一天上午，一小羣義大利舊式輕戰車曾經作過一次英勇的小規模逆襲，實際上他們也曾突入吉拉鎮，但終被擊退。至於德軍的主力縱隊卻在路上耽擱了，直到次日上午才到達戰場。甚至於到那個時候，已經登陸的美軍戰車數量也還是屈指可數——因爲風浪太大所以卸載困難，而且灘頭上又擁塞不堪。同時在岸上也缺乏戰防砲和一般的火砲。德國戰車三五成羣的越過平原，衝過美軍的前哨，一直到達灘頭邊緣的沙丘地帶，若非指導良好的美國海軍艦砲，在此千鈞一髮的時候幫助擊退來襲的德軍，則美軍即有被驅逐下海的危險。另一支德軍縱隊，連同一連虎型戰車，也曾對第四十五步兵師的左側翼作同樣的威脅，但也同樣的被擊退。

次日，德軍第十五裝甲步兵師的兩個戰鬥羣，也從西西里島的西部匆匆趕來，到達面對美軍的戰線上，但此時「戈林」師卻又被調往英軍地區，因爲那邊的情況顯得更爲緊急——英軍早已迫近東岸中點的卡塔尼亞(Catania)城，而美軍的三個灘頭陣地還是很淺，並且也尚未聯結起來。

英軍在登陸時所遭遇的抵抗，比美軍所遭遇的要輕微些，而且在最初階段也未遇到任何反擊，所以進展也就遠較順利。雖然在卸載過程中也曾發生一些困難和延遲，但就全部而言，還是比西面灘頭的成績爲佳，因爲那一方面較爲暴露。在第一天之後，德軍空襲的次數比較頻繁,但空中掩護的效力也同樣的有了改進,所以船隻的損失幾乎完全與美軍方面一樣輕微。誠如康寧漢上將所說:「那樣巨大的船團碇泊在敵方的海岸邊,而在空中攻擊方面所受到的損失是那樣的輕微,對那些過去曾在地中海參與作戰的人們而言,幾乎有奇蹟出現之感。」此種空中保護的程度對於兩棲攻擊的成功實爲一個主要因素。但在次一階段,其進展卻因爲另一種不同的空中行動而遭遇到阻礙。

在最初三天之內,英軍已經肅淸西西里島的整個東南部分。蒙哥馬利遂決定作一次「偉大」的努力,從倫提尼(Lentini)地區突入卡塔尼亞平原,並命令在七月十六日夜間發動一個大規模的攻勢。主要的問題就是要攻佔在西米托河(River Simeto)上的普里馬索(Primasole)橋,該橋在卡塔尼亞城以南只有幾哩路。爲了這個目的使用了一個傘兵旅,雖然只有一半的兵力降落在正確的著陸區,但這一部分兵力即能確實佔領該橋,使其不致受到任何破壞。

次一階段的作戰可以用司徒登將軍的記載來加以綜述。他是德國第十一空降軍的軍長,他的兩個師被希特勒置於法國的南部。假使如希特勒所預料的,聯軍是在薩丁尼亞登陸的話,他們就準備立即飛往增援。但誠如司徒登的故事所顯示的,空降部隊是一種非常具有彈性的戰略預備隊,極易轉用於應付不同的情況。以下即爲司徒登的記載:

「當七月十日聯軍在西西里登陸時，我即建議使用我的兩個師發動一次空降反擊。但希特勒拒絕接受我的建議——而約德爾尤其表示反對，所以初次只有第一傘兵師從法國南部飛往義大利——一部分到羅馬和一部分到那不勒斯——第二傘兵師則仍和我在一起留在尼姆(Nímes)。但是第一傘兵師馬上又被送往西西里——被用作地面部隊來增援該地薄弱的德軍兵力，因爲義大利部隊早已開始大批地投降了。這個師的一部分是從空中運去，分爲連續的幾個梯次，降落在卡塔尼亞以南的東部地區我軍防線的後方。我原希望能把他們降落在聯軍戰線的後方。第一批傘兵是降落在我軍戰線後方約三公里的地方，可以說是一種奇怪的巧合，他們幾乎是同時和英軍傘兵降落在一個地方，後者是降落在我軍的後方，以佔領西米托河上的橋樑爲目的。我們的傘兵擊敗了英國傘兵，從他們的手裏奪回這座橋樑。這是七月十四日的事情。」

等到英軍主力趕上，經過三天的苦鬥，才再度佔領這座橋樑和打通進入卡塔尼亞平原的道路。但他們繼續北上的企圖又還是受到阻礙，德軍的預備隊現在都集中起來，作日益強烈的抵抗，以掩護直接到達墨西拿海峽的東岸道路——墨西拿海峽的位置還在六十哩以外，那是在西西里島的東北角上，緊靠著義大利半島的趾頭。

這使迅速肅清西西里的希望成爲泡影。蒙哥馬利被迫只好把第八軍團的主力向西移動，採取一條通過內陸丘陵地區和繞過埃特納峰(Mount Etna)的迂迴路線，並與第七軍團的東進相呼應——後者已經到達北面海岸，並已在七月二十二日佔領巴勒摩，不過還是太遲了，未能阻止敵方機動部隊向東撤退。這個新計畫使巴頓軍團的任務有了重大的改變。本來是指定由第八軍團對墨西拿作決定性進攻的，以第七軍團掩護其側翼，並分散敵人的兵力。現在七軍團卻逐漸變成了攻擊的主力。

新的挺進計畫在八月一日開始，爲了這個目的又從非洲調來兩個新的步兵師(美國第九師和英國第七十八師)——使總數增到十二個師。此時，德軍也獲得第二十九裝甲步兵師的增援，和它一同前來的還有胡比將軍(General Hube)的第十四裝甲軍司令部，現在全部的戰鬥也改由他負責指揮。他的任務已經不再是維持西西里的防禦，而是要執行一種遲滯行動，以掩護軸心軍隊的撤出——在七月二十五日墨索里尼被推翻後不久，以及在聯軍再度發動攻擊之前，古左尼和凱賽林獨立的作成了此種決定。

西西里東北部的形狀和地形，對於這種遲滯行動可以給予很多的幫助——那是一個多山的三角形地區。不僅地形有利於防禦，而且每向後退一步，戰線也隨之縮短若干哩，於是所需的防禦兵力也可隨之減少很多，反之，聯軍則由於地形的侷促，無法充分發揮其兵力的優勢。巴頓爲了想加速進展，曾經三次企圖作小規模的兩棲迂迴——第一次是八月七日到八日之間的夜裏在聖阿加塔(Sant' Agata)登陸；第二次是八月十日到十一日之間的夜裏在布羅諾(Brolo)登陸；第三次是八月十五日到十六日之間的夜裏在斯巴達弗拉(Spadafora)登陸——但每一次都是太遲不足以切斷敵軍的退路。蒙哥馬利在八月十五日到十六日之間，也曾嘗試作一次小規模的兩棲迂迴登陸，但那時敵軍的後衛卻早已退到其登陸點，斯卡里塔(Scaletta)的北方去了——而敵軍的大部分也都早已越過海峽退入義大利本土。

德軍這次組織良好的撤退行動，其主要部分的執行一共只花了六天七夜的時間，幾乎沒有受到任何嚴重的攔截或損失——儘管聯軍擁有強大的海空軍兵力。接近四萬人的德國部隊和超過六萬人的義大利部隊都已安全的撤出。雖然義大利人只帶走二百餘輛車輛，其餘的都丟棄了，但德軍卻帶走了差不多一萬輛車輛，以及四十七輛戰車，九十四門火砲，和一萬七千噸的補給和裝備。大約在八月十七日上午六時三十分，美國的巡邏隊先頭部隊進入了墨西拿，不久之後，一支英國的巡邏隊也隨之而來——美國人向他們高興的歡呼著說：「你們這些觀光客跑到哪裏去了？」

這個計畫良好撤退的成功，可以反映出亞歷山大在戰役結束之日向英國首相所作的報告是如何的不實在：「到本日（一九四三年八月十七日）上午十時爲止，最後的德國部隊均已逃出西西里：可以假定該島上的全部義大利部隊均已被殲滅，雖然仍有少許殘部可能已經逃入大陸。」

從一切記錄上來推算，在西西里島上的德軍總數只比六萬人多一點，而義大利部隊爲十九萬五千人（亞歷山大的估計爲九萬名德國人和三十一萬五千名義大利人）。在德軍中有五千人被俘，一萬三千五百人負傷，他們是在撤退之前即已送回義大利本土，所以被殺死的德國人最多不過是幾千人而已（英國人估計爲二萬四千人）。英軍的損失爲陣亡二千七百二十一人，失蹤二千一百八十三人，負傷七千九百三十九人——總計一萬二千八百四十三人。美軍的損失爲陣亡二千八百一十一人，失蹤六百八十六人，負傷六千四百七十一人——總計爲九千九百六十八人。所以聯軍總共的損失約二萬二千八百人。對於這次戰役巨大的政治和戰略效果而言，並不能算是一項過分重大的成本——它促使墨索里尼被推翻和義大利投降。但假使聯軍若能對兩棲迂迴行動作較充分的利用，那麼所俘獲的德軍人數也許比較多，並且也能使進一步的行動變得更爲順利。這也正是康寧漢上將的意見，在他的公報上曾經指出：

「自從戰役開始之日起，第八軍團即不曾對兩棲機會加以任何的利用。爲了這種目的，小型的步兵登陸艦（LSI）經常保持備用的狀況，而其他登陸艇也可以隨呼即到。毫無疑問的，不使用這種工具也自有其理由。不過照我個人看來，海權實在是一種無價之寶，可以帶來戰略運用的彈性。即令只作極小規模的迂迴行動，都足以使敵人發生動搖，和節省很多的時間和成本。」

使凱賽林感到如釋重負的，是聯軍當局並不曾企圖在卡拉布里亞(Calabria)登陸，那也就是義大利半島的「趾頭」，恰好位於西西里的背後——如果能在那裏登陸即足以使在西西里的軍隊不能退過墨西拿海峽。在整個西西里戰役中，凱賽林都在著急的等待這樣的一個攻擊，而他手中又沒有兵力可用來應付它。據他的看法：「一個在卡拉布里亞的助攻，就能使西西里的登陸發展成同盟國一次壓倒性的勝利。」一直到西西里戰役結束，和四個德國師安全的逃出時爲止，凱賽林一共只用了兩個德國師來掩護整個義大利南部。

第二十七章　義大利的侵入

「沒有任何東西比成功更有成就」，這是一句以法國古諺爲基礎的名言。但在較深入的意識中，卻又往往證明出來，「沒有任何東西比失敗更有成就」。被當時的權威所粉碎的宗教和政治運動，就長期的觀點來看，往往在其領袖人物獲得了殉道者的聖光之後，又會復活和出頭。釘在十字架上的基督就遠比生前的活人更具威力。敗軍之將往往能獲不朽的英名——例如漢尼拔、拿破崙、李將軍和隆美爾。

在國家的歷史中也可以看到這同樣的效果，不過其形式卻更微妙。大家都知道有這樣一種說法：「在一個戰爭中英國人只贏得一次會戰——最後的一次。」這句話表示他們所具有的一種特有趨勢，以失敗爲開始但以勝利爲結束。這種習慣充滿了危險，而且所付出的代價也很高。但很諷刺的，事實卻往往的確如此，因爲英國和它的同盟最初遭受到失敗，才會養成敵人的驕氣，使其感到過分的自信，和作過度的擴張。

此外，甚至於當戰爭的重心已經開始轉向之後，又往往由於未能獲得立即的成功反而變得更爲有利，足以使成功的程度更爲增大和使最後的成功更確實。令人更感到驚異的是，在第二次世界大戰的地中海戰役中，這種情形就一連出現了兩次。

因爲在一九四二年十一月，聯軍從阿爾及耳向突尼斯所作的原始前進遭到挫敗，遂鼓勵希特勒和墨索里尼把大量的援軍繼續不斷的送入非洲，於是六個月之後，當聯軍發動最後攻擊時，才一下就俘虜了兩個軸心軍團——由於此種主要的障礙被掃除了，所以聯軍以後從非洲躍入南歐時，猶如進入無人之境。

第二件因禍得福的事例即爲對義大利本土的侵入。在西西里迅速被攻佔，和墨索里尼被推翻之後，第二個和較短的躍進也似乎是一件比較容易的工作。因爲義大利已經背棄德國在與同盟國祕密的接洽投降，並準備在聯軍主力登陸的同時公開宣佈，所以前途也就顯得益爲光明。在那個時候，義大利南部一共只有六個微弱的德國師，在羅馬附近另有兩個師，負有雙重的任務：一方面要應付聯軍的侵入，另一方面還要控制其舊盟友義大利人。

但是凱賽林元帥卻能一方面解除了義大利人的武裝，一方面又阻止了聯軍的前進——當他們到達距離羅馬還有一百哩遠之時，就停頓不前了。八個月之後，聯軍才終於進入義大利的首都，然後又被迫停頓了八個月，才能夠從狹窄多山的半島中突入義大利北部平原。

但是這樣長久的耽擱——在一九四三年九月看來似乎是馬上就可以結束的——對於同盟國的整個前途而言，又還是帶來了重要的補償。希特勒本來是準備把他的兵力撤出義大利南部，而只在北部建立一道山地抵抗線。但是凱賽林意外防禦的成功引誘著希特勒，遂不聽隆美爾的忠告，把資源向南面傾注，其目的是想在義大利儘量守住較大的面積，和守到最長的時間。因爲作了這樣的決定，希特勒遂浪費了其珍貴的資源。不久俄軍從東面，西方同盟國從諾曼第兩路夾攻時，他也就更感到應付乏力了。

就希特勒的實力而論，在義大利的聯軍所吸住的德國資源，其比例之高超過了所有其他的戰線。而且只有在義大利戰場上，德軍是比較可以放棄土地而不至於引起太多的危險，但他們卻偏要不惜消耗實力來勉強堅守過長的戰線。這樣拖得愈久也就愈不利，終於難免最後的崩潰。在義大利境內由亞歷山大所指揮的聯軍，因爲他們早日獲得勝利的希望遲遲不能實現，固然不免感到沮喪，但上述間接的收穫還是可以幫助他們獲得安慰。

儘管挫折到最後反而變得有利，但我們必須認淸當發動巨大的遠征行動時，一定是相信勝利在望的。人類的天性是不希望也不會尋求失敗的。至於爲什麼會失敗，以及其經過情形還是很值得研究。

造成聯軍挫敗的第一個重要因素，即爲他們對義大利人推翻墨索里尼的反戰政變所提供的機會未能迅速的加以利用。這次政變是發生於七月二十五日，但過了六個多星期，聯軍才開始進入義大利。此種延遲的原因是軍事和政治兼而有之。五月底當英美兩國參謀首長在華盛頓集會時，美國人曾反對從西西里進入義大利的構想，因爲他們害怕此一步驟將妨礙進攻諾曼第，和在太平洋方面擊敗日本人的計畫。一直到七月二十日，當在西西里的義大利部隊已表現出急於要投降的態度時，英國的參謀首長們才同意繼續向義大利推進。

羅斯福和邱吉爾在一月間卡薩布蘭加會議時所決定的「無條件投降」的政治要求，也構成一種障礙。在巴多格里奧元帥(Marshal Badoglio)領導下的義大利新政府，自然是希望能從對同盟國政府的談判中獲致比較有利的條件，但他發現很難與他們取得接觸。英美兩國駐梵諦岡的公使是一條明顯的途徑，而且也是最容易達到的，但是由於一種非常奇怪的官僚短視作風，使這種接觸變得毫無用處。根據巴多格里奧的記載：「英國公使告訴我們，很不幸的他所有的密碼都是非常舊的，而且也幾乎完全是德國人所知道的，所以他不能讓我們利用它去和他的政府作祕密通信之用。美國代辦則回答說他根本就沒有密碼。」所以義大利人只好等待，一直到八月中旬他們才找到一個藉口，派遣一位特使到葡萄牙去訪問，在那裏他才能和英美的代表見面。即令如此，這種迂迴的談判方式還是使問題難於獲得迅速的解決。

恰好成一強烈的對比，希特勒卻不浪費一分鐘的時間，他立即採取各種步驟來制止義大利新政府尋求和平，而放棄與德國之間的同盟關係。在七月二十五日，即羅馬發生政變之日，隆美爾已經前往希臘接掌在該國的指揮權，但剛剛在午夜之前，他接到一個電話告訴他墨索里尼已被推翻，要他立即飛回東普魯士森林中的希特勒大本營。次日正午他到達那裏，遂立即奉命在阿爾卑斯山地區集中部隊，並準備進入義大利。

此種進入的行動不久即開始，採取一部分僞裝的方式。因爲他害怕義大利人會藉聯軍傘兵部隊的協助，突然的封鎖在阿爾卑斯山中的隘道，所以隆美爾於七月三十日命令領先的德軍部隊越過國界佔領那些隘道。其藉口是爲了保護進入義大利的補給路線，以防破壞者或傘兵的襲擊。義大利人表示抗議，曾經一度以阻止德軍通過威脅，但還是害怕和德國人發生公開的衝突，所以只是空言而並未開火。接著德國人又以替義大利人負責北部的防禦，好讓他們可以抽調兵力向南部增援爲理由，而把更多的軍隊送入義大利。從戰略上來說，這種說法是很合理的，所以義大利的領袖們遂難予拒絕，否則即無異表示他們懷有異志。所以到了九月初，在隆美爾指揮之下，八個師的德軍已經在義大利阿爾卑斯邊境建立了穩定的基礎，對於凱賽林在南部的兵力，構成一種潛在的支援或增援能力。

此外，德國第二傘兵師，一支特別精銳的部隊，也已從法國飛到羅馬附近的奧斯提亞(Ostia)。德國空降部隊的最高指揮官，司徒登將軍也隨同前往。戰後他回答我的詢問時，曾經這樣的說：

「對於該師的到達義大利，最高統帥部事先並未獲得任何消息，只被告知這個師是準備用來增援西西里或卡拉布里亞的。但希特勒給我的命令，卻是要我留在羅馬附近，同時從北部南下的第三裝甲步兵師也由我指揮。有了這兩個師之後，我也就隨時都可以準備解除羅馬周圍義大利部隊的武裝。」

聯軍本來也計畫把他們的一個傘兵師——李奇威將軍(General Matthew Ridgway)的美國第八十二空降師，投在羅馬附近以支援據守首都的義大利部隊。由於這些德軍的到達，聯軍的計畫遂自動打消。假使美軍果眞照計畫實施，則凱賽林的總部可能就會首當其衝，因爲它位於弗拉斯卡提(Frascati)，在羅馬東南方相距十哩之處。

即令如此，司徒登的任務依然還是非常困難。巴多格里奧元帥已經把五個師的義大利部隊集中在羅馬附近，儘管德國勸他把其中的一部分送往南部增援，但他卻陽奉陰違，置之不理。除非能夠解除這些部隊的武裝，否則凱賽林所處的地位也就會十分狼狽，因爲當他面對著英美的兩個侵入軍團時，這支含有敵意的義大利部隊卻早已位於補給線上，同時也足以切斷義大利南部德軍六個師的退路。那些部隊剛剛組成一個所謂第十軍團，由魏庭霍夫(Vietinghoff)指揮，其中包括從西西里逃出的四個師在內，此乃由於在該次戰役中所受到的損失已經相當殘破。

九月三日，聯軍展開侵入戰的序幕：蒙哥馬利的第八軍團，從西西里越過墨西拿海峽，在義大利的趾頭上登陸。在這同一天，義大利的代表也祕密的和聯軍簽訂休戰條約。不過雙方卻又同意暫時保密，要等到聯軍作第二次主要的登陸時才公佈——那是計畫以在那不勒斯以南的薩來諾(Salerno)灣爲目標。

九月八日午夜，由英美兩國軍隊混合編成的第五軍團，在克拉克將軍指揮之下，開始在薩來諾灣登陸——幾小時之後，英國廣播公司即正式宣佈義大利投降。義大利的領袖們不曾料想到聯軍的登陸會來得這樣快，而且到次日下午很晚的時候，聯軍方面才告訴他們已經廣播的事實。巴多格里奧抱怨說他們的準備尚未完成，所以感到措手不及，無法與聯軍合作，他的這種說法也並非沒有理由。艾森豪曾派泰勒將軍(Genaral Maxwell Taylor)祕密進入羅馬擔負聯絡的任務，他對於義大利人的毫無準備和張皇失措的情況深有認識，所以他向艾森豪發出警告認爲前途頗不樂觀，艾森豪在當天(九月八日)上午接到了這項警告，就立即取消李奇威在羅馬空降的計畫。原定的計畫是準備讓李奇威的部隊在那不勒斯的北面，沿著弗爾吐諾河(Volturno River)降落,以阻止敵軍從南面向薩來諾增援。現在因爲時間已經太遲,所以在羅馬降落的計畫雖已取消,但原有計畫還是來不及恢復。

假使義大利人的「行動」(Action),能夠像他們的「演技」(Acting)一樣好,則結果即可能完全不同。義大利人的演技的確是不平凡,他們不僅能夠長時間隱藏其企圖,而且在前些日子當中,也已經使凱賽林的疑慮消釋了不少。凱賽林的參謀長魏斯特伐將軍所作的記載對此曾有生動如畫的描寫:

「九月七日,義大利的海軍部長柯爾頓伯爵(Admiral Count de Courten)來訪,他當面告訴凱賽林元帥,義大利艦隊將於九月八日或九日從斯培西亞(Spezia)出海,以求與英國地中海艦隊決一死戰。他眼眶中含著熱淚說,義大利艦隊將寧爲玉碎不願瓦全。於是他就接著敍述他企圖中的會戰計畫。」

這樣慷慨激昂的態度造成一種令人深信不疑的印象。次日下午,魏斯特伐又與另外一位德軍將領陶桑特(Toussaint)一同驅車前往設在蒙特羅通多(Monterotondo)的義大利陸軍總部(在羅馬東北約十六哩之處)。

「羅塔將軍對我們的接待非常友善。他和我討論義大利第七軍團和德國第十軍團，在義大利南部聯合作戰的若干細節問題。當我們正在談話之際，華登堡上校（Colonel von Waldenburg）來了一個電話，告訴我義大利投降已由英國廣播宣佈的消息……羅塔將軍當時即向我保證那不過是一種惡劣的宣傳技倆。他說：雙方的聯合作戰仍將繼續，一切都照我們原有的安排進行，沒有任何改變。」

魏斯特伐對於這種保證當然並不完全相信，當他在黃昏時回到設在弗拉斯卡提的德軍總部時，他發現凱賽林早已向所有下級單位發出了代字爲「軸心」（Axis）的命令——這是一種事先安排好的密語，其意義即爲義大利已經脫離軸心，應立即採取適當的行動解除義大利部隊的武裝。

各下級指揮部都分別依照其所面臨的情況和本身的兵力部署，採取威脅利誘兼施的手段。司徒登在羅馬地區所採用的爲突襲戰術，因爲他所面臨的雙方兵力衆寡之勢實在太懸殊，以下就是他的記載：

義大利南部的登陸
聯軍的前進1943年9月3日～12月28日
英美軍攻擊
德軍反攻
9月3日德軍單位的情況
XXX 聯軍軍團分界線
0 哩 50 100
0 公里 50 100 150
10月3日
英軍特勤旅登陸
特木利
福查
9月27日
巴勒塔
9月22日
第七十八師下船
巴利
亞德里亞海
第一傘兵師
阿波利亞
馬特拉
布林狄西
9月10日
大蘭多
第六軍
貝勒芬托
第十五裝甲步兵師
第十六裝甲師
艾波利
奧利塔
波田沙
9月20日
波拉
第十軍團
魏庭霍夫
9月14日戰線
拉哥勒格羅
卡斯列維
貝爾貴德里
第二十六裝甲師
卡里亞提
擊板作戰
9月9日
第一空降師
(第八軍團)登陸
第二十九裝甲師
卡拉布里亞
卡坦查羅
9月10日
皮左
英國
第三十軍
墨西拿
英國
第十三軍
雷佐
墨西拿海峽
勒尼安海

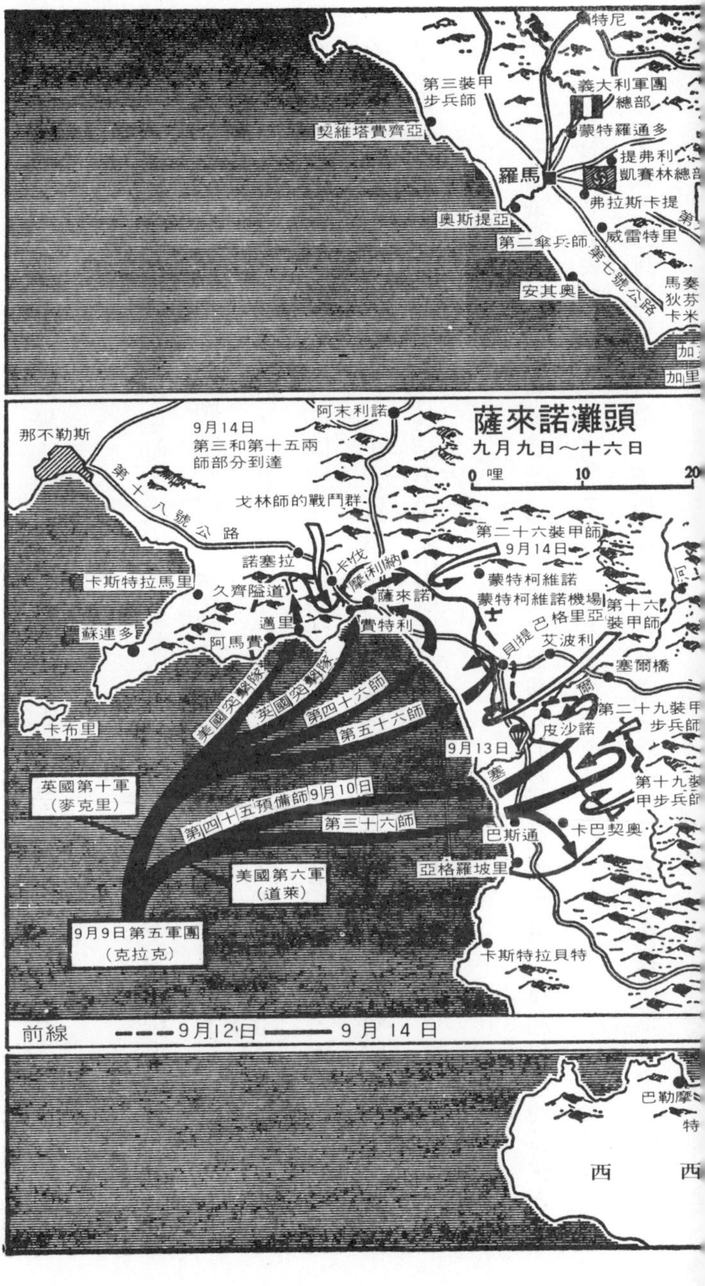
特尼
第三裝甲
步兵師
義大利軍團
總部
契維塔貴齊亞
蒙特羅通多
提弗利
羅馬
弗拉斯卡提
奧斯提亞
威雷特里
第二傘兵師
第七號公路
安其奧
薩來諾灘頭
九月九日～十六日
0 哩 10 20
那不勒斯
阿末利諾
9月14日
第三和第十五兩
師部分到達
第十八號公路
戈林師的戰鬥群
第二十六裝甲師
9月14日
諾塞拉
卡伐
摩利納
卡斯特拉馬里
久齊隘道
薩來諾
蒙特柯維諾
蒙特柯維諾機場
第十六
裝甲師
邁里
貴特利
巴格里亞
貝提
艾波利
蘇連多
阿馬貴
塞爾橋
美國突擊隊
英國突擊隊
第四十六師
第二十九裝甲
步兵師
卡布里
第五十六師
皮沙諾
9月13日
塞
第十九裝
甲步兵師
英國第十軍
（麥克里）
第四十五預備師 9月10日
第三十六師
巴斯通
卡巴契奧
亞格羅坡里
美國第六軍
（道萊）
9月9日第五軍團
（克拉克）
卡斯特拉貝特
前線 ---9月12日 ——9月14日
巴勒摩
西

「我企圖用空降的方式來攻佔義大利陸軍總部，但只獲得部分的成功。雖然有三十位將官和一百五十位其他軍官已經被俘，但其他的人員都堅守不屈。義大利陸軍參謀總長已在前一夜隨著義大利國王和巴多格里奧元帥先行溜走了。」

儘管司徒登一共只有兩個師的兵力，但義大利的指揮官們並不企圖設法去擊敗他，而只想趕緊退走，他們把部隊都撤到東面的提弗利(Tivoli)，而把首都讓給德國去接管。這樣也就使談判的進行變得非常順利，凱賽林採取了一種非常寬大的勸誘措施，建議只要義大利部隊放下他們的武器，就可以立即回家。這種辦法是與希特勒的命令相抵觸的，因爲他要把所有的義大利軍人都收容爲戰俘，但是凱賽林的這種獨斷專行不僅被證明非常有效，而且也節省了不少時間和生命的代價。其結果可以用魏斯特伐的記載來加以綜述：

「當義大利軍隊的指揮官們完全接受了德國人的投降條件之後，羅馬附近的情況也就變得非常的安靜。這也就消除了對第十軍團補給上的危險……使我們感到更放心的是，羅馬已經不再有成爲戰場的必要。在投降協定中，凱賽林元帥已經承諾視羅馬爲一開放城市。他也承諾只用警察單位來佔領該城，一共只有兩連的兵力，並保護電話通信署，這種承諾一直遵守到德軍結束佔領之日止都不曾破壞。由於投降的結果，現在與德軍最高統帥部之間又可以恢復無線電的通信聯絡，那是從九月八日起即告中斷的。此種對義大利軍隊不流血消滅的另一後果，是可以立即使用公路把援兵從羅馬地區運送到南部的第十軍團……所以在羅馬附近的情況，儘管最初有許多令人感到憂慮的問題，而其解決後的結果卻幾乎比任何人所希望的都還要良好。」

直到此時爲止，希特勒和他在最高統帥部中的軍事顧問們，都早已認爲凱賽林的部隊是毀定了。魏斯特伐對於這一方面曾經提供重要的證據。他說：

「……自從八月以後，我們的人員補充和武器裝備的補給即已完全斷絕。所有一切的要求都被最高統帥部簽註『緩辦』而被擱置在一邊。把隆美爾的B集團軍部署在義大利北部，也是受了這種過分悲觀態度的影響。它們的任務是佔領阿爾卑斯山區中的陣地，假使我們的部隊在聯軍和義大利人聯合攻擊下，尚有殘餘部分勉強逃出時，就由它們來負責收容。

同樣的，凱賽林元帥對於情況也是採取一種嚴重的看法。但他認爲在某種環境之下，局勢仍有被控制的可能——若期待中的大規模登陸地點愈向南偏，則此種機會也就愈大。但假使敵人從海上和空中直接在羅馬附近登陸，那麼要想救出第十軍團使其不被切斷的希望就會變得十分渺小。我們在羅馬附近所有的兩個師，是絕對不足以擔負一方面消滅強大的義大利軍隊，而另一方面又要抵抗聯軍登陸的雙重任務——而且還要設法保持第十軍團的後方交通線不被切斷。早在九月九日，我們就聽到義大利部隊正在封鎖通往那不勒斯的公路，以期切斷第十軍團補給線的不愉快消息。在這樣的情況之下，第十軍團也就不可能支持太久。所以在九月九、十兩日，聯軍空降部隊沒有在羅馬周圍的機場上著陸，總司令這才吐了一口長氣，有如釋重負之感。在那兩天裏，我們無時不在期待這樣的情況發生。假使聯軍作了這樣的空投行動，將毫無疑問的會使義大利的部隊，以及態度對我們頗不友好的人民，在精神上受到重大的鼓勵。」

凱賽林本人對於當時的情況也曾扼要的綜述如下：「一個對羅馬的空降突擊著陸，再加上一個在附近的海上突擊登陸(而不是在薩來諾)，即很可能迫使我們自動撤出整個義大利南部。」

即令聯軍並未直趨羅馬，但在薩來諾登陸之後，也還是有一段時間使德國人感到非常的緊張，尤其是對於那裏的實際情況缺乏情報，所以更使他們在精神上深受刺激。所謂「戰爭之霧」從來就很少像這樣濃密的——主要的是因爲德國人本來是在一個同盟國境內作戰，而現在這個同盟國卻突然的背棄了他們。此種事實的影響最好還是引述魏斯特伐的記載來說明：

「總司令最初對於薩來諾的情況所知道的眞是非常有限。電話通信早已中斷——因爲那是依賴義大利的郵政通信網。而且那也很難恢復，因爲在過去是不准我們考察義大利的電話技術。最初無線電通信也很難安排，因爲在新成立的第十軍團司令部中的通信人員，對於義大利南部的特殊天候條件還不熟悉。」

對於德國人來說可以說是很僥倖，因爲聯軍的主要登陸地點都是他們所預料的，而且也正是凱賽林最便於集中其薄弱兵力來應付此種威脅的地方。英國第八軍團向義大利趾頭部分的前進，也完全在他的意料之內，而且那裏太遙遠，不足以對其部隊構成立即的危險。由於聯軍的指揮官們都不願意冒險超越空中掩護的極限，這一點遂使凱賽林獲得了很大的利益——而在他的計算中也可以有把握的假定他們決不會改變這種傳統的想法。結果聯軍在薩來諾的登陸，雖然是很樂觀的被定名爲「雪崩作戰」(Operation Avalanche)，但事實上卻遭遇到嚴重的挫敗。誠如克拉克將軍本人所說的，那簡直是一個「近似的災難」(Near Disaster)。(原註：語見克拉克所著回憶錄《有計畫的冒險》〔*Calculated Risk*〕一書。)登陸的兵力在德軍反擊之下沒有被趕下海去，那眞是間不容髮。

在原始的計畫中，克拉克曾建議應在那不勒斯北面的加艾大(Gaeta)灣登陸，因爲該地區比較開放，而且也不像薩來諾有山地足以妨礙從灘頭向內陸的推進。但是當聯軍的空軍總司令泰德告訴他，假使伸展到加艾大地區，則空中支援就不會那樣良好，於是克拉克乃放棄其個人的意見，而同意選擇薩來諾。

在聯軍方面，也有某些人認爲要使德國人受到奇襲並喪失平衡，最有效的方法即爲超越此種極限去作一次登陸。有人主張應在義大利「靴跟」方面登陸，即大蘭多(Taranto)和布林狄希(Brindisi)地區，這將是「期待最小的路線」(The Line of least expectation)，所以所冒的危險也會最小——而又可以提早獲得良好的港口。

到最後一分鐘，這樣的一個登陸才被列入計畫作爲一種輔助行動。但進攻大蘭多的兵力卻僅有一個師，即英國第一空降師。這個師本來在突尼西亞整補，現在匆匆的集合起來，裝上海軍的船隻立即送上前線。雖然在登陸時並未遭遇任何抵抗——但他們到達時也沒有攜帶任何戰車，而砲兵和摩托化運輸工具也幾乎完全沒有。事實上，他們缺乏一切的工具，根本就無法擴張其已經獲得的戰果。

對於聯軍侵入作戰作了上述概括的檢討之後，現在就要對作戰的經過作比較精密的分析。其出發點即爲蒙哥馬利的第八軍團在九月三日越過狹窄的墨西拿海峽。這個代字爲「灣鎮作戰」(Operation Baytown)的卡拉布里亞登陸，直到八月十六日才正式下達命令，那時最後的德軍後衞正從西西里撤退。甚至於那時，在命令中也並無確定的「目標」——誠如十九日蒙哥馬利在他發給亞歷山大的一份電文中所刻薄的指出的。亞歷山大終於在回電中把目標確定，他告訴蒙哥馬利說：

「你的任務是要在義大利的趾頭上確實佔領一個橋頭陣地，以利我們的海軍部隊可以通過墨西拿海峽作戰。一旦當敵軍從趾頭部分撤退時，你應儘可能集中所能運用的兵力跟蹤追擊，並請記住你在義大利南端所牽制的敵軍兵力愈多，則你對於雪崩作戰(在薩來諾的登陸)的幫助也就愈大。」

對於身經百戰的第八軍團而言，這眞是一個不夠胃口的任務，也是一個近似開玩笑的目標。蒙哥馬利在他的回憶錄中指出：「對於我的作戰與第五軍團在薩來諾登陸作戰之間的關係，並未作任何協調的企圖……。」對於給予該軍團援助的次要目標而言，第八軍團的登陸地點可以說是極不適當——距離薩來諾三百哩，一切的前進必須沿著一條非常狹窄的山路行軍，而那正是敵人設伏攔阻的理想位置。一共只有兩條良好的道路可以通到這個趾頭地區，一條沿著西海岸，另一條沿著東海岸，所以只能同時用兩個師，而每個師又都只能以一個旅領先，並且，在兩條前進線上想要展開一個營以上的兵力都會感到困難。敵人在此一地區絕無保持龐大兵力的必要，尤其是他們明知聯軍兵力的較大部分將在其他地區登陸，所以也就更不會如此。一旦當第八軍團在卡拉布里亞半島登陸之後，第五軍團的奇襲機會也就更爲減少，因爲敵人所要防備的可能途徑已經只剩下更少的幾條了。爲了想有效的分散敵方的兵力，這個趾頭地區也可以說是最壞的選擇。敵人可以安全地把他的部隊從那裏向後撤退，而讓侵入軍在那裏飽嚐作戰束縛之苦。

儘管遭遇強烈抵抗的機會極爲渺小，蒙哥馬利對於這個「趾頭」的登陸攻擊部署，卻還是保有其習慣性的謹愼和徹底作風。集中了將近六百門砲，在第三十軍的指揮之下，從西西里的海岸越過海峽向對岸構成一道壓倒性的彈幕，以掩護鄧普賽將軍(General Miles

Dempsey）所指揮的第十三軍在雷佐（Reggio）附近的灘頭登陸。爲了集中如此大量的砲兵，遂又使發動突擊的日期比預定的延遲了好幾天。此外，又有一百二十門海軍艦砲也參加了轟擊的工作。

在前幾天，情報資料即已顯示德國留在「趾頭」附近的兵力不會超過兩個步兵營，甚至於這一點兵力的位置也還是在距離灘頭十哩以外，他們的任務是掩護通往該半島的道路。這些有關敵軍已經退走的情報，使得某些刻薄的觀察家認爲那樣大規模的攻擊準備實在是小題大作——所謂「殺雞焉用牛刀」。這種批評雖很恰當，但並不正確——因爲當時根本就無雞可殺。那完全是浪費大量的彈藥。

九月三日上午四時三十分，執行突擊任務的兩個師，英軍第五師和加拿大第一師，在空無一物的海灘登陸，甚至於連地雷和鐵絲網都沒有。一位加拿大士兵開玩笑說：「那一天所遭遇的最激烈的抵抗，是一頭從雷佐動物園中逃脫的美洲獅，我們的旅長似乎對牠很感興趣。」突擊步兵中沒有任何的損失，到黃昏時這個舊島的趾頭部分即已完全被佔領，其深度已經超過五哩，仍未遇到任何抵抗，三名德軍的落伍者和三千名義大利人已被收容爲戰俘。那些義大利人很高興的志願參加替英國登陸艇做卸載的工作。在以後的幾天內，當聯軍向北推進時，也還是不曾遭遇任何嚴重的抵抗，僅只和敵軍的後衛有簡短的接觸。不過德軍在一路撤退中，沿途作了許多巧妙的爆破，使第八軍團的前進不斷的發生遲滯。到九月六日，即登陸後的第四天，距離登陸的灘頭還只有三十哩，而直到九月十日才到達半島狹窄的部分，即所謂「趾頭關節」之處。就距薩來諾的全部距離而言，尚不及三分之一。

但據蒙哥馬利的記載，當亞歷山大在九月五日訪問第八軍團時，態度卻非常的樂觀，他帶來了義大利人已經在前兩天祕密簽訂休戰協定的消息。蒙哥馬利感覺到亞歷山大顯然是準備用義大利人所作的一切承諾來作爲其計畫的基礎。他對於這種信心頗感懷疑，所以就對亞歷山大說：「只要德國人知道這些事情，他們馬上就會把義大利人制服住。」事實證明蒙哥馬利的看法是正確的。

亞歷山大對於「雪崩作戰」的前途所表示的信心尤其令人感到驚異，因爲在兩個星期以前，筆名「沙托納」(Sertorius)的德國軍事評論家，即曾在廣播中預測聯軍的主力登陸將在那不勒斯─薩來諾地區，而在卡拉布里亞半島上將另有一個輔助性的登陸。

一個星期之前，即在八月十八日，希特勒即已下令指示如何應付此種威脅。其命令的要點如下：

㈠在敵人的壓力下，義大利遲早一定會投降，這應認爲是意料中事。

(二)爲了準備應變，第十軍團必須保持義大利中部退路的開放，尤其是羅馬地區，必須予以固守。

(三)從那不勒斯到薩來諾之間的海岸，是最感受威脅的地區，應從第十軍團中抽出一個強大的戰鬥羣，至少應包括三個機動單位，集中在該地區內。該軍團一切非機動的單位也都應該遷入這個地區。完全機動的單位最初應留在卡坦查羅(Catanzaro)和卡斯列維(Castrovillari)之間的地區，以參加機動的作戰。第一傘兵師也將用來保護福查(Foggia)。當敵軍登陸時，那不勒斯——薩來諾地區必須固守。並應在卡斯列維隘道以南的地區中進行遲滯作戰……

凱賽林把他的八個師中的六個部署在南面，由魏庭霍夫將軍的第十軍團指揮——其司令部設在薩來諾東南方的波拉(Polla)城內。因爲希特勒曾於二十二日親自告訴魏庭霍夫說，應把薩來諾當作「重心」(此語曾記在該軍團的作戰日誌上)。凱賽林的其他兩個師則保留在羅馬附近充任預備隊，準備一旦義大利叛變時，即可接管該國首都，並保持第十軍團退路的開放。在南面的六個師，其中有兩個是新來的，即第十六和第二十六裝甲師，另外四個則是從西西里逃出來的。其中損失較重的兩個師，即「戈林」師和第十五裝甲步兵師，已經撤回到那不勒斯地區中整補，第一傘兵師則撤往阿波利亞(Apulia)，只有第二十九裝甲步兵師留在「趾頭」上對抗蒙哥馬利的前進。爲了幫助該師阻止蒙哥馬利起見，第二十六裝甲師也暫時被送往卡拉布里亞——該師並未攜帶任何戰車即開入義大利南部。（原註：像那時候大多數的德國裝甲師一般，它一共只有兩個戰車營——一個營裝備豹式〔Panther〕戰車，另一個營則裝備較輕的四號戰車——前者不曾送入義大利，而後者則留在羅馬附近以便幫助鎮壓義大利人。）第十六裝甲師爲所有各師中裝備最佳者，被用來掩護薩來諾灣，那也就是聯軍最可能作大規模登陸的地區，同時它還可以迅速的獲得其他各師的增援。即令如此，該師也只有一個戰車營和四個步兵營，不過其砲兵實力卻相當強大。（原註：該戰車營約有八十輛四號戰車。其所欠缺的一個豹式戰車營，則由一個裝甲突擊砲〔assult-gun〕營來替補，一共有四十八門自走砲——在較遠的距離會被人誤認爲戰車。即令如此，我們還是很難了解克拉克將軍在其回憶錄《有計畫的冒險》一書中會認爲「德軍在薩來諾可能有六百輛戰車」的計算。那比實際數量幾乎多出了八倍。）

當聯軍方面的龐大艦隊浩浩蕩蕩的駛向薩來諾灣時，德軍用來迎擊的就只有這一點微弱的兵力。差不多共有七百多艘船隻和登陸艇，載運著第一批登陸部隊約五萬五千人，接著還有十一萬五千人跟隨而來。

這一次登陸是美國第三十六步兵師在右，英國第四十六和第五十六兩師在左，另有美國第四十五步兵師的一部分在側翼上充任預備隊。這些師分別屬於美國第六軍和英國第十軍，兩個軍的軍長分別爲道萊將軍(General Dawley)和麥克里將軍(General McCreery)。英國第十軍要在薩來諾正南方灘頭上一段七哩長的海灘登陸，也就是靠近通往那不勒斯的主要道路，這條道路雖然險峻，但不很高，通過卡伐隘道(Cava)，再越過多山的蘇連多(Sorrento)半島頸部。所以這個軍的登陸必須使其儘早成功，這也正是全部作戰的總關鍵，因爲它一方面可以打通到北面大港那不勒斯的道路，另方一面又可以阻塞德軍從北面來的增援，爲了使這個軍的任務比較易於達成，又決定使用兩個營的英國突擊隊(Commandos)和三個營的美國突擊隊，迅速攻佔卡伐隘道以及在鄰近另一條道路上的久齊隘道(Chiunzi Pass)。

英軍的主力船團於九月六日從的黎波里發航，美軍的主力船團則在前一天黃昏離開奧蘭港。其他的船團則分別從阿爾及耳、比塞大和西西里北部的巴勒摩和特米尼(Termini)等港口發航。雖然他們的目的地被視爲一項高度的機密，但事實上根據下述兩項因素即不難猜出這個謎底。一方面是受到空中掩護的實際限制，另一方面則爲有早日攻佔一個大港的需要——這兩個因素加在一起即能提供一種非常顯明的線索。在的黎波里一艘船上的中國籍廚師向送別的人高呼「那不勒斯再見」，曾經引起了一陣騷動。但實際上他不過是聽到一般士兵和海員的談話都是這樣說而已。另外還有一個很觸目的暗示，即南北兩支攻擊部隊分別命名爲「S部隊」和「N部隊」。不過這卻又不僅是猜想而已，有一份流傳很廣的行政命令上，也公開的提到薩來諾地區附近的一些地名。

因爲目標既已如此顯明，於是軍團司令克拉克希望依賴奇襲的想法也就構成一種巨大的行動障礙。儘管保護和支援登陸部隊的海軍艦隊指揮官希維特中將，曾提出強烈的反對，但克拉克仍禁止對岸上的防禦作任何攻擊準備的海軍砲擊——希維特曾經明白的指出，「認爲我們可以獲致戰術奇襲的想法簡直是荒唐」。不過當然也可以這樣說，如果用海軍砲火去軟化岸上的防禦，則將會促使敵軍預備隊集中得更快，因爲這將使他們更能確定聯軍企圖中的登陸地點。

船團的前進是繞過西西里的西岸和北岸，在九月八日的下午，德軍司令部即已獲得報告於是下午三時十分，德軍就嚴加戒備，等候聯軍的到來。下午六時三十分，艾森豪在阿爾及耳無線電台宣佈與義大利簽訂休戰協定的消息，到下午七時二十分，英國廣播公司的新聞節目中又將這個消息重播一次。在船上的聯軍部隊也都聽到這些廣播。很不幸的，這些廣播使他們產生過分樂觀的印象，以爲這次登陸一定非常輕鬆——儘管有些軍官曾向他們提出嚴重的警告，要他們記住還有德國人要應付。不久，這種樂觀就變成嚴重的失望。對於聯軍的計畫作爲人員而言也是一樣，他們事先曾樂觀的估計在第三天即可以攻佔那不勒斯——結果經過三個星期的苦戰，才勉強達到這個目標，而且還幾乎遭受到慘敗。

在九月八日下午，聯軍的船團曾經數度遭受到空中攻擊，到天黑以後，德國轟炸機投下照明彈以利攻擊，但很僥倖的，聯軍的損失仍極輕微。午夜後不久，領先的運輸船已經到達距離海岸八哩至十哩的位置，乃開始放下登陸艇。在預定的上午三點三十分的H時附近，他們到達了灘頭。兩小時以前，一個已由德軍接管的海岸砲台曾向接近北面側翼的登陸艇開火，但卻被護航驅逐艦的還擊所制壓。在最後階段，海軍的砲火和「火箭艇」曾對海岸防禦作短時間與極猛烈的轟擊——火箭艇是一種第一次使用的新武器。但在南區灘頭卻沒有這種火力支援，因爲美軍的師長堅持其軍團司令的「不射擊」指示，仍然希望靜悄悄的登陸以獲致局部性的奇襲。結果當登陸艇快要接近灘頭時，馬上就遭遇岸上火力的猛烈迎擊，使部隊受到慘重的損失。

因爲能否迅速向那不勒斯前進，主要關鍵要看能否奪佔從薩來諾通過山地向北走的道路，所以對於登陸經過的敍述最好是從左到右，以北翼爲起點。在這一方面，美國的突擊隊在邁里(Maiori)的一個小灘頭登陸，沒有受到任何阻攔，在三小時內即已佔領久齊隘道——他們在俯視薩來諾至那不勒斯主要公路的山脊上建立了陣地。英國突擊隊也很輕鬆的在費特利(Vietri)登陸。但敵人的反應卻很快，使他們未能肅淸那個小鎭，就被阻止在卡伐谷口處較低的摩利納(La Molina)隘道上。

在薩來諾以南幾哩的灘頭上，英軍主力的登陸從開始即受到猛烈的抵抗，同時，第四十六師的一部分在上岸時又發生錯誤，擠入其右鄰第五十六師的灘頭，因此引起很大的混亂，於是也就使他們的進展受到更多的延誤。雖然某些領先的部隊已經向內陸挺進達兩哩之深，但是卻受到重大的損失，而仍未能達到第一天頗具重要性的預定目標線——薩來諾港口至蒙特柯維諾(Montecorvino)機場，以及在貝提巴格里亞(Battipaglia)和艾波利(Eboli)的道路交叉點。尤其是到這一天結束時，在塞爾河(Sele)北岸的英軍右翼，與在該河南岸的美軍左翼之間仍然隔著一個寬達七哩的缺口。

美軍的登陸分為四個灘頭，靠近在巴斯通(Paestum)附近的著名希臘神廟。因為沒有海軍火力的支援，所以在強烈的敵火下接近海岸時受到很大的損失，搶灘之後又繼續衝入敵軍的火網，並且在灘頭上不斷的受到德國空軍的攻擊。尤其是第三十六師的部隊過去毫無戰鬥經驗，所以更感到難以忍受。不過總算是僥倖的，現在已經開始由海軍砲火給以良好的支援，那些驅逐艦奮勇的通過佈雷水域來援助他們。在這裏以及在英軍地區中，這種援助可說是具有特別的價值，因為對聯軍的最大威脅即為三五成羣的德國戰車所作的逆襲，而海軍的砲火卻恰好是它們的剋星。到入夜時，美軍左翼已經向內陸推進約五哩，到達卡巴契奧(Capaccio)

的丘陵小鎮，但右翼仍被困在距離灘頭不遠的地方。

第二天，九月十日，在美軍方面是比較平靜的一天，德軍的第六裝甲師已經把其微弱兵力的大部分，調往北部英軍地段的方面，因為從戰略上來說，那對於他們在薩來諾地區的防禦是一個比較重大的威脅。美國人遂利用這個機會來擴大他們的灘頭陣地，並把他們的海上游動預備隊第四十五師的大部分，也都送上岸來。此時，英軍第五十六師已在清晨攻佔蒙特柯維諾機場和貝提巴格里亞鎮。但德軍以兩個摩托化步兵營和一些戰車，發動了一次逆襲，遂又把英軍逐出該鎮——並且產生局部性的恐怖現象，甚至於在英軍的戰車尚未來得及救援之前，連近衛旅的一部分也都聞風潰逃。

當天夜裏，第五十六師使用三個旅的兵力發動一次攻擊，以奪佔艾波利山地的最高峰，但只獲得輕微的進展，並再度進入貝提巴格里亞鎮。第四十六師佔領了薩來諾城，並派遣一個旅去接替突擊隊，卻未能繼續向北推進。在美軍方面，新加入的第四十五師已向內陸挺進十餘哩，通過皮沙諾(Persano)達到塞爾河的東岸，並接近在塞爾橋(Ponte Sele)的道路中心，這也就是理想中灘頭陣地第三線的頂點。但推進到此地即開始受阻，並且終於被迫撤退，因為有一個德軍摩托化步兵營，加上八輛戰車，已經從英軍方面調回，越過塞爾河發動一次逆襲。所以到第三天結束時，聯軍的四個師都已登陸，一些額外的部隊加起來也還可以相當於一個師的兵力，但仍然還是局限在兩個很淺而又分離的灘頭上，至於周圍的高地和通向沿岸平坦地帶的通道，卻都控制在德軍的手中。聯軍想在第三天達到那不勒斯的希望已經幻滅。以戰鬥實力而言，德軍第十六裝甲師僅相當於聯軍一個師的一半，但卻已經成功的阻止了聯軍，並替德國的增援爭取到必要的時間餘裕。

第一個趕到的是第二十九裝甲步兵師，它早已在從卡拉布里亞向後撤退的途中；此外正在整補中的「戈林」師，也勉強抽出了一個戰鬥羣(兩個步兵營加上二十輛左右的戰車)。這個戰鬥羣來自那不勒斯地區，突破英軍設在摩利納隘道上的防線，進至費特利附近。到九月十三日，由於突擊隊再投入戰鬥，才將其擊退。儘管如此，隘道現在已經被德軍完全封鎖。非常明顯的，英軍第十軍已經被侷陷在薩來諾附近狹窄的沿岸地區內，而周圍的高地則都控制在德軍手中。此時，在南面地段中所發生的情況，卻更使克拉克原有的信心產生更嚴重的動搖。因爲第二十九裝甲步兵師和第十六裝甲師的一部分，已經衝入英美兩軍之間的缺口。在九月十二日黃昏，英軍的右翼又再度被逐出貝提巴格里亞，並受到重大的損失，尤以被俘者爲甚。九月十三日，德軍利用英美兩軍間之空隙益形擴大的機會，開始對美軍左翼發動一次反擊，將其逐出皮沙諾，並造成全面的退卻。德軍在混亂之中已在好幾個地方突入美軍戰線，其中某一點距離灘頭大約只有半哩之遙。

那天夜間的情況已經顯得如此嚴重，所以在南區的所有商船都已停止卸載的工作。此外，克拉克已向希維特發出緊急要求，要他準備接運第五軍團司令部上船，並集中一切的登陸艇以便把第六軍的部隊撤出灘頭，再將他們送往英軍地區登陸；或是把第十軍（英軍）調到南面地區來。這樣大規模的緊急調動實際上是不可能的，所以這種建議也就引起麥克里和其海軍同僚奧利佛代將(Commodore Oliver)的激烈抗議。當這個消息傳到高級司令部時，也使艾森豪和亞歷山大大爲震動。但這也幫助加速增援部隊的送達，有十八艘戰車登陸艦本來是要前往印度的，現在中途被留下來參加救援的工作。第八十二空降師也已撥交克拉克指揮，在下午接到他的緊急要求之後，在當天黃昏，李奇威即已勉強使第一批傘兵降落在南面灘頭之內。九月十五日英國第七裝甲師開始在北面灘頭登陸。但到此時，危機卻早已過去，這大部分應該感謝同盟國海權和空權的迅速緊急救應。

在九月十四日那天，所有一切在地中海戰區的飛機，包括戰略和戰術空軍在內，都傾全力來攻擊德國部隊及其近後方的交通線。在這一天之內，他們總共出動一千九百架次。阻止德軍衝入灘頭更有效的手段是海軍的砲火。魏庭霍夫事後曾對此追述如下：

「這天上午的攻擊受到強烈的抵抗，但最厲害的還是前進的部隊必須忍受他們從未經驗過的強大火力——至少有十六艘到十八艘戰鬥艦、巡洋艦和大型驅逐艦，一字排開在海上發射他們的砲火。此種火力是驚人的準確和靈活，任何目標一經發現就很難逃避毀滅的命運。」

有了這種強力的支援，美國部隊終於守住其最後一道防線，那也就是他們在前一夜所退回的位置。

十五日暫時休息一天。德軍正在忙於重組其被砲彈和炸彈所擊破的單位以圖再舉，同時也有一些援兵到達。仍然沒有戰車的第二十六裝甲師已經從卡拉布里亞趕來，在聯軍登陸薩來諾的那一天，就奉到魏庭霍夫的命令要它從蒙哥馬利的正面上溜走。第三和第十五兩個裝甲步兵師的支隊，也同時分別從羅馬和加艾大地區趕來。但即令有了這些增援，德軍現有的兵力也還只是相當於四個師，和總數一百多輛的戰車。反之，至了九月十六日那一天，第五軍團在岸上的兵力已經相當於七個較大型的師，而戰車則爲二百輛左右。除了在他們的優勢兵力尚未發生效力之前，其士氣即將崩潰的可能危險以外，聯軍當局似乎已經沒有什麼其他值得煩惱的。而且第八軍團現在也已經近在咫尺，所以更增強了此種優勢，並進而威脅敵人的側翼。

那天（十五日）上午，亞歷山大來到克拉克司令部視察，他是乘坐一艘驅逐艦從比塞大前來的，並巡視了各個灘頭。他使用其特有的圓滑手段，打消了撤退任何灘頭的建議。前一天下午，英國戰鬥艦「戰恨」號（Warspite）和「英勇」號（Valiant），率領著六艘驅逐艦也從馬爾他趕來助戰——並於上午十時到達，構成一個新的奧援。由於艦上和前進觀察員之間的通信聯絡發生遲誤，所以他們一直到七個小時之後才開始行動，但是艦砲一經發射之後，其十五吋口徑艦砲的的重型砲彈能夠擊中深入內陸十二哩的目標，在精神和物質上都足以產生摧毀的效力。

那天上午，又有一批戰地記者從第八軍團方面趕來。他們感覺到第八軍團的前進實在是太慢，而且也沒有那樣愼重的必要，所以他們在前一天決定單獨前進，分別乘坐兩輛吉普車，利用偏僻小路以避免通過主要道路上已被破壞的橋樑，這樣在「敵方」地區中走了五十哩並未遇到任何德國人。又過了二十七個小時，第八軍團的先頭搜索部隊才和第五軍團取得連繫。

九月十六日的上午，德軍再度從英軍地區開始發動反擊，一支部隊從北指向薩來諾，另一支部隊則指向貝提巴格里亞。這些攻擊都被聯軍的砲兵、海軍和戰車的協同火力所擊退。這一次的失敗再加上第八軍團的到來，遂使凱賽林認爲把聯軍趕下海去的可能性已經不再存在。所以，在那一天黃昏，他命令「擺脫海岸戰線」，並逐漸向北撤退。第一步是撤退到那不勒斯以北二十哩的弗爾吐諾河之線——他並且規定這一條防線應守到十月中旬爲止。

由於在擊退德軍的反擊時，海軍的砲火提供極大的貢獻——雖然是在大型軍艦尙未到達之前即已如此——但使德國人感到安慰的，卻是在那天下午，英國戰鬥艦「戰恨」號被新型的 FX 1400 無線電導引滑翔炸彈直接命中，而喪失了行動能力。當德國前同盟義大利的主力艦隊於九月九日從斯培西亞駛出，準備前往加入聯軍的海軍時，他們也使用同樣的新武器作了一次送別的打擊——擊沉了義大利的旗艦「羅馬」號(Roma)。

從分析上看來，一旦當德軍想把聯軍趕下海去的努力失敗之後，其從薩來諾的撤退也就勢所必然。因爲凱賽林雖然已經儘量利用他所謂的「蒙哥馬利非常謹愼的前進」所容許的一切機會，但很明顯的，當英國第八軍團已經從狹窄的卡拉布里亞半島鑽出到達現場，並且已能從內陸前進迂迴其陣地時，他也就不可能再懸掛在這一條西海岸之線上了。他的兵力太少，無法掩護如此日益加寬的正面。但是此種威脅的發展又還是不夠快，所以並不能妨礙或加速德軍的撤退。因爲直到九月二十日下午，第八軍團才有一支加拿大的先頭部隊進入波田沙(Potenza)——那是義大利「脚踝」部分主要的道路中心，從薩來諾灣向內地深入約五十哩。在前一天下午，有一百名德國傘兵匆匆趕到波田沙設防，他們使加拿大部隊停頓了一夜。第二天爲了要克服他們的抵抗，加拿大部隊用一旅兵力發動攻擊——即差不多超過德軍三十倍的實力，這證明在混亂情況中，有技巧的防禦是具有如何巨大的遲滯能力。這個攻擊固然迫使德軍那小型的支隊撤退，並俘虜了十六名德國兵，但在對該鎭發動攻擊前的空中攻擊中，卻冤枉殺死了將近二千名的義大利平民。在爾後的一個星期內，加拿大的搜索部隊很謹愼的推進到美爾費(Melfi)，只向北前進了四十哩，並且也只與敵軍後衞有極短暫的接觸。此時第八軍團的主力則早已停止不前，因爲其補給已經感到缺乏，而其補給線又正向義大利東南角的大蘭多和布林狄希兩個港口移動。

在義大利「脚跟」部分的登陸，不曾遭遇任何抵抗。在六月間，當聯合參謀首長會議已經命令艾森豪準備擬定在西西里被攻佔後的計畫時，大蘭多本是列爲優先考慮的目標之一。但它卻被剔除了，主要是因爲它不合乎艾森豪手下那些幕僚人員所杜撰的基本原則：即在戰鬥機掩護極限外絕不可企圖作有抵抗的登陸。噴火式戰鬥機的作戰半徑爲一百八十哩，若以西西里東北部的機場爲基地，大蘭多和那不勒斯都恰好位於這個半徑之外，而薩來諾卻剛剛在其半徑之內。僅當九月三日同盟國已與義大利簽訂休戰條約之後，大蘭多的計畫才又舊調重彈。於是才被加在整個侵入作戰計畫之內作爲一種臨時的輔助行動——其代字爲「擊板作戰」(Operation Slapstick)。採取這個行動的理由係根據情報，德國在義大利「靴跟」地區只駐有極少量的部隊，以後才又認淸了，即令能夠佔領和利用那不勒斯港，也還是不足以同時支持在亞平寧山脈(Apennines)東西兩側的前進。

康寧漢上將曾經主動建議採取此項行動，他告訴艾森豪說，假使為了這個目的能夠籌出必要的兵力，則他願意負責提供載運他們的船隻。那時候，在突尼西亞能夠動用的兵力就只有英國第一空降師，因為缺乏足夠的運輸機來執行空降作戰，所以就決定使用該師來執行這個助攻計畫。這些部隊匆匆的裝上五艘巡洋艦和一艘佈雷艇，在九月八日黃昏從比塞大發航駛往大蘭多。次日下午，當這支艦隊接近大蘭多時，它遇到以大蘭多為基地的義大利海軍支隊，該支隊正在駛往馬爾他向聯軍投降的途中。在天黑時艦隊進入港口，發現大部分的設施都完整無恙。兩天之後又連續佔領布林狄希(義大利國王和總理巴多格里奧元帥均已由羅馬逃至此地)和六十哩以外的巴利(Bari)——那是在義大利「脚踝」的背面上，所以在這個地區中已經獲得三個大港，足夠支持在東海岸方面的任何前進。而在西海岸方面卻還是一事無成——同時這也是至為明顯的，由於從薩來諾的進攻，遲遲未能到達那不勒斯，所以也就給德國人以充分的時間，在放棄該港之前先加以徹底的破壞。

由於事先缺乏遠見，事後又未能作適當的補救努力，所以儘管在東海岸上有這樣奇異的機會出現，而聯軍當局卻還是失之交臂。「擊板」這個代字似乎是未免太適當。因為最初所考慮到的目標就是佔領港口，所以當第一空降師出發時，除了幾輛吉普車以外，並未攜帶任何其他的運輸車輛。這樣的情況一直維持到九月十四日爲止。在這五天之內，少數乘坐吉普車和徵集來的車輛的搜索部隊，曾經一直向北推進到巴利，都不曾在這個廣大的海岸地帶內發現任何敵蹤。因爲在這個地區中本來就只有一個已經殘破的德國第一空降師，它的一部分已經奉命開入薩來諾地區增援，而其餘的部分則奉命撤到大蘭多以北一百二十哩處的福查，以掩護凱賽林的東面縱深翼側。但甚至於當運輸工具已經運到足以恢復英國部隊的機動時，他們也還是被扣留在那裏不准自由行動，以便等待對東海岸方面作大規模前進所作的計畫和準備，可以一板一眼的慢慢地進行。堅持這種小心翼翼的老毛病，在這個時候可以說是極爲不幸，因爲它把一切最好的機會都錯過了。此時德國第一傘兵師的位置已經太退後，不能作有效的反擊，而其全部戰鬥實力也只有一千三百人；反之，英國人已有的兵力比他們大四倍，而且還有更多的援兵正在增援的途中。但這一切都是空話，因爲上述的老毛病還是改不掉。

這一方面的作戰指導，是由第五軍的軍長阿弗里將軍(General Allfrey)負責——去年十二月間對突尼斯那次太謹慎和流產的前進就是由他指揮的——他現有的任務經亞歷山大確定如下：「在義大利脚跟上確保一個基地，以掩護大蘭多和布林狄希兩個港口，如果可能，則巴利亦應包括在內，並同時注意對爾後前進的準備。」九月十三日，第五軍又歸入第八軍團的指揮系統之內，於是任何超越此種限度的提早攻擊也就更無可能，因爲蒙哥馬利更是一生謹愼，在尙未集中充分的資源前是絕不肯冒險前進的。

九月二十二日，第七十八師開始在巴利下船上岸，接著第八印度師也在布林狄希登陸，而鄧普賽的第十三軍也正開始向東海岸方面轉移。但直到九月二十七日，才有一支小型的機動部隊，奉命從巴利前進去搜索敵情。他們輕鬆的佔領了福査——因爲德軍知道英軍來到時就立即自動撤退——所以那個非常有價値的機場遂未發一彈即被佔領。甚至於到了這時，蒙哥馬利還是堅持其原有的命令，在十月一日以前不准任何主力部隊前進。而等到他開始前進時，所用的兵力又只限於第十三軍的兩個師，而把第五軍的三個師都留在後方，以求確保一個「穩固的基地」，並保護其對內陸方面的側翼。

德國第一傘兵師現在所據守的是一條沿著比費諾河(Biferno River)的防線，並且也掩護著在特木利(Termoli)的一個小型港口——以其單薄的兵力而言，實在是一個非常寬廣的正面。蒙哥馬利對於此一線的攻擊頗有良好的計畫，他使用一支海運部隊去進襲敵軍後方。十月三日的淸晨，一個特勤旅(Special Service Brigade)在特木利的北面登陸，利用黑夜的奇襲，在大雨中迅速的攻佔港口和市鎭，並與正面攻擊部隊在河岸上所建立的橋頭陣地連成一氣。在此後兩天之內，又有屬於第七十八師的兩個步兵旅，陸續從巴勒塔(Barletta)以海運送達特木利，以增強橋頭陣地並支持繼續的前進。

但德國軍團司令魏庭霍夫，利用英國人行動遲緩的機會，早已在十月二日，從西海岸弗爾吐諾河防線上抽出第十六裝甲師，以增援單薄的傘兵防線。這支部隊迅速的越過義大利的中央山脈，於十月五日清晨到達特木利附近，並立即發動攻擊，把英軍趕到該鎮的邊緣上，並幾乎切斷其向南面的交通線。但當第七十八師把它從海上運來的援兵投入戰鬥，再加上英國和加拿大戰車的強大增援之後，德軍又終於被擊退。

德軍於是擺脫戰鬥，撤退到掩護次一道河川線的陣地上，那就是北面十二哩外的特里格諾河（Trigno）。德軍這一次的猛烈反擊，對蒙哥馬利產生了極深刻的印象，使他暫停了兩個星期的時間，來重新部署兵力和集中補給，然後才敢進攻特里格諾防線。

此時，克拉克的第五軍團也慢慢地從薩來諾沿著西海岸向北推進，並試圖促使魏庭霍夫的德國第十軍團加速撤退。第一階段頗爲膠著，因爲德軍的右翼頑強的據守著薩來諾以北的丘陵地帶，以掩護其左翼的撤退，後者則正在從貝提巴格里亞和巴斯通附近的南端海岸作車輪式的迴轉。在此種撤退開始後約一星期，英國第十軍才在九月二十三日發動攻擊，想要打通從薩來諾到那不勒斯的道路。在這次攻擊中，第十軍不僅使用了第四十六師和第五十六師，而且還有第七裝甲師，再加上一個額外的裝甲旅。至於德軍據守那些隘道的兵力則不過三、四個營而已。一直到九月二十六日，英軍還是沒有什麼進展，後來才發現德軍已於前一夜安全的撤走了——他們已經完成爭取時間以掩護其南翼友軍撤退的任務。自此以後，聯軍的前進就只有被爆破的橋樑構成主要的障礙。九月二十八日，第十軍進入諾塞拉(Nocera)附近的平原，但直到十月一日，其先頭部隊才進入那不勒斯城，其間的距離不過二十哩而已。

此時美國第六軍沿著一路爲爆破所阻塞的內陸道路緩慢前進，亦已到達和第十軍平行的位置——它平均一天只前進三哩——並於十月二日進入貝勒芬托(Benevento)。這個軍現在已由一位新的軍長魯卡斯少將(Major-General John P. Lucas)，接替了道萊的職務。

第五軍團自從登陸之日算起，一共花了三個星期的時間才到達其原定目標——那不勒斯城。其付出的代價爲約近一萬二千人的損失——其中英軍約七千人，美軍約五千人。這也是聯軍當局所應接受的懲罰，因爲他們基於薩來諾地區剛好在空軍掩護極限內的理由，遂完全犧牲奇襲，而選擇此一太明顯的攻擊路線和登陸地點。

德軍早已撤退到弗爾吐諾河防線，但第五軍團卻又過了一個星期才開始向它前進。由於雨季比往常提早了一個月，在十月初旬即已來到，泥濘的道路和浸濕的地面，對於聯軍的前進也就構成最大的阻礙。弗爾吐諾防線現在是由三個師的德軍據守著，第五軍團於十月十二日夜間開始向它發動攻擊，這又比原來的計畫行動遲了三夜。美國第六軍在加普亞(Capua)

以上的地方，獲得一處橋頭陣地，但由於英國第十軍的右翼嘗試在加普亞(在從那不勒斯到羅馬的主要道路上)渡河時受到挫敗，遂使美國人也未能繼續擴張其戰果。其他兩師英軍雖然在靠近海岸的地段分別作小規模的渡河，但都爲德軍迅速的逆襲所擊退。所以德軍能夠達成凱賽林所賦予他們的任務，即堅守此線到十月十六日爲止，然後再撤退到十五哩以北的次一道防線上——後者爲一條在匆忙中設置起來的防線，從加里格里諾(Garigliano)河口附近開始，通過一片險惡的丘陵，沿著第六號公路和通過米格納諾(Mignano)隘道，以達加里格里諾河的上游和其支流——拉皮多河(Rapido)和利里河(Liri)——的河谷。凱賽林希望利用這一條外圍防線來爭取時間，好讓他完成一道堅強的防線供長期防禦之用。這一條稍爲退後的主陣地稱之爲「古斯塔夫防線」(Gustav Line)或「冬季防線」(Winter Line)——那是一條有精密設計的防線，沿著加里格里諾河和拉皮多河，而以卡西諾(Cassino)隘道爲其樞軸。

惡劣的天氣和爆破的橋樑使第五軍團對德國外圍防線的攻擊又再延遲了三個星期，直到十一月五日才發動。到那時德軍的抵抗已經顯得如此頑強，以至於雖然經過十天的苦鬥，除了沿海岸的側翼方面以外，幾乎是毫無進展可言。克拉克只好調回他的疲憊部隊，準備加以重組之後，再來發動一次更強大的攻勢。這樣又拖到十二月初才完成一切準備。到十一月中旬爲止，第五軍團的損失已經增到二萬二千人——其中約有一萬二千人爲美國人。

在這樣長久的拖延戰中，希特勒的看法也就發生非常重大的改變。由於聯軍從薩來諾和巴利的前進都非常的緩慢，於是使他受到鼓勵，而感覺到也許已沒有從義大利北部撤回部隊的必要。於是在十月四日他下了一道命令，認爲「加艾大到奧托納(Ortona)之線必須堅守」——並從在義大利北部的隆美爾「B」集團軍中抽出三個師給凱賽林，以幫助他儘可能守住羅馬以南的地區，時間愈長愈好。希特勒已經逐漸偏向凱賽林所主張的長久據守的觀念，不過一直到十一月二十一日，他才確定採取這種路線，並開始把在義大利境內的全部德國軍隊都交給凱賽林指揮。隆美爾的集團軍被解散，所剩下的部隊現在都移交給凱賽林使用。儘管如此，但對於凱賽林的幫助實際上卻並不太大，因爲凱賽林還是要在北部留下一部分兵力，以控制和保護那樣廣大的地區，而且四個最好的師，其中三個都是裝甲師，又已被送往俄國方面，代替他們的卻是三個已經殘破而需要整補的師。

第九十裝甲步兵師的到達雖然是一個較小的增援，但卻比較有價值。當義大利休戰時，這個師還駐在薩丁尼亞，但接著就越過狹窄的波尼法喬(Bonifacio)海峽，撤退到科西嘉島。然後再利用空運和海運撤到義大利大陸上的來亨(Leghorn)港。那是化整爲零以躲避同盟國海空軍的攔截，所以一共花了兩個星期的時間——不過這種攔截的努力還是很輕微。一直又過了六個星期，這個師才撥交給凱賽林指揮，凱賽林立即將其南調，用來幫助阻止第八軍團在東海岸方面拖了許久才再度發動的攻勢。

在希特勒決定把義大利境內所有的德軍都交給凱賽林指揮之後，就定名為「C」集團軍。此時蒙哥馬利已經開始對沿著桑格羅河(Sangro)的德軍陣地發動一個試探性的攻擊——這個陣地是掩護奧托納以及古斯塔夫防線在亞德里亞海方面的延長段。

自從十月初在越過比費諾河時受到頑強的抵抗以後，蒙哥馬利即已經把第五軍調到沿海的地段，而第十三軍則移向多山的內陸方面，在那一方面德軍的後衛曾一再的阻止加拿大部隊的前進。經過這次重組之後，第五軍就進向特里格諾河上(距離比費諾河不過十二哩)，並於十月二十二日的夜間攻佔了一個小型的橋頭陣地。在二十七日又作一次較大規模的夜間攻擊將戰果擴大。但卻受到泥濘和火力的聯合阻力，所以直到十一月三日的夜間才終於突入敵軍的主陣地。德軍乃再行撤退至北面十七哩外的桑格羅河之線。

接著又停頓了很長的時間，蒙哥馬利一方面準備攻勢，另一方面把新的紐西蘭第二師又調上前線，加上這一支強大的援軍之後，其在桑格羅攻勢中的兵力已增到五個步兵師和兩個裝甲旅。此時面對著第八軍團的德國第七十六裝甲軍已經接收了第六十五步兵師，用來接替第十六裝甲師防守沿海岸地段，而後者則正要被調往俄國方面。除此以外，它就只有第一傘兵師的殘部和第二十六裝甲師的一個戰鬥羣，那是在聯軍第五軍團的壓力減輕之後，才又陸續的再調回到東海岸方面來的。

蒙哥馬利在桑格羅攻勢中的目的，是想首先擊破德國人冬季防線，然後再前進二十哩到佩斯卡拉(Pescara)，切斷由東到西從那裏通往羅馬的公路，並威脅正在與第五軍團相持的德軍後背。亞歷山大則仍希望依照兩個月前他在九月二十一日所頒發的訓令行事，其中曾把聯軍所應達到的目標分為四個階段——㈠鞏固薩來諾到巴利之線；㈡攻佔那不勒斯港和福查機場；㈢攻佔羅馬和其機場，以及在特尼(Terni)的重要公路和鐵路中心；㈣攻佔羅馬以北一百五十哩的來亨港和佛羅倫斯(Florence)及阿雷佐(Arezzo)兩個交通中心。十一月八日，亞歷山大頒發一道新的訓令，再度說明羅馬的迅速攻佔實為全部作戰的關鍵，而艾森豪也曾給予類似的指示。

蒙哥馬利的攻勢計畫在十一月二十日發動，但由於天氣轉劣與河水暴漲，迫使他把最初的突擊縮小成為一種有限的努力。經過幾天的戰鬥，才獲得一個寬約六哩和深僅一哩的橋頭陣地。又經過很大的困難才勉強把這個陣地維持住，直到二十八日夜間大規模攻擊發動時為止——比預定的時間已經遲了一個星期。但蒙哥馬利對於這次攻勢的勝利似乎還是深具信心，當他在二十五日親自向其部隊訓話時，曾經這樣的宣佈著說：「現在是把德國人趕到羅馬以北去的時候了……事實上，德國的一切情況正如我們所預料，我們現在可以痛擊他們。」

但當他走出他的指揮車撐著一把傘站在豪雨中向部隊訓話時，似乎即已暗示不祥之兆。

攻擊的發動很順利，在巨大空軍和砲兵火力掩護之下，聯軍在數量上也享有五比一的優勢。敵方的第六十五師——一個由不同國籍人員混合編成的新部隊，而且裝備也很惡劣——在這樣的壓力之下遂自動撤退，於是到十一月三十日，在桑格羅河對岸分水嶺的德軍即被肅清。但德軍卻退而不潰，又重新集結兵力據守其主陣地線。由於蒙哥馬利一再強調「穩固基地」的建立，所以也使德軍所感受的壓力逐漸減輕。尤其是在十二月二日和三日，英軍對於內陸側面上的奧索格納(Orsogna)更是坐失良機。於是也就使凱賽林有時間調集第二十六裝甲師的剩餘部分，和從北面來的第九十裝甲步兵師去增援東海岸方面。因此英軍的前進遂日益困難，眞是「過了一道河又過一道河」。直到十二月十日，第八軍團才渡過摩羅河，那距離桑格羅河不過八哩，而又到十二月二十八日，才肅清奧托納鎭，該鎭距摩羅河岸也只有兩哩遠。然後就在利希奧河(Riccio)上被阻，那是到佩斯卡拉、佩斯卡拉河和通往羅馬的橫貫公路全程的一半。這也就是一九四三年年底僵持局面的頂點。此時蒙哥馬利已經把第八軍團的指揮權移交給李斯(Oliver Leese)，而他本人則調回英國接管第二十一集團軍，並準備諾曼第的渡海攻擊戰。

此時，克拉克在亞平寧山脈以西，於十二月二日再度發動新的攻勢。此時，第五軍團的兵力已經增到相當於十個師的標準，不過其中的美國第八十二空降師和第七裝甲師，正在向英國撤回，以便參加越過海峽的攻擊。凱賽林的兵力也已經增加，現有有三個師據守亞平寧山脈以西的戰線，另有一個師充任預備隊。

在第五軍團新攻勢的第一階段，其目標爲聳立在第六號公路以西的山地和米格納諾隘道。英軍第十軍和新來到的美國第二軍——軍長爲凱斯少將(Major-General Geoffrey Keyes)——被用來執行此次攻擊任務，支援的火砲在九百門以上，在頭兩天內向德軍陣地一共發射了四千噸以上的砲彈。十二月三日英軍幾乎已經達到三千呎高的卡米諾峰(Monte Camino)，但卻被德軍的反擊所逐退，直到十二月六日才再度確實佔領該峰。這樣也就使他們進達加里格里諾河之線。此時在右翼方面的美軍已經攻佔狄芬沙峰(Monte La Difensa)和馬奏列峰(Monte Maggiore)，這些都是較低的山峰，但比較接近通過隘道的公路。在十二月七日開始的第二階段中，美國第二軍和英國第六軍同時以較寬廣的正面向拉皮多河進攻，希望從兩側作深入的突擊，以肅清在第六號公路以東山地中的敵軍。但他們所遇到的抵抗卻日益增強，在以後的幾個星期之內。雖然曾連續不斷的努力，但所獲得的不過是全程幾哩中的「寸進」(inching)而已。到一月的第二個星期，這個攻勢遂漸成尾聲，但仍然還是沒有到達拉皮多河與「古斯塔夫防線」的前緣。第五軍團的戰鬥損失已經增到接近四萬人之數

——這個總數遠超過敵方損失的數字。此外在這兩個月冬季的山地苦戰中，專就美軍而言，其病患的損失更高達五萬人之多。

對義大利侵入戰的經過實在是非常令人感到失望。在四個月當中，聯軍以薩來諾爲發起點，一共只前進了七十哩——大部分是最初幾個星期的成就——但距離羅馬還差八十哩。亞歷山大把這種情形描述爲「步履艱難地走向義大利」。但在那年秋天，一般人所常用的形容詞卻是「寸進」，這個名詞那也就是一寸又一寸的向前移動。因爲這個國家的地理形狀很像一條腿，所以「蠶食」也許是一種更適當的形容。

即令把地形和天候的困難都計畫在內，這個戰役仍然應該可以進展得較快。從對戰役的檢討中可以明白的顯示出來，聯軍曾經多次錯過迅速進展的有利機會。聯軍指揮官在尚未前進之前花費太多的時間去集結充足的兵力和補給，每進一步又要停下來「鞏固」其所得的地步，在「穩固的基地」尚未建立之前，又決不敢再繼續推進。一次又一次，都因爲他們害怕獲得「太少」(too little)而結果終於變得「太遲」(too late)。

在評論這次戰役時，凱賽林曾經非常有意義的指出：

「聯軍的計畫徹底表現出其高級指揮部的基本思想就是希望有必勝的把握，這種思想也就導致它使用正統的方法和物資。其結果是儘管偵察工具既不適當，而情報又極感缺乏，但我幾乎仍然能夠準確的預知對方次一步的戰略或戰術的行動——所以也就能夠在我所有的資源限度內來尋求適當的對策。」

但對於聯軍來說，最大的錯誤是他們根本就不應該選擇薩來諾和義大利的「趾頭」作為登陸的地點——這種選擇是以他們的謹愼習慣爲基礎，所以也就太容易被對方猜中。凱賽林和他的參謀長魏斯特伐——是那種太明顯決定的獲益人——都認爲由於聯軍希望能對空中攻擊確保戰術性的安全，所以結果也就付出了嚴重的戰略代價——實際上，當時德國空軍在義大利南部的實力非常的薄弱，所以這實在是一種過慮。同時他們又感覺到，聯軍總是把攻擊的範圍局限在經常有空中掩護的極限內，這種習慣眞是防禦者的救星，因爲它使複雜的防禦問題變得大爲簡化。

關於聯軍所應採取的路線，魏斯特伐曾發表下述的意見：

「假使用在薩來諾登陸的兵力能夠改用在契維塔費齊亞(Civitavecchia)——在羅馬以

北三十哩——則結果將大不相同，而遠具有決定性……在羅馬只有兩個師的德軍，而且……沒有其他的兵力可以迅速抽調供防禦之用。若能更進一步與在羅馬地區所駐紮的五個義大利師取得連繫，則一個聯合性的海空登陸應在七十二小時內攻佔義大利的首都。這樣的勝利除了能產生重大的政治影響外，又還可以在一擊之下切斷正在卡拉布里亞後撤的五個德國師的補給線……那也就會使在羅馬—佩斯卡拉之線以南的整個義大利都落入聯軍的手裏。」

魏斯特伐同時又認爲，讓蒙哥馬利第八軍團在義大利「趾頭」上登陸也是一大錯誤，從那裏必須經過「脚部」的全長，而耽誤了在義大利暴露的「脚跟」，和沿著整個亞德里亞海岸線的較大機會。他說：

「英國第八軍的全部實力應該在大蘭多地區登陸，德軍在那裏只有一個傘兵師（並且僅有三個連的師砲兵）。若能在佩斯卡拉—安科那(Ancona)地區登陸，那當然更好……因爲我們缺乏可用的兵力，所以將無法從羅馬地區去對此一登陸作任何抵抗。而且這時從義大利北部波河平原也無兵可調。」

同樣的，假使聯軍的主力，第五軍團不在薩來諾而改在大蘭多登陸，則凱賽林的兵力也不可能迅速的從西海岸調到東南海岸方面去加以攔截。

總而言之，自始至終聯軍對於他們自己的最大本錢，兩棲能力，也不曾好好的加以利用——而這種疏忽也就變成他們的最大障礙。凱賽林和魏斯特伐的證詞，也可以反證邱吉爾所作的結論是正確的。他曾在十二月十九日從迦太基(Carthage)發了一份電報給英國的參謀首長。其中有說：

「義大利方面整個戰役的遲滯，簡直是可恥……完全忽視了在亞德里亞海方面採取兩棲行動，以及在西海岸也未能作任何類似的攻擊，實在是大錯而特錯。」

「三個月來留在地中海的所有登陸艇，都不曾作最輕微的使用(爲了突擊的目的)……對於如此有價值的力量竟然如此完全浪費掉，在這個戰爭中是很難找到同樣的例子。」

不過他還是不曾認淸聯軍方面錯誤的根源，乃在於戰爭準則(Doctrine of War)——也就是採取了銀行家謹愼的原則：「無擔保就不得借支」(no advance without security)。

第二十八章　德國在俄國的退潮

一九四三年年初，德國在高加索的軍隊似乎將要遭遇到和在史達林格勒的軍隊一樣的命運。他們陷入重圍的程度要比後者更深。但是當史達林格勒已經被圍困之後，他們卻被留置在高加索達一個月以上，而天氣日益寒冷，危險也日益增大。所以對於組成「A」集團軍的第一裝甲軍團和第十七軍團而言，其前途實在是異常的黑暗——克萊斯特將軍已經接替李斯特元帥擔任集團軍總司令。

在一月的第一個星期內，由於受到多方包圍的威脅，「A」集團軍的情況已經顯得險象環生。最直接感受威脅的是它的頭部已經陷入高加索山脈之中。俄軍首先在摩斯多克(Mozdok)附近先打一記在它的左頰上，接著又在那契克(Nalchik)附近再打一記在它的右頰上，並且收復了這些地方。比較更危險的是，俄軍又同時越過在其左翼後方二百哩以外的卡穆克大草原(Kalmuk Steppes)前進，以打擊在該集團軍與「頓河」集團軍之間的交點上。在攻佔艾利

庫斯克突出部
德軍攻擊
俄軍攻擊
布里安斯克方面軍
7月12日
布里安斯克
奧勒爾
8月18日
7月5／10日
德軍攻擊
中部方面軍
中央集團軍
庫斯克
弗洛奈士方面軍
南面集團軍
7月5／15日
德軍攻擊
8月4日
大草原
方面軍
8月14日
貝爾哥羅
8月23日
卡爾可夫
波塔瓦
西南方面軍
哩
0
60
拉多加湖
列寧格勒
列寧格勒方面軍
希流塞堡
弗科夫方面軍
愛沙尼亞
拉脫維亞
貝普斯湖
普斯科夫
伊耳曼湖
西北方面軍
北面集團軍
狄姆楊斯克
加里寧
加里寧方面軍
1943年3月
德軍放棄的區域
威利奇盧基
1942年底
比來
耳塞夫
莫斯科
維特斯克
佛雅馬
斯摩稜斯克
西部方面軍
奧爾沙
卡路加
明斯克
穆基來夫
杜拉
羅加契夫
布里安斯克
茲羅賓
奧勒爾
布里安斯克方面軍
普里皮特河
中央集團軍
庫斯克
弗洛奈士
弗洛奈士方面軍
哩
公里
0
200
300
科羅斯登
基輔
息托密爾
匈牙利
第二軍團
1943年1月31日
德軍第六軍團投降
法斯托夫
貝爾哥羅
貝底契夫
南面集團軍
卡爾可夫
頓河
波塔瓦
依茲門
西南方面軍
克勒曼楚
洛左伐雅
頓內次河
史達林格勒
米勒羅夫
帕夫羅格勒
伏爾加河
克拉斯諾買斯克
卡曼斯克
克利福洛
史達林諾
頓河集團軍
札波羅結
南部方面軍
塔干洛格
克森
馬尼赤河
梅利托普
羅斯托夫
卡穆克大草原
奧得薩
馬尼赤湖
諾蓋斯克大草原
艾利斯塔
亞述海
沙爾斯克
克赤
A集團軍
克里米亞
庫班河
黑海
亞馬維爾
布登洛夫斯克
球馬河
塞凡堡
塔曼半島
克拉斯諾達
第一裝甲軍團
第十七軍團
諾弗羅希斯克
高加索山脈
匹提戈斯克
土普賽
摩斯多克
那契克
外高加索方面軍
高加索到基輔
前線
1942年12月底
1943年7月12日
1943年12月底

斯塔(Elista)之後，俄軍越過馬尼赤湖(Lake Manych)的下端，直趨亞馬維爾(Armavir)——克萊斯特集團軍與羅斯托夫之間的交通線即經過該地。最危險的還是俄軍又從史達林格勒的方向，突然向南衝到頓河之線，直趨羅斯托夫城。俄軍的一支矛頭距離該「瓶頸」已在五十哩之內。

當克萊斯特獲悉這個驚人的消息的同一天，他也接到希特勒發來的嚴令，告訴他無論在何種情況之下都不得撤退。在那個時候，他的第一裝甲軍團在羅斯托夫的東面，其間相距差不多有四百哩。次日，他又接到一道新的命令——要他連同所有一切的裝備迅速撤出高加索地區。要達到這個要求，不僅要克服距離的障礙，而且還要和時間賽跑。

爲了保留羅斯托夫的道路供第一裝甲軍團專用，所以第十七軍團奉命向西沿著庫班河撤回塔曼(Taman)半島，必要時可以從那裏越過克赤海峽退入克里米亞。這一步撤退不能算長，而最近在土普塞(Tuapse)附近沿海地帶中尙在圍困中的俄國部隊也不夠強大，不足以對撤退中的第十七軍團構成危險的壓力。

兩相對比，第一裝甲軍團的撤退卻是充滿了危險，包括直接的和間接的在內。最危險的階段是從一月十五日到二月一日，過了此時該軍團的主力即已到達羅斯托夫。即令如此，其繼續撤退的路線雖然已經不那麼受到限制，但在二百哩的全程上仍然到處都受到俄軍的威脅。

一月十日，在德軍拒絕最後的招降之後，羅柯索夫斯基將軍(General Rokossovsky)即開始對圍困在克萊斯特的德軍發動一個向心的攻擊。包拉斯的部隊在饑寒交迫、彈盡援絕的狀況下，根本已無能力作強烈的或長期的抵抗。要他們突圍而出則更無可能。所以俄軍可以抽出一部分圍攻的兵力前往南面增援，俾切斷德軍在高加索的部隊。而且包圍團愈縮小，則所能抽出的兵力也就愈多。

當史達林格勒開始上演最後一幕時，克萊斯特的兵力已經從揷入高加索的刀尖上撤回，正停留在球馬河(Kuma River)上，位於匹提戈斯克(Pyatigorsk)和布登洛夫斯克(Budenovsk)之間。十天之後，俄軍從艾利斯塔向南攻擊，到達在球馬河之線後方一百餘哩外的某一點。但到此時，克萊斯特的縱隊已經退到亞馬維爾附近，已經通過最危險之點。

儘管如此，由於較強大的俄軍兵力已從頓河的兩岸直趨羅斯托夫，所以在遙遠的後方正發生嚴重的危機。在東面的俄軍現在已經接近馬尼赤河和沙爾斯克(Salsk)的鐵路交點。在西面他們已經進至頓內次河上，距離該河與頓河之交匯點沒有多遠。克萊斯特的後衛距羅斯托夫的距離仍然要比俄軍遠了三倍。而且，曼斯坦的部隊已經疲憊不堪，爲了要想掩護克萊斯特撤退走廊的側面，已經受到嚴重的壓力，幾乎隨時都有崩潰的危險。

但是撤退的德軍終於贏得這個競賽，勉強的從陷阱中逃出。十天之後，克萊斯特的後衛已經接近羅斯托夫，而俄軍的攔截卻完全落空。對於德國人而言可以說是很僥倖，大雪遍地使俄軍的行爲能力受到限制，所以當他們離開鐵路線終點之後，也就不能夠迅速集中強大的兵力來封鎖陷阱。不過這次德軍逃脫的機會也還是間不容髮。曼斯坦的部隊在那種暴露的位置上撐持得太久，以至於幾乎斷送他們自己撤退的機會——結果克萊斯特部隊中的某幾個師，又只好反轉身來去救助他們脫險。

正當在史達林格勒的部隊崩潰之際，從高加索撤回的部隊卻已安全的在羅斯托夫渡過頓河。包拉斯和其部隊的大部分則在一月三十一日投降。其最後的殘部也在二月二日投降。自從三個星期以前開始攻擊以來，俄軍收容的戰俘共爲九萬二千人，但德軍損失的總數卻比這個數字幾乎大了三倍。在投降者之中有二十四位將官。雖然在東戰場上的德軍將領隨身都帶有一小管的毒藥，以便當他們一旦落入俄國人手中時可以自殺，但事實上似乎很少有人使用。僅當一九四四年七月二十日謀刺希特勒的陰謀失敗之後，德國將領才開始服毒自殺，以免遭落入「蓋世太保」(Gestapo)手裏的危險。但是「史達林格勒」本身即爲一種微妙的毒藥，自此以後所有的德軍指揮官的心靈都受到毒害，使他們對最高統帥部的戰略喪失信心。精神力的損失比物質更爲嚴重，第六軍團和史達林格勒所遭受到的劫難，對於整個德國陸軍所產生的傷害是永遠無法恢復的。

希特勒爲了安撫起見，曾經宣稱第六軍團在史達林格勒的犧牲，已經使最高統帥部獲得時間來採取對策，這也正是整個東線命運之所繫。這種說法卻又不能說它沒有理由。假使在被圍後的頭七個星期之內，該軍團無論在任何時候投降，則其他的德國部隊也就都會因此而遭遇遠較巨大的災難。因爲曼斯坦那一點微弱的兵力是不可能阻擋從頓河向羅斯托夫奔來的俄軍洪流，於是在高加索的軍隊也就必然的會被切斷。假使在史達林格勒的軍團能夠成功的突圍並向西撤退，則在高加索軍隊的命運也同樣可能會因此而斷送。此外，雖然在一月的最後兩週內其抵抗力已日趨微弱，不再能阻止俄軍抽調大量兵力南下，但卻依然能夠牽制俄軍足夠的兵力，否則高加索的德軍也許就不能夠逃過羅斯托夫「瓶頸」。

即令有這樣的幫助，德軍從高加索的撤退能夠成功也還是非常僥倖。就時間、空間、兵力和天候等條件而論，它應算是一項驚人的成就——克萊斯特因此而晉升元帥。這次作戰的技巧和堅忍，誠然是值得表揚，但其最大的意義是證明只要指揮官和部隊保有冷靜的頭腦和堅強的意志，則近代化的防禦實蘊藏有異常強大的抵抗力。

在以後的幾個星期中，又可以找到更進一步的證明。因爲這些撤退中的德軍在安全通過羅斯托夫「瓶頸」之後，他們仍然還是要繼續應付在他們退路後方正在發展中的許多危險。

一月中旬，范屠亭將軍的左翼已經再度從頓河中段向南推進，到達羅斯托夫後面的頓內次河上。除了使德軍在米勒羅夫(Millerovo)的兵力崩潰以外，並且在繞過那頑強的障礙物之後，又在卡曼斯克及其東面渡過頓內次河。

在此同一星期之內，俄軍又發動兩個新的攻勢。一個是在遙遠的列寧格勒地區。突破了德軍十七個月來對此一大城的包圍，並解除圍攻的壓力。雖然還不能鏟除德軍越過該城後方一直伸到拉多加湖上的突入陣地，但卻已切開一個缺口通到湖邊的希流塞堡(Schlüsselburg)——而此一戰略性的氣管切開手術也就樹立了一條通風管，使該城的守軍和人民可以呼吸得比較自由一些。

另一個新攻勢則威脅到德軍在南面的呼吸空間。那是在一月十二日由高立可夫將軍(General Golikov)所發動的，從弗洛奈士以下的頓河西段前進，突破了德國第二軍團和匈牙利第二軍團的戰線。在一個星期之內，它已經突入一百哩——越過從頓河到卡爾可夫間一半的距離。范屠亭將軍的右翼，則向西對著頓河與頓內次河之間的走廊地帶發動一個集中的攻擊。

一月的最後一個星期內，俄軍又再度大舉進攻。當德國人的注意力集中在從東北方趨向卡爾可夫的攻擊時，俄軍又從弗洛奈士向西以廣正面前進，破壞了該地區德軍所作的局部性撤退，而使其變成全面的崩潰。在僅僅三天之內，俄軍已經向庫斯克前進了大約一半的路程——庫斯克即爲德軍發動其夏季攻勢的跳板。

在二月的第一個星期內，他們把右肩向前推送，越過庫斯克和奧勒爾之間的鐵路和公路，造成很深的楔入。接著又越過庫斯克和貝爾哥羅之線，造成另外一個很深的楔入。從兩側迂迴庫斯克之後，俄軍逐於二月七日突然的躍進並攻佔該城。同樣的，他們第二次所造成的楔入，在兩天之後又使貝爾哥羅城也隨之陷落。這個收穫又進一步對卡爾可夫的北面構成威脅。

此時，表面上向卡爾可夫的直接進攻已經發展成西南的偏向——趨向亞速海和羅斯托夫的退卻線。二月五日范屠亭的部隊攻克依茲門——在春季時德軍曾在此發動其具有決定性的側面攻擊——並由此渡過頓內次河，對德軍構成報復性的新威脅。在越過頓內次河以南的鐵路線之後，他們又向西發展，並於十一日攻佔洛左伐雅(Lozovaya)重要的鐵路交點。

這些新收穫也就影響到卡爾可夫本身的情況，於是該城終於在十六日落入高立可夫的手裏。這固然是一個勝利，但對於整個德軍情況而言，其較迫切的威脅卻還是俄軍從頓內次河繼續向南直趨亞速海岸的前進。四天以前，一支俄軍的機動部隊已經到達從羅斯托夫至聶伯城之間主要道路上的克拉斯諾買斯克(Krasnoarmeisk)，這樣的發展對於剛剛從高加索陷阱中逃出的德軍又構成切斷退路的威脅。

俄軍攻勢的交替型式和節奏，比之過去要變得更爲明顯，對於德軍的抵抗力與其早已匱竭的資源，其所構成的壓力是很容易想見的——他們的預備部隊日益減少，而所要掩護的正面卻日益加寬。俄軍現在已經懂得如何利用德軍的弱點，這是一個顯明的證據表示他們的技術已經有了進步，而且也已經學會如何發揮他們自己的新優勢。若對他們一連串攻佔許多重要地點的過程加以觀察，即可以發現一個城鎮的攻佔——即令它是跟隨在鄰近地區的前進之後——都是一種間接行動的後果，此種間接行動是以這個城鎮根本無法再守，或其戰略價值至少已經減低。從其作戰的典型中，就可以明白的發現那一連串的間接威脅。紅軍的統帥部就好像是一位鋼琴家，把他的指頭在鍵盤上作上下移動一樣。

俄軍攻勢的此種交替節奏，雖然與福煦元帥在一九一八年所使用的頗爲相似，但對於此種戰略方法的運用，俄國人卻比較微妙和迅速。其攻擊點每次都比較詭詐，且在整個過程中也夾帶著較短的間隔。其準備的行動從不直接指向其企圖中所欲威脅的地點，而其完成階段的行動則經常受到地略的影響——所以具有一種心理上的間接性，因爲它們是來自期望最低的方向。

但在二月的最後兩個星期中，戰場上卻又發生了一種激烈的變化。當俄軍向下旋轉越過頓內次河直趨亞速海岸和聶伯河灣，以圖切斷南面的德軍時，他們的優勢已超過頂點，遂開始變為強弩之末。俄軍在這裏的目標太明顯，這些目標使俄軍和德軍進向同一地區之內。於是次一階段即變成一種競賽，問題的關鍵就要看俄軍能否在德軍趕到和集中以阻止這個南下的攻擊之前，先切斷他的退路。

對於俄國人而言可以說是很不幸的，此時提早的解凍妨礙了他們的行動，再加上長久的作戰使他們早已疲憊不堪。當他們在策劃冬季攻勢時，他們即已發現計畫中的行政方面配合不上戰略方面的進展，因爲他們所有的運輸車輛，對於如此長程的攻擊來說，連運送燃料、彈藥和糧食最低需要量一半的能力都沒有。但是憑著他們所特有的勇氣，卻仍然決定不改變計畫，而寧肯企圖從敵方奪取大部分的補給品！這種政策居然獲得成功，因爲在每一次突破時，都曾經奪獲大量的補給品。但等到敵軍的抵抗增強時，所能虜獲的數量也就隨之減少，於是當俄軍的前進離開鐵路終點愈遠時，其運輸上的困難也就愈大。所以過分伸展的法則(the law of overstretch)又開始再度發生作用；而這一次卻變得對俄國人不利。在頓河與頓內次河之間的走廊地帶中只有極少數的鐵路線，而且是和他們的西南前進方向成直角。反之，在頓內次河以南有相當多的東西向鐵路線，足以幫助德軍把他們的兵力迅速集中在危險點上。此外，戰線的縮短也開始使德軍獲得利益——比起秋天裏的情形已經縮短了六百餘哩。

這許多因素的結合遂阻止了俄軍的前進，並使其留在一種非常不利的陣線上。他們越過頓內次河向聶伯河方向造成一個深入八十哩的大楔形，但卻停止在帕夫羅格勒(Pavlo-grad)，距離聶伯河尚有三十哩。從頓內次河南下，越過該河與亞速海之間的走廊到達克拉斯諾買斯克，他們也造成一個深達七十哩的狹窄楔形。德軍集中一切可用的兵力，在曼斯坦指揮之下，迅速的發動一個三鉗的反攻。其計畫是利用俄軍突出部的不規則形狀，尤其將攻勢重點指向其兩個尖端。一個左面的攻擊從聶伯河打擊在西南的頂點上；一個右面的攻擊指向東南面的頂點；一個中央的攻擊則對著兩者之間的凹入部分，而趨向洛左伐雅。兩個尖端都被擊斷，於是德軍的裝甲矛頭深入突出地區的內部。在二月的最後一個星期，由於德軍從羅斯托夫的西向撤退又帶來較多的增援，所以這次反擊遂發展成為全面的反攻。到三月初，德軍又以廣正面在依茲門附近進至頓內次河岸，俄軍的突出部幾乎已經完全被鏟除，而大部分的俄軍也被圍困在卡爾可夫以南的地區中。

假使德軍能迅速渡過頓內次河，切斷西進中俄軍的後路，則他們也許即能使俄軍受到一次與史達林格勒相當的慘敗。但他們的企圖卻受到挫折，因為已經缺乏足夠的重量，不能克服任何堅固的障礙物。經過此次挫折之後，重心遂移向西北，於是在三月十五日，德軍又再度把俄軍逐出卡爾可夫城。四天以後，德軍又向卡爾可夫以北迅速進攻並收復貝爾哥羅。但這也就是德軍成功的極限。在以後的一個星期內，他們的反攻遂消蝕在春季解凍後的泥濘中。

當德軍在南面發動反攻時，他們在北面也就不能不向後撤退。這是一年多以來第一次重要的撤退。在一九四一年到四二年之間的冬季作戰之後，德軍面對著莫斯科的戰線，在形狀上就像一個握緊的拳頭，俄軍卻纏在手腕上——那也就是斯摩稜斯克所在的位置。八月間俄軍曾經狠狠地打擊在左邊的指節上，即耳塞夫的中心要塞據點，其目的是想擊潰德軍的中央戰線以分散其注意和兵力，藉以幫助史達林格勒方面的作戰。雖然他們已經從側面切入，使這個指節留在暴露的位置上，但由於耳塞夫據點的頑強抵抗，所以他們的攻擊終未得逞。在十一月間又作新的努力，遂使耳塞夫變得像是一個半島，只有一條狹窄的地岬尙可使聯絡不斷。在一九四二年年底，俄軍從其本身在德軍北面的巨大突出地區的頂點上發動攻擊，攻佔了威利奇盧基(Velikye Luki)——在從莫斯科到里加的線上，也在耳塞夫正面相距一百五十哩。結果不僅使耳塞夫受到威脅，而且顯然連整個拳頭也都處於危險的態勢之中。

一個月後，德軍在史達林格勒的投降，遂間接又使這個危險增強；同時在南面的戰線還在繼續崩潰之中，也可以顯示勉強據守過分伸展的戰線，其所付出的代價將是何等重大。在柴茲勒(Zeitzler)任陸軍參謀總長期內，他對希特勒的說服只有這一次算是獲得重大的成功。希特勒痛恨任何撤退的觀念，尤其是在莫斯科方面更是一步都不准移動，但他終於同意在那個地段內拉直戰線，以避免崩潰和抽出預備隊來。三月初，正當俄軍新攻勢開始發動時，德軍自動撤出耳塞夫，而到三月十二日，整個拳頭也都予以放棄，包括重要交通中心佛雅馬在內。德軍撤到掩護斯摩稜斯克一條較直的戰線上。位於威利奇盧基與伊耳曼湖(Lake Ilmen)之間的狄姆楊斯克(Demyansk)一個小型突出據點也於三月初放棄。(原註：由於英美報紙把這裏的戰線畫成一條直線，而把狄姆楊斯克畫在俄軍戰線之內已經有一年多的時間，所以在這裏的撤退所具有的意義也就不爲西方人所了解。)

雖然在北面如此的縮短戰線使德軍頗有所獲，但由於在南面反攻的成功又帶來了新的伸展和誘惑，所以也就抵消此種收穫而有餘。德軍將領們本以爲希特勒也許會批准作一個長的後退，以便他們可以在俄軍所達不到的一線上去進行鞏固和重組的工作。但這種成功卻打消了一切的希望。希特勒這個人對於攻擊具有一種直覺性的愛好，他始終相信攻擊的賭博仍能使整個局勢轉敗爲勝，所以他感覺到這種成功已經替他的前途帶來無限的希望。

這次反攻的成功也取消了撤離頓內次河盆地的迫切需要。希特勒守住他去年在塔干洛格附近的頓內次河以南之線，不僅可以保存工業資源，而且還可以保留向高加索捲土重來的希望。由於最近已在卡爾可夫和依茲門之間回到更西面的頓內次河岸，所以希特勒認爲可以在那裏發動一次新的側面攻擊。雖然已經收復貝爾哥羅而又維持著奧勒爾，所以他對俄軍最近在庫斯克周圍所攻佔的地區，實在是很便於發動一種鉗形的側面攻擊。一旦把這一塊巨大突出地切斷之後，在俄軍戰線上也就會產生一個大空洞，只要把他的裝甲師從此投入，則任何結果都可能發生。俄國人的實力固然比他原先所估計的強大，但他們的損失也非常慘重。只有那些老將們才會認爲他們的資源是用之不盡。根據其天然的傾向，希特勒的思想遂朝著這條路線走，他似乎認爲在庫斯克的一個突破當能轉敗爲勝，並對其一切的問題提供一個總解決。他又很容易自欺欺人，以爲其一切困難都是由於俄國的冬季所致，只要夏天他就有辦法。這也就變成他的仲夏夜之夢。

雖然希特勒的主要攻勢預定在庫斯克地區中發動，但其夏季計畫同時又包括對列寧格勒的攻擊，那是曾經兩次被擱置——很奇怪的，他的計畫中的一線一點都和一九四二年的典型非常近似。他現在已經組成一個下轄兩個師的傘兵軍，準備用在列寧格勒來替地面攻擊擔負開路的工作。當機會已經日益消失時，希特勒卻反而變得比過去更敢於冒險，因爲在一年以前，當司徒登將軍向他建議對史達林格勒發動一次空降攻擊時，他卻猶豫未予採納。但在突尼西亞崩潰之後，這個軍遂又被調往法國南部，準備當聯軍在薩丁尼亞登陸時，好來作一次空降的反擊。以後由於庫斯克攻勢的失敗，遂完全放棄對列寧格勒的攻擊。

對於庫斯克的計畫，將軍們的意見也不一致。其中懷疑在東戰場上能否獲得勝利的人日益增多，而在這一年當中，連一向富有衝勁的克萊斯特也都投入懷疑者的陣營中。但這一次他和攻勢卻沒有直接關係。在冬季作戰的重組中，曼斯坦已被指派負責南戰線的主要部分。在一九四三年年初，第一裝甲軍團已經調入他的那個集團軍，而克萊斯特則被留下來專門負責克里米亞和庫班橋頭的防禦。對於庫斯克突出地區的攻勢，則預定由曼斯坦的左翼攻擊其南側面，和由克魯格中央集團軍的右翼攻擊其北側面。當這些指揮官們在事前討論時，都表現出他們對成功的機會都頗具信心。通常職業上的機會總孕育這種希望。熱衷的軍人對於他們所負責任的冒險，也都有發展信心的天然趨勢，自然也不願表示懷疑以免減弱其上級對其能力的信任。

整個軍事教育的趨勢也有助於對抗懷疑論者。雖然許多將軍現在都贊成倫德斯特在一年多以前所提倡的觀念，即作一個長距離的退卻以擺脫俄國人，但希特勒卻禁止採取此種步驟。因爲在冬季結束時，德軍所站住的戰線，對於防禦而言並不能算是有良好的選擇，所以將軍們也就自然有一種趨勢，希望採取他們在教育中所學到的原則——「攻擊爲最佳的防禦」。利用攻擊他們也許可以設法補救態勢上的弱點，並破壞敵方重新發動攻勢的部署。所以一切努力都集中於如何能夠攻擊成功，而不考慮其失敗的後果——若把德國新近調集起來的預備隊這樣的用盡，則將會使任何爾後的防禦都爲之破產。

儘管德國的資本已經減少，但卻有兩個因素可以用來加以掩飾：㈠是極端嚴格的對內保密政策；㈡是對於單位和部隊日益增大的缺額。師的個數仍始終維持其舊有的標準，使人不易發現其在數字上的虛實。到一九四三年的春季，平均每個師的人員和武器都只比編制數字的一半略多一點，但其中有許多師是任其降到比這個標準還要更低的程度，而另外有些師卻幾乎可以達到足額的標準。在保密政策之下，指揮官們被隔絕在他們的小天地之內，對於一般的情況幾乎是一無所知，他們被訓練成最好是少管閒事。不過缺額的政策除了僞裝的動機之外，又還有其他的原因。

希特勒對於數字不僅是著迷，而且已經是中毒。對於其詭異的心靈而言，數字的意義即爲權力。因爲師是衡量軍事實力的標準單位，所以他認爲師的個數是愈多愈好——儘管其在一九四〇年的勝利，主要是依賴機械化部隊的素質優勢才能獲得的。那種部隊在其整個兵力中所佔的比例，不過是一個零頭而已。在他入侵俄國之前，他即已堅持採取此種「稀釋」的政策以產生最大的師數，其目的是想嚇唬俄國人，以後爲了使此種冒充的總數不至於縮減，遂不得不再更進一步使之稀釋，所以這種稀釋的後果即爲在軍事經濟的領域中，產生一種危險的「通貨膨脹」現象。

在一九四三年，此種膨脹的程度已足以抵消德軍裝備方面一切素質上的改進，最顯著的例證即爲新式虎式和豹式戰車的生產。每當一個師遭受重大損失時，其刀鋒部分也就會有縮小的趨勢，變得和其他部分簡直不成比例——因爲主要的損失都是戰鬥部隊。以一個裝甲師而論，損失最重的通常都是戰車和戰車的乘員，其次則爲步兵部分，而損失最輕的卻是行政單位。所以把一個師，尤其是一個裝甲師，維持在其足額編制的標準以下，就戰鬥力而言是完全不合於經濟的原則。除非是這種消耗能夠立即補充起來，否則一個師就會變得全是不能打仗的行政人員。

因爲俄軍的素質和數量比起一九四二年已有所改進和增強，所以德軍的形勢也就更爲不利。因爲從烏拉山區新擴建的工廠，以及從西方同盟國中已有大量的裝備源源而來，所以俄軍的表現也就日益進步。至少其戰車已和任何其他國家的一樣好——大多數德國軍官都認爲俄國戰車比德國的還要好。雖然在某些輔助性的裝備方面仍然感到缺乏，例如無線電通信器材，但在性能、耐力和兵器等方面卻已具有高度的效率標準。俄國的火砲素質是頗爲優良的，而且還大規模的發展火箭砲，那是一種具有顯著威力的兵器。俄國的步槍也比德國的近代化，並具有較高的射速，至於其他的步兵重兵器也都大致是一樣的精良。

俄軍的主要缺點在摩托化運輸車輛方面，現在由於已有大量的美國載重車不斷的運來，所以此種迫切需要也開始能夠滿足。此外，美國罐頭食物的大量輸入，對於俄軍的機動性同樣也是一種重要的貢獻。因爲它們替俄軍解決了不少的補給問題，因爲俄軍的數量是那樣龐大，而交通工具又是那樣缺乏，所以補給對其實力的發揮是一個最大的阻礙。假使不是俄國部隊慣於克苦耐勞，則問題也許就會更爲嚴重，在遠比任何西方陸軍較低的補給水準上，他們還是照樣能夠生存和戰鬥。雖然俄軍永遠不曾達到一種平等的機動水準，但以其技術工具而論，其機動性實已超出水準，因爲他們可以在要求較低的情況之下作戰，其原始性是利害參半的。在其他國家的軍人可能要餓死的情況下，俄國軍人卻仍能繼續生存。所以現在由於已經有了較充分的資源，其刀鋒部分也就獲得較深入的穿透力；而其大量的部隊也都可以跟上，因爲他們所需要的運輸工具和食物是如此的渺小。

同時俄軍的戰術能力也已經獲得很大的改進。由於在一九四一年，其訓練最佳的部隊損失頗重，所以在一九四二年，俄軍的戰術能力有低落的趨勢，但到一九四三年，由於戰鬥經驗的累積，使這種弱點大體上都獲得改善。以戰前的訓練而言，新單位也比舊單位能有較佳的基礎。此種改進又是從上到下的。原有的將領們都徹底的予以淘汰，取而代之的是一批升遷得很快的青年將領，他們的年齡大部分都不到四十歲，具有充沛的活力，而且比起他們的前輩則是職業性較重而政治性較輕。此時俄軍較高級指揮官的平均年齡已經變得比德軍大約年輕二十歲；而此種年齡水準的降低，也就同時帶來較高度的效率和活力。從參謀作業和部隊的戰術能力上，都可以反映出此種較新銳的領導和較成熟的戰鬥經驗二者結合在一起的功效。

若非俄軍將領們由於害怕或爭寵的原因，總是有不顧一切繼續進攻的趨勢，否則此種改進也許就可以發揮更多的效力。他們經常對著具有堅強抵抗之點作顯然不利的攻擊。而且在失敗之後又還不肯認輸，所以他們的部隊時常一再的猛撞在堅硬的障礙物上，而付出重大的代價。在官僚制度與軍事紀律結合之下，這種無益的攻擊本是一種常有的現象，但由於受到蘇聯情況、俄羅斯傳統，和俄國資源的影響，其趨勢也就自然的更形加強。在這種制度之下，只有地位最穩固的指揮官才敢冒險不做那些明知不可能的事情，反之，他們有的是大量人力可供揮霍無度的浪費。無情的犧牲人命比較容易，而冒險去觸怒獨夫則比較困難。

一般說來，巨大的空間對於這種猛衝的趨勢也可以產生平衡作用，通常總是有運用的餘地。而現在，俄軍高級指揮部對於在敵方綿長的戰線上尋找弱點的工作也就要很內行。因爲俄軍現在在數量上享有普遍的優勢，所以在任何決定要加以集中攻擊的地段中，其高級指揮部都可以有把握造成高於四比一的數量優勢，而一經突破之後，則更有充分發揮此種優勢的巨大空間。在北面地區上，由於德軍的防禦比較嚴密和堅固，所以俄軍作無益和浪費的重複正面攻擊的機會也就比較多。在南方，俄軍不僅有他們最好的指揮官和部隊，而且也有巨大的空間足以容許他們發揮其技巧。

儘管如此，面對著如此巨大的優勢，而德軍仍能屹立不動卻是不爭的事實——甚至於需再繼續兩年之久的苦戰來給予證明——所以俄軍要想趕上德軍那樣的技術優勢，似乎還要差一大段距離。此種對於專業優點的認識，在一九四三年春季曾使雙方的觀點都受到影響。它鼓勵著希特勒，甚至於也包括其軍事領袖們在內，希望只要不再犯過去的錯誤，則德軍仍有獲勝的可能。反之，它也使俄軍領袖們對於冬季作戰的成功，仍然保持懷疑的態度，因爲他們還記得上一個冬季裏的成功，曾經受到夏季失敗的抵消。現在第一個夏季又要來臨，所以他們對前途並不那樣具有信心。

因爲俄國人是這樣的感到沒有把握，所以在新的戰鬥尙未展開之前，就先有一段重要的外交插曲。六月間，莫洛托夫曾與李賓特洛甫(Ribbentrop)在基羅夫格勒(Kirovograd)會晤(此時該城還在德軍佔領之下)，雙方討論結束戰爭的可能性。依照當時以技術顧問身分列席的德國軍官們所提供的證據，李賓特洛甫曾提出和平條件之一即爲俄國未來的國界應以聶伯河爲限，而莫洛托夫則堅持必須恢復原有的界線。由於雙方意見相距頗遠，所以談判遂無結果。接著消息洩漏使西方國家也有所風聞，於是才結束了這次會晤。雙方遂又再度兵戎相見。

一九四三年夏季作戰的開始，要比前兩年遲得多。在冬季作戰結束後已經暫時休息了三個月以上的時間。此種長期的延遲，至少部分原因是由於當德國人欲重整其實力，並集結必須的預備隊以發動新攻勢，現在已經變得日益困難。同時他們現在也比較希望讓俄國人先攻，然後再乘機予以反擊。但這種想法卻落空了——這不僅是由於希特勒缺乏再繼續等待的耐性，而且也因爲俄國人這一次也採取類似的釣魚戰略。

照德軍將領們事後的看法，他們的攻擊部隊若能早一點完成準備，使這次攻勢得以提早六個星期發動，那麼也許即能獲得偉大的成功。當他們的鉗形攻擊被陷在一連串縱深的雷陣之中時，他們才發現俄國人早已把主力撤到較遠的後方，他們認爲這是由於在準備階段已被敵人獲得風聲，於是使俄軍能夠事先作成適當的部署，所以才有此一失。這種解釋乃忽視了庫斯克突出部在作爲一個目標時所具有的明顯性。它對於德軍的鉗形攻勢具有一種明顯的吸引力，正好像奧勒爾周圍的德軍突出地之在於俄軍方面一樣。所以雙方對於打擊的位置都很少有懷疑的餘地，主要的問題不過是誰先動手而已。

在俄國方面也正在辯論之中。有人主張俄國人應該先動手攻擊，其理由是在上兩個夏季中，俄軍的防禦都曾被德軍的攻擊所破壞；同時自從史達林格勒之戰以來，俄軍已經獲得多項的攻擊勝利，所以將領們也開始對攻擊產生信心，而在這個夏季有躍躍欲試之意。在另一方面也有人表示反對的意見。他們指出在一九四二年，就是由於提摩盛科在五月發動對卡爾可夫的攻勢，結果才會使俄軍於六月間在卡爾可夫與庫斯克之間遭遇慘敗。

在一九四三年五月底，英國軍事代表團第一次和俄國參謀本部舉行會議時，該團的新任團長馬特耳中將(Lieutenant General G. Le. Q. Martel)所獲得的印象似乎是俄國人主張主動發動攻勢的意見略佔優勢。他曾經很坦白的說，當德軍更新後的裝甲部隊尚未消耗之前，他們若發動攻勢實無異於自討痲煩，假使俄國人要作這樣的嘗試，則幾乎是必然會被擊敗。

幾天之後，當俄國人要求他講述英國人在北非的戰術時，馬特耳遂乘機向他們解釋：「我們在艾拉敏的成功大部分應歸功於下述的事實：我們總是設法讓德軍的裝甲部隊在我們的防禦上撞毀，或至少使其刀鋒被磨鈍，當他們已經把兵力和銳氣耗得相當厲害時，然後才是我們轉守爲攻的時候。」在下一次會議時，他感覺到俄國參謀本部已經有接受這種計畫的傾向。於是他又乘機再使他們從英國人的經驗中去學習另一種教訓：當敵方戰車突入之後，堅守兩側「腰部」的重要性。並使用一切可以動用的預備隊來增強缺口兩側的防禦，而不要面對沖破隄防的洪流鬥水作壩。(原註：以上所說見馬特耳的回憶錄——書名爲《一個出言無忌的軍人》〔*An Outspoken Soldier*〕。)

在追溯任何計畫的原始構想時，通常都很難斷定它的影響力究竟是些什麼因素，即令把所有的檔案都拿出來公開研究，也不會有可靠的結果，因爲一切文件也都很少記載眞正的原始原因。它們並不能表現某些觀念在實際計畫作爲者的心中，是如何的播種和生根。而某些思想的播種者，對於他們的那一顆特殊種子的效力又往往都有估計過高的趨勢。至於接受某種觀念的人，又往往故意不肯承認，即令其影響是非常巨大，但事後卻會加以否認或掩飾。在官方的組織中更是如此，而尤以事關國家榮譽時為然。在同盟國之間，每個國家對於其所接受的援助，不管是有形的(物質)還是無形的(思想)，通常都會儘量的宣傳說它沒有什麼價值；而對於其所給予他國的援助，則又會儘量的予以誇張，說它的價值是如何的重大。所以歷史對於一九四三年俄國的計畫是如何決定的，也並不能提供任何更確定可靠的結論；不過歷史卻可以顯示出，即令僅只從他們自己的作戰中，蘇俄的戰略計畫作為者也一樣可以獲得充分的經驗，使其作成必要的結論。

比較更值得重視的，為當他們採取這種攻勢防禦的方式後，其所獲得的結果是如何的具有戲劇化的決定性。

德軍的攻擊在七月五日拂曉發動，以庫斯克突出地區的兩側為目標。該突出地區的正面約近一百哩寬，其南面的深度約五十哩，而北面的深度則在一百五十哩以上，它與從反方向突出的德軍奧勒爾突出地區的側面相接合。該地區的主要部分都是由羅柯索夫斯基的部隊所據守，而范屠亭的右翼則包括在其南角內。

曼斯坦的南面鉗子與克魯格的北面鉗子在實力上是大致相等，但曼斯坦保有較大比例的裝甲部隊。在這次攻勢中一共動用了十八個裝甲步兵師，他們幾乎構成全部兵力的一半——幾乎也就是東線上所能動用的德國裝甲兵力的全部。希特勒在這一場賭局中所下的賭注，實在是很大的。

南面的部隊於最初幾天內，在某些點上曾經突入約二十哩——這不能算是一種迅速的突入。因爲遭遇縱深的雷陣使得進度很慢，同時也發現敵軍的主力已向後方撤退，所以他們的戰俘人數是少得可憐。此外，他們所造成的楔形由於缺口兩側「腰部」都受到頑強的抵抗，所以也就很難擴大。克魯格在北面的突入則更爲有限，甚至於不曾突破俄軍的主要防禦陣地。經過一個星期的戰鬥，裝甲師的實力已大形減弱。克魯格對其側翼上已有威脅發生的徵候深感驚懼，遂開始抽出其裝甲師。

同時，在七月十二日，俄軍也對奧勒爾突出地區的北側面和鼻部發動攻勢，北面的攻勢在三天內突出了三十哩，直趨奧勒爾的後方，至於另一支兵力則進展緩慢，但距離該城也已在十五哩之內。因爲克魯格已經從庫斯克方面抽回四個裝甲師，所以才恰好趕上並阻止俄軍的北翼切斷從奧勒爾至布里安斯克之間的鐵路線。此後俄軍的攻勢遂變成一種硬向前推的行動，完全依賴優勢的重量以壓迫德軍後退。那是一種代價很高的努力，但由羅柯索夫斯基所指揮的部隊也已經轉守爲攻，從庫斯克突出地區向奧勒爾地區的南側面上進攻，所以也就有了很大的幫助。八月五日德軍遂終於被迫退出奧勒爾。自從一九四一年以來，奧勒爾不僅是德軍戰線上主要的和最堅強的堡壘之一，而且也是唯一留下來足以威脅莫斯科的據點。奧勒爾的戰略價值以及其堅強的實力，早已聯合起來使其成爲一種軍事性的象徵——所以它的撤出一方面足以打擊德軍的信心，另一方面又足以鼓舞俄軍的士氣。

此時，當德軍從庫斯克突出地區南面的缺口撤退之後，范屠亭的部隊即跟蹤進至原有的戰線。八月四日范屠亭對那段已經減弱的德軍防線發動攻勢，並於次日攻佔貝爾哥羅。他利用敵軍已經匱竭的機會，在次一個星期內衝入了八十哩的深度，轉向卡爾可夫的後方，並威脅卡爾可夫與基輔間的交通線。此種鐮刀式的打擊使德軍的整個南線都有崩潰的危險。十天以後，柯涅夫(Koniev)的部隊，在范屠亭的左邊，渡過卡爾可夫東南方的頓內次河，而使該城受到完全包圍的威脅，柯涅夫的行動很大膽，他故意選擇柳波亭(Liubotin)沼澤作爲其渡河點。

假使這兩支部隊中有一支能夠到達波塔瓦(Poltava)的預定會師點，則不僅卡爾可夫的守軍將會闖入陷阱，而且沿著頓內次河向右伸展的全部德軍也都有崩潰之虞，到那時候則只有第三裝甲軍是唯一尚有相當實力的預備隊。它所有的三個黨軍裝甲師，剛剛才送往塔干洛格附近的米亞斯河，去應付那裏所發生的威脅，現在又立即被召回，並且恰好剛剛趕上足以解除在波塔瓦周圍的危險。這樣才使在卡爾可夫的德軍大部分得以在八月二十三日該城陷落之前安全的撤出。在其他的點上，那些已經殘破的裝甲師也都證明，儘管他們所殘留的攻擊力已經不多，但卻仍能拘束大量俄軍的前進。這個危機終於是有驚無險的度過，情況已經變得穩定下來，但卻並非靜止的。俄軍仍繼續獲有進展，但速度極慢。自從他們發動攻勢以來，在六個星期內一共只收容了二萬五千人的戰俘。對於這樣一個包括廣大地區在內的巨大會戰，實在是一個很渺小的數字，而且也表示防禦方面的任何崩潰，都不過是局部性的和有限性的而已。

在八月的下半個月內，俄軍的攻勢比較擴大。當波卜夫(Popov)的部隊正逐步從奧勒爾向布里安斯克前進時，在其右翼方面的艾門科(Eremenko)的部隊，也開始對斯摩稜斯克推進。在他們的左面，羅柯索夫斯基也正在對基輔附近的聶伯河岸作一個較深入的突擊，而范屠亭也同樣的向那裏會合。在最遠的南端，托布金(Tolbukhin)已經渡過米亞斯河，並強迫德軍放棄塔干洛格。於是在九月初，馬林諾夫斯基也渡過頓內次河，向南進攻史達林諾，這樣一個側面的威脅，使德軍向頓內次河以南伸出的「手臂」不得不迅速收回。不過值得注意的是，德軍還是勉強的守住一些據點，以掩護其長距離退卻的側翼，直到其部隊的極大部分都已安全脫險爲止。在「腋下」位置的鐵路交點洛左伐雅，則一直守到九月中旬才予以放棄。

俄軍作戰的典型和節奏，似乎變得更像一九一八年福煦的全面攻勢——一連串互相交替的攻擊指向不同的點上，每當敵方抵抗增強使攻擊的衝力減弱時，即暫時停頓下來，而把攻擊的重量移到另一點上去。所以每一個行動都是以替次一行動舖路爲目的，彼此之間始終互相呼應，循環不斷。在一九一八年，福煦的攻勢曾使德國人在搜括預備隊去搶救受攻擊的某一點時，同時也限制其移動預備隊以應付次一個攻擊的能力。這樣一方面癱瘓其行動自由，另一方面又逐漸消耗其預備隊的儲量。在四分之一個世紀之後，俄國人重施故技，不過其條件更爲有利，其形式也有了新的改進而已。

當一支軍隊的機動性比較有限，但卻享有一般性的兵力優勢時，這也就是一種非常自然的方法。尤其是當橫的交通線異常缺乏，預備隊難於從此一地區移到另一地區以擴張某一特殊戰果時，則更爲適用。因爲其意義是每一次都要突破一個新的正面，所以這種「橫寬」的擴張所付出的代價，要比「縱深」的擴張較高。同時它也比較難於發揮速決的效力，不過只要使用這種方法的部隊擁有適當的物質優勢，足以繼續維持這種發展不中斷，則其成功也就更確實可靠。

在攻擊的過程中，俄軍的損失自然要比德軍爲重，但是德軍在他們自己的攻勢中已經受到慘重的失敗，所以現在所付出的代價，也就使他們感到吃不消。對於他們而言，消耗的意義即爲崩潰。希特勒不願批准任何長距離的後退，也就更加速他們的衰竭。

在九月間，從俄軍前進步調的加速上，可以反應德軍前線兵力的減弱和預備隊的縮小。像范屠亭、柯涅夫和羅柯索夫斯基等，在俄軍將領中都要算是上駟之選，所以對德軍寬廣正面上的弱點也就都知道如何迅速的加以利用。由於美國載重車不斷的大量運入俄國，所以對於他們動量的維持具有極大的貢獻。在九月底以前，俄軍不僅又在聶伯城附近的大東灣內到達聶伯河岸，而且更沿著其河道的大部分一直進到基輔以北的普里皮特河(Pripet River爲聶伯河的支流)上。俄軍分別在許多點上迅速渡河，並建立了一連串的橋頭陣地。德國軍事發言人曾經不留意的指出，這一道寬廣的河川障礙物是他們準備過冬的戰線，但現在他們想要躲在它後面休息和重組的機會卻顯然已經不太大了。俄軍指揮官現在對於空間潛在價值的利用，已經非常巧妙而勇敢，所以他們渡過這一道大河似乎並不費力。在波塔瓦西南方的克勒曼楚(Kremenchug)附近所建立的一個重要橋頭陣地，應歸功於柯涅夫的決定：他不把兵力集中在一線上，而分別在許多點作渡河的企圖——在全長六十哩的地段中，他一共選擇了十八個渡河點。又因爲是在大霧掩護下實行渡河，所以更增強了此種有計算而分散的奇襲效力。范屠亭也使用類似的方法，在基輔以北獲得一連串的立足點，後來又都連成一片。

不過在此種情況中的基本因素，卻是德軍已經不再有足夠的部隊來掩護其整個戰線，甚至於不管兵力是如何的稀薄也還是不夠，所以必須依賴反擊的手段以阻止敵方立足點的擴大。因爲他們自己的預備隊是那樣的稀少，而敵軍的實力又那樣雄厚，所以也就註定是一種極危險的政策。

在基輔以北三百哩，德軍於九月二十五日放棄斯摩稜斯克，而在一星期以前，又早已被擠出布里安斯克。他們緩慢的向沿著上聶伯河之線的一連串城鎮堡壘撤退——茲羅賓(Zhlobin)、羅加契夫(Rogachev)、穆基來夫(Mogilov)和奧爾沙(Orsha)，直到杜味拿河(Dvina)上的維特斯克(Vitebsk)爲止。

在遙遠的南方，德軍已經撤出在庫班河上的橋頭陣地，越過克赤海峽撤入克里米亞半島，但這個半島現在又已經陷入孤立的危險中。克萊斯特曾接到命令要他把兵力從庫班河上撤回，以接替在亞速海與札波羅結(Zaporozhye)聶伯河灣之間的防務。但這個決定卻已經遲了兩個星期，等到他的部隊在十月中旬到達新位置時，俄軍已經突破梅利托普(Melitopol)，於是整個地段都已處於流動的狀況中。

在俄軍渡過聶伯河之後，該地區在十月的上半月中算是相當平靜無事，因爲俄軍正在調集援兵，累積補給，和修建橋樑以利前進。大多數的橋樑都是利用在渡口附近所砍伐的樹木迅速趕建起來的便橋。俄國人對於這種臨時便橋的架橋技術非常高明——正好像在美國內戰時，薛曼的部隊從喬治亞州向南北卡羅來納州前進時的情形一樣。越過一條大河架座便橋平均只需四天的時間，而且還能供最重型的運輸車輛使用。

當時注意力都集中在基輔，那是大家所期待風暴將要發作的地點，但是俄軍次一階段的攻擊卻幾乎是在聶伯河灣與基輔之間的中點上。柯湼夫突然從克勒曼楚橋頭陣地衝出——那是在波塔瓦的西南方——越過這個大突出地區的底線，向南造成一個巨大的楔形。德軍在那一方面最初只有極少量的部隊，但曼斯坦卻迅速調動預備隊使其前進速度減低，以爭取時間，好讓困在河灣內的德軍可以撤退。這些部隊又被用在克利福洛(Krivoi Rog)城外，幫助阻止俄軍的進攻——那是在他們攻擊發起線以南約七十哩，和越過突出地區的中途上。

但是在聶伯河以南的崩潰卻是所付出代價的一部分，因爲在克萊斯特的部隊尙未能趕到接防之前，曼斯坦即被迫不得不抽調該地段中的兵力。俄軍利用在梅利托普的突破機會，在十一月的第一個星期內，掃過諾蓋斯克大草原(Nogaisk Steppe)到達聶伯河下游，於是切斷了克里米亞的出口，並孤立還留在那裏的敵方部隊。

不過俄軍作戰的結果，還是不能使其認爲約一「百萬」人已經在聶伯河以東被關入陷阱的樂觀假想兌現。在追擊最快的兩天當中，也只俘獲六千人，而德軍的大部分——那數量遠比俄國人所想像的要少——都有充裕的時間退過聶伯河。自從作戰開始以來，在全部四個月的時間內，俄國人宣稱總共只俘獲九萬八千人，而其中半數以上是負傷的。但同時俄國人又宣稱，在這個階段內德軍死亡的人數爲九十萬人，負傷的人數爲十七萬人。這兩者之間有顯著的矛盾之處，但西方同盟國的評論家對此似乎很少注意。因爲在任何的突破中，通常負傷者的大部分都會落入攻擊者的手中，而失敗得愈慘重，則傷患能夠撤出的比例也就愈低。更不可靠的是十一月六日史達林所發表的聲明，他說在過去一年內德軍已經損失四百萬人。假如這個數字是眞的，甚至說有一半是眞的，則戰爭應該早就已經結束。事實上還要拖延很久，不過是已經走向下坡而已。

在十月的下半月內，從基輔地區中沒有什麼消息傳出，但俄國人卻不斷的擴大他們在該城以北的橋頭陣地，直到它變成一塊寬廣的攻勢基地爲止——其寬度足夠從那裏發動一個強大的迂迴攻擊。在十一月的第一個星期中，范屠亭開始發動這個攻擊。在目前已經過度伸展的德軍正面上，很容易找到一些弱點，俄軍從這些弱點上向西突穿，然後再向內旋轉以切斷基輔的道路，並從後方進攻該城。但德軍還是再度逃出了陷阱，只留下六千名戰俘落入俄國人的手中，不過他們已擋不住俄軍的猛衝，因爲柯湼夫在聶伯河灣中的突擊，已經把德軍大多數的裝甲部隊吸引到南面去了。

在攻克基輔城後的第一天，俄軍裝甲部隊到達其西南方四十哩的法斯托夫（Fastov）。那是一次以追擊的速度來進行的攻擊。擊敗敵軍在該線的抵抗之後，他們又在以後的五天內奔馳六十哩，佔領了在普里皮特沼澤以東最後一條橫行鐵路上的交點息托密爾（Zhitomir）。然後他們再向北發展，於十一月十六日攻佔另一鐵路交點科羅斯登（Korosten）。那時候德軍的抵抗已達崩潰的邊緣，而且很可能使史達林在十一月六日所宣稱的「勝利已經接近」的希望提早實現。因爲曼斯坦手裏已經完全沒有預備隊可用了。

在此種緊急情況之中，曼斯坦要求第七裝甲師師長曼陶菲爾（General Hasso von Manteuffel），儘可能在其自己的殘部中調集一切能用的單位，從貝底契夫（Berdichev）向上發動一個反擊。英勇無比的曼陶菲爾率領著這一點殘兵，採取曲折的路線，作了一個非常成功的閃擊，刺入俄軍的側面，並於十九日作了一個夜間攻擊奪回息托密爾城，然後又繼續向科羅斯登挺進。他把部隊分成許多小型裝甲羣，在行動時分散得很開，以幫助擴大敵人對於其實力的印象。他們從俄軍縱隊之間鑽過，然後切斷他們的後方，攻擊其司令部和通信中心，因此一路鑽隙也一路造成癱瘓性的混亂。

曼斯坦爲了想擴大利用曼陶菲爾所造成的這個機會，就對著基輔以西的俄軍巨大突出地區發動一個眞正的反攻。從西線調來的幾個新裝甲師可以助他一臂之力。這仍然是一個鉗形的攻勢——用一支裝甲部隊從西北面進攻，以法斯托夫爲目標，另有一支部隊則從南面助攻。

前者由巴爾克(Balck)的一個裝甲軍來負責執行，其兵力爲三個師，包括曼陶菲爾的師在內。但是范屠亭的前進部隊現在也已經獲得增援，大量的砲兵、戰防砲和預備隊，都紛紛從聶伯河的橋樑上通過。所以德軍的反攻並未能獲得像最初反擊時一樣卓越的戰果。從地圖上看來其威脅是很可怕的，但在實地卻並不如此。因爲德軍已經喪失奇襲的優勢，所以也就無法抵補其數量的劣勢，而且更受到惡劣天氣的阻礙。到十二月初，這次反攻遂消蝕在泥濘之中。在以後一段沉寂的時間內，范屠亭又集結其兵力準備進一步的大舉進攻。

希特勒曾於無意中對此次情況提供了最適當的評論。爲了表示論功行賞起見，希特勒邀請曼陶菲爾到安格堡(Angerburg)和他共度聖誕節。並且向他說：「作爲一個聖誕禮品，我將給你五十輛戰車。」這可能是希特勒所能想到的最佳禮品，而且就他的資源來說，也可以說是一份厚賜。因爲當時最強大和最得寵的裝甲師的實力也都只有一百八十輛戰車，而且很少有幾個師能夠超過此數的一半。

在秋季裏，德軍戰線的北段也陷於長久的苦戰之中。德軍自從撤出斯摩稜斯克之後，就退守聶伯河之線。俄軍雖然一再進攻，卻始終不能突破這一道防線。俄軍之所以久攻不克，其原因有二：㈠是近代化防禦所含有的內在潛力；㈡俄軍在北面沒有像在南面那樣的運動空間，而且也使他們的目標變得太顯明。

在這些會戰中，空軍只扮演一個不重要的角色，因爲其活動受到冰雪的限制。此種限制使守軍可以解除頭頂上的壓力，否則將會使他們在地面的作戰更爲困難。但它也使守軍不能利用空中的搜索，去發現俄軍攻擊重點的可能方向，然後再用地面的搜索來加以證實。

攻擊的重量是由黑利奇(Heinrici)的第四軍團來承受，它總共只有十個不完整的師，據守在奧爾沙到羅加契夫之間一百哩長的戰線。在十月到十二月之間，俄軍一共對它發動了五次攻勢，每次時間都長達五、六天，而每一天要進攻好幾次。他們在第一次攻勢中差不多使用了二十個師的兵力，而當時德軍剛剛佔領一道趕工築成的陣地，只有一條單獨的塹壕線。在第二次攻勢中，他們用了三十個師的兵力，但此時，德軍已經完成其防禦配置。在以後的幾次攻勢中，俄軍所使用的大致都爲三十六個師的兵力。

俄軍攻擊的重點爲奧爾沙地段，那是一道跨越莫斯科到明斯克(Minsk)公路線的正面線，全長約十二哩。作爲一個攻擊點，它具有便於補給和擴張的顯著優點。但此種顯著優點也促使德國人集中力量來應付它。他們在這裏的防禦方法是很值得研究的。黑利奇把三個半師的兵力用在這個非常狹窄的地段上，而留下其餘的六個半師掩護其他的綿長戰線。所以他在這個要點上的兵力，對於空間而言是具有相當大的密度。他的砲兵幾乎是完整無缺，於是他集中了三百八十門火砲來掩護此一緊要地段。這些砲兵由軍團部一位指揮官集中控制，所以他們可以迅速的把大量火力集中在任何感受威脅的點上。同時，這位軍團司令又發明了一種「擠牛奶」的辦法，即由駐在比較平靜地段中的師，在會戰期中，對擔負激烈戰鬥的每一個師，每天提供一個營的生力軍。這樣通常即能補充前一天的損失，並使那個師還保有一個完整的局部預備隊可供逆襲之用。又因為使用一種師內輪調的制度，所以部隊混雜的毛病也可以減到最低限度——現在德軍每一個師是三個團，而每個團為兩個營。在會戰的第二天，增援的營即為前一天的姊妹營，而且連團部也跟著過去；再過兩天，第二個完整的團已加在戰線上，而到第六天就完全換了一個師，至於原有的師則移駐在那個原來比較平靜的陣地內。

面對著六比一以上的數量優勢，此種一再的防禦成功的確要算是一種驚人的成就。假使德軍的防禦戰略與此種戰術相配合，那麼戰爭將可能無限的延長，而使俄軍的實力消耗殆盡。但由於希特勒堅持未經他的許可絕對不准撤退的原則，而同時他又總是不願意給予這樣的許可，結果遂斷送了德軍的前途。軍團司令敢於自作主張的就會受到軍法審判的威脅，即令是從一個危險的孤立據點中，只撤出一支小部隊也照樣是犯法的。這種否決權壓迫得如此的厲害，使下級幹部的行動完全癱瘓，甚至於有這樣的說法，一位營長不敢把一個哨兵從窗口移到門前。像一隻學舌的鸚鵡一樣，德國統帥部總是一再背誦著「每個人都應站在原地死戰到底」的咒語。

此種硬性的原則，在俄國的第一個冬天裏，固然曾經幫助德國陸軍度過可使神經崩潰的危機，但從遠程的觀點來看，那卻是具有致命的危險——德國部隊雖然已經克服了他們對俄國冬季的嚴重畏懼心理，但是他們的兵力卻日漸減少，不足以填滿俄國的空間。它限制了在現場上的指揮官所需彈性指揮，使他們不能脫離敵軍所能到達的範圍之外去重組部隊，並實行「退後方能跳遠」(reculer pour mieux sauter)的原則。

一九四三年在南面戰線上已經飽嚐此種硬性原則的苦果。一九四四年這種同樣的情形又將在北面戰線上重演，並且所在的地段也就正是德軍過去曾在那裏證明他們的防禦是如何難於克服的場所。

第二十九章　日本在太平洋的退潮

在太平洋戰爭的第一階段，曾經看到日本征服整個西太平洋和西南太平洋地區——包括其中所有的島嶼——以及在東南亞的濱海國家。在第二階段，日本人曾經企圖把他們的控制擴展到夏威夷羣島和澳洲的美英兩國基地，於是在中途島的海空會戰中，以及在瓜達康納爾（在所羅門羣島內並在向澳洲前進的途中）受到了決定性的挫敗。

在第三階段，日本人開始採取守勢——誠如其當面給予西南太平洋地區各指揮官的命令中所強調的，他們應「保持在所羅門和新幾內亞的一切陣地」。只有在緬甸他們仍繼續對西方同盟國進行攻勢作戰，但其本質還是防禦性的——阻止和擊敗英國人從印度所發動的反攻。日本人在中途島損失四艘艦隊航空母艦，在瓜達康納爾損失兩艘戰鬥艦和許多較小的軍艦，而在兩個重要的會戰中又損失了好幾百架飛機。如此巨大的損失遂打消了日本人採取有效行動的可能性。西方同盟國已經重獲優勢，現在的眞正問題即爲他們能否和如何利用此種優勢。

日本的地理位置所具有的戰略利益，曾經使本人的攻勢計畫和行動大受其利。無論爲攻爲守，他們都享有此種基本利益，而他們的計畫對於此種基本利益也曾加以充分的利用。其迅速征服的結果，即爲日本已在多層同心防禦的保護之下。當西方同盟國企圖向日本發動任何反攻時，這種防禦圈也就構成一種艱鉅的障礙。（原註：可參看第十五圖及第三十圖。）

從地圖上看來，似乎是有許多不同的路線可供選擇，但若加以較深入的分析，即可發現眞正能用的並不多。從地圖的頂端向下看即可看出，北太平洋的進攻路線因缺乏適當的基地，以及沿線的風暴和濃霧太多，遂使此條路線不在考慮之列。從蘇俄在遠東的基地發動反攻也是不可能的，因爲史達林拒絕合作。同時當德軍的攻擊仍嚴重的威脅著它的西面時，蘇俄就不敢向日本發動戰爭。從中國大陸發動反攻也是同樣的不可能，因爲在當時的環境之下，補給上的困難就無法解決。經由緬甸的道路則是更爲遙遠，不但英國人早已被趕回印度，而且他們顯然也缺乏適當的資源，無法作較早的反攻。

不久即變得很明顯，任何有效的反攻都必須有賴於美國人，而所採取的路線也必須要和他們配合。於是只有兩條主要的路線——(1)沿著西南太平洋的路線，從新幾內亞到菲律賓；(2)經由中太平洋方面的路線。擔任西南太平洋總司令的麥克阿瑟將軍自然是力主採取前一條路線。他所持的理由是，這是剝奪日本人新近獲得南方地盤最迅速的方法，而其從事戰爭所必需的原料又都是來自這些地區。照他看來，由於日本已佔領許多的托管島嶼，並已迅速的將它們建設爲海空軍基地，所以若採取中太平洋的路線，便將暴露在那些島嶼基地的攻擊之下。此外，若採取那樣一條遙遠的反攻路線，則對澳洲的危險也不能有任何的補救。

但是美國的海軍領袖們卻主張採取中太平洋路線。他們辯論的理由是，只有在那樣海闊天空的環境中，他們才能對數量正在激增的巨型快速航空母艦作有效的運用，而不像在新幾內亞附近的狹窄水域中那樣礙手礙脚——這樣也就比較易實現他們的新理想：用航空母艦特遣部隊以孤立和控制島羣。同時這也能配合一種海運補給體系的新觀念——即航空母艦可以長期留在海上，而不需要經常返回港口基地從事再補給。他們又認爲，南面的路線會經常受到托管島嶼上日本軍隊側面攻擊的威脅，而且也是一條比較顯明和易於爲敵人所猜中的路線，因此在一路前進時，也就可能會受到比較頑強和連續的抵抗。若採取中太平洋路線，則這些危險均可避免。此外，還有一項更強烈而不便公開的理由，那就是海軍將領們都希望他們的新航空母艦主力不受麥克阿瑟的控制——他們對他那種專橫的態度頗有反感。

最後，在一九四三年五月華盛頓「三叉戟會議」(Trident Conference)中所作的決定，是同時採取這兩條路線，以使日本人陷於一種徬徨的狀況，使他們的兵力分散，並阻止他們把預備隊集中或移轉到任何一條單獨的路線上。兩條路最後又都以菲律賓附近為會合點。這種決定是完全符合同時威脅不同目標的原則，那也是間接路線戰略觀念的一個主要優點。不過，此種折衷的決定還是不曾對歷史的教訓作夠深入的考慮，因為僅只採取一條作戰線，也同樣可以威脅不同的目標，但在資源的運用上卻可遠較經濟。

這種兩條作戰線進兵的計畫，必然的需要較巨大和較長久的準備——對於兵力、船舶、登陸艇、海軍基地和飛機等項因素而言，均莫不如此。此種較長期的準備遂又使日本人可以獲得較多的時間來完成他們自己的防禦準備，於是也就使美國人的任務較難達成，尤其是以在執行陸上作戰和登陸作戰時為然。

在這個長時間的準備階段中，唯一具有若干重要性的作戰，即為美國在北太平洋方面企圖收復阿留申羣島的遠征行動。就戰略而言，這是一個太遙遠的行動，對於整個戰局毫無影響作用。它唯一的價值是在心理方面。當前年六月間，一支小型日軍登陸部隊攻佔吉斯卡和阿圖兩個小島之後，曾經使美國人大感恐慌，因為在表面上那已經威脅到阿拉斯加的安全，所以這些島嶼的收回可以鼓舞美國人的士氣。不過為了購買此種精神補藥所花的成本又未免太高。當時美國的資源還比較有限，似乎是不應作如此不合於經濟原則的浪費。

在這兩小島被日軍攻佔之後，美國人第一次所作的反攻爲八月初海軍對吉斯卡的轟擊；然後在八月底美國部隊就在吉斯卡東方約二百哩的阿達克島登陸，並在該島修建一個機場以協助進攻被日軍佔領的島嶼。一九四三年一月美軍又爲了同一目的，進駐在吉斯卡東方九十哩的阿門契卡(Amchitka)島。但到了此時，該地區的美軍指揮官們卻又決定先進攻阿圖島，該島位於阿留申羣島的最西端，因爲他們發現阿圖島的防禦要遠比吉斯卡脆弱。在三月底，美國海軍封鎖部隊遭遇一支稍微比較強大的日本海軍部隊——後者正護送三艘運兵船前往阿留申。經過三小時的長程砲戰之後，日本人遂自動撤退，雙方都沒有船隻被擊沉，不過增援的日本海軍運兵船卻中途折返未能到達其目的地。

五月十一日，美軍一個師利用濃霧的掩蔽，在三艘戰鬥艦的火力支援之下在阿圖島登陸。由於數量的優勢超過四比一，所以在十四天的頑強戰鬥中，美軍把日本守軍(約二千五百人)逐漸向山地壓迫。最後日軍對美軍陣地發動一次自殺的攻擊而完全被殲滅——一共只收容二十六名戰俘。此時美軍遂集中全力來進攻吉斯卡。對於這個孤立的小島，美軍從空中和海上不斷的施以壓力，終於迫使日本守軍(約五千人)在七月十五日的夜間，利用常有的濃霧安全的撤離該島。美國人又繼續對該島作了兩個半星期的轟炸，然後才派遣一支爲數約三萬四千人的大軍登陸——他們花費五天的時間在島上遍處搜尋，最後才相信那已經是一個空島。

阿留申羣島總算是肅清了，但在這樣一個渺小的任務中，美國人總共動用十萬人的兵力，再加上強大的海空軍支援——這對於經濟原則的忽視是一個極顯著的例證，同時也證明只要有主動的精神，則花費極小的成本，亦可以產生極大的牽制作用。

在西南太平洋方面表面僵持的局勢，一直持續到一九四三年的夏季爲止。

對於美國及其同盟國而言，可以說很僥倖，因爲日本陸海軍首長之間也發生嚴重的意見差異，遂使他們的設防工作受到很大的延誤。雖然雙方都同樣希望保持日本業已征服的一切地區，但在方法上雙方卻有非常激烈的爭執。陸軍將領們十分重視新幾內亞的陸上作戰，他們認爲爲了確保荷屬東印度和菲律賓等征服地區的安全，則新幾內亞實爲一必要的前哨陣地。海軍方面則希望把防務優先放在所羅門和俾斯麥羣島方面，因爲那對於他們在特魯克的巨大海軍基地可以提供戰略性的掩護——特魯克位於北面一千哩外的加羅林羣島之內。在最後的戰略決定中，又還是和往常的慣例一樣，陸軍略佔優勢。

最後雙方同意的防線是，從瓜達康納爾以西，在所羅門羣島中的聖塔依沙貝爾島（Santa Isabel）和新喬治亞島（New Georgia）起，到新幾內亞的拉意（Lae）爲止——即巴布亞半島以西的地區，所羅門地區由海軍負責；新幾內亞地區由陸軍負責。

指揮全局的陸軍司令部設在拉布爾。（譯者註：即第八方面軍。）其所指揮的部隊有在所羅門羣島上的第十七軍，和在新幾內亞的第十八軍——第七航空師配屬於前者，而第六航空師則配屬於後者。海軍兵力則有第八艦隊和第十一航空隊（Air Fleet），二者均接受設在拉布爾的海軍司令部之指導。這是一支輕型的海軍部隊，只包括巡洋艦和驅逐艦，但可以從特魯克派遣較大型的軍艦前來增援。

在這個戰區中的陸軍兵力頗爲雄厚——在新幾內亞的第十八軍有三個師，總數約五萬五千人，在所羅門和俾斯麥羣島上的第十七軍共有兩個師和一個旅，以及其他的部隊。雖然在瓜達康納爾的爭奪戰中，日本的航空兵力已經受到很大的損失，但陸軍仍有一百七十架飛機可用，而海軍則有二百四十架，據日本當局的估計，六個月之內這個戰區可獲得十個到十五個師的增援，而飛機也可以增到八百五十架，所以他們有理由覺得採取一種堅守或「牽制」(containing)的戰略是絕對可能的。

由於當初曾決定把戰場分爲中太平洋和西南太平洋兩個戰區，而以所羅門羣島爲分界線，遂使美國人的計畫作爲益增其複雜性，爲了使工作比較順利起見，美國參謀首長聯席會議決定麥克阿瑟對於整個新幾內亞—所羅門地區應握有戰略指揮權，但南太平洋海軍總司令海爾賽海軍上將，卻仍保有戰術控制權，至於從珍珠港派來該地區參加作戰的海軍兵力，則仍受尼米茲海軍上將的指揮。

美國人的戰略目的即爲突破俾斯麥羣島所構成的防線，並攻佔日本人在拉布爾的主要基地。爲了達到這種目的，美軍是在兩條進路上採取交替攻擊的方式——使日本人「疲於奔命」。在第一階段，海爾賽的部隊應攻佔瓜達康納爾正西方的羅素羣島（Russell Islands），並用它來當海空軍基地。接著應攻佔在新幾內亞以東的特羅布里安德（Trobriand）羣島中的兩個島，以作攻擊拉布爾時的空軍基地——同時也可以當作中繼站，以便使航空部隊可以在兩線之間移動。在第二階段，海爾賽應進向新喬治亞（在瓜達康納爾以西的所羅門羣島之內），並攻佔重要的孟達（Munda）機場，而麥克阿瑟則應攻佔新幾內亞北岸拉意附近的日軍立足點。此時，也希望海爾賽已經佔穩所羅門羣島西端的的布干維爾島（Bougainville）。在第三階段，麥克阿瑟的部隊應向北旋轉，越過窄海進向俾斯麥羣島中的新不列顚島，拉布爾即位於這個大島的北端。於是在第四階段，聯軍才發動對拉布爾的攻擊。這是一種非常緩慢的程序，即令一切都能按照計畫進行——對拉布爾的攻擊根據計算也將在戰役開始後的八個月之內。

麥克阿瑟在他的西南戰區中共有七個師的兵力（其中三個師爲澳洲部隊），和大約一千架飛機（四分之一是屬於澳洲的）——另有兩個美國師即將到達，和八個澳洲師正在訓練之中。

海爾賽也有七個師(兩個陸戰師和一個紐西蘭師),和一千八百架飛機(其中七百架是屬於美國陸軍的)。海軍實力時有增減,當每次進攻時都將組成一支兩棲部隊,從尼米茲在珍珠港的龐大兵力中也可以短期借用大量的軍艦。在開始行動時,海爾賽所有的為六艘戰鬥艦、兩艘航空母艦,以及許多較小型的船隻。總而言之,雖然不能盡如麥克阿瑟的理想——他曾經要求二十二個師和四十五個航空大隊——但現有的兵力已經足夠保證成功。

在準備或「僵持」的階段中,海爾賽於二月二十一日曾派遣一支部隊在羅素羣島登陸,但發現那裏並無敵蹤——美國人一向相信已有日軍駐在那裏。此外,海爾賽的海軍部隊也已經使日本人不敢再從「狹縫」中鑽出來從事襲擊的活動,這是他們過去所慣用的辦法。在新幾內亞,日軍曾企圖攻佔胡昂灣(Huon Gulf)附近的瓦烏(Wau)機場,卻被空運趕來的一旅澳洲部隊所擊退;但是當日軍再派遣一個師的主力去增援時,其船團——由八艘驅逐艦護送八艘運輸船——立即為新幾內亞的同盟國空軍所發現並加以攻擊,結果日軍損失了全部的運輸船,和半數的驅逐艦,以及所載運的部隊三千六百餘人(約為總數的一半)。自從日本人在這次「俾斯麥海會戰」中遭到慘重的損失之後,對其在新幾內亞的部隊就只敢用潛艇或小船來運送補給。

山本五十六海軍大將企圖扭轉日軍在空中的劣勢,他把第三艦隊的艦載飛機從特魯克調往拉布爾，希望用以對聯軍基地作不斷的空襲，以消耗聯軍的空軍實力。但這個在四月一日開始的消耗作戰，在十四天的戰鬥中反而使日軍損失比防禦者幾乎多一倍的飛機——與執行攻擊的駕駛員所作的樂觀報告恰好相反。接著山本本人在前往布干維爾島視察的飛行途中，因爲美國情報機構事先獲得了消息，遂遭到美國飛機的狙擊而送命。接替他出任日本聯合艦隊長官的古賀峰一海軍上將(Admiral Koga)是一位庸才，遠不如山本那樣可怕。

經過長期計畫的美軍攻勢，預定在六月三十日發動，共分三方面進攻：(1)克羅格將軍(General Krueger)的美國部隊將在特羅布里安德羣島中的基里維納(Kiriwina)、吳德納克(Woodlark)，或莫勞(Murua)等島嶼登陸；(2)新幾內亞的部隊，以澳洲部隊爲主，在希林將軍(General Herring)指揮之下，將在胡昂灣中沙拉毛(Salamaua)附近登陸；(3)在海爾賽海軍上將指揮之下的部隊，則應在新喬治亞島登陸。

在特羅布里安德羣島的登陸非常的輕鬆，完全沒有遭遇抵抗，飛機場的修建也隨之立即開始。新幾內亞的作戰開始時也非常順利，支援澳洲部隊的美軍登陸時也未遇到任何嚴重的抵抗，但在此一地區中的日軍(約六千人)，直到八月中旬才被迫退至沙拉毛的郊外——於是美軍奉令暫停前進，以等待主力部隊在胡昂半島的登陸，那是爲了想要進攻主要目標——拉意。至於第三方面的進攻，即海爾賽的部隊對新喬治亞島的攻擊，則比較困難。

這個號稱新喬治亞的大島，約有日本守軍一萬人，山地叢林的地形和潮濕的氣候都足以增強防禦的威力。尤其是日本帝國大本營又已命令日軍要儘可能固守下去。此外，在東北岸上有懸岩，在南面和西面又有小島所構成的障礙地帶，所以更增加美軍進攻的困難。

美國人的計畫是分別在三個不同的地點登陸。主要的一個具有師級的規模，準備首先在西岸附近的小島雲多伐(Rendova)登陸，然後再從那裏越過五哩寬的海峽，在孟達角(Munda Point)重要機場的附近登陸。一旦當這個躍進獲得成功時，一支較小的部隊即將在新喬治亞島的北岸，距離孟達十哩遠的地點登陸，以切斷日軍的海上補給線。此外，在南岸也要同時作三個助攻登陸行動。海軍掩護部隊包括有五艘航空母艦、三艘戰鬥艦、九艘巡洋艦和二十九艘驅逐艦，至於所分配的空中兵力則約爲飛機五百三十架。

由於一位海岸監視者的報告指出，日軍正向新喬治亞南部運動，遂使海爾賽決定提前在六月二十一日開始在該島進行第一個登陸，而不按原定的六月三十日實施。這次登陸並未遭遇抵抗，因此其他的助攻登陸也都在三十日在該地區完成。

對雲多伐島上的主力登陸，美軍使用六千名部隊，很快地就擊敗僅有二百人的日本守軍，接著他們在七月的第一個星期即在孟達附近完成第二步的登陸。但在第一個星期和次一個星期當中，日本的小型海軍部隊，曾像在瓜達康納爾作戰中一樣，作了幾次反擊，使美軍的巡洋艦受到相當的損失，並且還把爲數約三千人的日軍部隊送上了該島。

在海岸上，這個沒有經驗的美國師，從雲多伐島渡過海峽之後，在通過叢林向孟達的推進中進行得極爲緩慢——儘管他們享有巨大的空中、砲兵和海軍砲火的支援。因爲海爾賽接獲該師士氣極低的報告，所以又命令把另外一個半師的兵力也送往新喬治亞。不過到八月五日，孟達和其附近的地區終於還是被克服，日本守軍的大部分卻都已逃往北面鄰近的柯隆班加拉(Kolombangara)島。此外，在進一步的海上行動中，由於美國享有制空權，遂又使日本海軍受到相當重大的損失。

但是美軍在新喬治亞進展遲緩所產生的最重要的影響，乃是促使海爾賽以及其他的美軍領袖們，認淸此種逐步前進方式的缺點，並且也認淸此種方式可以給予敵人以充分的時間來增強其防線。同時這種方式也浪費空軍和海軍優勢所帶來的巨大利益。所以就決定對柯隆班加拉島，連同島上的一萬多名日本守軍在內，採取封鎖政策，聽他們自己去「枯萎」，而美軍則移向另一大島維拉·拉維拉(Vella Lavella)，該島的防禦很脆弱，總共只有日軍二百五十人。(這是一種有計畫「繞過」的實例，也就是曾在阿留申羣島所用過的方法之改進。)而且，在維拉·拉維拉島上若建立一個機場，即可以使他們的飛機到布干維爾島的航程縮短爲一百哩以內，後者爲所羅門羣島中最西端的一個島。

對維拉・拉維拉的登陸是在八月十五日實施的，那是在完成對新喬治亞的佔領之前。同時，當地的日軍指揮官佐佐木將軍，本希望能在柯隆班加拉島作長期的抵抗，但由於上級命令他放棄中所羅門而退往布干維爾，遂未能如願以償。在九月底和十月初連續幾天夜裏，在柯隆班加拉的大量日軍，和在維拉・拉維拉的少量日軍，都已全部撤走。

總之，在新喬治亞的作戰中，日軍戰死的約二千五百人，並損失十七艘軍艦；而聯軍的損失爲大約一千人(不過因病而死的還要多)和六艘軍艦。在空軍方面，日本人的損失則遠較重大。

聯軍在八月間對沙拉毛的壓迫，主要是爲了分散日軍的注意力，以掩蔽他們自己對拉意和胡昂半島的攻擊準備——爲了向北面躍上新不列顛島並掩護此種躍進的側翼，美軍都需要該島的海港和機場。

在進攻胡昂半島時，麥克阿瑟的計畫是從三個方面進行：兩棲、空降和地面。此種三面性質使它變成一種複雜的作戰，實際上他有足夠的資源可以單獨的依賴某一種方式，而不必這樣自討麻煩。九月五日，他的兩棲部隊把第九澳洲師的主力在拉意的正東方送上了岸。次日美軍第五〇三傘兵團，降落在拉意西北方一處已經廢棄不用的納查布(Nadzab)機場

——這是聯軍在太平洋方面的第一次空降作戰——當這個機場恢復使用時，第七澳洲師即乘坐運輸機在該機場著陸。同時，美澳聯合部隊向沙拉毛的推進也仍在繼續進行中。

這種分進合擊的作戰並未遭遇太多的抵抗。因爲日軍當局知道他們在該地區內的一個師有被切斷的危險，所以已准許該師越過多山的半島，撤往距離拉意約五十哩的克里(Kiari)。所以就在九月十一日撤出沙拉毛，並於九月十五日撤出拉意。日本人希望能守住半島頂端的芬西哈芬港(Finschhafen)，但由於二十二日，有一個來自兩棲部隊的澳洲旅已在那裏登陸，遂使他們的計畫受到破壞。雖然日軍又運來一個師的援軍，但還是沿著海岸線逐步敗退。此時，第七澳洲師的前進卻比較迅速，已從拉意推進到馬克漢河(Markham River)的河谷，並於十月初達到鄧普(Dumpu)，該處距離第二要點——拉意西北一百六十哩的馬當港(Madang)——僅只有五十哩。到一九四三年的年底，聯軍遂可以向馬當發動一個兩路的攻擊——一路沿著海岸，另一路經由內陸——但是他們的進度還是趕不上預定的時間表。

到一九四三年九月，日本帝國大本營才終於明白其過去對整個情況的樂觀估計和希望都必須修改。在一個太大的地區中，日本兵力的分佈實在太單薄，而美國在初期失敗之後，其恢復的迅速也出人意料之外。在空中和海上，他們現在都已佔了上風。所以現在很明顯的是，日本人必須要縮短他們的防線。因爲除了在側面正承受著重大的壓力外，在中央方面，珍珠港也正蘊藏著巨大的潛在威脅。尼米茲現在所集中的艦艇數量，是繼第一次世界大戰英國海軍上將傑利科(Jellicoe)的大艦隊(Grand Fleet)之後最大的數字。

日本的脆弱經濟基礎，更增強其軍事情況的危殆程度。其飛機的生產量不足以應付美國的挑戰，同時也已經不能保護海上的交通線。

九月中旬，日本帝國大本營所決定的「新作戰方針」，是以達成日本戰爭目標所需最小地區的估計爲基礎。這也就是所謂「絕對國防圈」，那是起自緬甸沿著馬來半島以達新幾內亞西部，然後由此經過加羅林、馬里亞納、直到千島羣島爲終點。這樣的縮短防線，其意義也就是說，新幾內亞的大部分、俾斯麥羣島的全部(包括拉布爾在內)、所羅門羣島、吉爾貝特羣島和馬紹爾羣島，現在都已被認爲不具必要性——但是他們還是準備再守六個月。他們希望在這六個月之內，能夠把「絕對圈」發展成一道不毀的防線，使日本飛機的生產量增加三倍，並使聯合艦隊有足夠的實力可以和美國太平洋艦隊再作一次決戰。

在這個階段之內，西南太平洋方面的日軍所奉到的命令是要他們儘量牽制聯軍，因聯軍現有的總數在二十個師左右，並獲得近三千架飛機的支援。日軍在新幾內亞東部有三個師，在新不列顚有一個師，在布干維爾也有一個師，而還有第六師尙在運輸途中。但在中國大陸上被陷入泥淖的有二十六個師，而在滿洲也還保留著十五個師——防備俄軍可能的侵入——所以在陸軍方面，日本人的弱點並非在數量方面，而是在分佈方面。

在聯軍方面，由於進展的遲緩遂使麥克阿瑟不得不加緊督促其部下，尤其是因爲他知道美國的參謀首長聯席會議現在已經比較願意把作戰優先給予中太平洋方面，並且認爲那不僅距離較短，而且時間也可能較短。他們甚至於認爲拉布爾的攻佔已非必要，這個防禦堅強的據點大可迂迴通過，然後聽其孤立，所以也就使麥克阿瑟更感到著急。海爾賽也希望能夠加速通過所羅門羣島的前進，因爲他的許多艦船以及第二陸戰師，即將被召回去幫助中太平洋方面的作戰。

布干維爾作戰

布干維爾爲所羅門羣島最西端的唯一大島。其守軍有陸軍近四萬人，海軍士兵約二萬人，大部分都集中在該島的南部。海爾賽現在所控制的艦船和登陸艇都已大量的減少，所以在開始時他只能送一個加強師登陸。其登陸地點的選擇頗爲高明，那是防禦單薄的西海岸上的奧古斯塔皇后灣(Empress Augusta Bay)——並且也有良好的地形便於修建機場。

美軍對日軍在布干維爾島上的空軍基地加以重大轟炸，並首先佔領位於向布干維爾前進路線上的若干小島之後，遂於十一月一日開始登陸——這也使日本人大感驚異，因爲他們相信美軍的攻擊一定來自南方，因爲那裏的海浪比較平靜。日本人雖用空軍及海軍發動反擊，但均被擊退，其所受到的損失遠比美軍的損失爲大。美國的航空母艦部隊，以及在新幾內亞的航空部隊，都對拉布爾作不斷的空中攻擊，以牽制新近增強拉布爾的日本航空部隊，使其無法干涉布干維爾方面的作戰。對於未來而言，這也提供美軍一個重要的教訓，很顯然的，即令在某些區域日軍能獲得以陸上爲基地的飛機所提供的良好掩護，美國的快速航空母艦部隊也一樣能夠作戰。

陸上的美軍獲得另一個師的增援之後，遂逐漸擴大其灘頭，使其成爲一個寬達十哩以上的巨大灘頭陣地。到了十二月中旬，據守這個灘頭陣地的兵力已達四萬四千人之多。日本人的反應很遲緩，因爲他們仍然相信美軍的主要攻擊將會來自其他的方面。甚至於等他們開始認淸美軍在奧古斯塔皇后灣的登陸即爲主要威脅時，他們的對抗行動也還是無法加速，因爲他們必須通過五十哩長的叢林地帶，始能把部隊從南面的主陣地中調到西面來。所以一直到二月底他們才能開始有所作爲，其間是一段長期的僵持局面。

俾斯麥和海軍羣島的攻佔

此時，在新幾內亞的聯軍仍在繼續前進。一九四四年一月二日，麥克阿瑟把一支約近七千人的美軍部隊送往賽多(Saidor)登陸，該島在胡昂半島與馬當間的中點上，不久，登陸的部隊即增加到一倍。島上數量大致相當的日軍殘部，本來想要據守半島正西方的息河(Sio)，現在才發現其沿著海岸的退路已被封鎖。最後他們經過山地叢林的長途迂迴行軍，才勉強逃出包圍，但還是多損失了幾千人。同時，澳洲部隊又從馬克漢河谷中的鄧普向海岸挺進，並於四月十三日到達目標。四月二十四日，麥克阿瑟的部隊佔領馬當，幾乎沒有遭遇任何嚴重的抵抗。因爲日本大本營已經被迫加速撤退，其在新幾內亞的殘餘部隊也奉命撤向西海岸的維華克(Wewak)，該地距離馬當約二百哩。

在胡昂半島尚未肅清之前，麥克阿瑟即已發動他的下一個攻擊。十二月十五日，克羅格的部隊即已開始在新不列顛的西南海岸登陸，登陸點在阿拉維(Arawe)附近，而在聖誕節剛剛過去之後，這支部隊主力的兩個師又在西端的格勞斯特爾角(Cape Gloucester)附近登陸，並佔領那裏的機場。雖然攻擊拉布爾的構想已經放棄，但麥克阿瑟仍想對海岸獲得兩面的控制，以保護其在新幾內亞繼續西進時的側翼。在美軍登陸的新不列顛島西端，是由一支剛剛從中國大陸調來的日軍部隊據守，人數約八千人，他們與拉布爾之間隔著一片荒野地帶——後者在這個新月形大島的另一端，相距約三百哩。同時他們所能獲得的空中支援也極爲有限，因爲第七航空師已經調往西面二千哩以外的西里伯斯地區。所以在格勞斯特爾角附近的日軍幾乎未作任何抵抗，即開始穿越叢林向拉布爾撤退。

於是在二月底，沒有馬的第一騎兵師派出一支搜索部隊在海軍羣島(Admiralty Islands)登陸——該島在格勞斯特爾角以北約二百五十哩，島上有幾個機場，而且還有空間可供修建更多的機場，此外還有一個非常寬闊而有掩蔽的碇泊所。日本守軍約四千人，對美軍進行了意想不到的堅強抵抗，但是當美軍主力於三月九日登陸並從後方攻擊日軍之後，即很快的將他們擊敗。到三月中旬，美軍已經佔領一切主要目標，並開始把海軍羣島作爲一個主要基地——日軍的殘部繼續戰鬥直到五月間才完全肅清。

於是連同十萬人以上的日本守軍在內的拉布爾，現在遂已完全居於孤立的地位——而且也可以聽其自生自滅。俾斯麥羣島所構成的堡壘已經被衝破，美軍的損失遠比直接攻擊時要輕微得多。

差不多過了四個月的時間，在布干維爾島上的日軍指揮官，才開始認清美軍在西海岸的登陸始爲主力所在。在一九四四年三月間，他才通過叢林把兵力集結到一萬五千人，以求對美軍的灘頭發動一次攻擊——現在美軍總數已達六萬人以上。但他估計美軍的實力爲陸軍部隊約二萬人，另加空軍地勤人員一萬人。即令照他的估計，似乎也應該明白其已經太遲的反擊少有成功的希望。他從三月八日開始攻擊，以一比四的劣勢，繼續戰鬥了兩個星期，損失八千人以上——超過其全部兵力的一半——而美軍的損失卻不到三百人。經過這次慘敗之後，日軍的殘部遂陷入毫無希望的孤立狀況，同時也被留在那裏聽其自動消滅。

中太平洋的前進

美軍在這方面的前進，也像在西南太平洋方面一樣是指向菲律賓，並以收復美軍在那裏的陣地爲目標—而非指向日本的本土。在這個階段，美國參謀首長聯席會議的基本戰略觀念，是在收復菲律賓之後即向中國大陸進軍，並在中國建立巨大的空軍基地，以便控制日本的上空，消耗其抵抗力，並切斷其補給路線。

基於此一戰略構想，美國就要努力援助蔣介石領導下的中國國民政府，並維持其對日本的抵抗能力。所以美國人也就希望英軍能夠早日反攻緬甸，以重新開放進入中國西南方的滇緬公路，這樣才能使中國獲得必要的物資援助。

但事實上，中太平洋的前進極爲迅速，遂使尼米茲的部隊可以把他們的作戰線向北移動，並攻佔馬里亞納羣島，同時由於最新的長程轟炸機，號稱「超級堡壘」的 B-29 已經發展成功，也就使對日本的直接攻擊具有可能性，因爲從馬里亞納羣島到日本本土的距離是一千四百哩。此外，當馬里亞納被攻佔時(即一九四四年十月)，美國參謀首長們也已經認淸，在最近的將來英軍還是沒有到達中國西南，或者獲得中國幫助的希望。

吉爾貝特羣島的攻佔

在擬定中太平洋的前進計畫時，金恩上將本想以馬紹爾羣島爲攻擊發起點，但因爲缺乏足夠保證成功的必要艦船和有訓練的部隊，所以這個構想遂被放棄。結果才決定首先攻擊吉爾貝特羣島，雖然該羣島距離珍珠港基地很近，所以攻佔該島似乎是一件並不太刺激的任務，但是卻可以對兩棲作戰提供一次實習的機會，並獲得轟炸機基地以供進一步攻擊馬紹爾羣島之用。在這個羣島中最西端的兩個小島，馬金(Makin)和塔拉瓦(Tarawa)，被指定爲主要目標。

尼米茲以統帥的身分選擇斯普勞恩斯中將指揮這支攻擊部隊。地面部隊定名爲第五兩棲軍，其指揮官爲海軍陸戰隊的史密士少將(Major-General Holland Smith)，至於運兵部隊則由屠納少將(Rear-Admiral Richard Turner)負責指揮，他曾經在所羅門的作戰中獲得很豐富的經驗。全部攻擊部隊分爲兩支：北面一支攻擊馬金島，由六艘運輸船載運第二十七師的部隊約七千人；南面一支攻擊塔拉瓦，由十六艘運輸船載運第二陸戰師，人數在一萬八千名以上。除了和運輸船在一起的護航航空母艦以外，整個攻擊部隊又受到包納爾少將(Rear-Admiral Charles Pownall)所率領的快速航空母艦部隊的掩護，一共有六艘艦隊航空母艦、五艘輕型航空母艦、六艘新建的戰鬥艦，以及許多其他較小型的軍艦。除了航空母艦的八百五十架飛機以外，還有陸上基地的陸軍轟炸機一百五十架。

最重要的發展是能在行動中對艦隊進行維護工作的機動勤務部隊(Mobile Service Force)，除了對大型軍艦的大修以外，其他艦隊的一切需要都可以在海上獲得解決。該部隊擁有油輪、修護船、掃雷艇、彈藥船、拖船、駁船等等。以後又再加上醫院船、乾船塢、浮動起重機、測量船、浮橋結合船等等特殊性能的船隻。這種浮動「列車」使海軍在兩棲作戰中的航程和威力，都獲得極大的增加。

對吉爾貝特羣島進行準備性的轟炸之後，兩棲攻擊於一九四三年十一月二十日展開序幕——其代字爲「流電作戰」(Operation Galvanic)，那天碰巧是一九一七年在法國康布來(Cambrai)集中大量戰車作劃時代攻擊的紀念日。吉爾貝特羣島只有非常微弱的防禦，因爲根據九月日本的「新作戰方針」所應給予的增援，到此時尚未能送達。在馬金島上只有守軍八百人，而在阿巴馬馬(Apamama)珊瑚礁上——一個輔助性的目標——則僅有二十五人。但塔拉瓦卻有守軍三千人以上，而且也構築有堅強的工事。

在馬金島上那一點少量的日軍，卻和美國陸軍的一個師相持達四天之久，後者因為缺乏經驗所以行動極為遲緩。行動上比較有效的是少數「兩棲履帶車輛」。這種車輛能夠克服珊瑚礁上的礁層，但是登陸部隊只有極少數這種新型車輛。

防禦和工事都較堅強的塔拉瓦，首先受到海軍猛烈的砲擊（兩個半小時內共發射三千噸砲彈）和飛機的大規模轟炸，然後才由第二陸戰隊師來登陸攻擊，該師在瓜達康納爾曾有優異的表現。即令如此，在第一天登陸的五千人之中，當他們企圖超過珊瑚礁層與灘頭之間一段六百碼的地帶時，即有三分之一的人被射倒。但那些倖存者卻並不畏縮，遂終於壓迫日軍撤到兩個內陸的據點中。日軍的撤退使美國陸戰隊能夠立即席捲全島，並把他們圍困在那兩個孤立的據點內。二十二日夜間，日軍不斷的發動逆襲，前仆後繼，死傷累累，這樣也就無異替美軍解了一道難題。在他們一再犧牲之後，全部羣島也就隨之而肅清。

美國海軍損失一艘護航驅逐艦，但就整體而論，航空母艦羣業已證明，不分晝夜，他們都能擊退日本人的空中攻擊，至於日本人的水面軍艦則根本不敢向斯普勞恩斯的大艦隊挑戰。

對於美軍損失的慘重，美國人民都大感震驚，所以吉爾貝特的攻擊變成一個激烈爭論的來源。但在許多細節方面所獲得的經驗卻是極有價值，並且因此而使兩棲作戰的技術獲得重要的改進。美國官方的海軍歷史學家莫里遜少將(Rear-Admiral S. E. Morison)曾稱其爲「一九四五年勝利的育種溫床」。

尼米茲和他的幕僚們早在忙於計畫下一階段的行動，也就是向馬紹爾羣島的躍進，但是當完成對吉爾貝特的攻擊之後，由於尼米茲的堅持，下一階段的計畫才作了一種重要的改變。美軍將不對該羣島中最近的和最東面的島嶼發動直接攻擊，而準備予以繞過，下一個躍進將跳向四百哩以外的瓜加林(Kwajalein)珊瑚礁。以後，若一切進行順利，斯普勞恩斯的預備隊即將進攻恩尼維托克(Eniwetok)，該島位於此七百哩長的島鏈中最遠的終點上。指揮編組與攻擊吉爾貝特羣島時大致相似，但使用兩個師的生力軍來擔任突擊登陸的任務，突擊部隊共有五萬四千人，以及準備用來佔領征服地區的部隊三萬一千人。在海軍方面共有四個航空母艦羣，其中包括十二艘航空母艦和八艘戰鬥艦，並決定大量使用「兩棲履帶車輛」，此種車輛都是有武器和裝甲的，戰鬥機和砲艇均加裝火箭。攻擊準備的射擊火力預定要比在吉爾貝特時增強四倍。

這個計畫的成功又受到下述因素的幫助：日本人把他們所能提供的增援，都集中在該羣島的東端，所以美國戰略的改變，遂使他們遭遇奇襲而感到措手不及——這也就是戰略上的間接路線和以迂為直的成功。

在回到珍珠港作了一次短時間的休息和整補之後，美國快速航空母艦部隊又於一九四四年一月回到戰場，在進攻馬紹爾羣島的這一段時間內，他們用連續不斷的出擊（總共在六千架次以上），癱瘓了日軍整個空中和海上的行動——並擊毀日軍飛機約一百五十架。

攻擊的第一個行動在一月三十一日發動，攻佔沒有設防的馬裘羅島（Majuro），該島位於島鏈的東端，對於美國的支援勤務部隊可以提供一個良好的泊地。接著再攻佔瓜加林側面的若干小島，然後於二月一日發動主力攻擊。瓜加林的日本守軍一再發動自殺式的反擊，在「萬歲」（banzai）聲中作了野蠻和瘋狂的犧牲。雖然日本守軍的總數在八千人以上，其中約有五千人為戰鬥部隊，但美軍僅陣亡三百七十人即獲得勝利。

由於軍預備隊（約一萬人）尚未動用，遂直接用來攻佔恩尼維托克。該島距離美軍佔領的馬里亞納羣島尚有一千哩，但距離日本人在加羅林羣島中的主要基地特魯克，卻不到七十七哩。為了掩護對恩尼維托克攻擊行動的側翼安全，美國的九艘航空母艦遂於登陸恩尼維托克的同一天，向特魯克作一次重大的空襲。當天夜間又作第二次攻擊，並利用雷達來辨識目標，次日上午又發動第三次攻擊。雖然古賀峰一很謹慎，已經把他的聯合艦隊大部分的艦艇撤離，但仍然有兩艘巡洋艦、四艘驅逐艦，以及二十六艘油輪和貨船被擊沉。在空中，日本人的損失更重，喪失飛機二百五十架以上，而美國人只損失二十五架。空中攻擊的戰略性效果尤其驚人，因為接連三次的空襲使日本人大感震驚，於是把所有的飛機都撤出俾斯麥羣島，而讓拉布爾留在孤立無援的狀況下——這又可以證明在中太平洋方面的前進，不僅不曾阻礙麥克阿瑟在西南太平洋方面的行動，反而還幫助了他的進展。

尤其最重要的是，這次作戰證明航空母艦部隊可以使一個主要的敵軍基地喪失作用，但卻不需要佔領它，而且也不需要陸上基地飛機的協助。

在這樣的環境之下，恩尼維托克的攻佔也就變得非常容易。周圍的小島很快的被攻下，甚至於在主島上的守軍也只支持三天即被克服，而登陸作戰的兵力尚不及一個師的一半。美軍在馬紹爾羣島建築新機場的工作也就隨之迅速推展。美軍攻佔吉爾貝特和馬紹爾兩個羣島所花的時間，只有兩個月多一點，而日本人卻希望在這個地帶固守六個月。此外，特魯克在日本人「絕對國防圈」中的重要地位，也發生了嚴重的動搖。

緬甸：一九四三年——一九四四年

在緬甸方面的季節性作戰所經過的過程，卻和所預料的大不相同，若與聯軍在太平洋方面(尤其是中太平洋)的迅速進展相比較，則實在令人感到沮喪。在緬甸方面的戰爭是以日軍

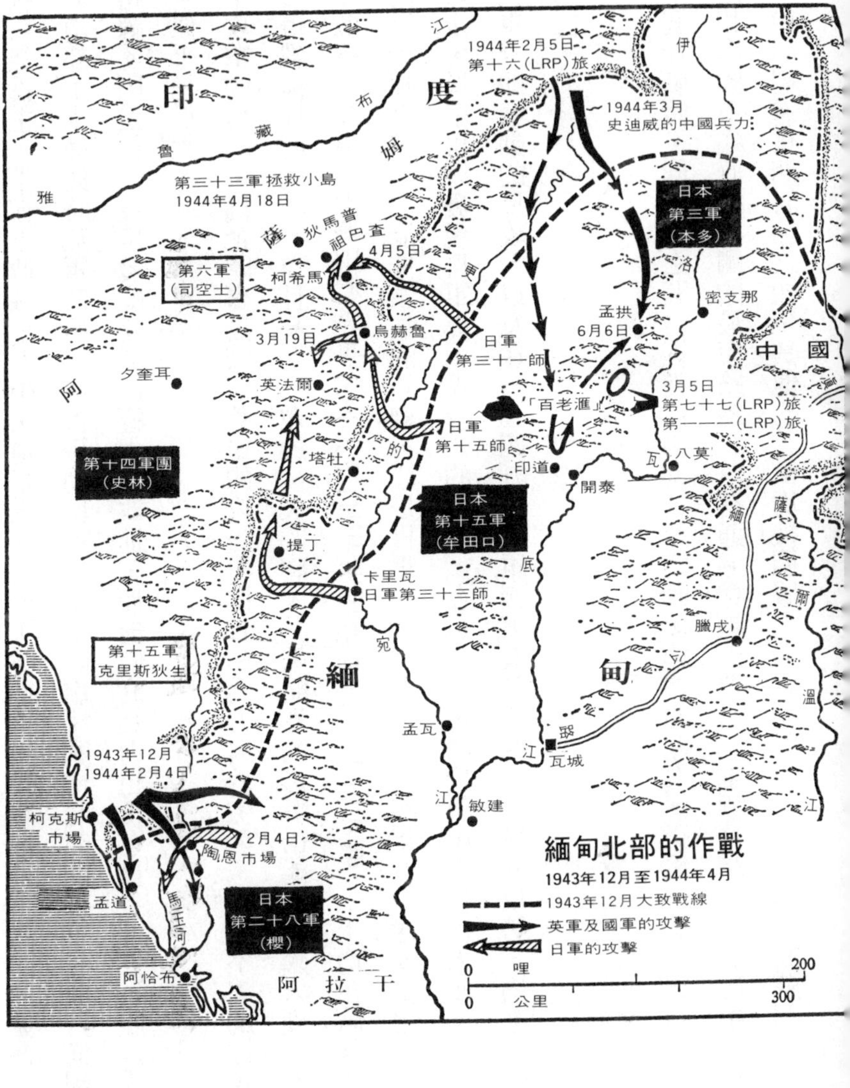
印
度
雅
魯
藏
布
江
姆
薩
更
的
阿
緬
甸
宛
底
江
中
國
伊
洛
瓦
薩
爾
溫
江
阿　拉　干
1944年2月5日
第十六(LRP)旅
1944年3月
史迪威的中國兵力
日本
第三軍
(本多)
第三十三軍拯救小島
1944年4月18日
狄馬普
祖巴查
4月5日
柯希馬
第六軍
(司空士)
烏赫魯
3月19日
日軍
第三十一師
夕奎耳
英法爾
「百老滙」
3月5日
第七十七(LRP)旅
第一一一(LRP)旅
孟拱
6月6日
密支那
日軍
第十五師
塔牡
第十四軍團
(史林)
印道
開泰
八莫
日本
第十五軍
(牟田口)
提丁
卡里瓦
日軍第三十三師
臘戌
第十五軍
克里斯狄生
孟瓦
瓦城
1943年12月
1944年2月4日
敏建
柯克斯
市場
2月4日
陶恩市場
孟道
馬玉河
日本
第二十八軍
(櫻)
阿恰布
緬甸北部的作戰
1943年12月至1944年4月
1943年12月大致戰線
英軍及國軍的攻擊
日軍的攻擊
0
哩
200
0
公里
300

的另一次攻勢爲主——在整個戰爭期中，這是唯一的一次曾經看到日軍越過印度國境並進入阿薩姆的南部——而此時英軍則仍在計畫發動反攻，希望能肅清緬甸北部的敵軍，並打通到中國的路線。因爲從印度出發的交通已經大有改進，而他們的兵力也正在日益增強，所以成功的希望似乎是很大。

日軍攻擊的目的，爲企圖事先破壞英軍的攻勢，儘管其兵力居於劣勢，但很不幸的卻幾乎已經獲得戰術性的成功，而且甚至於在最後失敗時，其戰略性的影響仍能使英國人到一九四五年才敢繼續前進。不過由於英軍在英法爾(Imphal)和柯希馬(Kohima)——均在阿薩密疆界以內三十哩之處——能作頑強的防禦，於是日軍的攻擊在一九四四年春季遂未得逞。一經敗退之後，馬上可以發現日軍那一點薄弱的兵力，在這次最後的攻勢中消耗得太厲害，以至於對英軍立即發動的反攻，以及在一九四五年英軍接著發動的較大規模的攻勢，均不能作強烈的抵抗。

在準備作戰時，同盟國之間已經獲得協議，認爲收復緬甸的北部應視爲一個主要目標，因爲這是和中國重建直接接觸的最短路線，只有通過穿越山地的「滇緬公路」才能使中國再度獲得補給。經過長期討論之後，其他的計畫均被擱置——例如對阿恰布、仰光或蘇門答臘的兩棲作戰。對於阿拉干地區也應再度發動攻擊，以作爲英軍在緬甸大攻勢的前奏。此外「擒敵」敵後游擊部隊(Chindits)也應在北方發動一個牽制性的助攻。

一九四三年八月底，新成立一個聯盟性的「東南亞總部」(South-East Asia Command)，總司令爲蒙巴頓勛爵(Admiral Lord Louis Mountbatten)——前英國「聯合作戰司令」(Chief of Combined Operations)。在其下的三軍司令分別爲索美維爾海軍上將(Admiral Somerville)、吉法德將軍(General Giffard)和貝爾斯空軍元帥(Air Chief Marshal Peirse)。至於美國人史迪威將軍則做了掛名的副總司令。印度總部與東南亞總部是分開的，前者現在專門負責訓練而不再過問作戰事務。魏菲爾榮升有職無權的印尼總督，而奧欽烈克則接替他出任印度軍總司令的職務。

在吉法德的第十一集團軍之內，陸軍的主力爲新成立的第十四軍團，其司令爲史林將軍(General Slim)。轄有克里斯狄生(Christison)的第十五軍，位於阿拉干，和司空士(Scoones)的第四軍，位於北緬甸的中央戰線上，此外，在此戰區中的中國軍隊在作戰時也由他控制。海軍實力還是很小，但空軍實力則大約增至六十七個中隊，其中有十九個是美國的——堪用的飛機總數爲八百五十架。

因爲聯軍的實力已有如此巨大的增加，而且攻勢的企圖又已至爲明顯，所以才促使日本人想對阿薩姆地區發動一個預防性的新攻擊，否則他們也許將以守住和鞏固其在一九四二年所征服的地區爲滿足。溫格特曾經作的第一次遠征，已經使日本人認淸更的宛江並不能算是一道安全的防線。日軍的目的只想佔領英法爾平原，和控制從阿薩姆通往緬甸的山地隘道，以阻止聯軍在一九四四年乾季中將要發動的攻勢——他們並不企圖對印度作大規模的侵入，或是「向德里進軍」。

在準備階段中，日本的指揮系統也已經改組。在緬甸方面軍司令河邊中將之下，轄有三個軍——(1)第三十三軍的司令爲本田中將，共兩個師，位於緬甸東北部；(2)第二十八軍的司令爲櫻井中將，共三個師，位於阿拉干邊境上；(3)第十五軍的司令爲牟田口中將，三個師均位於中央戰線上，另加上一個「印度國民師」，只有九千人——僅比一個正規日本師的一半多一點。

在對阿拉干和中國雲南的初期攻擊之後，對英法爾的主力攻擊遂由牟田口的第十五軍來負責。

英日雙方的計畫都準備在中線發動較大的攻勢之前，先在阿拉干方面作一個有限度的攻擊。在英國方面，可使史林將軍有機會試驗一種新的叢林戰術：那就是是首先建立一個據點使部隊可以撤入，並利用空投來維持他們的補給，然後再調集預備隊來夾攻進犯的日軍。這和過去一受到迂迴就退卻的老辦法完全不同。

一九四四年初，克里斯狄生的第十五軍分爲三個縱隊，開始逐漸向阿恰布南下。但是當二月初日軍發動其計畫中的攻擊時，英軍的前進即受阻——雖然日軍只使用其在阿拉干三個師中的一個。由於英軍的疏忽，日軍遂攻佔了陶恩市場(Taung Bazar)，然後向南旋轉，而使前進中的英軍陷於狼狽的情況——直到新的援軍空運到達之後才使他們獲救。不過儘管有些局部性的錯誤，但英軍新戰術的價值卻還是獲得了證明。在糧食和彈藥日漸不足的情況下，日軍終於在六月季風尚未來臨前，即被迫放棄反攻。

自從一九四三年五月，溫格特在第一次「擒敵」作戰結束並撤回印度之後，其兵力即處於安靜休止的狀態中。但在這個階段內，他們的實力卻已由兩個旅增到六個旅——大部分是由於溫格特的理想和辯論燃燒起邱吉爾的幻想；同時在一九四三年八月，當溫格特被召前往出席魁北克的「四分儀會議」(Quadrant Conference)時，也使過去表示懷疑的參謀首長們對他持以較友善的態度。於是溫格特被升爲少將，而他的部隊也被賦予他們所專用的空軍番號。這個號稱「第一空中突擊隊」(No.1 Air Commando)的兵力，遠超過其官方頭銜所具的含意，共有相當於十一個中隊的兵力。它通常被人稱爲「柯克蘭的馬戲班」（Cochran's Circus），此乃由於該隊的青年美國籍指揮官菲力普柯克蘭（Philip Cochran）而著名。

在一九四三年年終和一九四四年歲首，新分發來的各旅被施以特殊的訓練。雖然爲了僞裝起見，它仍稱爲第三印度師，但這支部隊卻早已沒有任何印度部隊，而且已經擴充到相當於兩個師的數量，其主要的單位都是由英國第七十師所提供。

溫格特的構想也已經有了新的改變和發展——從游擊隊那種「打了就跑」的戰術，改變爲一種較確實和長期的長程滲透行動。他的LRP長程穿透（Long-range Penetration）部隊計畫攻佔瓦城以北約一百五十哩處的印道（Indaw），以及在伊洛瓦底江周圍的地區——即夾在英國第四軍與史迪威的中國部隊（兩個師）之間的空間——並建立一連串的據點（由空投送補給），以切斷日軍的交通線。他們現在準備正式與敵人一戰，而不再只是偷偷摸摸的擾亂而已。就本質而言，溫格特的部隊將變成矛頭，而英國第四軍反而成爲支援和掃蕩部隊。照溫格特的想像，其最後的目的是以幾個LRP師遠在主力部隊的先頭作戰。

這個作戰是在三月五日黃昏開始發動，其開始似乎即爲不祥之兆，當六十二架滑翔機載運第一批部隊前往印道東北五十哩一處叫作「百老滙」（Broadway）的地方著陸時，就有好幾架滑翔機失事撞毀，而另一處著陸的地點則受到被砍倒的樹幹的阻礙，第三個地點又因其他的理由而放棄。儘管如此，在「百老匯」的一條跑道還是迅速的建築完工，於是在接著的幾天夜裏，由卡費特(Mike Calvert)所率領的第七十七(LRP)旅成功的著陸，跟著後面的即爲倫擔(Lentaigne)的第一一一(LRP)旅。到三月十三日，差不多有九千人已經深入敵後。此外，福開森(Bernard Fergusson)的第十六(LRP)旅也從二月底自阿薩姆出發由陸路進入緬甸，雖然所經過的地區極爲險阻，但在三月中旬之後，也快到達印道。

雖然日本人在最初遭遇到奇襲，但他們很快的在林將軍指揮之下，臨時組成一支相當於一個師的兵力，來應付這種空降侵入。其一部分兵力已在三月十八日到達印道，而主力也在三月底以前趕來。此外，日本空軍在三月十七日發動一次反擊，把利用「百老匯」臨時機場作戰的幾架英國噴火式戰鬥機全部擊毀，於是此後對空的防禦就必須依賴從遙遠的英法爾機場起飛的巡邏戰鬥機。接著在三月二十四日，溫格特本人又因爲座機在叢林中撞毀而送命。但在他本人尙未遭遇這個悲慘的意外事件之前，其大而無當和並未經過認眞思考的計畫，即早已呈現脫節的現象。三月二十六日，從陸地前進的第十六旅，奉溫格特生前的命令，向印道發動一個直接的攻擊，但卻被嚴陣以待的日軍所擊退，同時他們也曾成功的對抗其他LRP旅的威脅。溫格特想把游擊行動發展成爲一種較具體化的長程滲透——這種理想並未獲得成功，雖然他也不曾獲得其理想中的主力支援。

在溫格特死後，侖擔即被派接任這支特種部隊的指揮官。四月初，他與史林和蒙巴頓作了一次討論之後，而同意率領其所部北上，以幫助史迪威的前進。儘管史迪威因爲害怕他們會招引日軍，並不表示歡迎，但他們卻幫助史迪威攻下了孟拱(Mogaung)——不過史迪威還是未能到達敵方在密支那(Myitkyina)的主要據點。「擒敵」部隊的北移，恰好在一個師的日本生力軍進入戰場之前。

日軍以攻佔英法爾和柯希馬爲目的，在三月中旬以三個師的兵力向阿薩姆發動「預防性」的攻勢。出乎意料之外，「擒敵」部隊在伊洛瓦底江谷地中的降落，卻不曾影響日軍攻勢的發動和進展——雖然那是在日軍的東面側翼上和後方，但因爲距離太遠，所以並不足以威脅日軍北上的進路和交通線。

一月底，司空士曾停止其第四軍從英法爾向南面的緩慢前進，而開始進入防禦陣地，因爲他已經獲得確實的情報，日軍正在更的宛江上游重組和集中，準備向英法爾發動攻擊。即令他已開始佈防，但司空士的三個師還是散佈得太遠。其最南段的第十七師在提丁(Tiddim)被日軍迂迴之後，即發現其至英法爾的退路已被遮斷。情況似乎是非常的緊急，於是一個從阿拉干剛剛抽回的第四英國師，遂又立即與其他增援部隊一同匆匆地空運英法爾。同時日軍從更的宛江的側進也大有進展，並加速英軍第二十師的撤退。於是在英法爾東北後方約三十哩的烏赫魯(Ukhrul)英軍陣地，也於三月十九日受到攻擊，同時更使英軍當局感到不安的是，日軍的深入突擊竟然是以柯希馬爲目標，該城在英法爾以北約六十哩，控制著越過山地進入印度的道路。實際上在三月二十九日，英法爾到柯希馬之間的道路也曾一度被切斷。於是又有兩個師的英國生力軍被調往前線，以爲增援和補充。總而言之，日軍的敏捷和衝力又已再度使數量優勢的英軍喪失平衡，並迫使他們居於一種非常狼狽的形勢。

雖然英軍終於勉強撤回到英法爾平原，並且已經用了四個多師的兵力作防禦配置，但在柯希馬仍只有守軍一千五百人，在李查德上校(Colonel Hugh Richards)的指揮之下。對於英國人而言可以說是很僥倖，日軍的最高指揮官河邊將軍，拒絕允許第十五軍司令牟田口將軍，派遣一支深入部隊去奪取狄馬普(Dimapur)——該地在柯希馬之後三十哩，位於山地的出口上。這樣一個突擊若能成功，則將使英軍爲拯救英法爾而發動的任何反攻受到阻礙和破壞。

在這間不容髮的關頭上，斯托福中將(Lieutenant-General Montagu Stopford)及其第三十三軍的先頭部隊，已經從印度到達前線。他從四月二日起就接管了狄馬普—柯希馬地區的指揮權，儘管他那個軍的大部分還沒有到達。

日軍第三十一師對柯希馬的攻擊是從四月四日的夜間開始，很快的就佔領了瞰制的高地，使該地的小部隊守軍在四月六日即和派出增援的一個旅斷了聯絡；同時日軍又在祖巴查(Zubza)建立了一個道路阻塞陣地，切斷其與狄馬普之間的交通線。

但史林將軍在四月十日發出全面反攻的命令。到四月十四日，斯托福所派遣的一個旅的生力軍，攻克日軍設在祖巴查的道路阻塞陣地，於是在四月十八日兩個救援柯希馬的旅都衝破了日軍的包圍圈，而與城內正在作最後奮鬥的守軍相會合。接著他們也就把日軍逐出周圍的高地。

此時，在英法爾的周圍也正在激戰之中。有兩個師的英軍正在從事反擊——向北打通到柯希馬的道路，和向東北企圖收復烏赫魯以威脅日軍的後方。其他的兩個英國師則從英法爾向南攻擊。

英國人現在幾乎握有完全的制空權，這實在是一大幸事——日軍在緬甸所有的飛機總數尚不及二百架——所以在這幾個緊急的星期當中，英軍在英法爾的部隊可以完全依賴空運補給來維持。當三萬五千名傷患和非戰鬥員都經空運送出之後，英軍在英法爾仍然有十二萬人左右。

五月間，現已獲得增援的斯托福部隊，把死守在柯希馬周圍陣地中的日軍趕走之後，即進一步肅淸從那裏通到英法爾的道路，而司空士的部隊則正緊逼著在英法爾以南的日軍。假使牟田口此時決定退卻，則他還可以很輕鬆的撤走，而不至於受到更大的損失。明知成功已經無希望，可是牟田口卻拒絕接受部下的建議，堅持要繼續蠻幹到底。在這種瘋狂的狀況之下，他斷送了他手下三個師長的前程——接著他自己的前程也隨之而斷送了。

在七月間，英國第十四軍團在史林將軍指揮之下仍繼續反攻，並終於到達更的宛江。在前進過程中所受到的阻礙是季風的來臨，而非日軍的抵抗——日軍現在已經是殘破不堪，無力再戰。

在他們這次過分拉長的攻勢中，日軍全部進入戰鬥的總兵力爲八萬四千人，但已經損失五萬人以上。英軍因爲行動比較愼重，所以損失尚不到一萬七千人——其原有兵力本已較日軍爲多，而到了作戰結束時則變得更多。英軍共計展開了六個師以及許多其他的小規模部隊，並且還獲有制空權之利。反之，日軍則只用三個師，再加上一個所謂的「印度國民師」——數量不足而且素質低劣。從另一方面來看，日本人因爲盲目的遵守一種不現實的軍事傳統，遂犧牲了其戰術技巧所能帶來的利益——在次一階段的戰爭中，更可以明顯的看到他們爲了此種愚行而付出極高的代價。

國立中央圖書館出版品預行編目資料

第二次世界大戰戰史 / 貝西爾・李德哈特(
Basil H. Liddell Hart)著 ; 鈕先鍾譯. -- 初
版. --臺北市 : 麥田, 民84
冊 ; 公分. -- (軍事叢書 ; 21-23)
譯自 : History of the second world war
ISBN 957-708-215-7(一套 : 精裝). -- ISBN
957-708-221-1(一套 : 平裝)

1. 第二次世界大戰(1939-1945)

592.9154 83010350